西方新闻传播学名著导读丛书

西方传播学
名著导读

胡翼青◎主编

**Classics of Communication:
A Reader's Guide**

北京大学出版社
PEKING UNIVERSITY PRESS

图书在版编目(CIP)数据

西方传播学名著导读 / 胡翼青主编. 北京：北京大学出版社，2024.8.
（西方新闻传播学名著导读丛书）. ISBN 978-7-301-35347-9

Ⅰ. G206

中国国家版本馆 CIP 数据核字第 20245RM274 号

书 名	西方传播学名著导读	
	XIFANG CHUANBOXUE MINGZHU DAODU	
著作责任者	胡翼青 主编	
责 任 编 辑	吕秀丽 梁 路	
标 准 书 号	ISBN 978-7-301-35347-9	
出 版 发 行	北京大学出版社	
地 址	北京市海淀区成府路 205 号 100871	
网 址	http://www.pup.cn	
新 浪 微 博	@北京大学出版社 @未名社科-北大图书	
微信公众号	北京大学出版社 北大出版社社科图书	
电 子 邮 箱	编辑部 ss@pup.cn 总编室 zpup@pup.cn	
电 话	邮购部 010-62752015 发行部 010-62750672	
	编辑部 010-62765016	
印 刷 者	河北博文科技印务有限公司	
经 销 者	新华书店	
	965 毫米×1300 毫米 16 开本 27.5 印张 436 千字	
	2024 年 8 月第 1 版 2024 年 8 月第 1 次印刷	
定 价	99.00 元	

编　委　会

总　序

　　为这套丛书写总序时，距离我们策划这套书已经过去了整整十年。这不禁让我们感慨：想法不少，但实施得实在是不尽如人意。不过，好在我们一直在将各种想法付诸实施。

　　2013 年 3 月，丛书主编之一胡翼青应香港浸会大学传理学院马成龙教授的邀请，前往浸会大学讲学；与此同时，丛书的另一位主编刘海龙也受邀到香港城市大学访学。那时，香港大街小巷的洋紫荆已经绽放，一派春天的美好气象。浸会大学与城市大学相隔不远，因此我们这两个原本分别身处南京和北京的年轻人有了更多讨论学问的时间。在那之前，我们就曾经讨论过编写这套丛书的话题。我们都感觉到，进入 21 世纪后的短短十年时间，国内就涌现出一批质量上乘的新闻传播学译著，可以说让人目不暇接，应该出版一些读本帮助年轻学人消化这些经典的"新知"。我们目之所及的少量已经出版的新闻传播学名著导读，已经跟不上形势发展的需要。与新闻传播学形成对照的是，其他学科的导读出版工作正在如火如荼地开展。其中最有代表性的是江西人民出版社从 1998 年开始陆续出版的 21 个学科的名著提要，这一工程持续了 15 年，涉及社会学、文学、法学、经济学、心理学、人类学、政治学、历史学、管理学等多个学科。当我们开始关注这套书时，有些学科的名著提要已经出到了第三版。然而，这 21 个学科不包括新闻传播学。这从一个侧面反映出新闻传播学各个领域的经典成果整理与导读出版工作已经远远落后于相邻学科。从某种意义上讲，新闻传播学在人文社会科学中一直是学习和借鉴其他学科的"追赶者"，而在名著导读这个环节，我们又不得不继续"补课"。

念及此，不知道哪儿来的干劲，仅仅一天，我们就闷在房间里将导读的书目开列出来。刘海龙的日记里是这么记录当天的工作的："3月15号周五，与（路）鹏程去吴多泰博士楼找翼青、贾敏讨论20世纪传播学名著导读一书的选题，至晚11点方归。"在热烈的讨论中，我们达成了共识。这些名著应当包括两种类型：一类是公认的经典，比如《人民的选择：选民如何在总统选战中做决定》《舆论》《理解媒介：论人的延伸》《做新闻》等；还有一类则是有一定的引领性和争鸣性的新作，有成为经典的潜质，比如克劳斯·布鲁恩·延森（Klaus Bruhn Jensen）的《媒介融合：网络传播、大众传播和人际传播的三重维度》。

现在想来，我们的冲动有着非常明显的知识社会学背景，这首先与我们对传播学科状况的相似认知有很大的关联。自1982年第一次全国传播学研讨会以来，建立中国传播学的自主知识体系就一直是这个学科的发展方向，而对于几乎是零起点的中国传播学而言，解读西方传播理论的思想谱系和经典研究就显得非常重要。正如王怡红在《从历史到现实："16字方针"的意义阐释》一文中所说："1982年传播学研究刚刚创立，学术自主性的问题就在以'系统了解、分析研究、批判吸收、自主创造'为内容的'16字方针'中明确提出来了。……然而，长期以来，我们并未在意把这个从开始就存在的问题进一步问题化，对其'本土化的形式主义命题'似乎也缺乏足够的反思。"其实，单是"系统了解"这个起点，就不是"由零开始"的中国学界能够简单应付的。所以，王怡红进一步指出，在这种局面下，"'系统了解'不得不长时间被简化和理解为对西方传播学著作的大量引进或拿来就用，不必加以深入思考。由于将'系统了解'变换成易于得到的引进，与西方传播学的关系也就转而变成一种带有工具理性色彩的依附关系"。当时，我们两个以各种方式参与了中国社会科学院新闻与传播研究所关于回顾中国传播学三十年的课题，对王怡红的判断是高度认同的。一直以来，中国学界对理论的使用是高度工具性的，研究者只是使用理论而不与理论发生纠缠，用海德格尔的话来说，就是研究者并不存在于他们所使用的理论和概念之中。然而，不与理论发生纠缠怎么可能生成自主性的研究问题和理论创新呢？其后果一定只是将理论作为一种概念工具，通过形式化而非内涵化的处理方式，拿来生搬硬套用以解释自己的对象物。而且，我们都认为，不仅仅是解读存在着工具理性的问题，在具体研究实践中，对西方传播理论的引进在相当长一段时间内能不能被称为"大量"都是一个问题。那些认为中国传播学在 20 世纪 90 年代已经可以自主创造的学者，可能根本就没有读过几篇传播学的经典文献。我们都是在 20 世纪 90 年代中期开始接触传播理论的，作为那个时代新闻传播学的本科生，我们觉得最不幸的事就是在图书馆和新华书店找不到几本可以阅读的本学科的经典著作。这种情况到我们读博士时才略有缓解。70 后学者的一个共同特点就是强烈的读书饥饿感伴随着他们的学生时代。所以，刘海龙干脆在《重访灰色地带：传播研究史的书写与记忆》一书中明确表达了这样的观点："自 1978 年传播学作为学科被正式引进中国内地后，'系统了解'一直是中国学者的主要研究课题，成果不可谓不多。可在如何了解方面，却一直不得其法。"刘海龙在 2008 年出版了教材《大众传播理论：范式与流派》，其重要的写作动因之一就是感到当时新闻传播学的学生搞不清楚欧美各种传播理论间的关系。而胡翼青长期致力于推动传播学史的研究，其重要考量也是如何让中国的新闻传播学人能够了解西方传播理论的历史与脉络。我们都认为，建设自主知识体系首先要了解现有经典知识体系，才能创新；而年青一代没有深入和系统地了解西方的传播理论，政治正确和方向正确的"16 字方针"在很长一段时间里都没有实现的可能性。

　　新闻传播学译著的大量出版是刺激我们策划这套丛书的另一重要推手。在 20 世纪 90 年代以前，新闻传播学的译著非常稀少。1997 年第五次全国传播学研讨会以后，引进"量"的问题才得到了一定的缓解。当时参会的一批中青年学者如王怡红、刘卫东、李展、陆晔、芮必峰、胡正荣、段京肃、郭镇之、黄旦、曾建雄等认为传播学尽管在中国有所发展，但其边界和领域是什么样的，研究该怎么做，这些都很不明晰，需要出版一套高水准的新闻传播学译丛。正如潘忠党在华夏出版社的"传播·文化·社会译丛"的总序里所说的那样，大家对该译丛的设计充满了对经典的渴望:"这想法是系统译介这么三类书:(1)理论名著,(2)实证研究经典,(3)全面勾勒学科领域的论著和论文集。这些书要既有学术水准,又有可读性;既可做专业教科书,又可成为高层次研修类读物。"这套译丛2003年问世,在10多年间将许多国外新闻传播研究领域的经典之作译介到了中国,其中有多部著作被选入本丛书。那段时间不只是华夏出版社在推进新闻传播学的译丛建设,还有多家出版社都在做这件事。产生了一定反响的译丛就包括:中国人民大学出版社的"当代世界学术名著·新闻与传播学译丛·大师经典系列"、南京大学出版社的"当代学术棱镜译丛·媒介文化系列"、商务印书馆的"文化和传播译丛",以及新华出版社的"西方新闻传播学经典文库",等等。根据周丽锦等人在《国内传播学译著的现状及其成因研究:基于2000—2019年数据的分析》一文中的统计数据可以发现,从2000年1月1日到2019年12月31日20年间国内出版的新闻传播学译著的数量达到376种(其中专著266种,教材90种),年均18.8种。这376部译著涉及116个完全不同的译丛。20年来,中国各出版社一共出版了新闻传播学译丛42种,新闻传播学译丛的选题几乎遍布主要的人文社科类出版社。在2013年商讨编写这套丛书时,我们显然是感受到了当时译著的极大丰盛,我们的阅读速度远远跟不上经典作品的涌入速度。我们都认为,对于文科生而言,大量阅读本学科经典著作很重要,因为只有这样,他们才能算是在这个学科的理论体系中存在过。这么多经典著作的同时出版,让年轻学子大量阅读经典成为可能。然而,"书非借不能读也",在缺乏阅读饥饿感的时代有效引导年轻学子读书,这恐怕是亟待推进的重要工作。如果说,当初我们读书时因为资料匮乏差点"渴死"的话,那么今天的年轻学子则可能因为资料的过度丰盛而被"淹没"。所以,在文献资料理论爆炸和研究主体理论匮乏的张力之下,我们想到必须编写名著导读。

编写名著导读,可以实现两个层次的目标。常有前辈学者告诫读书人,读书需要经过两个阶段:第一个阶段是"将书读薄",第二个阶段则是"将书读厚"。这种学术阅读经验不仅仅对人文学科是有效的,对社会科学同样如此。"将书读薄"指的是一边阅读一边对书籍的逻辑思路进行总结和概括,而"将书读厚"指的则是将自身的先在知识体系与阅读的书籍相结合，做到触类旁通。我们无意讨论二者的辩证关系，但在多数情况下，达到第二种境界难度更大。然而，即使是第一种境界，对刚接触学术阅读的本科生甚至是研究生来说也不是那么容易达到的，许多学术著作的阅读者经常呈现出来的状态是"过目即忘"：不要说复述著作的内在逻辑，就连刚看过的上个段落中的内容都未必能记得。而名著导读的任务就是迅速帮助初学者掌握一本在理解上有一定难度的学术著作大致在说什么，并通过成书背景的介绍告诉初学者当时作者面对的问题是什么，他为什么会以这样的方式回应问题，他的回应为什么能够突破其时代局限性等。同时，我们希望用语境化和去语境化的方式帮助初学者更好地理解著作的内涵和意义。此外，对名著的罗列还可以帮助初学者在潜意识中感受学科的边界与框架，虽然其中一定会掺杂进导读作者的主观想法。所以，导读通常是初学者走向学术道路最重要的扶梯之一。

当然，导读的目的显然不仅仅在于帮助初学者学会"将书读薄"，而且过分强调这一点很有可能走到导读编撰者初衷的反面。许多初学者会自作聪明地认为自己看了导读就不必再看原作本身，这一部分是因为他们认为自己将来不从事学术工作，不必读原典，而另一部分也确实是因为经典著作数量巨大且并不容易阅读。所以我们可以想象，这套丛书问世后，会有大量学生用它去应付各种考试，尤其是应付面试官提出的这样的问题："最近你读过哪一本学术书？"我们当然不能苛责这种功利主义的做法，因为人各有志，无可厚非。但是，对于有志于学术研究的初学者，这种功利主义的想法是致命的，因为原著中处处闪现的思想火花，经过导读多半荡然无存，甚至变成了教条式的叙述。导读只是一个路标，其任务永远都是指向原著。

我们编写这套导读的最终目的还是"劝学"，希望对学术有兴趣且有毅力的同学能够在导读的指引下走得更远，把书读厚，甚至是超越经典。因此，我们在每篇导读的最后部分讨论了学界从不同视角对著作的评价与反思。另外，除了参考文献外，我们还设置了拓展阅读。我们始终认为，像参考文献和拓展阅读这样符号性和物质性的痕迹是在以无言的方式诉说着最为重要的阅读方式。我们希望导读只是一个索引：它不仅应当引发立志学术研究的年轻学子阅读原著的兴趣，还要引导他们带着质疑去与原著对话；它不仅应当让学子们了解原著说了什么，还要尽量启发他们去发现原著没有说什么。我们希望在导读的指引下，当阅读者面对原著时，他们已经具备了对话和批判的能力，而不仅仅是死记硬背的态度。如果他们能完成阿尔都塞所说的那种在原著中发现空白并以此为起点找到研究问题的"症候式阅读"，那就善莫大焉。一言以蔽之，我们编这套丛书的理想就是：通过导读，学会读书。

事实上，理想永远是丰满的，现实则是骨感的。香港一别，两位主编便又各奔东西。总有急迫而不重要的事来干扰重要而不急迫的事，于是导读的写作工作以一种时断时续的方式进行着。导读的启动工作由南京大学和南京师范大学的中青年教师、优秀的博士生和硕士生承担，他们多是南大新传读书会的成员。此后，在郭小安和白红义的推动下，重庆和上海的师生也加入进来，这才大功告成。小安与红义凭借他们在各自研究领域的精深功底，极大地拓展了这项工程的深度与广度。在写作过程中，新闻传播学始终处于高速发展的状态，传播学研究的主导范式也在发生重大的分化，2013 年香港版的书目显然已经跟不上形势的发展。于是，我们干脆根据这种分化，扩充了新闻学和传播学的书目，加入了媒介学和舆论学的书目，四卷本的最终形式由此确定。

十年磨一剑。然而，当这四本导读即将问世的时候，我们比十年间的任何时刻更为忐忑不安。也许是互联网基础设施的发展实在太快，知识的更新和爆炸令本学科的学人目不暇接。所以，这四本导读能够经得起这个时代的检验吗？十年前我们在新闻传播学中常用的理论和概念，有很大一部分今天已经很少有人提及和使用；而今天涌现出来的概念，比如媒介本体论、媒介物、媒介性、物质性、具身性、基础设施媒介、界面……都是十年前无法想象的新名词。毫不夸张地说，今天任何一本新闻传播学教材问世的那一天，就是它过时的那一刻。不过，我们仍然有一定的底气，因为不管媒介技术的发展多么迅速，阅读经典仍然是新闻传播学科敢于面对这个世界的底气所在。

胡翼青　刘海龙

于 2023 年元旦

传播学：学科起源、知识版图与发展趋势
（代序）

  十年前策划这一套导读时，笔者就预料到传播学的"导读"会异常难写。导读既涉及传播学的结构又涉及传播学的历史，但传播学的历史与结构都是很难在一篇文章中描述清楚的。因此，当所有文章已经交付出版社，笔者仍然在家中电脑前一个字一个字地敲击着这篇导读。说实话，1994年春天笔者在南京大学新闻传播学系师从张学洪老师学习传播学时，确实没有感觉传播学拥有这么复杂的知识体系，而且当时还一直认为传播学在诸多社会科学中既缺乏理论深度，又缺乏知识的丰富性，是相对比较容易掌握的一门学科。当然，今天传播学依然需要加强理论的深度和厚度，如果可能，应当在知识的面向上更加努力地开拓。但是，想清晰地描绘出传播学的知识树，已经几乎是一项不可能完成的工作。所以，在编写这套导读时，编写组想了一个取巧的办法，即将目前依然没有完全融入传播学既有体系的媒介理论另立为独立的分册，用以降低编撰的难度。但即使是这样，阐述传播学驳杂的历史与体系依然让人感觉力不从心。这不仅是因为传播学的起点含混不清，而且因为传播学的边界在不停地变化。也正是因为这样，笔者只能从学科的历史、

结构和当下发展三个方面勉强为西方传播学描绘一个轮廓。

一、传播理论的起点：现代社会何以可能

许多人将传播行为看作传播学天然的研究对象，这个观点可以被看作完全正确的废话。事实上，没有传播学，就根本没有传播行为。这倒不是说，几千年来人们都没有传播行为，而是说在传播学的概念出现之前，人们不把这种行为理解为传播行为。所以，确实是关于传播的研究建立了传播的观念。今天，有一些学者把火、云甚至蝴蝶都看作媒介，但他们可能忘记了，在他们谈论基于马丁·海德格尔（Martin Heideg-ger）技术哲学之上的物质性研究时，这种对自然物的媒介视角是他们理解了媒介学后才产生的，如果他们真的把自然物和人造物随随便便就当作媒介，他们就应该接受约翰·彼得斯（John Peters）的同事给彼得斯提出的建议：去脑科医院看看医生。传播理论出现在我们感知和理解传播行为之前，所以，传播理论的起点，肯定是在传播行为之外，甚至是在传播的场域之外的。

在海德格尔看来，上手状态的终止一定是因为某些意外的发生，传播行为也不例外。在上手状态下，传播行为是如此地自然而然，就像鸡犬相闻的桃花源一样，在那里所有被描述为人际传播的行为都不会被人意识到。然而，这种上手的传播状态却被工业化、城市化等一系列历史断裂所终结。突然，"现代社会"就这样降临了，它的出现给以往的社会形态赋予了名称或内涵，比如传统社会、尚武社会、共同体、社区、封建社会，等等。社会形态的断裂，使19世纪中叶到20世纪初几乎所有的重要思想家均面临着个人困惑与时代之问之间的巨大张力。他们都敏锐地感觉到了这个正在来临的现代社会，但不知道该如何言说这样一个问题：现代社会何以可能？

关于现代社会，有各种表述，也有各种关切，因此社会学几乎就是一门为现代社会而生的社会科学。在关于社会的所有理解中，社会唯实论和社会唯名论各执一词，正如诺贝特·埃利亚斯（Norbert Elias）所说："社会要么被理解为众多个人的一种单纯集合，一种累加式的因而

无结构的序列；要么被当做一个客体，这个客体以某种不能再明究的方式远在单个个人的彼岸。"（埃利亚斯，2008：1）于是，个体与社会就在这里被对立起来，而社会科学研究者总要面对这样的二选一的尴尬境地："一是作为'目的'的个体和作为手段的'社会'；二是正相反，社会被看作是'更本质性的'、'最高的目的'，单个个人只不过是'手段'，是'不怎么重要'的东西。"（埃利亚斯，2008：10）经典社会学在这种二元对立中挣扎，持不同社会观的学者在争论中不可调和，并由此产生了一个问题：个体与共同体如果是对立的，那么社会何以可能？显然，以约翰·华生（John Watson）为代表的个体心理学和以埃米尔·涂尔干（Émile Durkheim）为代表的社会学主义，这两种代表社会唯名论和社会唯实论两大极端的观点，都无法解决这个问题，而且直接导致人们对社会产生了片面的理解。于是，寻找个体与社会的关联，打破唯名论和唯实论对社会的僵化解释，便成为当代社会学最重要的任务之一。

在这个问题上，欧洲的知识社会学尤其是现象学取向的知识社会学有着更为清楚的分析思路。曾经深受知识社会学鼻祖卡尔·曼海姆（Karl Mannheim）影响的埃利亚斯用"型构"这一概念表达了他对现代社会的理解。他声称社会与个体是"你中有我，我中有你"的："无个体的社会，无社会的个体，都是不可思议的。"（埃利亚斯，2008：77）个体与社会都不是静止的和设定的，而是动态的和不断变化的，而这种变化的发生与社会型构的变化息息相关。个体在社会中相互依赖，这本身就构成一种秩序，但这种秩序并非涂尔干所说的客观存在的社会事实或结构功能主义者们眼中的社会结构，而是一种无法感知但又必然存在着的秩序："尽管单个人具有他全部的行动自由，但这个混乱地涌动着的人流中依然有一个隐蔽的、无法用感官直接捕捉到的秩序在发挥作用。"（埃利亚斯，2008：14）这种秩序就是型构。型构无处不在，在不同场域中各不相同，且会随着时代的变化而变化，从而导致了社会的变迁。这种看法不仅对安东尼·吉登斯（Anthony Giddens）"社会的二重性"和雷蒙·威廉斯（Raymond Williams）的"情感结构"等理论影响巨大，而且直接激发了欧洲传播学者的灵感。正如尼克·库尔德利（Nick Couldry）等媒介化理论学者所说的那样："正是在特定型构（互型）及更复杂的互型之互型的具体情形中，以及由这些互型所构成的'互型秩序'的整体网络中，可以最大程度地发现中介化的技术过程对于社会世界可能的影响。"（库尔德利、赫普，2023：14）

现象学社会学对这个问题的讨论也很有启发意义。现象学社会学的代表人物阿尔弗雷德·舒茨（Alfred Schutz）把我们所生活的世界区分成日常生活世界和社会世界。他认为，日常生活是社会世界的构成要素；而他的学生彼得·伯格（Peter Berger）和托马斯·卢克曼（Thomas Luckmann）则更加明确地指出日常现实为社会世界的可能性奠定了基础。不过，舒茨似乎比伯格和卢克曼对媒介的理解更为深刻。他甚至认为，因为媒介的存在，所以周遭世界和共同世界的边界已经越来越模糊，而日常生活世界与社会世界的区别也不再那么明显，它们正在渐渐地融合为一个整体。库尔德利和安德烈亚斯·赫普（Andreas Hepp）顺着舒茨的思路，强调是交往、沟通和媒介将日常生活世界发展为社会世界，而前者也将日常生活世界和社会世界联结在一起，将社会世界的各个组成部分联结在一起。他们指出："媒介在这些社会领域中起着双重的作用：第一，它们通过提供丰富多样的符号资源来促进这些领域的分化；第二，它们通过维持跨领域的沟通来支撑这些领域的交叉。"（库尔德利、赫普，2023：25）

由此可见，几乎所有伟大的思想家都认为，个体与社会是一个整体，尽管它们并不和谐。而它们之所以能够成为一个整体，完全是因为它们通过中介化的传播联结在一起。寻找个体与社会的关联以及日常生活世界与社会世界的关联，不仅关涉语言和交往，而且关涉媒介技术，尤其是越来越关涉不断快速发展的现代媒介技术，于是传播学应运而生。传播学并不关注现代社会本身，它关注的是现代社会何以关联。这种关联在某种意义上恰恰意味着现代社会何以可能。

然而，正如传播理论的起点不在传播本身一样，关于社会何以可能的问题，其答案也不在社会世界本身，而是必须从传播世界中寻找。当年哈罗德·英尼斯（Harold Innis）试图从传播的视角出发理解大英帝国经济史的逻辑，正是出于这样的考量。事实上，我们几乎可以这么说，不了解传播就无法理解现代社会，或者反过来说，如果要真正理解现代社会，就必须首先洞悉传播与媒介的问题。社会学与传播学都要到彼此的世界才能找到更好的对自身的理解。

库尔德利和赫普认为，自 19 世纪晚期以来一直困扰着社会理论和对社会世界的日常解释的一个重要问题就是："假如社会在本体意义上变为中介化的，情况将会怎样？"（库尔德利、赫普，2023：1）这是理解当代社会学变革的重要起点。而通过这个问题同样也可以反观传播学。对个体与社会如何因媒介的中介化而联结的不同理解，便构成了不同的传播观，进而形成了传播学研究的不同范式。

二、传播研究范式的"三国演义"

既然个体与社会的中介化联系是如此复杂，那么身处不同理论谱系的研究者当然会从不同的角度来理解这种中介化。而这些理解虽然构成一定程度的对话，但主要还是基于不同理论范畴的对抗，因此它们构成了传播研究范式的基础。我们认为，尽管关于传播研究的视角林林总总，为数不少，但能够被称为"范式"的，大概也只有经验主义、批判主义和技术主义这三大范式。当然，关于传播学的范式流派，远远不止这一种看法。有人将其划分为传统学派和批判学派的二元对立，也有人从方法论的角度将其分为实证主义、诠释主义和批判主义三种范式。但如果从"社会何以可能"这一元问题出发，那么经验主义、批判主义和技术主义的"三国演义"是更贴切的一种描述，它们分别代表着从媒介技术语境中主体的存在境况、传播中的权力批判和治理的技术理性等三个不同的角度对传播的观照。鉴于我们将技术主义范式单独编写为一卷——《西方媒介学名著导读》，并在该卷的导读中详细讨论了技术主义范式的特征，因此此处只详细地讨论经验主义和批判主义两大范式对"社会何以可能"的理解。

（一）经验主义范式

从实用主义的角度来看，当发现了传播的中介化作用后，学者们首先就会关心社会型构的变化所带来的失序问题并试图加以解决。因为在当时，社会失序问题不仅显著，而且急迫。这种失序既发生在日常生活世界和社会世界的交汇处，也发生在更宏大的公共事件尤其是第一次和第二次世界大战中。于是，强调传播效果和媒介治理、强化社会有序性的经验主义传播研究范式就这样登上了历史舞台。

社会学芝加哥学派的城市社会学家们首先意识到了发生在日常生活世界和社会世界交汇处的社会失序问题。当然，这种失序与美国城市的社会型构的变化有极大的关联。随着工业化和城市化进程的快速推进，数以万计的第二波欧洲移民和成千上万的农村居民涌入了像芝加哥这样的钢筋混凝土森林，从而彻底改变了城市的社会型构。贫困与犯罪问题在美国的城市中蔓延，这引起了以具体城市社会实践为研究对象的芝加哥学派的关注，他们以朴素的经验研究为方法，去观察社会的有机联系该如何重塑。根据多位学者基于多种议题的经验研究，社会学芝加哥学派第一次明确提出传播在社会建构中扮演的重要角色："传播创造并维系社会。"提出这一论断的社会学芝加哥学派的领袖罗伯特·帕克（Robert Park）一生只出版了一部专著《移民报刊及其控制》（1922），而这本书几乎纯粹是在讨论传播的问题。作为传播学的开山之作，这部著作当仁不让地入选了本书。社会学芝加哥学派在社会学和社会心理学的历史上地位卓著，大师如云。这个学派的奠基者们在个人与社会的关系上，解决了很多重要的问题。所以本书还选择了查尔斯·霍顿·库利（Charles Horton Cooley）的《人类本性与社会秩序》（1902）、乔治·赫伯特·米德（George Herbert Mead）的《心灵、自我与社会》（1934）、赫伯特·布鲁默（Herbert Blumer）的《符号互动论：视角和方法》（1969）等三部名著。社会学芝加哥学派将平等和充分的互动看作解决失序问题的重要抓手，他们相信，既有的社会有机体虽然遭到了破坏，但提升了传播效率的大众传播媒体一定会有助于一个更大的社会有机体的生成。

尽管社会失序的问题显得非常严重，但人们并没有意识到建立传播学的必要性，传播问题只是社会学研究的一个显要议题。真正让传播学登上历史舞台的是残酷而且旷日持久的世界大战。第一批意识到需要专门研究传播的人，是第一次世界大战交战双方的社会科学研究者，包括为德皇阵营鼓与呼的德国社会学家斐迪南·滕尼斯（Ferdinand Tönnies），以及后来被看作美国传播学四大奠基人之一的美国政治学家哈罗德·拉斯韦尔（Harold Lasswell）。他们发现，在战争的激烈交锋中，为了尽可能地瓦解敌人的士气，尽可能地团结己方、形成社会动员的力量，就必须借助舆论和宣传的力量。拉斯韦尔在其博士论文《世界大战中的宣传技巧》（1927）中，从传播技巧的角度出发，发现交战双方都可以通过议题的设计、修辞的技巧、情感的煽动等手段，对内形成认同与共识，对外瓦解敌人的士气。拉斯韦尔最后得出的结论是：除了武器和人员之外，宣传是赢得战争胜利的第三大要素。

战争中的动员与相持，需要强有力的组织和管理能力，相比于社会治理，战争对传播的控制提出了更高的要求。这种专业化的传播控制，既是一种技术理性，又是一种心理疗愈，它始于有针对性的传播技巧，止于量化的效果测量。从一开始，这种后来被命名为"大众传播"的传播治理术就建立在对"乌合之众"群体心理的想象的基础之上，而适时出现的越来越精密的社会科学测量手段则为其合法性奠定了基础。作为实证主义政治学的代表人物，拉斯韦尔从西格蒙德·弗洛伊德（Sigmund Freud）的精神分析理论、以古斯塔夫·勒庞（Gustave Le Bon）和加布里埃尔·塔尔德（Gabriel Tarde）为代表的法国群体主义心理学和沃尔特·李普曼（Walter Lippmann）的舆论学中获得了灵感，将技术理性和对公众的心理疗愈统一在"宣传"这一现代大众传播手段之下。拉斯韦尔给宣传所下的定义充分地说明了这一点："宣传……仅仅指通过重要的符号，或者更具体但是不那么准确地说，就是通过故事、谣言、报道、图片以及社会传播的其他形式，来控制意见。宣传关注的是通过直接操纵社会暗示，而不是通过改变环境中或有机体中的其他条件，来控制公众舆论和态度。"（拉斯韦尔，2003：22）在这里，宣传既是一种操纵符号的技术，又是一种心理明示和暗示的手段。第二次世界大战结束后，这种社会治理术就被美国人广泛地运用于国内舆论共识的制造和具有强烈扩张性的国际传播。

将传播看作技术理性和心理疗愈手段看似两种完全不同的视角，但

13

其实二者都是社会治理的重要抓手，而且缺一不可，是一个问题的两个方面。从社会治理的角度来看，若要实现个体与社会的有效联结和社会的良好秩序，既需要高效能的媒介技术，需要保证传播过程的科学性，也需要在情感甚至潜意识中迎合公众的需求，缓解他们在现代社会中的压力和焦虑。甚至，所谓的大众传播的科学性，就是建立在有效迎合公众需求基础上的传播技巧。李普曼的《幻影公众》（1925）是第一本淋漓尽致地体现技术理性和心理疗愈的结合的著作，尽管其研究缺少实证主义的研究方法，却深刻地影响了美国人对传播问题的总体看法。可以说，《幻影公众》与被选入《西方舆论学名著导读》的《舆论》（1922）作为李普曼的代表作，基本奠定了美国实证主义传播研究的治理观和公众观。李普曼尽管不是学界中人，但他几乎以一己之力，为当时的业学两界奠定了关于宣传的基本逻辑框架。他的舆论心理学不仅影响到了拉斯韦尔这样的名校政治学教授，也同样影响到了与他共事的业界大咖，比如美国的公共关系之父——爱德华·伯内斯（Edward Bernays）。收入本书的伯内斯的《宣传》（1928）也是传播学早期的经典之作，如果从复调哲学的视角来看，《宣传》一书中同样充斥着勒庞、弗洛伊德和李普曼的话语，让人感觉当时的宣传研究者都在野心勃勃地寻找引导"乌合之众"的"屠龙之术"。

在《幻影公众》《世界大战中的宣传技巧》和《宣传》的基础上，美国经验主义传播研究范式在传播效果研究方面不断用力。随着定量研究方法的不断成熟，经验主义进入抽象实证主义时代，一批影响深远的理论成果开始涌现，这其中就包括二级传播理论、劝服理论、创新扩散理论、议程设置理论、沉默的螺旋理论等。正因为如此，保罗·拉扎斯菲尔德（Paul Lazarsfeld）等的《人民的选择——选民如何在总统选战中做决定》（1944）、罗伯特·默顿（Robert Merton）的《大众说服：战争债券购买动员的社会心理》（1946）、卡尔·霍夫兰（Carl Hovland）等的《传播与劝服：关于态度转变的心理学研究》（1953）、利昂·费斯汀格（Leon Festinger）的《认知失调理论》（1957）、丹尼尔·勒纳（Daniel Lerner）的《传统社会的消逝：中东现代化》（1958）、埃弗雷特·罗杰斯（Everett Rogers）的《创新的扩散》（1962）等美国实证主义传播学的经典力作均被收入本书。关于议程设置理论、沉默的螺旋理论的几部经典著作则被收入了《西方舆论学名著导读》。不过总体而言，除了极个别人以外，经验主义范式的学者不太擅长写专著，他们更擅长发论文，所以很多经验主义的著作其实只是数据报告（如《传统社会的消逝：中东现代化》）、论文集（如《传播与劝服：关于态度转变的心理学研究》）或文献综述（如《认知失调理论》和《议程设置》）。与持批判主义范式和技术主义范式的学者相比，经验主义学者的叙事能力相对较差，所以其大量研究成果并没有真正在思想史上产生价值。

从积极的方面来看，经验主义范式从社会治理的角度直面现代性社会型构的来临，想通过传播技术的联结直接给新的社会带来秩序。他们当中有些人是理想主义的，比如说约翰·杜威（John Dewey）和帕克，他们希望通过大众传媒重塑"大有机体社会"；也有些人是功利主义的，希望通过对实际问题的解决获得政治声望和学术声望。但总体而言，他们都有一种通过传播重建秩序的强烈愿望，他们希望通过消除社会秩序建立过程中的障碍，来实现传播者的高效传播。

然而，从消极的方面来看，这种对社会失序的直面并不意味着经验主义范式的学者就洞悉了传播在个体与社会之间所扮演的角色。他们因社会控制的需要而提出的具有强烈技术理性的方案，可能恰恰强化了社会的对立。他们只看到了在真空的状态下，个体与社会整体如何因传播而联结，却忽略了个体与社会整体的联结处在一种权力关系的社会场景下，而他们的介入又将如何影响这种权力关系。此外，他们也没有理解所谓的社会秩序并不是舆论一律或高度认同。舆论一律的社会秩序是西方资本主义国家统治阶级的理想统治秩序。因此，经验主义范式始终在为强化资本主义社会的统治秩序服务。真正合理的社会秩序只能存在于相互依赖与相互建构的交往之网中，而这种潜在秩序的外在呈现却是相对多元的。由此可见，经验主义范式对个体与社会关系的理解显得过于简单粗暴，而研究提出的解决方案多有头疼医头、脚疼医脚的嫌疑。

一方面，经验主义范式不愿意承认权力关系的背景性存在，甚至以此作为自身研究的科学、客观的证据，这就导致该范式走到了科学的反面。社会科学的研究者只有知道自己的立场是什么，才能知道自己的局限性在哪里，这时其研究才具有科学性。研究者越是宣称没有立场，完全客观或价值中立，其实就越是具有强烈的价值倾向，其研究就越是不科学，而经验主义范式恰恰就是这种研究立场的典范。如果经验主义范式多带一点自反性和包容性，而不是试图消灭一切与自身相左的研究立场，那么这种研究范式显然会有更高的学术价值。

另一方面，对于社会秩序等同于高度认同这一看法，也使该范式走到了民主的反面。经验主义范式破除了形而上学的神话，但又创立了自身的神话，而且为维护这种神话的意识形态，宣称其他的研究都不是科学的发现，都不具有科学的方法。这种排他性就导致经验主义范式成为传播理论创新的敌人。在经验主义偏执的世界观中，除了联结个人与社会的传播过程外，什么都没有，既没有传播过程中看不见摸不着却客观存在的权力关系，也没有"透明化"但切实发挥着重要作用的媒介技术。从这个意义上讲，最讲究"可见性"的经验主义范式，却很少"看见"真正重要的东西。

(二) 批判主义范式

英美的经验主义哲学，尤其是美国的经验主义社会科学研究可能会相信世界是客观的，但这绝不可能是德国的思想传统。在这个对阶级、立场和意识形态高度关注的国家中，在这个社会冲突理论和知识社会学发端于其中的国家中，知识界对传播关系中立场、权力和阶层完全无视的态度是让人无法原谅的。在德国学者眼中，个体与社会的联结被建构在一个权力关系的舞台上，这种权力关系从不可能是平等自由的，它会对个体与社会的关系产生巨大的影响。

几乎就在美国经验主义传播学登上历史舞台的同时，以西方马克思主义为代表的批判学派便关注到了传播过程中的权力关系问题。批判学派早期最重要的代表法兰克福学派在 20 世纪三四十年代就指出，媒体炮制出来的大众文化不过是权力的声音，通过大量复制的大众文化产品消灭思考、消灭差异、消灭个性，建立一种肯定性的社会秩序，使公众在工作世界之外安静、顺从地打发闲暇时间，无产阶级革命也因而可能销声匿迹，变成不足以推翻整体资本主义统治的局部的社会运动。

法兰克福学派的观点可能是比较激进的，但该学派对文化工业所进行的激烈批判是有其时代背景的。进入 20 世纪之后，卡尔·马克思（Karl Marx）所预言的无产阶级革命并没有在西方发达资本主义国家顺利地展开，几乎所有的马克思主义左派知识分子都认为，这与无产阶级并不必然具有无产阶级阶级意识有着深刻的关联。丧失了无产阶级阶级意识的无产阶级看不到社会的根本矛盾，也意识不到自身的历史使命。无产阶级阶级意识的丧失使无产阶级将资产阶级和中产阶级的生活方式当作自身奋斗的目标，甚至成为当下社会秩序最有力的支持者。因此，唤醒无产阶级阶级意识成为当时一代西方马克思主义学者的共识，而法兰克福学派是继格奥尔格·卢卡奇（György Lukács）之后试图唤醒无产阶级阶级意识最为积极的知识分子群体。在尝试了各种手段之后，因纳粹上台而被迫流亡美国的法兰克福学派开始意识到，问题的症结在于资产阶级利用大众传媒所进行的意识形态操控，而这一点在资本主义最发达的美国体现得最为明显。文化工业所展现的社会事实是：迷恋大众文化表面上只是一种公众打发闲暇时间的生活方式，但实际上这剥夺了他们从事更重要事情（比如通过行动改变自身受奴役的状况）的时间和愿望。或者换句话说，资本主义社会的精英除了在工作世界里压榨着无产阶级之外，也同时在生活世界中复制着这一逻辑，社会全方位地控制着个体的生活，而使这种强迫性变得有效的工具恰恰就是大众传媒及围绕它而生成的文化工业。

不过，当发现文化工业及其后果并将其呈现出来之后，法兰克福学派的学者们却发现这是一个无解的难题。赫伯特·马尔库塞（Herbert Marcuse）主张通过激进的方式唤醒无产阶级的阶级斗争意识，他的主张在美国新左派运动时期得到了部分学生的拥戴，但并没有取得任何真正意义上的进展。新左派运动之后，新自由主义意识形态的统治席卷了整个西方世界，资本主义国家的社会管控变得更加完善。而对现状表示失望的学者如西奥多·阿多诺（Theodor Adorno），则认为在西方发达资本主义国家，无产阶级革命已经没有意义，像新左派运动这样的左翼社会运动，只会造成资本主义国家社会管控方式的进一步完善，因而他公开反对学生发动社会运动，希望有识之士蛰伏起来等待更好的革命时机，甚至因坚定捍卫这一立场而付出了自己的生命。所以本书既选择了马克斯·霍克海默（Max Hochheimer）、阿多诺的《启蒙辩证法——哲学断片》(1947)，也选择了马尔库塞的《单向度的人——发达工业社会意识形态研究》（1964）。这两本书都是霍克海默所启动的辩证法项目的直接或间接的研究成果，也是法兰克福学派著作中少有的集中讨论传播问题的著作。从这两部著作中可以看出法兰克福学派第一代学者的相似与差异。本书还选择了法兰克福学派第二代代表人物尤尔根·哈贝马斯（Jürgen Habermas）的名作《交往行为理论（第一卷）：行为合理性与社会合理化》（1981）。该书体现了哈贝马斯对学派第一代学者思想谱系的反思与回应。

法兰克福学派之后的几乎所有左翼学者，都像哈贝马斯一样，对法兰克福学派提出了批判。但作为旁观者，我们的感觉是这些左翼学者完全没有意识到自己受到法兰克福学派的影响有多大。批判者阵营中嗓门最大的当然是英国文化研究，尤其是伯明翰学派的那批学者。以约翰·费斯克（John Fiske）为代表，文化研究表达了对法兰克福学派的高度不满。他们认为，法兰克福学派的思想家有一种高高在上的精英主义气质，完全无视受众在传播过程中的主动性，他们倾向于用类似"可供性"的视角来说明大众文化的意义必然在受众的接受过程中才能真正实现。他们用斯图亚特·霍尔（Stuart Hall）的"解码/编码"理论来说明大量的逻辑断裂存在于传播者与受众的联结中，意识形态话语霸权是脆弱的，不是必然有效的。英国文化研究过度放大了其与法兰克福学派在受众主体性上的差异，但他们显然没有发现自身理论的深层逻辑就来自法兰克福学派，只是法兰克福学派关注的是无产阶级阶级意识的觉醒，而文化研究关心的是亚文化社群社群意识的觉醒。唤醒亚文化社群的社群意识当然可以被看作一种反抗，但这种文化上的反抗甚至连地方或行业为群体利益所采取的社会运动都算不上，所以文化研究与法兰克福学派唯一的差别就是眼界和格局，而不是文化研究自身所讲述的那些差别。

不过，作为20世纪70年代以后兴起的重要思潮，文化研究的主张当然值得关注，这些研究提供了大量有说服力的经验研究细节，为传播的批判研究带来了鲜活的场景感。这种对于文本、话语和受众行动的敏感，确实是法兰克福学派所欠缺的。本书所选择的雷蒙·威廉斯的《文化与社会：1780—1950》（1958）、斯图亚特·霍尔等的《管控危机：行凶抢劫、国家与法律—秩序》（1978）、戴维·莫利（David Morley）的《〈全国新闻〉观众：结构与解码》（1980）等英国文化研究几代学者的代表作都能够很好地呈现文化研究的特征。我们也选取了两本受到英国文化研究巨大影响的美国文化研究的代表作：詹姆斯·凯瑞（James Carey）的《作为文化的传播："媒介与社会"论文集》（2019）和亨利·詹金斯（Henry Jenkins）的《融合文化：新媒体和旧媒体的冲突地带》（2006），用以说明这种研究取向在世界范围内的发展。由于受到英国社会学、人类学经验研究取向和法国结构主义符号学的影响，文化研究对传播问题的关注和分析比法兰克福学派更精细、更专业。

传播政治经济学对法兰克福学派的批评不像文化研究那么尖刻和激烈，也承认受到法兰克福学派的启发，但他们同样认为法兰克福学派的观点过于粗糙，指出法兰克福学派对权力的理解显得过于笼统，并主张在研究中区分清楚政治权力和经济权力的分工与合作。这种区分，让传播政治经济学的议题变得很丰富，比如对军工联合体的批判、对文化帝国主义和文化侵略的批判、对受众商品化的批判、对异化劳动的批判、对空间生产的批判等。但与此同时，这种区分也给传播政治经济学带来了很大的麻烦，这是因为，在社会权力之网中，权力与资本总是不分边界地勾结着，很难分清楚黑箱中哪一种权力起到了主导性的作用。所以，一方面传播政治经济学似乎有某种统一的视角，这一点从文森特·莫斯可（Vincent Mosco）的论述中可以找到证据。在《传播政治经济学》一书中，莫斯可将"传播政治经济学"定义为"关于社会关系尤其是权力关系研究的一门学科，它们互相构成资源的生产、分配和消费，包括传播资源的生产、分配和消费"（莫斯可，2013：3）。但另一方面，支撑这种视角的核心概念比如劳动、商品、权力、空间、时间、媒介等，在不同的传播政治经济学学者中似乎又有着相当不同的理解。也就是说，在回答传播或媒介在人与社会的关系中扮演什么角色时，传播政治经济学给出了许多不同的答案，有一些答案甚至根本不在一个范畴。

　　除此之外，传播政治经济学的知识边界几乎完全是开放的，由于像诺姆·乔姆斯基（Noam Chomsky）、皮埃尔·布尔迪厄（Pierre Bourdieu）、爱德华·萨义德（Edward Said）等有着完全不同学科背景的学者，经常会因为自己的学术兴趣和社会责任感介入传播政治经济学的研究，而被学术界解读为传播政治经济学领域的学者像彼得·戈尔丁（Peter Golding）、格雷厄姆·默多克（Graham Murdock）等又不承认自己的传播政治经济学学者标签，因而这个领域的边界是很难描绘的。因此，本书对传播政治经济学名著的选择也完全是多元和开放的：既包括第一代的经典如赫伯特·席勒（Herbert Schiller）的《思想管理者》（1973）、达拉斯·斯迈思（Dallas Smythe）的《依附之路：传播、资本主义、意识和加拿大》（1981），又包括当下的学科集大成之作如莫斯可的《传播政治经济学》（1996）；既有第二代学者的经典之作，如丹·席勒（Dan Schiller）的《数字资本主义》（1999）、阿芒·马特拉（Armand Mattelart）的《世界传播与文化霸权：思想与战略的历史》（1992），又有其他学科跨界而来的学者的代表著作如爱德华·萨义德的《报道伊斯兰：媒体与专家如何决定我们观看世界其他地方的方式》（1981）、皮埃尔·布尔迪厄的《关于电视》（1996）。

　　法国结构主义与后结构主义的学者们以自己独特的视角——符号学和话语阐释，对法兰克福学派的研究做出了有益的补充，因为法兰克福学派第一代学者的注意力主要不在符号和文本。这种有益的补充深刻地影响着英国文化研究以及当代西方马克思主义理论。符号学的大师们都对传播学有过突出的贡献，不管是语言学和符号学的开创者如费尔迪南·德·索绪尔（Ferdinand de Saussure）和查尔斯·皮尔士（Charles Peirce），还是当代符号学和话语理论的代表人物如安伯托·艾柯（Umberto Eco）和米歇尔·福柯（Michel Foucault），都以自身独特的视角影响过传播学。但从传播学的视角尤其是传播学批判学派的视角来看，符号学从罗兰·巴特（Roland Barthes）之后才真正具有对人与社会的关系的阐释力，这种从符号的象征意义出发去思考社会认同制造的思路，催生了一大批在传播学中影响力卓著的概念和理论，如景观社会、拟像、消费社会等。这些概念和理论将"文化工业"中社会通过传媒掩盖根本社会矛盾并驱使个体肯定现状的核心话题再次向前推进了一步。在符号学的视野中，社会被转化为碎片化的景观和拟像，而这种景观和拟像以比现实还要真实的存在方式掩盖了现实本身。本书特别选取了这一思想脉络中的三部代表性著作，用以呈现符号学的新进展及其与西方马克思主义相结合后产生的强大批判力。这三本著作分别是：罗兰·巴特的《神话修辞术：批评与真实》（1957）、居伊·德波（Guy Debord）的《景观社会》（1967）和让·鲍德里亚（Jean Baudrillard）的《消费社会》（1970）。

批判学派的学者通常显得非常雄辩，擅长修辞，因此即使他们在国际通行的 SSCI 刊物上发表的论文远远不敌经验研究的学者，他们也能够通过不断地出版高水平的专著来吸引其受众，发出其声音。在一项对40 多年来美国传播学发展状况的研究中，以传播政治经济学和美国文化研究为代表的批判学派，已经几乎失去了发表的阵地。"从总体发文量来看，批判范式即便在 1980—1990 年间也很难与行政研究构成相抗衡的形势，与文化研究范式、修辞研究范式合在一起仅占三分之一。此后，在新自由主义的氛围中采取批判视角的论文就不断减少，在所谓顶刊上，几乎看不到批判学派的文章，更看不到与批判学派有关的关键词。"（胡翼青、王沐之，2023）但是，批判学派在生产著作方面的能力显然强于经验研究学派，而且传播学的经典著作大部分出自批判学派学者之手。著作的容量足以保证批判学派总是充满了想象力。尽管有人批评批判学派长于批判现状但不长于改变现状，然而在时间的长河中，提供思想才能推进历史的发展，提供想象力才能维系学科的理论发展，否则学术研究将会成为标准化的操作工具。

不过，如果要对批判学派的盲区做一点批判的话，主要还是他们对技术的态度。强调对权力及权力得以形成的制度和文化的高度关注，导致批判学派高度无视非人行动者的力量，将所有问题都归因于所谓的权力主体。一切强调技术的主张，都被批判学者看作技术决定论，被认为没有看到技术背后的权力主体。关于这一点，批判学派倒是与经验主义志同道合，体现出他们都是理性主义传统继承者的学理特征。所以即使是这个学派中最具有唯物主义色彩的学者，也只与唯心主义一纸之隔。也就是说，批判学派看到了人与社会相联结的行动所发生的场景和舞台，却很少考虑这种场景和舞台有其发生的物质性背景。也许，整个批判学派中只有瓦尔特·本雅明（Walter Benjamin）是个例外，他关注到了机械复制本身所造就的一切，也意识到了权力主体、权力的体制机制以及相关的文化必须附着在某种特定的技术之上。可惜的是，本雅明的重要发现没有真正打动阿多诺、威廉斯和斯迈思，却在媒介技术范式领域引发了诸多学者的共鸣。本雅明发现了非人行动者的行动力，使传播学在批判学派的世界之外，看到了另一个理论空间——传播的技术主义范式。如前所述，技术主义范式这个话题是本丛书中《西方媒介学名著导读》讨论的重点，有兴趣的读者可以翻阅该书的导读，在此不复赘述。不过，正是技术范式的快速发展，才引发了当代传播学理论的一系列变革，从某种意义上讲，传播学研究的世界观正在发生深刻的变革。

三、异例与传播研究新趋势

行文至此，细心的读者不难发现，有几部著作似乎入选了本书，但在上文却没有提及。比如，欧文·戈夫曼（Erving Goffman）的《污名——受损身份管理札记》（1963）、威廉·斯蒂芬森（William Stephenson）的《大众传播的游戏理论》（1967）、爱德华·霍尔的《无声的语言》（1973）、丹尼尔·戴扬（Daniel Dayan）与伊莱休·卡茨（Elihu Katz）的《媒介事件：历史的现场直播》（1992）等。这几本书的共同特点是，既具有文化研究的某些特点，又具有经验研究的某些属性；既具有欧洲的血统，又具有美国的特点。这些著作切入点很小，但已经成为某一分支学科或交叉学科的开山之作。情形类似的还有未入选的道格拉斯·凯尔纳（Douglas Kellner）和劳伦斯·格罗斯伯格（Lawrence Grossberg）等学者的著作。这些书都可以被我们看作"三国演义"之外的传播学名著。

异例的出现意味着学科的运动，这种运动首先表现为学科理论的广泛应用和边界的开放。比如说，霍尔的《无声的语言》和《超越文化》的出版意味着传播理论在其重要分支——跨文化传播领域的开疆拓土。100 年来，传播学科的主要发展趋势之一，便是形成多个分支学科和交叉学科，与多个研究领域交织在一起，成为一门横断性的学科。洪浚浩在其主编的《传播学新趋势》一书中为传播学的发展罗列了 38 个研究领域或交叉领域，这一方面可能带有主编在划分领域时的主观性，但另一方面也说明了传播学本身的碎片化。由于传播在个人与社会的关系中所扮演的联结性角色，传播学的碎化化趋势几乎不可避免。传播学将注定在各个范畴都无法划定边界，也正是因为如此，我们强调传播学只能是一种视角和一种方法。

异例的出现还意味着学科的范式革命，这一点也是托马斯·库恩（Thomas Kuhn）科学哲学的核心旨趣。戈夫曼的框架理论、斯蒂芬森的游戏理论以及戴扬的仪式理论都曾经丰富了传播学的世界观，因此，相关著作的入选是必然的。但戈夫曼等人带来的变革只是局部的，真正给传播学科带来革命性变革的依然是《传播的偏向》《帝国与传播》《媒介生态学：艺术与技术文化中的物质能量》《现实的中介化建构》《论数码物的存在》等具有谱系性色彩的异例。这些异例有强大的连续统，但也有断裂，它们不断地掀起学科的发展浪潮。它们改变的不仅仅是传播学的外延和边界，也是传播学的认识论和核心内涵。

《传播的偏向》与《帝国与传播》在 20 世纪中叶的出现，使传播学的目光第一次从媒介承载的内容转向媒介的形式，从表征及其效果走向非表征和物质性，成为异例型著作的典范。媒介环境学第一次将媒介看作社会制度建构过程中的重要因素，并分析了这一因素如何限定了社会的形态。在英尼斯和马歇尔·麦克卢汉（Marshall McLuhan）看来，媒介的偏向（bias）赋予媒介选择的能力。Bias 源自法语词"biais"，意为"倾斜""斜坡""斜线"等。16 世纪流行一种地滚球运动，这种球被设计成一侧轻、一侧重，重的那一侧就叫作"bias"。媒介就像一颗重量不均的球，材料和质地使得它在运动的过程中必然会偏向一侧。因此，之所以偏向能够起重要作用，在很大程度上是因为偏向限定了行动的可能性与方式。这就好比我们在经典力学中经常看到的例子：斜面上的小车做加速度运动，其运动方向受到斜面倾斜方向的限定，其加速度的大小与斜面的角度息息相关。在此基础上，英尼斯抛出了他的观点，即媒介的偏向必须得到平衡，帝国才能长治久安："我们考虑大规模的政治组织，比如帝国，必须立足在时间和空间两个方面。我们要克服媒介的偏向，既不过分倚重时间，也不过分倚重空间。这些媒介在这样一种情况下盛极一时：文明反映的不仅仅是一种媒介的影响，而一种倾向非集中化的媒介总是受到另一种倾向集中化的媒介的抵消。"（伊尼斯，2003：5）英尼斯因而创造了一种"媒介静力学"的世界观。尽管经验主义范式和批判主义范式从各自不同的角度批判了英尼斯的技术决定论，但英尼斯把媒介看作基础设施和社会的建构因素的世界观为后来传播研究的范式革命奠定了基础。

不过，英尼斯虽然在讨论文明史的变迁，但其理解的媒介是安静的空间结构和心理结构，没有媒介本身的动态性和行动性，所以英尼斯所看到的组织社会的力是一种非时间性和非动态性的结构性力量。用一个静止不变的理想模型去框定并剪裁复杂、动态、变动不居的历史，摒弃不符合模型预设的异例，体现了英尼斯静态的和结构性的世界观。而《媒介生态学：艺术与技术文化中的物质能量》《现实的中介化建构》《论数码物的存在》等著作在当代的出现，则彻底击毁了这种世界观。与英尼斯不同的是，这些著作不会将媒介等同于媒介物，相反，这种思想会认为媒介物是生成的结果，当某种物成为关系的节点或行动的背景，媒介物便应运而生，所以媒介不存在，只有生成的媒介物。像英尼斯那样，把莎草纸、石头和马匹当作天然的媒介物，显然在本体论的起点上就与这种观念不一致。同时，也没有什么天然偏向空间或偏向时间的媒介，这些偏向都是在媒介物生成的过程中生成的，都是在场景中生成的。所有的物都有可能在某个场景中生成为时间偏向和空间偏向的媒介。也就是说，偏向不存在，只有生成的偏向。不仅如此，一旦媒介物生成，它就会限定人的主体性，所以媒介物会体现其行动者的色彩。这不仅是人工智能时代的产物，在口头传统的时代便是如此，只是人们在当时并不这么理解这一问题。说到底，媒介是生成性的："媒介的生成性体现为媒介将一切人与物都转化为媒介而建构了这个世界，这个生成的过程就是一个同化的过程。媒介之所以通过中介可以建构出一个世界，只是因为它可以将一切都转化为媒介。这是媒介何以成为行动者的前提。"（胡翼青、谌知翼，2022）媒介的生成性，意味着一切都处于运动的不确定性中，所以用结构性的媒介静力学来理解媒介，理解媒介对制度和文化的建构是不够的。

今天，基于二进制编码的人工智能语言大模型、社交媒体机器人和算法软件因为公认的算力规则而具有了强大的行动力，面对这样强有力的媒介世界，媒介静力学的世界观显然是不够用了。如果今天还有人用媒介的时间偏向和空间偏向及其平衡来解释我们这个时代的传播，实在是不合时宜，个中原因就在于媒介静力学的认识论范式已经与今日媒介所建构的世界渐行渐远。这种感觉就像是相对论出现后，牛顿力学突然发现了它的适用范围和边界一样。从马修·福勒（Matthew Fuller）、许煜、库尔德利、赫普等人当前的研究来看，学界已经广泛意识到建立一种新的媒介观的必要性，意识到必须超越英尼斯和媒介环境学的媒介静力学，必须打破那种静态平衡的媒介环境观，找到媒介与社会的动态平衡。于是，一种媒介动力学的世界观正在登上历史舞台："如果说，以前传播学以一种结构功能的静态视角来看待媒介与社会的关系，那么今天可能需要用一种行动者的动态视角来审视媒介与社会的关系。所以笔者倾向于将大众传播研究时代命名为'媒介静力学'时代，而将当下的传播研究命名为'媒介动力学'时代。"（胡翼青、胡欣阅，2023）。这是人工智能媒介时代取代大众传播时代的必然结果，也是当代传播学发展的必然态势。

在物理学上，静力学研究物体在力系作用下的平衡问题，而动力学则对物体的机械运动进行全面的分析。奥古斯特·孔德（Auguste Comte）在《实证政治体系》中将这对物理学概念引入社会学，提出社会静力学与社会动力学，以此构建他的社会学体系。而今天，传播学的发展趋势也要借助基于这一对概念所形成的隐喻。令人眼花缭乱、应接不暇的媒介现实要求传播学必须抛弃简化、线性、静止、决定论的媒介观。

不过，传播学的范式革命并不意味着经验主义范式和批判主义范式的终结，相反，这种新的媒介观和世界观为激发经验主义和批判主义范式的新活力提供了重要的意向性。这意味着这些研究范式将焕发新活力。就这一点而言，这是一个最好的时代，因为媒介的动力机制为传播学打开了广阔的研究空间；这也是一个最坏的时代，因为没有任何确定的真理可以继续支撑这个学科的研究。一切尽在生成的过程中。

胡翼青

2023 年 8 月 8 日于镇江宝华

参 考 文 献

〔美〕哈罗德·拉斯韦尔：《世界大战中的宣传技巧》，张洁、田青译，北京：中国人民大学出版社，2003。

〔加拿大〕哈罗德·伊尼斯：《帝国与传播》，何道宽译，北京：中国人民大学出版社，2003。

胡翼青、谌知翼：《作为媒介性的生成性：作为世界的媒介》，《新闻记者》，2022（10）。

胡翼青、胡欣阅：《作为语言基础设施的 ChatGPT》，《新闻记者》，2023（6）。

胡翼青、王沐之：《评析 20 世纪 80 年代以来美国传播学的知识生产》，《现代传播》，2023，45（6）。

〔英〕尼克·库尔德利、〔德〕安德烈亚斯·赫普：《现实的中介化建构》，刘泱育译，上海：复旦大学出版社，2023。

〔德〕诺贝特·埃利亚斯：《个体的社会》，翟三江、陆兴华译，南京：译林出版社，2008。

〔加拿大〕文森特·莫斯可：《传播政治经济学》，胡春阳等译，上海：上海译文出版社，2013。

目　　录

《人类本性与社会秩序》

查尔斯·霍顿·库利（Charles Horton Cooley）是美国著名的社会学家和社会心理学家，芝加哥学派的代表人物之一。通过对"自我"的深入考察，库利用"镜中我""初级群体"和"次级群体"等概念创造性地剖析了个体与社会的关系。这种在传播中生成的自我观，使"传播"成为库利的社会学思想的中心，并贯穿他的社会学三部曲——《人类本性与社会秩序》（1902）、《社会组织》（1909）和《社会过程》（1918）。其中，第一部作品《人类本性与社会秩序》影响最大。在这本书中，库利提出社会存在于个体间的想象性交往中。他还将想象性交往扩展到初级群体以及规模更大、社会关系更复杂的次级群体中。从自我的社会交往到竞争、敌对、冲突等社会过程，想象性交往无处不在。由此，库利全面、仔细地阐释了"传播"在社会发展中发挥的巨大作用，奠定了其传播研究先驱的地位。

一、成书背景

库利的早期灵感来自爱默生、歌德和达尔文。爱默生强调人的价值，他的人类本位哲学和先验唯心论，始终对库利有巨大影响。库利从歌德那里吸取了有机整体和生命统一的观点，并视他为理想的科学家。库利深入研读过达尔文的著作，很快成为一名进化论者，其对个体间相互联系的重视以及"社会与个体是一体两面"的观点即建立在社会有机体论的基础上。

但库利对社会进化论者斯宾塞缺少热忱，对其教条式的类比推理十分反感。斯宾塞认为：社会是个有机体，由具备独特功能的不同成员组成。这种观点倾向于将个体比作砖块，而社会就是一堵墙。社会和个体由此都丧失了个性。对此，库利写道，"斯宾塞使用的术语在我看来，仅仅具备生理学的意义，而用来描绘意识的社会的或道德现象则行不通。问题在于，他的思想体系中，生命的生理意义被扩大了，成为研究的主要对象"（库利，1999：90—91）。相比之下，库利更倾向于德国社会学家阿尔伯特·舍夫勒的观点：是精神的相互作用，使社会成员有机结合。这种有机结合的方式来源于想象性交往，即人与人之间的彼此想象。

不过，有学者评价，"社会学家给予库利的影响远不如历史学家、心理学家、哲学家和文学家给予库利的影响深刻"（科瑟，1990：354）。对库利影响最大的两位哲学家，恰好都是美国实用主义哲学的开山鼻祖。从美国心理学家威廉·詹姆斯那里，库利吸取了他关于心理实质和自我实质的观点。詹姆斯反对当时德国心理学界所推崇的原子论。他认为，社会中的个体并非相互排斥而是在很大程度上具备相同的特点。受詹姆斯影响，库利认为："正是通过与他人相互交往我们才丰富了我们的内在经验。"（柯林斯、马科夫斯基，2014：260）此外，通过建立自我的社会性，即将自我与其他人的想法联系在一起，库利扩展了詹姆斯对心理学的定义，将心理学视为研究意识状态的一门学科。

约翰·杜威曾任教于密歇根大学。1893—1894 年，库利在密歇根大学辅修社会学时选过杜威讲授的政治哲学课，他们还都是当时密歇根大学萨莫瓦尔俱乐部（Samovar Club）的成员，一直保持着密切的联系。杜威关于传播的经典之谈——"社会不仅通过传播存在，而且存在于传播中"与库利关于交流的观点一脉相承。杜威从民主的角度出发讨论了交流的意义，库利则更多地从个体的人性的角度出发，得出交流使得人性更完备这一结论。库利从社会个体的角度出发回应了杜威的问题，使杜威的交流理论更加完善。

库利之所以从个体间的想象性交往的角度出发研究传播，很大程度上是因为他从小养成了内省和沉思的习惯。库利 1864 年出生于美国密歇根州安阿伯小镇的一个富裕的家庭，青少年时期体弱多病，患有口吃，性格腼腆孤僻。"父亲在现实生活中树立的为成就而奋斗的形象，儿子只敢在想象中仿效。库利喜欢骑马奔驰、爱好雕刻及木工似乎都可解释为是一种典型的阿德勒式的企图，以补偿体力的衰弱和社交的无能。"（科瑟，1990：346）

他不善交游，是个地地道道的隐居者。博士毕业后，他留在密歇根大学任教，学术生涯顺风顺水。母校为他营造了一个安宁的学术环境，贤惠能干的妻子让他免受世俗凡务的侵扰。安宁、沉思式的生活帮助他深入微观层面，思考人类传播的普遍问题。他在家中观察三个孩子的日常行为举止，研究他们的想象性交往，并坚持做笔记。他的著述基本都来自他长期积累的笔记。他一生很少离开出生地，终身信奉歌德所说的"愉快就在你自己的心中"的原则（殷晓蓉，2008）。

库利在 20 世纪前后倾力研究人际互动理论也是对现实的回应，一定程度上反映了他对美国未来社会发展的隐忧。对此，詹姆斯·凯瑞（James Carey）以非常形象的语调评述道："19 世纪 90 年代似乎是这样一个关口，人们突然脱离过去，脱离了他们魂魄所系的生活老路，他们急于创造，却不知方向所在，也不知道前路如何。"（殷晓蓉，2008）凯瑞认为，库利正是在这一关键时刻创立了自己的社会学理论以及传播学思想。库利的研究试图回答这样一个问题：当一个建立在家庭、邻里、社区基础上的传统社会正在被一个大型的都市化和工业化社会所取代的时候，社会秩序将以怎样的方式构成？他希望借助大众传播，使工业化社会恢复此前社区那种良好的关系。"新的传播意味着自由、远见和无穷的可能。社会组织的机械和专制形式消减，随之兴起的是更加人性的社会样式。总之，社会的组织越来越依赖于更高的才能、知识和同情而不是权威、身份和惯例有了可能。这是库利的预见。"（黄旦，2005）

二、社会何以可能与想象性交往

在《人类本性与社会秩序》一书中，库利提出了这样一个经典问题：社会何以可能？对此，库利的回答是：社会建立在个体间的想象性交往中，存在于彼此观念的联系中。

库利开篇就提到，人的社会生命起源于与他人的交流（库利，1999：6）。人的生命有两条传递线，即以遗传为中心的动物传递和以交流为中心的社会传递。二者相辅相成，产生真正意义上的人。

以交流为中心的社会传递正是以"想象"的形式进行的。库利没有对"想象性交往"做出严密的理论建构，其更常用的词语是"想象"，散见于他的著作和笔记中。他通过观察儿童的社会交往，发现了想象性对话的普遍性。这种想象性对话贯穿我们一生。只是到了成年以后，随着我们的语用经验越来越丰富，这种对话越来越不容易被觉察。在这种对话中，他人的表情、姿态、声音等可感特征刺激我们的想象，形成对他人的思想、情感和观念，进而影响我们的行为；同时，他人也在形成对我们的观念，从而影响他的行为。在这种互动交流中，个体与社会得以共同生成。由此，库利从人际传播角度出发，阐释了社会的形成过程。

通过对库利的想象性交往的阐释，可以归纳出两个基本命题：自我与社会的有机统一；作为一种精神现象的社会。个体的情感、思想、观念都与他人相联系，都具有社会性（切特罗姆，1991：101）。正是通过想象他人所想，个体的人格才得以形成。由此，社会与个人不过是同一事物的集体方面和个体方面。同时，对自我和他人的把握都通过想象成为可能，个人和社会也因此主要作为精神现象而存在。

库利关于想象性交往的命题有很多经典的阐述：人们彼此之间的想象是社会的固有的事实；社会在它最现实的方面，是人的观念之间的联系；真正的社会存在是人的观念；真实的人和想象中的人没有区别（库利，1999：69—87）。这是库利的思想精华，也是其理论的基点。在此基础上，全书通过四个环节回答"社会何以可能"：

（1）社会存在于现实的互动交流中，交流来自个体对自我和他人的把握；

（2）对自我和他人的把握来源于对自我和他人的观念，而自我的观念来源于我对他人眼中的我的想象，对他人的观念来自自我的想象；

（3）想象来源于人类本性中的同情和理解能力；

（4）同情的能力在初级群体中得到培育，并随着个体进入更大的群体得以扩展。

库利对美国社会借助想象性交往实现真正的民主抱有坚定的信心，他对交流问题的研究始终没有脱离如何实现民主这一基本视角。这在他的后两部著作《社会组织》和《社会过程》中有更详细的阐释。实现民主的前提是公众在精神上的联合以及在现实中的参与。美国思想传统的根基是个人主义，这种个人主义主要源于洛克等欧洲启蒙思想家的自然权利学说。库利反对追求绝对的个人自由，"自由只有通过社会秩序或在社会秩序中才能存在，而且只有当社会秩序得到健康的发展，自由才可能增长"（库利，1999：300—301）。通过想象性交往的建构，库利旨在说明：自我的形成离不开他人，离不开与社会的互动；社会是一个活生生的有机体，个人与社会的协调发展是实现社会和谐发展以及实现社会民主的必由之路。

三、"镜中我"与"观念灯墙"

自我如何理解自我，以及自我如何理解他人，这并非两个不言自明的问题。库利创造了两个概念——"镜中我"与"观念灯墙"——来说明自我如何理解和想象自己与他人。

"镜中我"是库利社会学说中最著名的概念。他借鉴了威廉·詹姆斯的观点，将"我"放在日常的思想和谈话中来讨论其意义，即社会的自我（social self）。库利观察到，这个最初的观念很少指向身体，而更多地指向"我的感觉"。这种感觉是本能的，常常伴随着对经验的某一部分的专有、限制和保护，同时，"我"的意识中含有相应的对你、他或他们的意识。

5

他将这种社会自我称为"镜中我"（looking-glass self），"人们彼此都是一面镜子，映照着对方"（库利，1999：131），即我是按照我认为你怎样想象我的方式来感觉自身的。这个过程包括三个层面：第一，我们想象在他人眼中自己的形象；第二，我们想象他人对这一形象的评判；第三，我们体验到某种诸如骄傲或耻辱的自我感觉。由此，他人对自己的评价、态度等，成为反映自我的一面"镜子"，个人通过这面"镜子"认识和把握自己，他人也通过这面镜子来调整自身的行为，由此形成了社会互动。

这个过程体现了自我的社会性，将自我与其他人的想法联系在一起。库利还提到了群体自我，正如个人的自我只有在与其他个人的关系中才能被感觉到，群体自我（如民族自我）只有在与更大的社会发生联系时才能被感觉到。

这个过程中最重要的是第二个层面：对他人的观点的想象。库利曾坦言："用镜子比喻几乎没有显示出第二种成分。"（库利，1999：131）"镜中我"的生成并非自动和顺畅。换言之，并非每个个体天生具备这种想象他人对自己的评判的能力，这种想象能力的高低也是因人而异的。对于这种能力，库利称之为同情或理解。无论是形成对于他人的观念，还是对于自我的观念，都需要具备这种同情的能力。

"自我"存在于我对他人观点的想象中，而他人存在于我的想象中。无论是认识新的人还是回忆已结识的人，我们的认知都离不开想象。这种想象建立在遗传本能和经验的基础上。通过他人的表情、姿态、声音等感觉印象，我们建立起对他人的观念。库利用"观念灯墙"来比喻对他人的想象。观念灯墙中亮起的灯越多，对他的认识就越完备。

库利提出，他人的形象是我们进入别人的意识并由此丰富自己的意识的桥梁，仅起到媒介的作用，并不是真正意义上的客观存在。真实的他人其实就是由他赋予我的那一部分思想，就是他的出现或对他的回忆能唤起的那一部分感情。一个人在我们眼里的真实性只能按照我们想象其内心生活的程度来衡量。由此，对他人的观念在于把他们作为想象中的事实去观察。真实和想象的人之间没有区别。在社会意义上，被想象了的实际上就成为真实的了。如果一个有肉体存在的人不被想象，即没有社会性的真实。

对人的观念来自对人的可视可听的外部特征的感觉。由此，人的这些外部特征成为交流的载体，无怪乎库利给传播下了个逻各斯式的定义："这里我所指的 communication，是人们为了发展彼此间的关系依靠的一种机制——包括心灵中的一切符号，加上在空间里传达这些符号的手段，以及在时间里保存这些符号的手段。包括面部表情、姿态、声调……"（库利，2013：48）

四、同情及其社会源头

同情是"进入他人的意识和共有他人的意识的能力"，是"积极的意识的同化过程"（库利，1999：97 −98）。与"怜悯"意义上的同情不同，"理解"意义上的同情是个中性词，不带有任何感情色彩，在敌视和友善的情感状态下都可能产生同情。例如，我可以想象一个人在忍受痛苦——在这个意义上同情他——但我可以不去可怜他，而是厌恶他、蔑视他或者崇敬他。而怜悯，这种往往导致友善行为的有益和善良的感情，有时却因陷入廉价和暴力而缺乏真正的同情。

交流意义上的同情绝非一件简单的事。例如，看到一个人的手指被扎疼就回忆起自己的手指被扎疼的感觉或者想象自己的手指被扎疼。这种同情产生的前提是这个人与自己有联系。对于一个完全陌生的人，同情很难产生；而如果是对自己的孩子，则再容易不过了。通过"同情"这个过程，个体纯粹的感觉或原始的情感能够升华为一种感情。例如，自己的孩子手指被扎疼，唤起的是强烈的父爱或母爱。除了想象，同情还需要智力的参与。从社会学的观点看，精神错乱的实质是个体不能和其他人就日常事务或基本共识进行交流，智力低下者则被概括为个体对较为复杂的同情完全不能领会。

同情无处不在。与一位朋友、一位上司、一个反对者接触或者读一本书，都是同情的行为，而社会正是由这样一些行动的总和构成。个体的同情反映了他面临的社会秩序。作为社会的成员，个体参与的所有社会组织的活动都必然与其同情相关，所以他的意识是他真正从属的那个社会的缩影。由此可以看出，库利的同情概念还具有共情和社会认同的内涵。

库利认为，一个人同情的能力是对他的个性、能力、道德水平及心智状态的综合衡量。他揭示了权威的实质："一个理解我们的思考方式并且有确定的个性和目标的人肯定能对我们施加影响……因为他理解我们，他就能用语言、眼光或者其他特征联系起我们共同的感情或观念，使我们也能理解他。"（库利，1999：101）

同情心作为一种普遍的人性，与其他情感一样是在社会交往中逐渐产生的。库利认为，"在初级群体中，人性逐渐产生。人性不是生来就有的，人只有通过交往才能得到人性，而人性又可以在孤立中失去"（科瑟，1990：340）。初级群体，是指成员间有亲密的面对面交往与合作的群体，包括家庭、邻里、儿童游戏群体。这个相对于"次级群体"的概念是库利社会学说中与"镜中我"相媲美的重要概念，在美国社会学中被广泛应用并流传至今。初级群体是培育人类同情心最重要的原点，在这些群体中，人们为了整体的最大利益可以放弃个人利益，同情心和情感纽带将彼此联系在一起。库利在回答"社会何以可能"这个问题时，也是在回答"自我何以可能"。库利通过自己对日常生活的观察和反省发现了一个不可知的世界。他通过研究儿童的社会交往，发现想象不是偶尔为之的练习，而是思想的必要形式。这种用想象来弥补的交往，是一种对世界的理解，也是真正的同情的起点。正如库利所说："我们的意识不是隐居者的草棚，而是待客和交际的客厅。"（库利，1999：70）

库利的社会哲学正是以这样一种思想为基础，即人的发展包含人的同情心的不断发展，因而初级群体的观念会从家庭传播到区域共同体、国家和世界共同体。正如菲利普·里夫所说的，库利的观点的确是一个"小城镇人性的理论"（科瑟，1990：340）。乔治·赫伯特·米德（George Herbert Mead）认为，库利的社会观念正是对美国共同体的写照，而且这个共同体被假定为经历了健康的、正常的发展历程。由此，库利完成了想象性交往的逻辑建构。社会建立在个体彼此间的互动交往之上，这其中的每个环节都离不开想象。通过想象性对话，个体获得对自我和他人的观念，并及时作出反应，调整自身行为。社会正是由这种互动交往建构而成的。

五、评价与反思

库利一再声称，人们之间的想象是可靠的社会现实，此举遭到了许多研究者的批评。他的学说被许多人说成是超验论，彼得斯干脆说库利是一位唯心主义者，"库利拒绝斯宾塞和赫胥黎的唯物主义，他把社会化为一个布满哈哈镜的大厅，或者把社会化为一个没有肉体流动的符号场所"（柯泽，2014）。米德也曾指责"库利将社会置于意识当中，而不是置于心理经验所由产生的社会世界当中"（柯林斯、马科夫斯基，2014：264）。然而，这些批评并不公正，库利所言人们之间的"想象"并没有脱离其心理学上的本义：人在头脑里对已储存的表象进行加工改造形成新形象的心理过程。这种"已储存的表象"正是来源于外部存在。

库利谈到，作为思想和生活的一部分的假想的对话者是从实际环境中选取的。在形成对他人的观念时，可感的外表刺激我们去想象。我们的感情和想象大多数是在交流中产生的，必然联系着人的形象。这种观点类似于现象学所说的"意象性"，并因此与实证主义社会学划清了界限。对此，柯林斯和马科夫斯基在《发现社会》中作出了中肯的评价："库利主要是依据他个人的观察能力，通过他特定的视点而提出他关于社会的想象性构建之洞见，因此，客观的社会科学家无法在经验上对他的结论进行检验……不管怎样，库利开创了将自我置于意识中而非置于行动中的先河，从而在精神上卸下实证主义的包袱。对于他来说，方法论上的精确远不如理解的宽广重要。"（柯林斯、马科夫斯基，2014：264）切特罗姆更是对库利做出了高度肯定的评价：库利是第一个为解释传播媒介如何改变行为和文化做出了成功尝试的人，也是第一个为探索复杂的人际关系而付出辛勤努力的人（切特罗姆，1991：110）。

库利第一次明确阐释了传播对于个体成长和社会发展的重要性。"正是通过传播，个体得以获得更大的发展。与伙伴的谈话、书籍、信件、旅行、艺术等等（传播的形式）唤醒我们的情感和思想，引导它们在特定的轨道里发展，为个体的成长提供刺激和框架……传播改变了每个个体和组织……传播革命为我们创造了一个新世界。"（库利，2013：50—51）传播技术的发展可以带来思想的自由表达，有助于民主共同体的建立。从这一点来看，库利先于哈罗德·英尼斯（Harold Innis）以及麦克卢汉，开启了传播技术主义的思想源头。

库利的传播思想成为芝加哥学派传播研究的基石。其在想象性交往中建构的"镜中我"直接启发了米德的符号互动论。欧文·戈夫曼的拟剧理论中也能看到库利思想的影子。库利对人际传播如何建构社会的论述直接影响了罗伯特·帕克（Robert Park）后来对"群体"的定义与阐释（参见胡翼青，2012：77）。其"初级群体"的概念对于后来的小群体研究也有重要贡献，同时对二级传播理论、创新扩散理论的产生具有启发意义。二级传播理论重新发现了初级群体在传播中的作用，认为大众传播的影响力在很大程度上通过初级群体发挥出来。创新扩散理论认为，新产品总是有较早的使用者，在这批先行者之后，更多的人也会采用新产品。此外，库利阐述了社会的本质和社会学研究的要义。研究社会，首先要研究人的观念。任何没有紧紧把握住人的观念的对社会的研究都是空洞无用的——只是教义而根本算不上知识。人们彼此之间的想象是社会的固定的事实，社会学的主要任务就应当是观察和解释它们。这对于社会学的研究领域的界定有重要的意义。想象作为一个普通的心理学意义上的术语，与"交往"结合后，在新的语境中焕发出鲜活的生命力。毋庸置疑，与"镜中我""初级群体"这些概念相比，"想象性交往"的抽象化程度更高。它从整体上解释了社会互动的机制。学界对此概念的忽视主要源于库利并未将其单独成书，而"镜中我""初级群体"则由于被重点论述获得了较高的知名度。

与其他三位芝加哥学派的奠基人相比，库利及其学说受到的关注相对较少，这与他不喜社交、恬静平淡的一生是紧密相连的。他谢绝了当时如日中天的哥伦比亚大学的邀请，选择留在密歇根大学。詹姆斯·凯瑞曾说："如果库利接受了这一邀请，他极有可能成为美国领先的传播学经验学派研究领袖。"（柯泽，2014）有学者这样评价："库利的具有朴实和谦逊特点的著作，现在被证明，对于未来的社会学发展有着至为深远的影响……它们经受住考验被留存下来，而另外一些社会学前辈筑起的庞大的拜占庭式建筑，今天不过是景色别致的一片废墟。"（科瑟，1990：366）这一评价甚为精当。

（陆伟晶）

参 考 文 献

〔美〕查尔斯·霍顿·库利：《社会组织（英文原版）》，北京：中国传媒大学出版社，2013。

〔美〕查尔斯·霍顿·库利：《人类本性与社会秩序（第2版）》，包凡一、王源译，北京：华夏出版社，1999。

〔美〕丹尼尔·杰·切特罗姆：《传播媒介与美国人的思想——从莫尔斯到麦克卢汉》，曹静生、黄艾禾译，北京：中国广播电视出版社，1991。

胡翼青主编：《西方传播学术史手册（第2版）》，北京：北京大学出版社，2022。

〔美〕兰德尔·柯林斯、迈克尔·马科夫斯基：《发现社会：西方社会学思想述评（第8版）》，李霞译，北京：商务印书馆，2014。

〔美〕刘易斯·A.科瑟：《社会学思想名家——历史背景和社会背景下的思想》，石人译，北京：中国社会科学出版社，1990。

黄旦：《美国早期的传播思想及其流变——从芝加哥学派到大众传播研究的确立》，《新闻与传播研究》，2005（1）。

柯泽：《库利的传播学研究及其思想价值》，《新闻爱好者》，2014（5）。

殷晓蓉：《库利：生性腼腆的传播思想家》，《今传媒》，2008（1）。

拓 展 阅 读

Jandy，E. C.，*Charsles Horton Cooley，His Life and His Social Theory*，New York：The Dryden Press，1942.

〔美〕查尔斯·霍顿·库利：《社会过程》，洪小良等译，北京：华夏出版社，2000。

胡翼青：《再度发言：论社会学芝加哥学派传播思想》，北京：中国大百科全书出版社，2007。

《移民报刊及其控制》

经过约翰·杜威（John Dewey）、查尔斯·库利、乔治·赫伯特·米德等学者的积淀，20 世纪 20 年代的美国社会学芝加哥学派在对一系列城市社会问题的研究中走入鼎盛期。罗伯特·帕克无疑成为这一时期芝加哥学派的核心与领军人物。这位大器晚成的社会学家于 1922 年完成了职业生涯中第一部学术专著——《移民报刊及其控制》。该书全景式地展现了外文报刊在美国的生存状况，包括孕育于其中的社会土壤、不同类型报刊的内容、移民报刊的自然史，以及报刊的控制机制。帕克借助报刊这种媒介挖掘出移民群体的社会心理和情感结构，并由此为促进移民的美国化提出了相应对策。《移民报刊及其控制》用极具芝加哥学派特色的方式，翔实细致地阐释了传播的社会功能，帕克也因此被赞誉为"大众传播的第一个理论家"。

一、成书背景

19 世纪末 20 世纪初，美国掀起第二次工业革命的浪潮，并迅速成为世界上最强大的工业国家。城市化的进程大步向前，传统的村庄在消逝，崭新的城镇在崛起。帕克本人的家庭就亲历了城市化的过程，帕克的父亲一生基本在乡村度过，帕克则一生都在研究城市社会生活。彼时的芝加哥成为国家工业化进程的一个缩影，它不仅是全美铁路的枢纽，也是得益于工业革命而崛起的新城。大量乡村人口的涌入必然对城市的负载能力提出挑战，社会矛盾在落后的基础设施建设，加剧的贫富分化、政府腐败、道德滑坡等因素的刺激下凸显。芝加哥贫民窟就是城市化的负面典型，在狭小、缺少阳光和空气的小房屋以及堆满垃圾和满地脏水的大街小巷，犯罪率飙升。1904 年，马克斯·韦伯造访芝加哥时将其描绘为"一个被剥光了皮的人，人们可以看见这个人的肠子在工作"（罗杰斯，2005：122）。

与此同时，美国社会正在经历第二次大规模的移民浪潮。一方面，正在经历现代化、工业化的美国提供了大量的工作机会和自由土地，这吸引了大量为谋生奔波的欧洲农民。另一方面，欧洲的革命、战乱以及政府迫害也促使大量知识分子迁移到美国。根据帕克的统计，1877 年至 1907 年间移民人数增长了 9 倍以上（帕克，2011：254）。芝加哥在这方面也特别典型，1900 年的 170 万人口中有一半生于外国。这些来自欧洲农村的移民不仅需要适应城市化的浪潮，而且还要想办法融入美国的社会文化环境。然而，他们中的大多数逐渐成为美国城市的"边缘人"，这种不适应往往会引起严重的社会问题。这种现象，对于身处芝加哥的帕克而言，不做调查都能感受得到。

经济高速发展、国民财富骤增的光鲜背后，是垄断组织的扩张和兼并狂潮，社会分配不公和贫困化问题已日益凸显。在此背景下，美国掀起了名为"进步运动"的社会风潮。这是一场以中产阶级为主体，社会各阶层积极参与，旨在消除美国从"自由"资本主义过渡到垄断资本主义过程中出现的种种社会弊端，并力图重建社会价值体系和经济秩序的改革运动。新闻记者和作家是这场运动最积极的鼓吹者，他们将其称为"扒粪运动"。受斯宾塞影响，彼时的新闻界强调事实、观察和实证，标榜新闻的"客观性"（舒德森，2009：63），通过广泛的社会调查来揭开美国社会的黑幕。记者出身的帕克深受鼓舞，以他为代表的芝加哥学派也不可避免地需要回答这样一个问题：在迅速成长的城市、拥挤不堪的移民贫民窟里，诞生于乡村社区的美国民主制能否有生存之地？（罗杰斯，2005：119）

若从现实层面来看，芝加哥学派的发展恰好伴随着美国从一个内向的、区域性的国家向一个外向的、世界性大国的转变；从思想理论层面上看，其发展又恰逢美国实用主义哲学思想和欧洲经典社会学思想不断碰撞的时代。以帕克为例，他的人生历程某种程度上就反映了这种共生性与复杂性。

在密歇根大学求学期间，帕克在杜威那里学习了 6 门哲学课并成为他的门徒。杜威作为美国实用主义精神的代表人物，主张用实际调查说话，用经验结果检验理论假设，反叛欧洲学者形而上学的思辨传统。在《作为一种知识形式的新闻》中，帕克就谈到"经验和实验科学将其推论与现实世界对照而避免了单纯从逻辑上解决问题，而纯粹的思辨式科学有可能陷入脱离实际问题而仅仅沦为思维万物的危险"（Park，1940），体现了对杜威和实用主义哲学的继承。至于对传播本身的理解，杜威重视传播对民主活动的重要意义，认为传播是使人民成为社会完美的、参与性的成员的手段。他主张"社会不仅是由于传递、由于传播而得以存在，而且完全可以说是在传递、传播之中存在着"。受其影响，帕克对传播作为一种社会整合力量深信不疑，也对报纸、电话等媒介产生了终生的兴趣。大学毕业后，帕克并未选择学术道路，而是成为一名新闻记者。1892 年，他欣然接受了杜威和富兰克林·福特（Franklin Ford）的邀请，开始从事报纸《思想新闻》的出版工作，期望借助报纸改变社会政治的图景。值得一提的是，无论是杜威、库利还是帕克，芝加哥学派的众人都对媒介技术持乐观的态度，他们认为传播技术的发展对社会从传统走向现代具有重要的推动作用。从乡村迈向城市的过程中，人民需要更多的知识和信息来适应变化，而以报刊为代表的大众媒体实际上肩负了这一责任。

1899 年，帕克离开哈佛大学哲学系前往柏林大学深造，其间注册学习了德国著名社会学家格奥尔格·齐美尔（Georg Simmel）的社会学课程。如果说杜威带给帕克的是美国实用主义哲学的启蒙，那么从齐美尔处帕克则得到了欧洲经典社会学思想的给养。齐美尔认为，社会学的中心问题是对社会化的理解，而社会又是由个体之间的传播构成的。人类借助传播满足基本需求，随着时间的推移，传播本身也会形成文化和社会结构（罗杰斯，2005：130）。这种对"交互性"的重视奠定了芝加哥学派符号互动论的思想基础。而齐美尔提出的对"统治、顺从、竞争、交换、模仿、冲突、写作、分工、隔离、联合、接触、反抗"等社会关系的重视，也启发了帕克。在与吉伯斯合著的《社会学引论》中，他归纳出竞争、冲突、调适和同化这四种人类互动的社会过程。此外，帕克提出的"边缘人"也进一步发展了齐美尔的"陌生人"概念，将现代性的宏观理论落到中观的现实问题层面。

帕克被认为是将杜威、米德奠定的芝加哥学派精神真正变成现实的人（刘海龙，2008：57），还主要在于他对经验社会学路径的奠定。正如帕克所言："一位社会学家只不过是一位更准确、更负责和更科学的记者。"（罗杰斯，2005：163）伴随着矛盾丛生的美国社会现实和"进步运动"的风潮，深入现实、扎实调研、获得一手资料成为芝加哥学派所推崇的方法，这也深刻影响了后来的赫伯特·布鲁默（Herbert Blumer）、欧文·戈夫曼等人。

1912 年，帕克和 W. I. 托马斯在黑人问题国际会议期间相识。托马斯的著作《身处欧美的波兰农民：一部移民史经典》（以下简称《身处欧美的波兰农民》）最先关注到了移民报刊与移民美国化的问题。不仅报刊呈现的内容受到关注，报刊本身也成为重要的研究课题。托马斯的研究给了帕克极大的启发。移民问题的显著性不仅在于种族、民族之间的冲突，还在于这是一个经历了工业化、都市化和现代化的群体，移民问题因此带有丰富的时代意义，成为当时最完美的研究对象。而移民报刊则揭示了移民的内部生活和他们在新文化环境中调整自己的努力，也必然成为移民美国化进程中的一股重要力量。

二、移民报刊的功能：制动器还是加速器

《移民报刊及其控制》一书的写作带有极强的现实目的和问题意识。在城市化和移民问题困扰芝加哥乃至整个美国的背景下，帕克期望用这项调查研究弄清移民报刊在移民的美国化过程中扮演了怎样的角色。换句话说，移民报刊究竟充当了美国化的制动器还是加速器？对此，帕克从移民报刊形成和发展的条件、移民报刊的运作和移民报刊的自然史等

三个方面进行了阐述。

在帕克看来，语言尤其是本国语言的书面语，对移民的文化认同有着重要的作用。母语是人类协作和组织的天然基础，语言和文化遗产比政治忠诚更能使外来人口团结（帕克，2011：5—6）。民族的情感往往扎根于语言，报刊语言又是被规范化的母语，民族意识的复兴无一例外地与保持本土语言报刊的斗争相连（帕克，2011：36）。由此报刊作为串联语言与民族的中介有了不言而喻的重要性。而移民报刊在美国发展得比欧洲更兴旺，原因在于：一方面欧洲异族统治对当地语言使用进行压迫，而欧洲语言复兴运动又催生了民族意识的觉醒；另一方面美国的书面语和口语之间差异较小，对移民而言阅读不再困难，且言论环境开放，并未禁止办报。两方面因素结合，使外文报刊这朵奇葩盛开在了美国，且相较于欧洲获得了更大的移民影响力。在发展过程中，民族主义的倾向和对美国同化的抗拒是显著存在的，但帕克认为这种主观上的抵御并不及客观上移民报刊使外国人适应美国生活所做出的贡献，如意第绪文报这样成功普及的报刊正在给移民群体带来智识激荡。

帕克展现了芝加哥学派"发现事实"（fact-finding）的经验研究特色，对移民报刊的现实运作进行了深入的考察。他罗列了大量的报刊一手资料来佐证自己的观点，同时呈现了生动的移民生活图景。帕克发现，广告揭示了移民社区的结构以及移民群体在多大程度上接受了美国的生活方式（帕克，2011：114）。通过对地方报刊和大都会报刊中的新闻进行比较，他发现前者面向农民，主要是熟人旧地新闻，而后者面向产业工人移民，主要是犯罪事件和都市生活。这种结果也与芝加哥学派"乡村—城市"的社会分析模式吻合。第一次世界大战是个特殊的时间段，帕克首次发觉了报刊背后错综复杂的势力角逐，以及舆论是怎样操纵民意的。除此之外，外文报刊为了同时满足读者的需求和应对政府的新闻审查，往往用英语说一码事，而用移民语言说另一码事，这种摇摆不定也显示了移民报刊本身的粗鄙和简陋，帕克称之为"分裂的忠诚感"。

为了对移民报刊的现状有更深入的分析，帕克又进一步梳理了移民报刊的自然史，其中包括对纵向的时间阶段和横向的空间、人群和报刊类型的梳理。"自然史"是社会学和历史学相结合的产物，帕克希望以社会学的观点研究历史，将报纸视作社会制度演化史的一个缩影。正如帕克所言："由于报刊或多或少反映了在发行期间其读者的利益和社会环境，通过了解那些创立和支持报刊的人们，报刊的历史可以被揭示。"（帕克，2011：229）以 1870 年为节点，他将移民报刊划分为早期移民报刊和晚近移民报刊。前者更多讨论宗教、政治议题，集中在乡村；而后者则展现了民族主义和社会主义两大主题，集中在城市。不同外语报刊的发行区域很大程度上又是移民在美国的聚集地，帕克称之为"文化区域"（帕克，2011：287）。移民群体也被划分为定居者、移住者、流动产业工人和异域者，他们的移民时间长短和被同化程度依次递减，流动性和城市化程度则递增。通过对地域、刊期、出版物类型、读者兴趣等几个变量的交叉分析，帕克得出了一些结论，比如：（1）从地域来看，面向定居者和移住者的报刊主要在乡村，城市出版的报刊面向的是产业工人和从商的异域者；（2）从刊期来看，超过一半的发行量来自日报，那么这个报刊就属于异域者，周报或月报发行量占一半以上就属于定居者或移住者群体；（3）从出版物类型来看，商业性报刊占外文报刊的绝大多数，它们往往发展得最好；（4）从读者兴趣来看，定居者对美国生活的关注大约占其总关注量的 83％，对故国的关注占 17％，异域者恰好相反，其他两个群体则各占一半。此外，通过对移民报刊数据波动的分析，帕克发现，20 年来移民增长数与新创报刊数呈正相关，由此得出结论：外文报刊是一种移民现象。在探究移民报刊的生存策略时，帕克发现幸存下来的商业性报纸在尝试走美国式报界之路，主编们明白报纸的兴旺在于提高发行量，而这不能靠提升公众的智识和道德标准，而要靠利用他们的情感、偏见和特质（帕克，2011：320）。这与约瑟夫·普利策（Joseph Pulitzer）的《世界报》因煽情主义特色在美国民众中大获成功有异曲同工之妙。而事实上，外文报刊也确是在对《世界报》风格的模仿中习得生存经验的（舒德森，2009：87）。

经过翔实的社会调查与分析，帕克认为移民报刊首先是一种新近的移民现象，它所对应的读者主要是各移民群体中新到的移民，因为他们还不会说英文，与外界的隔绝使他们尤其依赖母语来了解美国和故国的新闻（帕克，2011：299）。其次，移民报刊的生存竞争非常激烈，每年会有很多新出现的报刊，但最后极少能存活，整个移民报界在报刊质量、编辑水平、商业运作等方面都还处于非常初级的阶段，用帕克的话说这是一个"未成熟的报界"。但是，它们在移民群体中的影响力已经不可小觑。其中，从深层的文化机理上，这是文化上孤立的各民族在保存本民族文化遗产的同时，通过他们最熟悉的语言来接近和融入世界大都会文化的一场斗争（帕克，2011：421）。其中，报刊扮演了重要的角色，因为只有通过其母语的出版物，散落在各地的同一种族的人才能维持联系和沟通，以此保存他们的民族组织、共同传统和共同语言（帕克，2011：360）。由此观之，移民报刊本身具有社会控制的功能，它使得不能直接进入主流社会的群体有一个缓冲和准备的阶段，不至于因过分的心理震撼和文化冲击走向极端（胡翼青，2007：250）。

三、如何管控移民报刊

帕克曾提出人类互动的四种基本类型——竞争（competition）、冲突（conflict）、调适（accommodation）和同化（assimilation）。他对种族、人种以及移民问题的研究很大程度上建立在这一理论基础之上，即认为这是群体互动必然需要经历的阶段。帕克是带着理论预设和现实的功能诉求去研究移民报刊的，他一方面希望结果印证和丰富这种解释框架，另一方面探求解决美国社会移民问题的对策。因此，《移民报刊及其控制》必然要评述并构想控制移民报刊的策略。

至于在现实状况中移民报刊是加快还是阻滞了移民群体的美国化，帕克认为要看具体的内容：如果报界持续挑起移民与美国的对立，并聚焦于使之革命化的努力，那么无疑是在起负作用；如果报界将美国介绍给移民，满足他们衣食住行等日常需求，就能促进在外国出生的各民族移民的美国化。因此报刊的管控似乎是必需的，帕克首先肯定了其道义上的正当性："不可否认的是，许多中介机构和利益集团基于敌视美国的目的，已经成功地去控制移民报界。如果诚实的和忠诚的美国人拒绝在此事上采取任何步骤的话，他们就会将潜在的控制权拱手让给不那么规矩的人。"（帕克，2011：329）然而，这种控制已经是对具有社会控制功能的社会组织的再控制，它应该是一种温和而非强硬的手段。帕克在书中对当时美国政府已实施的报刊控制手段给予了肯定，其中一个原因就在于即使像战时邮政审查部这样的部门也没有制造殉道者，他们往往在进行一次彻底调查和举行双方意见都得以表达的听证会之后才作出裁决。而对公共信息委员会、跨种族委员会、外语信息服务局这样致力于满足移民的需要、获得移民本人的支持的机构，帕克都给予了高度评价。对"控制"的态度彰显出芝加哥学派自然主义的倾向，帕克坚持认为对移民报刊的控制应该是自然的而非专断的，这种控制应该与报界自身的生存逻辑并行不悖。

帕克谈到了订阅费、广告费和补助津贴这三种移民报刊的收入形式，以及它们之间的相互依存和平衡是怎样控制报刊的内容的。他发现，发行量大的报纸往往能够最有效地反映最广大公众的利益，可以更好地抵御商业对内容的干预；而比较弱小的商业性报纸，它们的社论和新闻最容易受广告的影响。当全国广告的潜力逐渐彰显时，移民报刊和广告主之间的中介机构也应运而生。帕克以哈默林的美国外文报纸协会为案例展示了"一个寡廉鲜耻而富有效率的组织在控制移民报界方面能走多远"（帕克，2011：343），当然这是作为反面教材警示世人的。第一次世界大战期间，他认为美国政府的战时管控是为了应对敌方的宣传和煽动，而非遏制言论自由。并且，政府设立的一系列制度、结构和委员会是有效的，它们除了成功地影响了战争行为，还对作为一种同化手段的外文报刊的发展产生了重要和持久的影响（帕克，2011：378）。移民报刊将加速发展成为美国化的工具。

最后，帕克对管控移民报刊提出了三个建议：一是一视同仁地"审查"移民报界和其他报纸；二是公平分配广告业务，积极为移民报刊提供有关政府的新闻；三是对美国外文报纸协会的重新改造，应该摈弃其职业性的美国化推手的角色，转而将其塑造为一个为广告商购买物有所值的外文报刊广告版面的单纯商业组织。

四、评价与反思

虽然以帕克为代表的芝加哥学派学者始终将城市社会问题的解决放在第一位，并未将新闻事业视为焦点，但无心插柳之中，《移民报刊及其控制》最终成为传播学领域的经典之作。毫无疑问，帕克对移民报刊的考察客观上开拓了大众传播研究领域。当美国从传统农业社会向现代化工业社会过渡时，以人际传播为核心的初级群体关系也正在被大众传播主导的次级群体关系取代。《移民报刊及其控制》首先指出了新闻舆论的重要性，一战时移民报刊挑起的民族主义敌对、阶级斗争情绪就是很好的佐证。正因为舆论可以发挥社会控制的作用，帕克认为对舆论的控制是必要的，至少它有助于将移民社会心理引上正常的轨道，减少美国社会中的矛盾。其次，著作还探究了报刊内部的控制机制，即新闻如何被生产的过程。在分析移民报刊编辑如何筛选内容、选择机会主义方针以谋求更好的生存条件时，帕克实际上比库尔特·勒温（Kurt Lewin）和戴维·怀特（David White）更早地注意到了新闻"把关"的现象。此外，帕克还注意到了报纸对公众和公众心理发挥的注意力捕捉功能。他认为："个人受到无数刺激的冲击，而注意力以这样一种选择机制介入：它在每一时刻决定每个这样的刺激的相对重要性。报界由于成功地捕捉到和聚焦了公众的注意力，因此成为社会控制的一个机关。"（帕克，2011：302）这实质上已经发现了媒介的议程设置作用。最后，帕克对报刊的"控制"研究也开启了传播效果研究的思路，亦是新闻社会学的开端，这种倾向奠定了传播学研究的主流基调（胡翼青，2022：375）。后世的哈罗德·拉斯韦尔（Harold Lasswell）对传播功能的探讨、保罗·拉扎斯菲尔德（Paul Lazarsfeld）对选举的调查等，都延续了传播效果研究的范式。作为"大众传播的第一位理论家"，帕克是当之无愧的。

帕克之于芝加哥学派，后人给予了高度评价。埃弗雷特·罗杰斯（Everett Rogers）认为，他是最能代表芝加哥学派的学者和这个学派的思想领袖。詹姆斯·凯瑞在20世纪末提出的"回到芝加哥学派"、重新建构美国传播学的过程中，也将帕克放在了重要的位置上。而《移民报刊及其控制》这部写作于学派鼎盛时期的作品，也展现了芝加哥学派的特色。在研究目的上，这一著作以美国城市化和移民潮中社会问题的解决为直接导向，探究移民报刊在美国化进程中的作用，具有强烈的问题意识和现实敏感性。在研究方法上，帕克采用了经验社会学的路径，强调基于经验材料的分析而非欧洲的经院式思辨。在这一著作中，帕克不仅剪裁了大量的报刊信息内容，还收录了访谈记录、法院证词、听证记录、往来信函等内容，为读者展现了一个生动真实的移民报界。这种细致而深入的研究传统，为以布鲁默、戈夫曼为代表的第二个芝加哥学派的崛起奠定了良好的基础、提供了方法论指导。在研究主旨上，帕克贯彻了将文化与传播作为社会调解、社会控制的有效手段这一中轴线（柯泽，2013）。传播的社会认同和社会区隔两大社会功能被展现得淋漓尽致。帕克将媒介看作致力于恢复受工业化、城市化和移民侵蚀的大众民主和政治一体化的组织机构，期待通过传播实现社会的整合，这也正是芝加哥学派传播研究的灵魂所在（张军芳，2006）。

任何学术研究都难言是完美的，《移民报刊及其控制》也有着明显的缺陷。在具体的研究操作上，帕克对经验材料的整理只能说是一种原始、粗糙的分析，和科学的质化研究还有相当的差距。在对移民报刊的内容分析中，帕克对四个移民群体的划分并未给出严格的标准，比较随意；在阐释不同读者的关注兴趣时，采用了经验性的判读而非更为科学的问卷调查方法；而在研究移民人口和新增报刊的数据波动时，他也并未采用统计学方法对假设进行检验。这些缺陷一方面受限于帕克所处的时代，美国当时的社会学研究尚非常年轻；另一方面则受制于帕克本人对统计分析的偏见。在学术贡献上，《移民报刊及其控制》更像是一部翔实的社会调查报告而非学术专著，原因在于帕克并未通过该书建构或回应某一种理论。聚焦现实问题固然重要，但这把双刃剑的另一面就是丧失了理论观照的维度。正如胡翼青在该书的译序二中所说，哲学和社会科学知识创新的成果当然要源于生活，但必须通过理性的扬弃而达到高于生活的境地。过分地强调应用于生活的有效性，就会失去学术的创造性。最后，帕克这部著作的一大问题在于其批判锋芒的缺失，它实质上是站在美国政府立场上的对策性研究。在该书的前言部分作者就写道"本书是由纽约卡内基公司提供资金而准备的以美国化方式开展研究的成果"。也就是说，帕克所期待的移民报刊对移民美国化的推动，某种程度上正是在为政权的合法化统治做注脚。这种学术独立性的丧失让这部专著大打折扣。

　　然而，将这种缺憾置于彼时彼地的美国社会时，我们发现库利、杜威、帕克们共同的期待就是现代传媒能够成为一种引导社会进步的力量。帕克期望报刊肩负起社会整合的责任，帮助移民更快、更好地融入美国生活，以实现杜威"共同体"的大理想。这种诉求是朴素和人道主义的，而并非汲汲功利的。正如帕克在该书结尾所谈到的：移民的语言与其记忆一样，是其个性的一部分。这些不是他在奔向目的地的旅途中可能丢失的行李。美国化的目的不是移民的屈从，而是同化。当精神冲突消失，从旧的文化遗产中孵化出新的忠诚时，同化就欣然发生了。作为深受"进步运动"感召的一代人，帕克一生观察和研究了大量的边缘群体和移民社区，揭示他们的生活状况，并致力于提出改善他们困境的对策，这种对底层的关照和人道主义精神彰显了其知识分子的品格，无疑是值得我们学习的。

（曹钺）

参 考 文 献

Park，R. E.，"News as a Form of Knowledge：a Chapter in the Sociology of Knowledge," *American Journal of Sociology*，1940，45（5）．

〔美〕E·M·罗杰斯：《传播学史：一种传记式的方法》，殷晓蓉译，上海：上海译文出版社，2005。

胡翼青：《再度发言：论社会学芝加哥学派传播思想》，北京：中国大百科全书出版社，2007。

胡翼青主编：《西方传播学术史手册（第2版）》，北京：北京大学出版社，2022。

柯泽：《帕克社会学理论中的传播思想及其反思》，《武汉大学学报（人文科学版）》，2013，66（3）。

刘海龙：《大众传播理论：范式与流派》，北京：中国人民大学出版社，2008。

〔美〕罗伯特·E·帕克：《移民报刊及其控制》，陈静静、展江译，北京：中国人民大学出版社，2011。

〔美〕迈克尔·舒德森：《发掘新闻：美国报业的社会史》，陈昌凤、常江译，北京：北京大学出版社，2009。

张军芳：《经验社会学路径下的传播研究——论罗伯特·E·帕克的传播研究》，《现代传播》，2006（2）。

拓 展 阅 读

〔美〕罗伯特·E. 帕克：《新闻与舆论：罗伯特·E. 帕克论文选》，刘娜译，北京：中国传媒大学出版社，2022。

〔美〕W. I. 托马斯、〔波兰〕F. 兹纳涅茨基：《身处欧美的波兰农民：一部移民史经典》，张友云译，南京：译林出版社，2000。

沃尔特·李普曼

《幻影公众》

"当今的普通公民就像坐在剧院后排的一位聋哑观众，他本该关注舞台上展开的故事情节，但却实在无法使自己保持清醒。"（李普曼，2013：3）《幻影公众》的第一句话，就让人深深地感受到沃尔特·李普曼（Walter Lippmann）对美国式民主的怀疑。与 1922 年出版的《舆论》相比，《幻影公众》对于民主的"想当然"的主体——普通公众的态度更加悲观。如果说《舆论》只是提及公众喜欢以刻板印象的方式来理解外部世界的话，那么在《幻影公众》一书中，李普曼干脆指出，以公众的信息接受能力和判断能力，根本没有资格成为美式民主政治体制的行动主体，他们只是公共事务的局外人。该书一问世就引发了巨大的争议，赞成和反对的声音针锋相对。不过，任何经典的文本都不能仅仅用观点的对与错来进行评判，经典之所以为经典，也在于它能够不断地激发人们与之进行观点的对话与碰撞。因此，《幻影公众》一书毫无疑问是一部受众研究的经典之作。

一、成书背景

沃尔特·李普曼 1889 年 9 月 23 日出生于美国纽约的一个富裕家庭，是德国犹太移民的后裔。1906 年，成绩优异的李普曼免试升入哈佛大学。大学二年级时，他在校刊《倡导》上发表了一篇评论，抨击巴雷特·温德尔（Barrett Wendell）的作品《特权阶层》，受到哲学家威廉·詹姆斯的赏识，詹姆斯亲自跑到学生公寓向李普曼表达赞许，之后两人常常饮茶叙谈，成为忘年之交。大学期间，李普曼仅用三年时间就修完了四年的课程，提前一年获得学士学位。

1910年，李普曼获学士学位后以在《波士顿平民报》的见习开启了记者生涯，后被著名的"扒粪记者"、《人人杂志》主编林肯·斯蒂芬斯（Lincoln Steffens）选为秘书，参与写作揭开华尔街内幕的各种文章，随后成为《人人杂志》的得力记者。不久以后，李普曼开始为《国际》《大众》《号角》等持社会主义观点的杂志撰写社论和文章，成为专栏作家，并逐渐开始出版学术著作。他于1913年发表著作《政治序论》。在看到李普曼的作品后，西奥多·罗斯福（Theodore Roosevelt）称李普曼是那个时代"最有才华的年轻人"。1914年，李普曼担任了刚创办的具有自由主义色彩的《新共和》杂志的副主编，并在采访中结识了伍德罗·威尔逊（Woodrow Wilson）总统。1917年，李普曼接受威尔逊总统的邀请短暂从政，但由于对巴黎和约持不同意见于1919年重回《新共和》杂志工作。

1922年，李普曼与拉尔夫·普利策长谈后转至纽约《世界报》担任编辑，并于1929年升任该报主编。在《世界报》工作的9年时间里，他总共撰写了大约1200篇社论，其中约1/3关于外交事务。1931年，《世界报》停刊后李普曼受聘于《纽约先驱论坛报》，他开设的《今日与明日》专栏持续了36年，成为20世纪美国报刊历时最久、内容最丰富、影响最大的专栏。毫无疑问，李普曼是美国最重要的专栏作家，他的专栏评论被250多家美国报纸和20多家国外报纸刊用和转载，受到各国政府与外交机构的高度重视。正如《李普曼传》的作者罗纳德·斯蒂尔（Ronald Steel）对李普曼的评价：李普曼"并不指挥千军万马，然而他确实有左右舆论的巨大力量"。1958年和1962年，李普曼两次获得普利策新闻奖。1964年，美国总统林登·约翰逊（Lyndon Johnson）授予李普曼"总统自由勋章"。授勋书上写道："他以精辟的见解和独特的洞察力，对这个国家和世界的事务进行了深刻的分析，从而开阔了人们的思想境界。"李普曼有机会成为政治家、思想家、大学教授，但他最终选择将新闻作为一生的志业。

在从事新闻业的同时，李普曼从来就没有远离过政治。他几乎与20世纪所有欧美国家最重要的政治领袖有交往，在长达半个世纪的时间内，他一直是白宫的重要智囊。也正是因为如此，他比一般的政治研究者了解更多的内幕和真相，这使他始终站在局内人和精英阶层的角度看待世界。

李普曼一生共出版了31本著作，1922年出版的《舆论》一书是其中最为著名和流传最广的著作。作为《舆论》的姊妹篇，《幻影公众》是《舆论》一书逻辑的延续。在《舆论》看来，公众头脑中的世界图景之所以只是一个拟态环境，并不真实，既是因为这个图景是由新闻媒体报道的选择性造成的，也是因为公众本身的偏见。《舆论》一书着重关注和批判了新闻媒体在制造公众头脑中的世界图景时扮演的角色，而《幻影公众》则试图顺着公众的"刻板印象"这一线索批判公众作为局外人在公共事务方面的无知和不专业，并进而批判美国民主政治的缺陷。所以，《幻影公众》一书的核心内容在李普曼写作《舆论》一书时便已经处于反复推敲中。根据《李普曼传》的描写，李普曼对《舆论》一书提出的"普通人是否能够对公共事务做出明智判断"这一问题的模棱两可的结论不太满意，为此，他在写《舆论》的结尾时改了好几遍。当《舆论》一书获得赞赏后，李普曼决定正视那个模棱两可的问题。1923年6月初，李普曼夫妇从纽约前往韦丁河村避暑，谢绝几乎所有访客。除了每天早上给《世界报》写社论外，其他醒着的时间李普曼都在写书。到了夏末，一部10万字的书稿初步完成，此后经过删繁就简，书稿在1925年出版，这便是《幻影公众》。

二、倡导民主现实主义

自启蒙主义时代强调天赋人权开始，西方民主理论便赋予公民以至高无上的权力。然而，李普曼在本书中彻底击碎了传统民主理论所塑造的神话般的公众形象，展现了一个令人失望却更接近事实的公众形象，即公众之于公共事务，不仅不专业，而且完全就是局外人。这样的人不适合作为行动的主体参与公共事务，因此最现实的民主推进方案就是让局内人操盘，公众只需要选出最合适的代理人，共享民主政府取得的成果即可。

那么，在李普曼看来，公众在公共事务中到底是一个什么样的形象呢？一言以蔽之，公众是一群茫然而不知所措的存在。他指出："作为一位普通公民，他不知道究竟发生着什么，谁在操控着一切，自己将被带往何方。没有任何报纸给他相应的背景报道，帮他把握这些；也没有任何学校教他如何想象这些；他的理想通常与这些事务无法契合；他发现，聆听演说、发表、前往投票，都不能让他获得这些事务的能力。他生活在一个看不清、搞不懂、不辨方向的世界里。"（李普曼，2013：3—4）甚至，在《舆论》一书中被委以重任的专家，李普曼也表示了不信任，他认为专家可能只是比普通百姓略胜一筹，他们同样有偏见，所以关键不在于公共事务的参与者有没有专业知识，而在于是不是局内人，不了解内幕的专家也同样是茫然的局外人。公众在庞大的社会机器面前，茫然不知所措。这些观点说明当时李普曼的社会观具有明显的大众社会理论色彩，这种社会理论认为公众只是社会中孤立无援、原子式的个体。而这种大众社会理论的一个臭名昭著的推论就是"魔弹论"。

李普曼通过展现美国大选不到一半的选民参与投票的例子指出民主机制运作的弊病，表明公众根本没有时间，也没有兴趣关注所有的公共事务。投票的选民通过选票上简单的一个勾，根本无法表达他们复杂的诉求，何况有的人还随意勾选或者不参与投票。因此，在李普曼看来，选举不过是场游戏，无法成为决定国家命运的公共表达。

李普曼对舆论也同样充满悲观。由众多人形成的舆论意见几乎都是含糊的、混乱的，无法据此行事。因此，与其指望人们联合起来应对危机，不如期待个别局内人采取行动化解危机。至于教育公众更专业地面对公共事务，这也是一种无法实现的理想，因为公众不专业，面对公共事务时没有机会入戏，他们一定是局外人，教育公众最现实可行的做法就是让他们具备辨别局内人的能力。由无知个体组成的混合体并不能给予公共事务持续的引导，传统民主理论将大众视为民主的行动主体实在是荒谬。李普曼断言："在我看来，将公民视为无所不能、至高无上，

28

是十分虚假的理想，是不可能实现的。追求这样的理想只能误入歧途。"（李普曼，2013：23）

那么，公众到底在民主政治中能够扮演什么角色呢？对于民主政治而言，局内人的统治是必需的。一般情况下，当直接责任者无法解决问题时，应当由局内人来处理。应当让公众放下管理国家事务的担子，将公众无法处理的具体事务、政策的设计，交给精英、局内人来处理，从而使社会良性运转。公众舆论只在危机情况中发挥作用，仅需要表达赞同或反对，以遏制顽固的或武断的力量，李普曼认为这已经是公众舆论有效作为的极限了。

那么，公众舆论参与危机解决应当秉承什么原则呢？李普曼提出四大禁忌原则和三个可行原则。所谓四大禁忌原则就是：其一，公众不应当具体执行；其二，公众不应当去洞察问题的内在价值；其三，公众不应对问题进行预测、分析和决定；第四，公众不应掌握解决问题所需要的特殊性、技术性、密切相关的标准（参见李普曼，2013：103—104）。也就是说，在局内人行动的时候，公众作为旁观者即可。留给公众的工作可以概括为三个可行原则：其一，判断行动者的行动是根据已有的规则还是自己的意愿；其二，识别理性的行为或专断的行为；其三，判断行为有没有遵循固有程序（参见李普曼，2013：104）。也就是说，局内人由于处于能够清楚地了解事件并采取行动的位置上，因此有能力做出行动决策，而公众作为局外人，只需选出有能力的局内人即可。

要最大限度地发挥解决公共问题的能力，经常关注社会问题，并希望避免自己无知的公众只需要回答两个问题：规则有缺陷吗？如果规则需要修订，如何选择修订规则的代理者？李普曼认为公众不能在极短的时间内或不知情的状态下回答这两个问题，但公众可以借助公开辩论识别党派偏见者与私利维护者，通过遵从检验与认同检验判断规则是否存在缺陷，运用调查检验扩展理性空间、避免专断的代理者，通过修正程序，提前告知评估规则的前景。这些检验方法能够帮助公众在危机中做出判断，决定对行动者支持还是反对，但如果公众不能用这些检验指导自我行动，那就什么都不要做，让时间自然化解危机。显然，在李普曼看来，公众在公共事务中的参与十分有限，且这种参与取决于他们的判断能力。

前述四大禁忌原则和三大可行原则便是著名的"民主现实主义原则",主张旁观者与行动者的分离,认为作为旁观者的公众只在危急时刻才有必要参与对抗专制,在其他时候只需做自己该做的事情,关注与自身利益相关的部分,只要将个人的事情做好就是为社会做贡献了。"人们只专注于与自己利益最为密切的事情,个体劳动者的价值在于他们的努力可以不断提升整个社会的生活水平。我并不看重公众舆论和大众行为能做什么。"(李普曼,2013:146—147)也就是说,在李普曼看来,明智的公众最好不要积极参与政治,履行好民主政治给他们设定的程序、提防代理人对权力的滥用和不滥用自己的权力就是万幸。公众最低限度地参与民主政治,才是现代社会有效运作的前提。

不过,尽管忧虑地指出传统民主政治面临的困境,但李普曼仍然强调民主的重要性。他指出:社会一元论建构的是虚假的统一性,所谓的统一不过是统治者将自我的意志强加给所有人。李普曼毫不留情地戳破了一元论的假象,指出集权社会不过受控于一个虚假的故事,即统治者是公众意志的代言人,越是在集权统治的社会,人民参与讨论并给出思考意见的可能性就越小。也因为这样,李普曼在参与式民主和集权社会之外勉强开辟出了第三条道路,而这条道路最终被美国的国家机器所采纳。

三、"李杜之争"

谈及李普曼的舆论思想和民主现实主义原则,绕不开著名的"李杜之争"。"李杜之争"指的是约翰·杜威与李普曼就公众问题发生的争论,尽管他们都是传统民主理论的批评者,但他们提出的解决方案导致了现实主义和社群主义两种完全不同的民主政治的路径。所谓的"李杜之争"其实是詹姆斯·凯瑞的发明,在凯瑞看来,李普曼与杜威的民主观和由此生成的传播观是对立的,因为杜威将李普曼的观点称为"用文字表达的对民主制最有力的起诉"(斯蒂尔,2008:162)。不过,也有人认为,这是凯瑞出于自身目的建构的结果,这句话其实也可以被看作杜威对李普曼的盛赞。

事实是，李普曼的雄文一出，杜威立即写了一篇书评给予积极回应，准确地说，李普曼对公众的批判也是杜威深有体会的现实，因此杜威声称"幻影公众"是个"合理的概念"，而李普曼"对真正的'知识问题'所做出的论述比专业认识论哲学家的论述更有意义"（威斯布鲁克，2010：311）。而且有趣的是，杜威的书评是所有对该书的书评中态度最为肯定和积极的一篇。从这篇书评可以看出，对于困扰李普曼的"幻影公众"的问题，杜威也同样感到困惑，而且一旦杜威承认了这个前提，也很容易对美国的民主理论和实践失去信心。

作为美国最卓越的哲学家之一，杜威当然没有那么容易失去对民主的信仰，他渐渐找到了破解"幻影公众"难题的对策。1926年，在《幻影公众》出版的次年，杜威在俄亥俄州凯尼恩学院做了一系列演讲，直接回应了李普曼《舆论》与《幻影公众》中的观点。这些演讲在1927年汇集成《公众及其问题》一书。从这本书的主要思想来看，杜威把"幻影公众"的问题想通了。杜威认同李普曼对民主现实问题的分析，认为公众并非无所不能，亦不具有参与决策的能力，但公众并非孤立存在的个体，而且他们也不是固定存在的大众，他们是因为某些公共事件被组织起来的短暂存在的群体。之所以他们能够被建构为一个整体，是因为他们更了解自我利益，知道该怎样维权。

在这里，美国当时最重要的黑格尔研究者——杜威展现出与现象学相似的哲学立场，即民主也好，公众也好，它们是在交流中生成的，而不是天然存在的。也就是说，李普曼说的公众是一个个的"存在者"，而且是天然的"存在者"，是实实在在的实体；而杜威说的公众，则是"存在"，这种"存在"需要在特定的中介场景中才会生成为"存在者"，否则就是"虚无"。这大概就是一个交流哲学家和一个新闻工作者的根本区别所在。基于这样一种判断，杜威当然会强调交流和参与的重要性，并将其作为民主生成的前提，杜威也当然会倡导沟通与参与是促进协商互动、增加社会资本、巩固民主的基本途径。杜威显然不可能像李普曼那样退回到精英治国的道路上去，更不会视大众为民主之威胁，企图将其排除在日常政治运作之外。"作为一位民主现实主义者，李普曼与杜威具有最大相似度。杜威利用了李普曼对民主困境的描述和解释，但却否定了李普曼提出的解决方案。"（威斯布鲁克，2010：311）

尽管李普曼和杜威在反对传统民主理论上有相似之处，但他们的差异（但不是截然的对立）是客观存在的，所以他们提出了实现现代民主的两条完全不同的道路。正如胡翼青所说："李普曼把公众看作是一个固定的群体，而杜威则把他们看作是社会事件的动态产物；李普曼把民主看作是一套固定的秩序，而杜威则把民主看作是一个动态的社会过程；李普曼把正确与秩序作为民主的第一要义，而杜威则把平等、公平和自由作为民主的第一要义；李普曼认为，只要满足消极意义上的民主就已经相当不错，而杜威却认为实现公众积极的民主非常重要。"（胡翼青，2012：255）

从某种角度来看，杜威民治主义的观点体系显然比李普曼更具学理性，但事实上它从未得以真正实现。杜威呼唤的是一种民治政府，强调自治的重要性，是一种激进和彻底的民主思想；而李普曼则呼唤一种带有福利国家色彩的民享政府，在李普曼看来，自治只是民主社会的小善，必要时完全可以放弃，自治不是首要的，首要的是"这种统治能否提供一定的基本医疗、体面的住房、日用品、教育、自由、娱乐以及美"（威斯布鲁克，2010：317）。"现在看来，杜威的那一套参与式民主的理论虽然很是吃香，也赢得了社会各界的尊重，尤其是在当前更是受到学界追捧，但从来没有成为现实社会程序的主流；李普曼的那一套社会控制理论被学界甚至政界不断批判，但总是占据主导的位置，受到统治阶级和社会精英的高度认同，成为了他们的集体记忆和思维定势。"（胡翼青，2012：256）而且，与杜威的理论极为相似的尤尔根·哈贝马斯（Jürgen Habermas）的交往理论也有几乎同样的问题。所以，参与式民主或者说民治主义在实践中到底出了什么问题，因此无法在现实中被推行？

笔者认为，问题就出在公众的"生成"上。当公众抱着个人利益的目的被组织起来介入公共事件时，生成的可能并不是平等、公平和自由的民主诉求和行动，更多地可能是暴力和破坏。当杜威给了公众以"生成"的绝对自由时，却忘记了限定公众"生成"的社会框架。在这种社会框架中，生成的公众可能不是参与式民主的理性公民，更没有理论意义上的交往理性。事实上，杜威的公众和勒庞的"乌合之众"在社会实践中没有绝对的界限，而公众的生成所依赖的各种媒介物，则可能像吉特林所说的那样，将参与民主的行动推向民主的反面。在这里，杜威有黑格尔现象学作为加持，却几乎未运用黑格尔的辩证法，所以他的民治政府和激进的民主主义只能是形而上世界中的理论推断。

四、评价与反思

《幻影公众》作为《舆论》的续篇，获得的反映远没有《舆论》那么积极。根据罗纳德·斯蒂尔的描述："《幻影般的公众》一书很快就绝版了，在后来的岁月里，事实上是被人们遗忘了。人们对它的忽略是不幸的，因为它是李普曼论证最为雄辩和最富有启示的著作之一。"（斯蒂尔，2008：191）

之所以会出现这样的结果，可能与《幻影公众》文本本身的特点息息相关。一方面，该书实际上是一篇比较枯燥的长篇社论，写法类似于勒庞的《乌合之众》，观点很独特，但论证很单薄；另一方面，该书的情感基调与美国的社会现实也并不合拍。美国是一个民主拜物教的国家，对民主充满了进步主义的乐观主义情绪，民主在美国不仅是一个美好的童话，还是一个不容置疑的神话。《幻影公众》就像是《皇帝的新装》中的童言无忌，狠狠地打了自证优越性的美国学界的脸。

在《李普曼传》中，斯蒂尔列举了史莱辛格、门肯，甚至是李普曼在哈佛的老师沃拉斯对李普曼的批判。"在当时的美国，支持李普曼观点者少，反对者众。"（斯蒂尔，2018：中文版译者序）这些批判甚至可以说是痛心疾首，因为李普曼所撼动的并不仅仅是一种学术观点，还是一种信仰。在这些人看来，李普曼关于"公众愚昧无知和不可教诲"的观点很有可能动摇美国的民主梦。此外，更让学者们不满的是，在《舆论》中，学者们还作为专家被委以精英治国的重任，而到了《幻影公众》这里，他们也都成了局外人。他们质疑李普曼：谁是局内人？谁是局外人？有没有界限？标准是什么？当然，相较于李普曼和杜威关于公众的深入探讨，这些批评意见并不值得重视，而这些批评者的行为恰恰说明学者们也都是具有刻板印象的"幻影公众"。事实证明，美国走的就是李普曼定下的民享政府和民主现实主义的道路，而批判者眼中神圣的民主，不过就是高效的行政管理，不过是物质主义和优厚的社会福利。

但李普曼的大众社会理论，确实有可以检讨之处。它把受众看作原子式的个体，与社会缺乏有机联系，这种看法被后来的美国大众传播学研究所证伪。李普曼的公众观，虽然对包括拉斯韦尔在内的许多社会科学家产生了重要影响，但事实证明，公众与社会的有机联系从没有真正中断过。李普曼对公众的怀疑主义和悲观主义使其政治理论放弃了公众，走向了社会精英的专制。把一切公共事务都交给局内人去操作，不可避免地会出现代理人对被代理人的绝对统治，这样的社会也许不一定有独裁者，但一定会有高高在上的权力精英阶层。不幸的是，这样的社会形态确实活生生地出现在新自由主义盛行的当代美国。这样的社会形态，汉娜·阿伦特（Hannah Arendt）曾有过深刻的批判，本文不再赘述。

（郭小安、甘馨月）

参 考 文 献

胡翼青：《传播学科的奠定：1922—1949》，北京：中国大百科全书出版社，2012。

〔美〕罗伯特·威斯布鲁克：《杜威与美国民主》，王红欣译，北京：北京大学出版社，2010。

〔美〕罗纳德·斯蒂尔：《李普曼传》，于滨等译，北京：中信出版社，2008。

〔美〕沃尔特·李普曼：《幻影公众》，林牧茵译，上海：复旦大学出版社，2013。

拓 展 阅 读

〔美〕沃尔特·李普曼：《舆论》，常江、肖寒译，北京：北京大学
出版社，2018。

〔美〕约翰·杜威：《公众及其问题》，本书翻译组译，上海：复旦
大学出版社，2015。

哈罗德·拉斯韦尔

《世界大战中的宣传技巧》

尽管很早便有人关注与宣传相关的各种传播活动，但真正以一种科学的方式研究宣传技巧的却是从哈罗德·拉斯韦尔开始的。拉斯韦尔将宣传与武器、人员并列为决定现代战争走向的三大要素，从而将宣传的重要性提到了一个前所未有的高度。人们从拉斯韦尔那里不仅看到了宣传的重要性，而且由宣传的研究渐渐意识到了传播研究的重要性。因此，单是凭借《世界大战中的宣传技巧》，拉斯韦尔也无愧于美国传播学奠基者的称号。与《舆论》《移民报刊及其控制》一样，这本诞生于1927年的专著，成为传播学的奠基之作。

一、成书背景

拉斯韦尔1902年出生于伊利诺伊州。这位社会科学的"神童"，自小阅读广泛，这为他以后形成跨学科的视野奠定了基础。拉斯韦尔的叔叔在他很小的时候就将弗洛伊德1909年在克拉克大学的演讲集作为生日礼物送给他，使之对精神分析学说产生了长达一生的兴趣。据说拉斯韦尔还是一个中学生时，就给当时芝加哥学派的旗手人物约翰·杜威去信请教未来的人生方向，还与之亲切交谈了一个下午。拉斯韦尔16岁中学毕业，以优异的成绩进入芝加哥大学，主修经济学。4年以后的1922年，他师从芝加哥大学政治学系主任查尔斯·梅里亚姆（Charles

Merriam）从事政治学研究，据说这便是杜威回信建议他未来从事的学术方向。《世界大战中的宣传技巧》便是 1926 年他被授予学位时的博士论文。

政治学发展到梅里亚姆，出现了比较重要的转折。受到行为主义心理学的影响，梅里亚姆主张政治学不应当被历史的、法律的或哲学的方法所支配，而应当转向计量心理学。也就是说，政治行为以及政治态度而不是政治思想才是政治学研究的对象。尽管梅里亚姆自己并没有真正成为一个定量的政治学学者，但拉斯韦尔显然受到了他的影响并打算将导师的研究范式进行到底。当然，受限于定量研究方法在当时的发展，拉斯韦尔到二战前后才真正将量化的方法如定量的内容分析运用于他的研究之中，但这并不妨碍他在博士论文的写作过程中便成为行为主义政治学的奠基人之一。

拉斯韦尔的选题就体现出了行为主义政治学的问题意识。由于第一次世界大战的爆发，学者们开始对国际宣传及其在国际政治中的作用越来越感兴趣，其中德国学者和美国学者尤其如此。一战期间，梅里亚姆曾在美国的战时宣传机构——公共信息委员会工作，因而他对交战国的国际态度和战时宣传以及宣传带来的公众心理反应颇为敏感，这也是梅里亚姆对政治思潮和政治哲学不感兴趣的原因，他认为政治学研究就应该是像国际宣传这样的政治行为。深受精神分析和行为主义影响的拉斯韦尔，从一开始便同样对宣传这样的政治行为和公众政治心理这样的心理问题充满了兴趣，此后终身致力于回答它们二者之间的关系问题。在拉斯韦尔看来，以往政治学的思辨研究是一种错误，从研究问题到研究方法再到理论运用都需要检讨，他所研究的宣传技巧，就是对思辨研究及其对象的一种反拨。用拉斯韦尔的话来说，他对战时宣传的研究并不是离开理论去度假，而是探寻正确理论的一次操练。

1923 年，拉斯韦尔第一次去伦敦大学获取支持自身博士论文的资料，此后他又分别在 1924 年和 1925 年造访了日内瓦大学、巴黎大学和柏林大学，访谈了亲历一战的学者和官员，并查阅了大量由不同语言构成的文本资料。在这一过程中，他接触到了李普曼关于舆论的研究，也许是因为持有更为相似的政治立场和学术立场（李普曼也深受非理性主义心理学的影响），自此他开始倾向于在政治上更为务实的李普曼，而与他的精神导师杜威的政治哲学渐行渐远，尽管后者也倡导用科学的方法为政治学研究服务。1927 年，《世界大战中的宣传技巧》正式出版。在书中，拉斯韦尔彻底抛弃了杜威的民治主义思想，而皈依了李普曼的民主现实主义，这也算是对杜威多年来精神引导的最后交代。

二、拉斯韦尔眼中的宣传

《世界大战中的宣传技巧》一书的结构比较简单，逻辑非常清晰，它总的来说就是在回答三个问题：什么是宣传；宣传具有何种作用；什么是有效的宣传技巧与方法。

在文章的开篇，拉斯韦尔就给宣传下了一个经典定义，他认为宣传就是"通过故事、谣言、报道、图片以及社会传播的其他形式，来控制意见"。所以，"宣传关注的是通过直接操纵社会暗示，而不是通过改变环境中或有机体中的其他条件，来控制公众舆论和态度"（拉斯韦尔，2003：22）。

在拉斯韦尔看来，宣传在第一次世界大战中扮演了极其重要的角色，因为一旦爆发国家间的战争，一个国家想要赢得战争，除了动员整个国家的国民使之同仇敌忾外，没有任何更有效的办法。而国内舆论的统一是无法用军事训练和人身控制来实现的。由于和平是人们心目中社会的常态，因此想要让多数民众支持国家投入战争甚至自身也义不容辞地响应号召参军，就需要宣传。所以，"所谓宣传，其实就是思想对思想的战争"（拉斯韦尔，2003：23）。在这里，战时宣传便成为对抗敌人的三大武器之一，与军事压力和经济压力并列。战争宣传的一大主要功能是让国内舆论支持本国政府和军队，仇视敌国政府和军队，从而通过舆论共识全面动员人力与物力的投入；另一大主要功能就是瓦解敌方的士气，动摇敌国的舆论共识。"宣传同样也是一种主动而有效的武器，它的主要功能是通过强化沮丧、幻灭和挑拨离间来摧毁敌人的意志力。"（拉斯韦尔，2003：173）

长期以来，在西方社会，宣传是一个贬义词。拉斯韦尔笔下的各国的宣传方式，也多半是造谣中伤和无中生有，但有趣的是拉斯韦尔主张用一种积极的态度来对待宣传。他像尼采一样宣称，旧有传统社会的君主专制、阶级特权和个人忠诚已经不复存在，一个分化而随意的社会正在来临，只有宣传才能维系新时代的社会秩序。"在大型社会中，战舞的熔炉已不可能熔化个人的随意，必须有一种新的、更加巧妙的工具将成千上万，甚至上百万的人融合成一个具有共同仇恨、意志与希望的集合体。……这种统一社会的新型锤子和铁砧的名字就是宣传。"（拉斯韦尔，2003：177）所以他认为，在正在来临的现代社会中，宣传是一种最强有力的工具。这一切导致拉斯韦尔认为政治学研究应当高度重视对宣传机制的研究："说明宣传的运作机制就是揭示社会行为的秘密原动力。"（拉斯韦尔，2003：177）

拉斯韦尔对宣传的积极态度贯穿他的一生，始终没有发生改变。在冷战大幕拉开后，拉斯韦尔再次强调了意识形态斗争中宣传（那时已经被改称为传播）的重要性：

> 今天，世界政治的权力结构深受意识形态冲突和美苏两大国的影响。两国的统治人物都把对方看作潜在的敌人，不仅认为国家之间的分歧可能要通过战争来解决，而且紧迫地感到，对方主流意识形态会诉诸本国的不满分子，削弱本国统治阶级的权力地位。……在这种情况下，各方的统治集团都非常警惕对方，并把传播作为保持权力的手段之一，因此传播的功能之一，就是提供关于对方的行动和实力的情报。由于害怕自己的情报渠道被对方控制，导致情报被截留和歪曲，于是出现了诉诸秘密监视的倾向。因此，国际间谍活动的强化超出了和平时期的通常水平。还努力封锁消息，以对付潜在敌人的侦察。此外，传播还被用于积极地同对方境内的受众建立联系。（张国良，2003：205）

三、战时宣传的各种技巧

当然，在拉斯韦尔看来，要想充分地实现宣传的上述功能和结果，就必须有效地组织宣传。在大量经验事实的支持下，拉斯韦尔从宣传的组织方式，到宣传的主题，再到宣传的有效步骤都做了非常详尽的分析。

拉斯韦尔指出，战时宣传最好要统一管理，因为不统一不仅会导致大量重复劳动，还会因不同部门的分歧产生风险。统一的方式，可以是一个人主管，也可以是一个委员会主管，当然也可以由全体参战部门召开联合记者招待会。在一战中，美国成立了乔治·克里尔（George Creel）负责的由陆军部长、海军部长和国务卿共同组成的"公共信息委员会"；英国则在1914年设立了一个新闻局，并在此后不停地变动机构名称；而德国人似乎更青睐各部门我行我素，他们的合作主要体现在每周举行的两到三次联合记者招待会上。拉斯韦尔显然对后两种宣传组织方式的效率表示失望。他暗示，第一次世界大战中宣传领域的明星几乎都是新闻工作者，既然最重要的宣传是对内宣传，那么管理宣传和从事宣传的个体就不应该从官员而应当从更了解舆论的新闻工作者中挑选。

拉斯韦尔还认为，有效的宣传必须建立在清晰的主题上。他指出，在战时宣传中，"如果宣传家打算鼓动人民的仇恨，那么他必须确保所有发出的信息都是在确立敌人应为战争负完全责任。这一主题必须始终是宣传的核心思想"（拉斯韦尔，2003：49）。在这一前提下，对不同阶层的人可以有不同的诉求。拉斯韦尔认为，中产阶级和自由主义势力比较容易接受政治性或法理性的战争目标。他指出："一场为了维护国际法的战争既能赢得中产阶级道德上的认同，又能避免与任何阶级事务产生瓜葛。"（拉斯韦尔，2003：65）而极右翼与社会底层则更容易被民族主义支配："另一种具有一般性的战争目标能够赢得更广泛的支持者。一个国家的集体自我中心感，或民族优越感，使得战争能够被解释成保护和传播他们自己的高级文明的斗争。"（拉斯韦尔，2003：65）总的来说，拉斯韦尔认为，对于不同社群，宣传一定要投其所好，让他们感到战争对其具有重要的意义或利益，不能让他们对本国失去信心。

与此同时，对于敌人，宣传的主题似乎就完全不同："当公众相信，是敌人发动的战争，并且是他们阻碍了永久的、有利的以及神圣的和平时，宣传家就已经实现了他的目的。"（拉斯韦尔，2003：73）所以，在一战期间，几乎所有的国家都在努力将敌人塑造为残暴的、背信弃义的和卑鄙的，敌人的宣传都是在撒谎。而且敌人是软弱的，他们没有本国军队那样的决心和坚韧，最终的胜利一定属于本国和盟军。当发现有离间敌人的机会时，尤其不能放过。比如发现德国与奥匈帝国之间有矛盾时，英法联军的宣传机器就会毫不犹豫地设法放大他们的矛盾以达到使之离心离德的目的。

敌国当然也会发布不利于凝聚本国民心的反面宣传，对于不利于本国的消息，一定要谨慎对待，断然否认并非长久之计，承认与辩解可能更为有效。拉斯韦尔总结了各国的几个常用方法，得出的经验是：用好消息抵消坏消息的影响往往更有作用；对可能造成不利影响的事件要给公众打预防针；对于坏消息的发布要有一系列的铺垫；必要的时候还可以转移公众的注意力。直到今天，这些仍然是危机公关经常采用的做法。

至此，拉斯韦尔总结道，战时宣传就是要实现四个目标：

1. 煽动对敌人的仇恨。

2. 保持与盟国的友好关系。

3. 保持与中立国的友谊，在可能的情况下争取他们的合作。

4. 瓦解敌人的斗志。（拉斯韦尔，2003：161）

而要实现上述目标，必须做到：

1. 引起特定群体的兴趣。

2. 抵消不利的观点。

3. 在实现战略目标之前避免有可能招致反驳的谎言。（拉斯韦尔，2003：164）

四、评价与反思

尽管在撰写博士论文时，拉斯韦尔的思想还不够成熟，而且确实在理论上没有建树，但这篇论文用其全新问题域与研究视角开启了政治学研究的新时代。通过拉斯韦尔，宣传这种借助现代媒体野蛮生长的政治传播方式真正步入了学界的视野。拉斯韦尔将宣传置于传统社会的游戏规则被破坏的现代社会基础之上，认为这种象征性的符号事件已经成为现代社会秩序的组织方式，我们需要搞清楚它的运作机制。这些都体现了拉斯韦尔出众的学术想象力。对宣传技巧的研究使拉斯韦尔的论文在当时独树一帜，开创了政治学新的研究范式，也正因为如此，《世界大战中的宣传技巧》成为分水岭式的里程碑之作。

《世界大战中的宣传技巧》与以往政治学研究的不同之处在于以下两个方面：其一，它并不关注政治思潮或各种政治意识形态，而是更关注现代性社会政治行为的运作机制；其二，它将现代社会中的公众和舆论问题纳入了主流政治学的研究框架，帮助政治学迈入了大众心理学的时代："在 20 年代，美国政治学中最大的一股热潮就是把心理学理论应用于政治研究，这也是梅里安所极为重视的一种研究。梅里安鼓励自己的学生哈罗德·古斯内尔和哈罗德·拉斯韦尔在此领域进行研究，而拉斯韦尔成为了美国以心理学方法研究政治行为的学者中最知名的一位。"（威斯布鲁克，2010：298）

对政治的社会运作的兴趣和对大众心理的兴趣暴露了对拉斯韦尔影响最大的两种学术思潮，他同时认同那个时代流行的两种观点相反的心理学思潮：行为主义与弗洛伊德主义。这大概是很多优秀学者的通病：他们的理论框架与经验研究的着力点往往是二元对立的。

当约翰·华生（John Watson）还在芝加哥大学哲学系的心理学实验室观察小白鼠的时候，他已经确立了真正科学的心理学的标准：只有一切可以被测量的行为才是心理学研究的对象。意识的不可测量性，使华生没有任何兴趣将其纳入心理学研究的范围。而当西格蒙德·弗洛伊德（Sigmund Freud）还跟着哈里·沙利文（Harry Sullivan）在法国学习精神病学时，他就断定，在人的意识之外，还有更深层次的精神能量，那就是潜意识。在阅读了《乌合之众》以后，弗洛伊德更是坚定地认为，集群活动中体现出来的非理性是潜意识被释放的结果。所以这两种理论从一开始就是从一个起点出发的南辕北辙。这两种理论都在各自擅长的范围内很有解释力，但在对方擅长的范围内毫无用武之地。

但在李普曼的启发下，拉斯韦尔将华生行为主义的"刺激—反应"模式作为其宣传研究的框架，又将精神分析用于讨论公众的政治心理，最后居然将两者统合在了一起，开创了政治心理学的研究领域。"拉斯韦尔创建了政治心理学领域。他1930年的著作《精神病理学与政治学》在着手将心理学和政治学进行交汇方面是一个关键性的出版物。"（罗杰斯，2002：217）

根据弗洛伊德等人的观点，拉斯韦尔认为，在现代社会中民主是危险的和不现实的。因为从精神分析和法国的群体心理学研究来看，公众是低智商的，他们对信息刺激的反应是非理性的和情绪化的。他宣称："这个世界上的公众相对说来还比较弱小和不成熟，部分地是由于它得服从情绪领域，而在该领域，政策是不允许争论的。……那些情绪集团形成一个网络，他们的行为构成集群，容不下异议。"（张国良，2003：208—209）对此，威斯布鲁克的评价是："拉斯韦尔运用心理分析的方法，直接对积极参与活动的人进行分析。他得出的结论是，公开的政治行动是私人、无意识、非理性心理内驱力的投射。"（威斯布鲁克，2010：300）当拉斯韦尔得出这样的推论，那么用宣传控制非理性的公众当然是极有必要的，民主的学说只不过是一种盛行的意识形态，其虚伪的本质会暴露在科学宣传研究的追问之下。他深信民心是可以操控，也必须要操控的，就像他借别人之口所说的那样："民主国家（事实上所有的社会）是由一个看不见的工程师控制的。"（拉斯韦尔，2003：178）然而，在科学心理学的框架里运用非理性主义心理学得出的结论，还能是科学吗？拉斯韦尔对精神分析心理学的痴迷与应用使他最终落入伪科学的窠臼。他关于宣传的结论既不能被证实，似乎也不能被证伪，还没有理论性，更像是一种意识形态的创立。

拉斯韦尔的理论的伪科学性还体现在他的研究态度上：他几乎从来

没有做到过价值中立。尽管在《世界大战中的宣传技巧》一书中，作为博士生的拉斯韦尔还没有完全丧失其学理追求，还能够给宣传的概念下个中立的定义，还更多地专注于发展一个宣传研究的框架，但该书后半部分已经体现出了他的民族主义政治立场。他不关注宣传的内容与真相的关系，而只强调宣传与宣传者之间目的与手段的一致性。抛开了政治哲学的伦理底线，强调政治学科学化的拉斯韦尔在走向御用文人的道路上策马扬鞭。到第二次世界大战前后，由于受到官方的全面资助，拉斯韦尔的宣传研究已经面目全非，他已经成为一个捍卫冷战意识形态的斗士。高海波精准地描述了拉斯韦尔的宣传研究史："献身于同敌对意识形态的斗争，几乎就成了拉斯韦尔大部分研究生涯尤其是传播研究活动的写照。20世纪20年代，他表达了对资本主义民主前途的深深忧虑，提出了把宣传作为解决西方世界由于自由放任主义而导致的社会问题的一剂良方。20世纪30年代，他对芝加哥地区共产党的宣传活动做了研究，积极为政府当局寻找对策。20世纪40年代他在国会图书馆的战时传播项目，使命就是利用内容分析提供关于德国敌人的情报。20世纪50年代他在胡佛研究所的'国际关系中的革命与发展'项目，旨在对世界上的某些主要国家进行监视。"（高海波：2008）而笔者在《传播学科的奠定：1922—1949》一书中，以知识社会学的视角描述了拉斯韦尔的进化史："拉斯韦尔从一个自由主义者变成了右翼保守势力；从一个学术多元主义者变成了实证论者；从一个学者变成了一个御用文人；从一个受马克思学术影响的政治学者变成了一个反共精英。"（胡翼青，2012：191）

从科学研究宣传的目的出发，从捍卫民主的立场起步，拉斯韦尔从《世界大战中的宣传技巧》一书写作的初衷最终彻底走到其反面。

（胡翼青）

参 考 文 献

〔美〕E・M・罗杰斯：《传播学史：一种传记式的方法》，殷晓蓉译，上海：上海译文出版社，2002。

〔美〕哈罗德·拉斯韦尔：《世界大战中的宣传技巧》，张洁、田青译，北京：中国人民大学出版社，2003。

〔美〕罗伯特·威斯布鲁克：《杜威与美国民主》，王红欣译，北京：北京大学出版社，2010。

张国良主编：《20世纪传播学经典文本》，上海：复旦大学出版社，2003。

高海波：《拉斯韦尔五W模式探源》，《国际新闻界》，2008（10）。

胡翼青：《传播学科的奠定：1922—1949》，北京：中国大百科全书出版社，2012。

拓 展 阅 读

〔美〕哈罗德·拉斯韦尔：《政治学：谁得到什么？何时和如何得到？》，杨昌裕译，北京：商务印书馆，1992。

〔美〕哈罗德·拉斯韦尔：《社会传播的结构与功能》，何道宽译，北京：中国传媒大学出版社，2012。

刘海龙：《宣传：观念、话语及其正当化》，北京：中国大百科全书出版社，2013。

爱德华·伯内斯

《宣传》

　　宣传，一个在西方思想史上有着诸多污点的词，却成为爱德华·伯内斯（Edward Bernays）毕生的事业，而他最负盛名的代表作，名字就叫《宣传》。这位"公共关系之父"在他长达 70 多年的职业生涯中留下了许多有关心灵操纵术的神话，以至于当伯内斯 1995 年与世长辞时，《纽约时报》甚至在第一版发布讣闻。本文的兴趣点是，在《宣传》一书中，为了给宣传这种古老的人类传播现象赋予正当性，伯内斯对其进行了哪些建构与再造？

一、成书背景

　　1891 年，伯内斯出生于奥地利维也纳的一个犹太家庭，幼时便跟随父母移民美国，并于 1912 年毕业于康奈尔大学农学院。然而，他十分反感父母为自己选择的农学专业，毕业后也不愿从事相关行业。年轻的伯内斯四处尝试各种工作，曾做过《国家园丁杂志》撰稿者、货船货舱管理员，等等。而真正让伯内斯声名大噪的，是他偶然结缘的宣传事业。

　　1913 年，作为医学评论杂志编辑的伯内斯将法国戏剧作品《残品》引进美国并予以推广。该剧作涉及性病及其治疗，这在当时属于禁忌话题，而伯内斯却偏要"知其不可为而为之"。他一方面通过炒作戏剧的争议点来突显戏剧与医学界伪道学的抗争，另一方面积极利用著名艺术家的名声，获得了斯蒂文·洛克菲勒二世（Steven Rockefeller Ⅱ）、富兰克林·罗斯福（Franklin Roosevelt）等社会名流的支持，最终大获成功。此后，伯内斯让这些手法在艺术界重复上演，屡试不爽，这段经历让伯内斯体验到了宣传的巨大效力。

第一次世界大战的到来进一步激发了伯内斯对宣传的兴趣。1917年，美国向德国宣战。伯内斯由于健康状况入伍无望，但因迫切想要为国立功，他转而寻求机会为美国公共信息委员会（Committee on Public Information，又名"克里尔委员会"）服务，利用宣传技巧来协助美国作战。在这里，伯内斯不仅结识了对他影响至深的舆论专家李普曼，还凭借着自己出色的工作能力争取到了许多工作机会，他因此更加坚定地相信，"战时宣传实践的潜在效用完全可以应用于和平年代的社会活动之中"（伯内斯，2014：46）。

回国后，伯内斯和未婚妻多丽丝在纽约创办了一家公关公司。在业务实践中，公司的合作对象涵盖了各界名流，甚至包括美国前总统约翰·柯立芝（John Coolidge）和赫伯特·胡佛（Herbert Hoover），以及福特、凯迪拉克等大型企业。不仅如此，伯内斯还致力于宣传知识体系的书写，创造了"公共关系顾问"（public relations counsel）这一概念，并在纽约大学开设了历史上首次以"公共关系学"命名的课程。带着丰富的宣传实践经验，伯内斯萌生了通过出书来占据宣传领域主导权的想法。1923年，伯内斯出版了《舆论的结晶》一书，分析了公共关系领域的核心理念与操作技术。尽管这本书问世时市场反应极为冷淡，评价也褒贬不一，但伯内斯认为即使是负面评价也有助于人们关注他的主张（泰伊，2003：129）。延续这一思路，他又于1928年出版了《宣传》一书。为了给《宣传》奠定正当性，伯内斯将《舆论的结晶》中的论题进一步拓展，并且锋芒更甚，将"公共关系"直接称为"新宣传"。可见，《宣传》既是伯内斯先前作品的续作，同时也是他自我营销的重要方式。此书的出版尽管为伯内斯招来了一些批评，却也为他赢得了更多的商业客户。因此，这本书呈现出矛盾的双重面目——既是为了洗清有关宣传妨害民主的负面印象，同时又在向客户大肆展现宣传强有力的控制效果。

二、宣传：何以正当及何以可能

《宣传》不能被视作一部严格意义上的学术著作，全书结构也并不规整，大量的篇幅用以铺陈各行各业的公关案例，从中伯内斯展现出作为一个全能型公关专家对社会生活方方面面的洞见。抛开这些繁复的案例，该书的写作目的及主要内容可以被简要地概括为一个问题——为宣传建构正当性。那么，宣传何以正当？伯内斯从理论与实践两个维度对此进行了阐述。

对于现代社会而言，宣传是必要的。伯内斯指出，随着社会规模的急剧扩张，社会生活的复杂程度日益提高，个体公民卷入艰深的政治、经济和道德问题时，会陷入"发现自己什么结论也得不出来"（伯内斯，2014：36）的窘境。譬如，如果不是政党的存在，公众必将面对数百位候选人，陷入不知投票给谁的混乱；如果不是广告的存在，公众又会陷入琳琅满目的商品迷阵，不知什么东西物美价廉。因此，必须允许存在一种隐蔽的统治机制，使得卓越的少数能够通过宣传的技术性方法，缩小公众的选择范围，制定公众的行为准则，降低公众的思考难度，从而保障民主制度的顺利运行，保障个体的良序生活，并将这些原子化的大多数整合入社会。其中，无论是教育，还是组织协会，或者大众传媒，均属于宣传的技术性方法。

为了与宣传的污名进行切割，伯内斯发明了"新宣传"这一概念，"新宣传不仅考量个体和大众思想，尤其要剖析整个社会中相互交织、错综复杂的组织形态及其忠诚度。新宣传不仅将个体看成社会有机体中的一个独立细胞，更视之为有序融入社会共同体的一分子"（伯内斯，2014：53）。与此同时，伯内斯还明确提出，"对于大众的组织化习惯和观点进行有意识的、明智的操控，乃是民主社会一项重要的构成因素"（伯内斯，2014：35）。通过一系列的推导，伯内斯致力于将宣传与民主和秩序牢牢地绑定在一起，最终从功能主义的角度论证了宣传的正当性——一言以蔽之，宣传是现代性的结果，是对于公众需求的回应，是民主社会整合之必需。

正当性建构的第二种路径，在于宣传的实践。伯内斯通过一系列词源考据及文献的罗列，试图证明"宣传"是一个有着光辉历史的褒义词。在他的追溯中，宣传概念的外延是宽泛的，宗教、政治等任何社群将其信念通过口语或文字昭告天下的现象，均属于这一范畴。相应地，宣传就可以被定义为"一种具有完全合法性的人类活动形式"（伯内斯，2014：48）。

在伯内斯的视野里，古已有之的宣传实践如今遍布社会生活，这本身就说明了宣传的正当性。在商业领域，众多企业因倾轧公众利益而在"扒粪运动"中应声倒地，这使得企业意识到必须重视与觉醒的公众沟通，并通过宣传建立起一种友善、互惠的伙伴关系，以便企业在上市融资、扩张并购等活动中赢得有利的舆论环境。更进一步，在激烈的商业竞争中，宣传还被广泛用于激发消费者的持续性需求。在政治领域，尽管相比于积极进取的商界，政界显得墨守成规，但这并不否认宣传在其中亦大有用武之地。无论是大选，还是解释、推广一项公共政策，政治领袖均需要依靠宣传造势，解决公众政治态度冷漠的问题。可以说，宣传是民主管理的辅助性手段。而艺术、科学等文化领域，难道就是壁垒高筑的象牙塔了吗？在伯内斯看来，宣传定义美丑，时尚是宣传的产物；阳春白雪只有通过宣传才能对公众的日常生活产生影响；科学研究经由宣传才能获得资金支持并创造社会效益。不止经济、政治、文化这些社会基本领域，伯内斯还分章节详述了宣传如今在教育、女性运动以及公益活动等诸多方面扮演的重要角色，如社会公益活动的本质就是宣传，教师应以宣传为业，学术不应被束之高阁……简言之，在现代社会中，宣传实践是如此的重要与普遍。毫不夸张地说，离开宣传人们几乎寸步难行。

宣传实践的道德性再一次有力地加固了其正当性。伯内斯声称，"宣传之好坏取决于它所推动的事业承载的价值以及所发布信息的正确性"（伯内斯，2014：47）。也就是说，宣传作为技术手段，其本身是中立而无涉价值判断的，而宣传实践中所表现出的高尚则成为宣传的最佳免责声明。在他的笔下，宣传家是关注公共之善的，是将自身利益与公共利益合二为一、致力于美国进步与发展的，是本着实证主义精神来客观、系统地分析相关材料的（伯内斯，2014：69）。

在正当性之外，伯内斯着力分析的第二个问题是宣传何以可能，也就是宣传的运行机制问题。在宣传主体的问题上，社会中存在着"隐蔽统治者"，其中既包括赖特·米尔斯（Wright Mills）笔下政治、商业等领域传统的权力精英，也包括巴黎的时尚设计师、作为健康知识权威的医生，等等。总之，这群为数不多的统治者引领着大众的命运，塑造着公众看似自主的思想与行为。但是对于统治者而言，想要操纵、管理公众也并非易事，为此往往需要付出高昂的成本。有鉴于此，需要专业的宣传家在统治者与公众之间进行双向解释。伯内斯将这种位于统治者与公众之间、现代传播媒介和社会机构之间的居间代理职业命名为"公共关系顾问"，并认为这就是新宣传的主体。伯内斯认为，随着舆论重要性的凸显，这一新兴职业的地位与职能正变得越来越突出。

伯内斯为公关顾问这一职业设定了一系列伦理准则及操作技巧。所谓伦理准则，指向的是上文所述之宣传实践的道德性。它要求公关顾问拒绝不诚信的客户、欺骗性的产品以及危害社会的事业，拒绝愚弄公众。他甚至细致地规定，对于公关顾问向媒体编辑提供的宣传材料，信源务求清晰可查，事实应当准确呈现，以便编辑基于材料本身的新闻价值而不是别的因素来进行选择和判断（伯内斯，2014：66—67）。而公关顾问的职业目标，则在于促成社会成员之间的互相理解，争取公众的接纳。

所谓操作技巧，一则包括"持续的解释"和"聚焦式的戏剧化"等基本工作模式（伯内斯，2014：84）。前者意在于公众头脑中不经意地留下痕迹，后者则力求将公众注意力导向想要强化的某个典型面向，两者既可以互相替换，也可以并行推进。二则，新宣传家也需要灵活运用各种媒介。伯内斯敏锐地捕捉到各种宣传工具与公众的关系总是处在持续变化之中，彼时有效的线下集会，在当下或许已经让位于新兴媒介，彼时对宣传避之如洪水猛兽的报纸，未必就不能为公关大开方便之门。三则，同时也最为重要的技巧是"大处思考"，也就是通过操纵象征符号、运用整体思维、营造社会环境来达到预期目的。其中最典型的案例莫过于在希尔公司需要开发女性香烟市场时，为了打破女性在公众场合吸烟的禁忌，伯内斯宁可"舍近求远"地导入一场女性平权社会运动，让许多时尚女性叼着香烟走上著名的纽约第五大道。当吸烟成为表达诉求的符号工具，成为"自由的火炬"时，获得商业利润自然水到渠成。

三、伯内斯宣传思想的来源

一种思想的诞生必须植根于某个特定的时代，伯内斯的宣传理论亦是如此。19 世纪末 20 世纪初，美国处于高速发展的进程中，随之而来的却是垄断资本对社会资源的蚕食鲸吞。官商勾结、行政腐败现象严重，社会贫富差距扩大，社会信用垮塌。面对这一危局，进步主义改革者登上历史舞台，通过新闻"扒粪运动"和群众运动来争取社会正义，进行社会改良。在此背景下，公众开始要求权力精英们以开诚布公的方式对社会负责，"公众该死"的观念逐渐为"公众理应知晓"替代，"现代公共关系在进步主义运动中应运而生"（胡百精、董晨宇，2013）。这些现实状况的改变以及艾维·李（Ivy Lee）创办公关公司等先驱性工作，令伯内斯嗅到了宣传的大有可为之处——"可以用于政府对工业活动的监管，同时也可以促进个体和组织实现公共利益，还可以构建企业信誉"（伯内斯，2014：42）。加之在此之后第一次世界大战的到来，再一次印证了宣传的效力，使得伯内斯想要将战时用以反对德意志帝国的策略用于和平年代。

除了时代造就的机会以外，伯内斯宣传思想的形成还离不开一系列理论资源。伯内斯受到勒庞、塔尔德等群体心理学学者的启发，认为相较于个体而言，群体更容易受到冲动、情感、符号等因素的驱使，成为非理性的乌合之众，并能够爆发出巨大的破坏力，破坏社会秩序。这给予了宣传可行性极大的理论支持——如果理解群体心理机制和动因，也许可能于潜移默化中操纵大众（伯内斯，2014：68）。尽管伯内斯也清楚群体心理学并非一门严谨的科学，但是不少宣传实践却依然让他相信，这些结论是有用武之地的。

弗洛伊德是对伯内斯产生重要影响的一位学者，这也许离不开他们两者之间天然的亲密关系——弗洛伊德是伯内斯的舅舅兼姑父，其弟子还曾经辅助过伯内斯的公关案例。弗洛伊德的精神分析学说表明，"人们的思想和行动是出于对被压制欲望的替代性补偿。人对某事物的欲望或许并不因其价值和效用而生，而是因为我们无意识地将其视为他物的象征，或者某种自己羞于承认的欲望的替代和补偿"（伯内斯，2014：71）。伯内斯意识到，人总是为隐蔽的心理动机所驱使，抓住这些潜意识深处的本能与象征，在宣传中往往能够出奇制胜。对此，赖瑞·泰伊（Larry Tye）毫不留情地评价道："弗洛伊德这位著名的分析师，是试着用心理学来帮助他的病患，除去情绪障碍，而伯内斯则是利用心理分析结果，来掠夺消费者自由决定的意识，来帮助他的客户预估及操纵消费者的想法及行为。"（泰伊，2003：126）

曾与伯内斯共事的李普曼则是其思想的又一启迪者，两者的诸多观点十分相似。李普曼在《幻影公众》的开篇描述了这样一种场景——公众恰如坐在剧院后排的聋哑观众，被某种力量掌控着，无法真正驾驭公共事物，只能生活在不辨方向的世界中（李普曼，2013：3），这无异于伯内斯对公众困境的分析。李普曼认为，作为"局外人"的公众应当把实现民主的任务交给"局内人"，即受过特殊训练、能够接触准确情报、头脑中不存偏见与教条的"专家"，这一群体在伯内斯那里就成了公共关系顾问。对于两者思想的关联性，泰伊在《公关之父伯奈斯》一书中引用一位学者的评价指出，相对于李普曼宏大的抽象理论而言，伯内斯的学说则是将这些理论用以教导大家按部就班地实际操作（泰伊，2003：127）。

这些成果共同启发了伯内斯的宣传思想，使其得以抛弃机械式应激心理学所秉持的"刺激—反应"理论，转而寻求通过影响群体来影响个体，并发掘潜在的心理与情感倾向，例如开明利己主义、服从权威原则等，最终实现少数精英对多数人生活秩序的安排。

四、评价与反思

《宣传》一书出版后，伯内斯受到不少批评。彼时美国正处于对宣传术将国家扯入第一次世界大战战局的反思之中，对战时宣传中肆虐的假新闻高度警惕，部分民众质疑开战只对资本家和政府有利。因此，对于这样一本"为宣传做宣传"的书来说，仅仅"propaganda"这个不识时务的标题本身就足够成为批评者的有力切口了（泰伊，2003：130）。

旨在为宣传建构正当性的伯内斯为何非要选用这一臭名昭著的词，而不选择更为中立、温和的"公关"作为标题？刘海龙认为，如此"反潮流"，在于伯内斯为了推动公共关系行业，"首先要做的不是让公众接受这个行业，而是让公众接受整个宣传观念"（刘海龙，2014）。如此激进的做法倒也符合伯内斯恣意不拘的人生态度，从"打造民意"（Molding Public Opinion）、"操纵民意"（Manipulating Public Opinion）这些伯内斯代表性文章的标题来看，他惯用的修辞技巧常常"语不惊人死不休"。这样做的收效则是，该书的确成了为宣传正名的经典文本，成了许多公关行业从业者的教科书，"是宣传观念发展中的重要转折点……明确地论证了宣传和民主可以共存"（刘海龙，2013：77）。从这个意义来说，伯内斯做出的贡献是具有开创性质的。

当然，开创性并不能成为伯内斯免于批评的理由。必须承认的是，许多关于该书乃至伯内斯本人的指摘其实不无道理。究其根本，伯内斯笔下的宣传本质上逻辑难以自洽，以至于不仅宣传理论本身，而且宣传实践也陷入了难以自圆其说的境地。

伯内斯在论证宣传正当性时的一大重要论据在于宣传之必要，论述的逻辑起点是作为幻影的公众无力驾驭复杂的社会生活。这其中暗含的前提是对于公众所进行的精英主义和弗洛伊德式本能主义的评价——"识字能力并未赋予大众以思想，大众有的仍是毫无主见的大脑……缺乏原创性思考"，"每个人的大脑都是其他几百万个大脑的复制品"（伯内斯，2014：47），"为冲动、习惯和情感所驱策"（伯内斯，2014：70）。伯内斯毫不掩饰自己对于民众的提防与鄙夷，但作为复制品的愚昧大众，究竟是意识形态国家机器、文化工业等一系列社会机制所形塑的结果，还是促使上述机制产生的原因？如若像杜威这般积极主张参与式民主，恐怕会拒不承认伯内斯对于公众的种种原初"假设"，那么建立在这一基础之上的种种正当性岂不是会轰然倒塌？此外，伯内斯存在着和李普曼相似的问题，即他们为民众的困局开出的药方是专家、顾问，却不能解释同样作为群体一员的专家何以全然具备超越民众的偏见的能力，又如何能够有效地改造原本缺乏理性的大众。

因此，在伯内斯笔下作为民主社会一项重要构成因素的宣传，被认为实质上为社会控制、制造同意提供了空间，是对"观点的自由市场"的妨害，是在"替渴望于积聚权力的政府和商业界打造一个如何行事的蓝图"（泰伊，2003：130），当时的书评不无刻薄地表示，"你算是哪棵葱？居然想要在收取费用的情况下，替大众决定什么是合乎社会需要的，而什么是反社会的；什么是真的，而什么是假的"（泰伊，2003：130）。以公众之名为宣传辩护，以宣传的功能为其正名，这些努力在哈贝马斯、乔姆斯基等学者看来，不过是打着民主的旗号走向了民主的反面罢了。乔姆斯基曾称伯内斯为"公关作恶者的原型"（胡百精、董晨宇，2013），甚至伯内斯本人也承认，理想中的公关人员对民主其实并无兴趣。

至于伯内斯有关宣传道德性的论述，同样面临质疑。只通过道德来约束宣传，宣传将会存在滥用的风险。更何况，他所设定的那些近乎苛刻的伦理要求，在实践中往往沦为一纸空谈，比如为了推销啤酒，伯内斯竟能堂而皇之地拿出饮用啤酒不发胖、不上瘾的证据。显然，宣传手段并不能尽数置于阳光之下，而伯内斯本人也经常无法落实他在宣传项目中的主张。事实上，也确实很难想象一门建构主义色彩明显的学问能真正做到客观与真诚。旨在达成双向沟通、强调互利共赢的宣传也许只是一种理想模型，对于宣传者而言，在考量公众与合作对象双方的利益时不可能全然公正。将宣传视作价值中立的工具，则是忽略了因为宣传实践对于社会资源的大量要求，而天然地存在与权力合谋的偏向，因此并不存在所谓的"宣传的自由市场"。这也可以用于理解为何将民主、秩序挂在嘴边的伯内斯，其著作《舆论的结晶》却会出现在纳粹宣传部部长保罗·戈培尔（Paul Goebbels）的书架上，用来为其恶行服务。

不过，伯内斯从不害怕争议，事实上他常常主动制造争议。从某种程度上来说，伯内斯本人所遭遇的毁誉，可以被视作其为之奋斗终身的宣传事业正当性的注脚。于是，伯内斯总是显示出犀利又迟钝、坦率又伪饰的暧昧态度，言语间明明透露出对现代民主社会痼疾的精准把握，却不得不为了宣传的正当性隐去锋芒。我们完全可以假设伯内斯会发出这样的反诘："我的悖论——公关的悖论——难道不正是民主的悖论吗?"(胡百精、董晨宇,2013)

在该书的结尾,伯内斯豪情万丈地写道,"宣传终将永存"(伯内斯,2014:156),他也许是对的。如何看待这样一本充满了矛盾与争议的书?或许可以将其放在宣传话语变迁的历史脉络中加以考察。之所以会存在种种为宣传进行正当性论证的尝试,皆因为随着社会环境对宣传的约束的不断增强、公众对宣传的免疫能力的不断提高以及文化习惯的变迁,宣传观念只能不断修正自身,由简单粗暴走向精细节制(刘海龙,2013:7—8)。在这一点上,伯内斯的宣传理论也不例外。

(谌知翼)

参 考 文 献

〔美〕爱德华·伯内斯:《宣传》,胡百精、董晨宇译,北京:中国传媒大学出版社,2014。

胡百精、董晨宇:《现代公共关系的哲学基础与民主悖论——以伯内斯的公关思想为研究和批判个案》,《新闻大学》,2013 (2)。

〔美〕赖瑞·泰伊:《公关之父伯奈斯:影响民意的人》,刘体中译,海口:海南出版社,2003。

〔美〕沃尔特·李普曼:《幻影公众》,林牧茵译,上海:复旦大学出版社,2013。

刘海龙:《宣传:观念、话语及其正当化》,北京:中国大百科全书出版社,2013。

刘海龙:《宣传的理由:重读伯内斯的〈宣传〉》,《国际新闻界》,2014,36 (4)。

拓 展 阅 读

Bernays, E., "The Engineering of Consent," *The ANNALS of the American Academy of Political and Social Science*, 1947, 250 (1).

乔治·赫伯特·米德

《心灵、自我与社会》

《心灵、自我与社会》一书出版于 1934 年，其内容基于作者乔治·赫伯特·米德（1863—1931）对社会心理学近四十年的讲授，从社会行为主义的立场论述了人的心灵、自我在社会背景中产生和发展的过程。米德生前从未出版过任何一部著作，但在其去世后，他的讲稿和手稿由其学生查尔斯·莫里斯（Charles Morris）整理、汇编，得以出版。这部著作就是《心灵、自我与社会》。该书体现了米德社会心理学体系的基本轮廓，代表了米德最重要的社会科学研究成果，产生了巨大的影响力。同时，该书也是建构主义理论中的重要论著之一，最突出的学术贡献在于其后来被称为"符号互动论"的理论建树，主要观点是，社会是由代表心理过程的表意的姿态和语言（符号）的交换构成的，人类传播也通过符号及其意义的交流得以产生。

一、成书背景

米德是美国 20 世纪著名的思想家、实用主义哲学家，也是社会心理学的创始人之一，与弗洛伊德、勒温、斯金纳（Skinner）并称当代社会心理学大师。其成就之取得，相当程度上得益于《心灵、自我与社会》一书对社会心理学产生的划时代的影响。那么，是什么让米德开始关注社会心理学意义上的心灵、自我与社会议题，并孜孜求索呢？

米德1863年出生于美国马萨诸塞州的一个新教牧师家庭，1879年考入俄亥俄州的奥伯林学院，就读过程中逐渐开始质疑自己从小被灌输的神学观点。1882年，他从哲学的"独断论"中苏醒（米德，2005：312），在哲学上开始独立，反对狭隘枯燥的苏格兰新教哲学，醉心于康德式的德国唯心主义。1887年，米德进入哈佛大学，随著名的实证主义者威廉·詹姆斯（William James）和新黑格尔主义哲学家乔赛亚·罗伊斯（Josiah Royce）学习。他开始不满于哲学家对问题的单纯思辨，以及经院哲学对科学和社会问题的远离，渐渐将学术重心转向生物心理学，试图走出对概念的解释，获取新的知识。1888年，米德负笈德国莱比锡大学，在那里师从实验心理学奠基者、著名心理学家威廉·冯特（Wilhelm Wundt）。对冯特的追随是米德进一步把心理学从哲学的空想中腾挪出来，将之引入实验室的实践性例证。一年后，当米德转到柏林大学时，有机会接触了德国著名的形式社会学家齐美尔的思想，更直接亲历了解释心理学与描述心理学的激烈争论，这时的他希望采用科学的方法，从人的起源和发展来分析心灵。尽管米德并未获得任何研究生学位，但从1891年起他便受聘于密歇根大学讲授心理学，第一次提出并阐释了进化论对心理学的意义，把有机体与环境的关系作为心理学研究的基本模型。这需要米德对自己的心理学观点做基本澄清——这是他开展心灵、自我研究需要满足的充分条件，他希望借由对黑格尔思想的研究达到这一目的。1894年，受约翰·杜威邀请，米德成为芝加哥大学哲学和心理学系助理教授，自此开始了长达37年的执教生涯，其课程"社会心理学"构成了《心灵、自我与社会》一书观点的最主要来源。

从思想渊源和知识版图来讲，米德汲取了哲学、社会学、心理学和自然科学等多学科的研究成果。从哲学层面说，舶自德国哲学传统的黑格尔理性主义和美国的实用主义对米德学说的形成起了极为重要的作用。黑格尔的哲学包含活动性、过程、发展、演化和整体生成等动态概念，使米德实现思想改观，为哲学找寻到更为科学的基础，并注重从生物学和社会学的角度审视人的内在经验；黑格尔的"客观精神"也启发了米德，使之确认人类个体的心理生活肇始于社会文化结构，并不完全受制于人的主观感受；此外，黑格尔摆脱主体—客体、物质—心灵等二元论的努力也为米德所效仿（米德，2005：313）。实用主义的扛鼎者非杜威莫属。米德与杜威关系十分密切，二人相处极为融洽，思想上亦相互欣赏、互相助益。认同建构主义脉络的杜威，聚焦人类适应环境的过程，强调人类行为和目的在经验、知识和意义中的重要性，认为心灵就是个体努力适应环境、不断调整的过程。个人的生活涉及主体性意义上的行动，关注的是当个人在社会世界中着手行动时，他的意识中发生了什么。行动包括主体赋予行动的意义、行动的意图或动机，以及互动中意义沟通的种种方式。此外，同处实用主义阵营的詹姆斯也对米德产生了重要影响，前者是最先提出自我概念的社会科学家。詹姆斯认为，人类具有把自身看作客体，从而发展出自我感情和自身态度的能力。詹姆斯眼中的自我包括物质自我（对自我存在和自我确认具有决定意义的肉体部分）、社会自我（个体同他人交往而形成的自我感觉）和精神自我（个体的认知风格和认知能力）三种类型，米德对此有针对性地加以借鉴。

从社会学层面讲，齐美尔的思想对米德理论传统的建立发挥了基础、核心的作用。与齐美尔的接触，除了米德在柏林大学时身处齐美尔执教的大本营外，也离不开齐美尔的学生、建立芝加哥学派的帕克的大力引介。对于齐美尔来说，社会过程从根本上就是心理过程，社会存在的前提就是个体意识到自己是和其他个体维系在一起的，而维系的路径在于行动，包括行动的内容（利益、目的或动机）和行动的形式（互动的模式），前者只有通过后者的形塑作用直至个体之间产生相互作用时，才严格地具有社会性。正是在齐美尔这里，米德认识到交流之于社会构成的关键作用。

从心理学层面讲，冯特和库利的影响在米德身上是显而易见的。冯特的实验心理学不仅是帮助米德远离空想式哲学的重要推手，也为米德提供了批判性借鉴的概念资源——"姿态"（gesture）。冯特从物质—心灵二元平行论中析解出姿态（动物借以对另一动物行为做出反应的行为），认为这是可以用物理学术语来形容的心理经验。这样，为了解释社会过程中的交流，冯特预设心灵和自我为该过程的前提，假定心灵和自我使社会化过程及其中的交流成为可能。在米德眼中，虽然前者认识到了交流在社会形成中的作用，但恰恰将心灵与交流的因果关系本末倒置了，他预设了心灵的存在，却不能阐明其究竟如何产生。库利对自我的分析对米德也产生了重要影响。库利认为，自我是一个过程，在这个过程中，个体将自己及他人都看作社会环境中的客体。自我源于同他人的交往，个体彼此互动，互相解释对方的姿态，进而从他人的观点中看到自我形象、自我感觉或自我态度，即"镜中我"：他人的姿态充当了镜鉴，人们从中看到并评价自身，就像他们看待并评价社会环境中的其他客体一样。库利还意识到，自我产生于群体互动的环境，他提出"首属群体"（primary group）概念，意在强调以某些（私人、密切关系）群体为镜鉴，比投入另一些（公共、陌生）群体对自我的产生和保持更重要。

从自然科学层面讲，达尔文的进化论为米德提供了强大的理论支持。米德认为，人类是不断寻求适应其生存环境的有机体。从历史的角度观之，人类确实是一种进化的物种，但更为重要的是人类在社会中寻找生存环境这一事实。米德将达尔文主义——只有那些有利于生存和适应的心灵特征才能在有机体中保留下来——应用于其心理学研究。进化论的演化观念，预示着生物学上的连续性，个人与生物一样，与环境分不开，有意识的经验与社会不是对立的，心灵、自我和人类所具有的其他特征便是在社会环境中的生存斗争中逐渐生成的。米德由此强调了婴儿这个有机体适应社会并获得心灵与自我的过程。不过，米德并未就此止步，在进化论的理路下，他还进一步说明了社会是怎样依靠个体的心灵与自我意识能力得以生存的。

最后，我们应注意到 19 世纪末 20 世纪初的机械的心理学风气，这铺陈了米德开展社会心理学研究的外在学科状况，衬托出其研究成果蕴藏的进步性价值。19 世纪时，心理学和哲学并未分家，事实上，这种现象一直维持到 20 世纪。作为一门新兴学科，心理学的立身亟待明晰"心灵""思考"及人的"经验"等主导性概念。当时心理学界普遍相信唯有在"刺激—反应"模式以及它和因果连锁的明显关系中，才能找到足以使心理学成为真正科学的路径，代表性的理论即华生的个人主义的行为主义心理学。这种理论经动物心理学之门进入心理学，在那里，人们发现所谓内省的方法实不可行，它既不能准确描述，也不能实验检验，故全部诉诸外在的行动，强调社会动作中的个体部分，以及动作的外在方面，以此出发论述全部的经验。在华生看来，根本不存在属于个体本身的经验，即一般称为主观经验的领域，如意象、意识之类，所谓内省、思考都只体现在语言符号上。因此，小白鼠被针刺时的尖叫声就是它自身意识的反映，符号"不一定大声说出来让别人听见，常常是喉头肌肉动一下无人听见的言语"（米德，2005：3）——这便是所谓的人之思考。简言之，以个人主义的行为主义心理学为代表的"刺激—反应"模式，其要旨在于观察行动发生时的情况，并利用该行动（反应）去说明个体的经验（刺激），而不用引入对内在经验的考察。这种褊狭又闪躲的观点在米德看来，完全不能解释清楚心灵、自我的起源及发生机制。自称社会行为主义者（behaviorist）的米德，接受了行为主义最基本的前提，即强化作用（reinforcement）引导并调节行动，但又主张意识和自我意识在刺激与反应之间扮演了重要角色，开创性地提出了社会行为主义心理学，强调在社会过程中根据个体的行动或动作，研究个体的主观经验（内在经验或意识本身）（米德，2005：3）。

二、研究假设与方法论

基于上述背景，米德关心的研究问题可归结为：心灵是怎么发生的？是什么进化的力量使人的主观经验（内在意识）清楚起来？换言之，心灵之母体是什么？派生出的心灵的境况是什么？进而，心灵、自我与社会是怎样产生、发展和变化的？对这些问题的回答是实现社会心理学研究目标的题中应有之义，为此需要一些基本的研究假设与方法。

社会学家乔纳森·特纳（Jonathan Turner）认为米德的理论似乎基于两个基本假设：（1）人类人机体生理的弱点迫使他们与群体中的他人进行协作，谋求生存；（2）人类有机体内和机体之间那些有处于合作、从而有利于生存或适应的行动将会被保存下来（特纳，2001：5）。换句话说：在个体与群体的次序上，先有一个人类群体（社会），进而引出因为生理脆弱而被迫合作以求生存的人类个体；个体合作得以实现的前提，是帮助群体和个体更好生存的行动。

米德采取的社会行为主义心理学的假设与之吻合，且更加明确。他认为，社会行为主义心理学把个体的经验或行为置于社会过程中来研究，没有整体，个体将无法获得说明，"个体是一定社会群体的成员，他的行为只有根据整个群体的行为才能得到理解"（米德，2005：5）。对于社会心理学来说，整体（社会）先于部分（个体），是用社会群体的有组织的行动解释个体的行动，而非相反，只有这样，动作才具有意义。而有机的整体就是行动，行动作为冲动之复合体，生命的历程全部靠它来维持。基本上，行动就是有机体与环境间的交道（transaction）或适应过程，在这一过程中，种种反应针对特定的刺激而发。同时，行动也是有机体与有机体之间的交道，因此，行动处处是社会性的，而不仅仅是生物性的。对此，米德总结道，社会心理学必须从一个"不断发展的社会经验过程和行为过程的初始假设"（米德，2005：64—65）出发，因为由人类个体组成的任何特定群体都置身于这一过程，他们的心灵、自我与自我意识的存在与发展也取决于这一过程。

要注意的是，米德的分析开始从外在的社会、行动转入内在经验的心灵、自我，其建基于基本假定的研究方法是演绎性解释（deductive explanation）。自苏格兰哲学家大卫·休谟（David Hume）发表他在科学思维方面的理论以降，"解释"这个名词的应用，就被视为"透过普遍法则（general laws）分析其所要说明事项与其他现象之间的关系"（Nachmias & Nachmias，2003：12）。在米德这里，社会和行动就是普遍法则，即"共同的世界"，进而通过社会和行动演绎心灵和自我，即"个体所特有的东西"，并找寻二者之间的关系。正如他所言，社会心理学的出发点就是搞清楚"个体经验与经验得以发生的条件之间的关联"这一问题（米德，2005：28），并且用行动来说明这种经验（这便是行为主义）。

那么，米德是如何具体实现对心灵、自我的演绎的？他先是借用冯特的姿态概念，说明动物就能通过姿态进行互动。他举了两条狗打架的例子：两条狗互以对方的反应为刺激，并持续反应，以姿态为语言进行会话。这种语言或沟通虽然有关动作和行为，但毕竟与表达的意识无关，甚至也不表达情感。作为身体社会行动的一部分，姿态只是动作的沟通而非表意的沟通。在米德的主张中，非达到表意的姿态或符号的会话层面，心灵状况便不能显现。只有当姿态开始指涉环境中的一个一般对象并且引起一个一般反应时，这个层面才算达成。更准确地说，只有一个姿态能在对方身上唤起他针对其他事物而做出的一个反应时，姿态才是符号的和表意的。反过来说，作为普遍通则的行动如果要成立，必须满足以下条件：具备被一个表意的姿态指涉的特征，在这种情况下，姿态代表了其他事物，心灵与社会便显现出来。

三、心灵、自我、社会及其关系

《心灵、自我与社会》的主要观点，一如其名，主要分为心灵、自我与社会三个互相关联的部分，这是该书中最重要的三个概念，也体现了米德所研究问题的结论。在米德看来，人类不断地调整与周遭环境的关系，保留那些有利于适应环境、合作生存的特征，尤其是心灵与自我的特征。因此，米德强调人类获得心灵和自我以调适社会的过程，同时还说明社会怎样依靠个体心灵和自我的能力而存在。

(一) 心灵

米德认识到，人类心灵的特性在于它（1）运用符号确定环境中客体的能力，（2）内在地斟酌对这些客体所能采取的各种行动路线的能力，（3）避免不适当的行为和选择一种合适的公开行动路线的能力。米德将这种隐秘地、静悄悄地运用符号或语言的过程称为想象性预演（imaginative rehearsal），从而昭示心灵是一个过程，而非一个结构。他还指出，社会的生存和发展或有组织的群体中的合作，基于人类心灵对各种可能的行动方案拥有想象性预演的能力。

米德大部分的分析并没有聚焦于成熟的有机体心灵，而是探讨了个体思维能力的早期发展问题。如果心灵能力不是在婴儿时期就得以产生的话，那么社会自我就无从生存。依据行为主义、实用主义和进化论，米德指出心灵产生于一种选择过程，在此过程中，婴儿最初拥有的无意识的、毫无选择的随意举动，经过筛选过程，从与自己的生存息息相关的个体那里学到那些能带来赞扬的姿态，这样姿态的范围就日趋缩小，而在这一选择过程中，心灵能力也随之产生。这种对有利于适应环境的姿态的选择可以通过试错法实现，也可以通过婴儿必须与之合作的个体有意识的训练获得。这两种过程的结果是，婴儿的姿态与周围环境中其他个体的姿态具有了共同的意义。米德说，意义产生的基础是一个"三重的或三合一"的关系，即一个姿态、顺应姿态的反应以及该姿态所发动的后续系列社会动作的结果。在这个关系中，个体间的交流发挥了重要作用，因此，他十分认同杜威的精辟概述："意义通过交流产生。"（米德，2005：63）此后，一个姿态能够指认共同的客体，并表达同样的意向，以便展开和所有社会个体的互动，米德把这种表达相同含义、具有普适性的姿态称为常规姿态（conventional gestures）。在个体之间的互动中，姿态不断提高效能，以便能够更加精确地沟通愿望、需求和行动意图，提高个体彼此适应的能力。

运用姿态，并且用相同的意义来解释姿态的能力，标志着心灵、自我与社会的发展。通过接受和理解姿态，人们可以了解那些为求生而必须与之合作的人的想法（意向、需要、愿望和行为倾向），并做出种种设想。通过辨认和解释常规姿态，个体就能够想象性预演各种行动方案，争取更好地相互适应。这种把自己置于他人位置上的能力，或如米德所言"扮演他人的角色"（take the role of the other），使得预演行动方案的能力达到一个新的高度，就像演员能够更好地估计他们的行动之于观众的演出效果一样，这种能力大大增加了与他人合作性互动的可能性。

米德认为，如果一个有机体发展了（1）理解常规姿态的能力，（2）运用这一姿态去扮演他人角色的能力，和（3）想象性地预演各种行动方案的能力，那么这一有机体就具有了"心灵"。他说，只有当社会过程作为一个整体进入或者出现在该过程所涉及的任何一个特定个体的经验之中时，心灵才在过程中产生。当这种情况出现时，个体就产生了自我意识，并具有了心灵。他开始意识到他与那整个过程的关系，意识到他和与他一起参与该过程的其他个体的关系，开始意识到该过程由于个体间的各种反应和相互作用而被形塑。正是通过个体经验返回自身的反射，整个社会过程被引入个体经验（米德，2005：105）。

（二）自我

在心灵出现的情况下，个体因为能用符号标示环境中的其他成员，便也能像对待客体一样用符号标示自己。对姿态的理解有利于人际合作，同时也可作为自我评价的基础。这种在互动中将自身当作一个待评价客体以获得自我想象（self-image）的能力，是与心灵过程紧密相关的。而这一过程的深远意义在于，有机体在与特定他者（specific others）的互动中产生了暂时的自我想象，而且这种想象会随着有机体的成熟而逐步成型，最终明确为或多或少、将自己确定为某一类客体的自我概念（self-conception）。在自我概念的支配下，个体的行动受到了前后连贯之稳定的态度、意向、意义的中介，而这一系列稳定因素都是在把自己确定为某种人之后产生的。

米德指出，自我的发展主要有三个阶段。个体借以获得自我形象的角色扮演是最初阶段，米德称之为嬉戏（play）阶段。在嬉戏中，婴儿只能假定为数不多的他人（最初涉及的仅一二人）的想法。此后，由于生理的成熟和角色扮演的实践，成长中的有机体开始体味组织活动中更多人的角色，米德把这一阶段称为游戏（game）阶段。因为游戏标志着个人从一个进行某些合作活动的群体中获得多重自我意象并与这一群体协调的能力，而不再只是玩耍嬉戏，后者不曾得到基本的组织。米德用捉迷藏和棒球比赛的例子说明，在游戏中，由婴儿成长为儿童的个体，为了完成自己的动作，必须知道游戏中的其他人准备做什么，必须准备"担任其他所有人的角色"，"采取游戏涉及的一切人的态度"（米德，2005：119）。当一个人能体会并理解社会中"泛化的他人"（generalized other）或社会中显而易见的"共同态度"（community of attitudes）时，其自我的发展就进入了最后的阶段。这时，个体被认为有能力推断整个共同体的态度（社区的全部一般性概念），或一般性的信仰、价值和规范。也就是说，个人与他人产生互动时，（1）确定自己应采取何种适当反应的能力将得到提升，（2）并把可以评价的自我意象从特定他人的期望扩展到更为广阔的整体社会标准和观念上去。发展至此，自我才成为一个完全意义上的自我，即获得"他所发展的完全的自我的品质"（米德，2005：122）。这样一来，随着他者总量的不断增多，角色扮演的能力不断提高，范围不断扩大，自我发展的三个不同阶段次第完成。

（三）社会

米德相信，社会或制度是一般社会生活有组织的表现形式，只有当参与社会生活的个体各自在其个体经验中反映或理解由社会制度所体现的有组织的社会态度和社会活动时，才能发展和拥有充分成熟的自我或人格（米德，2005：205）。如果没有这种扮演角色和想象性预演各种行动方案的心灵能力，个体之间就不能协调他们的行动。他认识到，角色扮演的直接效果"在于个体对于他自己的反应所能施加的控制"。如果个体能够扮演他人角色的话，他在一个合作活动中对动作的控制可以发生在他自身的行动中。从组织群体行动的观点来看，"正是通过扮演他人的角色而控制个体自身的反应导致这类交流的价值"（米德，2005：199）。

社会是依赖自我的能力特别是从泛化的他人的角度出发评价自身的过程。没有这种把自己当作客体，并用群体的观点反观并评价自身的能力，社会控制的实现就只能囿于与特定的、直接在场的他人的交往中所产生的自我价值。果真如此，规模较大的群体内部的各种活动的协调配适，就会变得极其困难。

米德独创性地用心灵和自我来解释社会的维持、延续及变迁。他说，在任何互动情境中，都存在参与者间的角色扮演和想象性预演，这为个体动态、持续地调整他们的反应提供了内在经验的充足空间。不仅如此，心灵和自我也作为客体被放置在互动过程中，二者分别发挥适应能力和中介作用。这表明，自我感知将会改变对姿态的最初解释和随之而来的对各种行为方案的预演，而最终使互动的结果受到影响并改变社会过程本身，而对社会过程的改变在个体的经验中具有"最重要的意义"（米德，2005：141），是"我们所能期待的最迷人的内容"（米德，2005：161）。当社会的个体成员能通过采取他人对待社会活动的态度而恰当、合群地行动，便不会欢迎那些"压制性的、陈旧的、极端保守的社会制度（例如教会）"，因为后者用僵硬、顽固的守旧性扼杀个性，阻止个体的独创性表现（米德，2005：204）。与之相反，个体欢迎的是灵活进步、促进个性发展的制度，它们只需在一种"非常宽泛而一般的意义上规定个体行动的社会的即对社会负责的型式"（米德，2005：205），为这种行动的创造性、灵活性和多样性留下充裕的余地。

这表明米德坚决反对那种僵硬、压抑的社会组织模式，他把社会看作一种被"建构"（constructed）的现象，它在个体间相互调节互动的过程中产生，并通过心灵与自我所表征的过程得以改变和重建。然而，米德进一步强调，变化往往是难以预测的，即便是那些推动改变的行为者亦然。为了解释行为的这种不确定性，他借用了由詹姆斯最初提出的"主我"（I）和"客我"（me）概念。"主我"是指"有机体对他人态度的反应"，意即个体的冲动倾向；"客我"则表示"有机体自己采取的有组织的一组他人的态度"，是行动完成之后所获得的自我形象（米德，2005：137）。或者说，"客我"代表行动发生的情境，而"主我"是对该情境的实际反应。本质上，"客我"是"一社会群体的成员"，并因而代表着该群体使之成为可能的价值观（米德，2005：168）；"主我"则意味着一种"进化观"，在进化中，个体既影响它自己的环境（作用），又受环境的影响（反作用）。米德强调，"主我"是无法预知的，因为个体只能在经验中认识实际发生的事情（"客我"）和"主我"的行动结果。

总之，米德认为，社会代表着一个被建构的模式，在该模式中，行动者内部和行动者之间的符号互动，使得协调活动的模式得以继续和变化，而这又通过心灵和自我的发展过程实现。既然米德认识到造成群体内部稳定和变迁的互动是可预期的，那么对改变现存互动模式的自发和不可预期的行为的预测也是有可能的。

四、评价与反思

《心灵、自我与社会》是社会学建构主义理论传统在 20 世纪早期的代表性力作。承续自 19 世纪齐美尔和马克斯·韦伯（Max Weber）的社会学传统，建构主义坚持认为人的行为与自然客体有着根本不同，人总是以行动积极主动地建构社会现实，其行动方式则要看他们如何理解其行为确立的意义。而米德在 20 世纪初期对该传统进行了深化发展，他认为，行动者的关系是在符号交流的各种模式中建立的，沟通是社会得以进入每一个行动者内心的中介，各种意义理解由此得以共享，社会也由此得以浮现（沃特斯，2000：8）。在这个意义上，作为社会心理学的一部重要著作，该书带给我们颇多启发，它提出的诸多开创性论述，在米德去世后被其学生赫伯特·布鲁默综合概括，统称为"符号互动论"。我们对该书的评价便循此论述为纲架，并展开反思，期待为传播学的研究提供一些参考。

对于符号互动论的三个前提，布鲁默这样总结道：（1）人类是基于事物（包括物质客体、他人、社会制度以及抽象的理念或价值）对自己具有的意义而对事物有所作为的；（2）这些事物的意义得自于或者产生自个体间的社会互动；（3）个体在应对他所遇到的事物时便展开一种解释过程，而意义就在这个过程中被加以运用并得到修正（Blumer，1969：2）。很显然，这段总结首先强调语言在建立相互理解的过程中的重要性，而这也是米德提出的令人叹服的洞见之一。他认为，语言是人类社会与其他（动物）社会相区别的关键因素，动物的行动"可以有高度的智能，却没有表意的符号，也就没有任何意义的显示"（米德，2005：44）。与之相对，人类社会最本质的特征来源于人类创造并使用符号，以之表示彼此、客体、思想和生活中各种体验的能力。否则，人类社会的组织模式就不能产生、延续和变化。这向传播学研究仔细对待人类符号运用能力提出了基本要求，并指明了从符号创造与运用角度揭示传播规律的研究进路。

不过，即便拥有创造和使用符号的能力，甚至语言发展到以姿态作为会话形式的阶段（如个体各自动作的初期状态）也未能抵达真正的交流。如欲进行交流，符号须为表意的姿态，或"具有一种共同意义的特殊符号"（米德，2005：45），"必须对所有有关个体都意味着同样的东西"（米德，2005：43），这样才能奠定交流的基础。真正的交流，如上述符号互动论的第一个前提"人类基于事物对自己的意义而有所行为"

提示的，只有在"交流各方不仅赋予自己的行为以意义，而且理解或寻求理解他人给予的意义的情况下"（沃特斯，2000：26）才能达致。这就启迪传播学研究在探讨符号系统时，不能仅盯着语言一种符号不放，按照米德的划定，只要具备共同意义的符号都可以进行交换与会话，如非语言符号（表情、动作等）、副语言符号（音质、音调等）以及其他符号等。

那么，作为行为开展的动力，从而被交流各方共同理解的重要对象，意义从何而来？米德指出，意义产生并存在于"一种关系之中，即某人的姿态与通过一姿态向另一个人表明这个人后来的行为之间的关系"（米德，2005：60）。意义的本性，蕴含在社会动作结构之中，蕴含在"一个个体的姿态、第二个个体对该姿态的反应，以及由第一个个体的姿态所发端的特定社会动作"（米德，2005：64）的三合一关系中。因此，米德认同杜威的"意义通过交流而产生"的观点，他论述道，社会过程造就了构成我们周围日常生活环境的那些对象，而交流在其中发挥了主要作用。换句话说，就像符号互动论的第二个前提所提示的，人类社会组织基础的原则，就是包括他人参与在内的交流原则，要求"他人在自我中出现，他人参与自我，通过他人达到自我意识"（米德，2005：198）。正因为传播是一个社会过程，其状态的确定取决于传播开展的社会环境状况，所以我们的传播研究便不能就传播的行为谈行为，而务必在社会大环境下、传播主体间的关系中对其展开审视。

进而，还须追问的是，意义从社会互动中被生产出来以后，就一成不变了吗？如果不是的话，那它面临什么变化的可能？米德提醒我们，意义来自经验领域，不能被想象成人的意识的状态。但是意义本身，是"思想的对象"（米德，2005：70），即是说，人们是通过思想这一内在化形式弄清他们的社会环境（意义的经验来源）的，而这一形式不仅具有个体之间互动的特征，也呈现出一种个体与自身的互动。米德对此论析道，自我可成为它自身的对象的自我，本质上是一种社会结构，并且产生于社会经验。当它已经产生时，我们可以想象一个人在其余生中闭门独居，仍以自己为伴，并能同他自己交流，一如他曾同他人交流那样（米德，2005：110）。这里呼之欲出的，分明是自我传播（人内传播）

的过程，它就像他人那样对自我作出反应，参与自己同他人的谈话，知道人们正在讲的内容。这里除了表征出自我传播与其他传播形式在本质结构上的一致性以外，还从布鲁默的层面提示，个体在体味所遇事物时，正是运用意义对事物施展一种内在的解释过程，这是行动的"隐秘维度"，也是自我传播研究的参考方向。

尽管如此，《心灵、自我与社会》仍存在一些问题有待进一步解释。特纳提出，其中最重要的一个问题是，虽然米德分别解释了心灵、自我的社会性起源，即"心灵以社会过程为前提并且是社会过程的产物"（米德，2005：176）、"自我的起源与基础，像思维的起源与基础一样，是社会的"（米德，2005：136），但他仍没有清楚地指出，作为心灵和自我赖以依存的社会，其本质究竟为何。心灵与自我的概念，虽然揭示出社会与个体相互依赖的关键过程，但米德的理论并没有分析社会组织中各种模式的变异情形，以及个体参与这些模式所采取的不同方式，即不同类型的社会组织与不同属性的心灵和自我是如何相互作用的。这有待我们以此书为由头，在符号互动论、交流理念以及整个建构主义的发展脉络中对社会与个人的复杂关系继续深入观照。

（周航屹）

参 考 文 献

Blumer，H.，*Symbolic Interactionism*：*Perspective and Method*，Englewood Cliffs：Prentice-Hall，1969.

Nachmias，C. F. & Nachmias，D.：《最新社会科学研究方法》，潘明宏、陈志玮译，台北：韦伯文化国际出版有限公司，2003。

〔澳〕马尔利姆·沃特斯：《现代社会学理论》，杨善华等译，北京：华夏出版社，2000。

〔美〕乔治·H·米德：《心灵、自我与社会》，赵月瑟译，上海：上海译文出版社，2005。

〔美〕乔纳森·特纳：《社会学理论的结构（下）》，邱泽奇等译，北京：华夏出版社，2001。

拓 展 阅 读

Mead，G. H.，*The Philosophy of the Act*，Chicago：The University of Chicago Press，1938.

Mead，G. H.，*The Philosophy of the Present*，La Salle：Open Court，1959.

胡翼青：《再度发言：论社会学芝加哥学派传播思想》，北京：中国大百科全书出版社，2007。

〔美〕乔治·H. 米德：《十九世纪的思想运动》，陈虎平、刘芳念译，北京：中国城市出版社，2003。

保罗·拉扎斯菲尔德等

《人民的选择——选民如何在总统选战中做决定》

保罗·拉扎斯菲尔德、伯纳德·贝雷尔森（Bernard Berelson）和黑兹尔·高德特（Hazel Gaudet）合著的《人民的选择——选民如何在总统选战中做决定》（以下简称《人民的选择》）意味着传播学和社会科学历史上一次重要的范式转型。可以毫不夸张地说，它意味着社会科学量化研究标志性作品的问世。尽管早在迪尔凯姆的《自杀论》中，围绕数据资料的分析已经被社会科学著作所使用，但那毕竟只是对既有统计数据的二次分析，缺乏真正的研究方法。在社会学芝加哥学派的时代，尽管威廉·奥格本（William Ogburn）已经开始推进量化研究，但其代表作品仍然以质化研究方法为主，如《身处欧美的波兰农民》等。佩恩基金会的十卷本关于电影与行为的研究，阿尔伯特·坎特里尔（Albert Cantril）的《火星人进攻记》以及塞缪尔·斯托弗（Samuel Stouffer）的多卷本《美国士兵》确实采用了问卷调查和量表测量等定量研究方法，但似乎又更像是缺乏理论追求的研究报告。也正因为如此，《人民的选择》一书虽然在研究方法和数据统计的规范性方面与今天严格意义上的定量研究还有一定距离，但将其评价为实证社会科学的奠基之作与里程碑之作是没有问题的。

一、成书背景

拉扎斯菲尔德 1901 年出生于奥地利维也纳，由于受到数学家弗里德里希·阿德勒（Friedrich Adler）的鼓励，他终身都高度重视数学学习，并在 24 岁时获得了维也纳大学的应用数学博士学位。同时，这位天才的工具制造者因为其家庭出身而成长为一名社会主义的信奉者。在维也纳，他开始用问卷调查的方法研究工人阶级的社会心理，这为他此后的学术生涯奠定了基调。此后他自己在维也纳创办了"经济心理学研究中心"，开始承接包括市场调研在内的各种调查研究，其中也包括承接由艾瑞克·弗洛姆（Erich Fromm）发来的法兰克福社会研究所的调查订单和洛克菲勒基金会的订单。这一研究中心的实践为拉扎斯菲尔德后来运作哥伦比亚大学应用社会研究局奠定了基础，也为他日后的发展积累了人脉。

由于拉扎斯菲尔德的犹太人身份，他被排除在维也纳大学心理学系的晋升名单之外，但他也因此被心存愧疚的系主任卡尔·比勒（Karl Bühler）推荐给洛克菲勒基金会。由此，拉扎斯菲尔德获得了一笔资助，得以在 1933—1935 年间赴美研究，躲过了希特勒上台可能带给他的灭顶之灾。为了逃离希特勒的魔爪，他在美国到处寻找工作机会，在哥伦比亚大学社会学系系主任罗伯特·斯汤顿·林德（Robert Staughton Lynd）的推荐下，他在 1937 年底加入了洛克菲勒基金会投资的普林斯顿广播研究项目并迅速成为该项目的实际领导者。在这里，与坎特里尔的共事使拉扎斯菲尔德接触到了乔治·盖洛普（George Gallup）的民意测验方法和大量经验数据，这对拉扎斯菲尔德社会科学方法论的成熟颇有推动作用。随着拉扎斯菲尔德正式成为哥伦比亚大学的教师，项目更名为哥伦比亚广播研究项目，哥伦比亚大学广播研究所因此成立，此后，研究所渐渐发展成为大名鼎鼎的应用社会研究局。罗杰斯给予哥伦比亚大学应用社会研究局高度评价："就形成定量的研究方法而言，它是迄今为止最有影响的研究机构，它还是大众传播研究的诞生地。"（罗杰斯，2002：304）事实上，脱离了这个研究机构，也就不存在后来的社会学哥伦比亚学派。

《人民的选择》一书就是广播研究所执行的一个项目的最终成果。该项目本来计划研究美国农业部对联邦农场政策所进行的广播宣传的效果。然而，拉扎斯菲尔德决定在这个项目中进行一次标准的固定样本抽样研究。他积极筹备策划，最终把项目变成了在美国俄亥俄州的伊利县对 1940 年 11 月美国总统选举的专题研究（史称伊利研究）。这也从一个方面表明，拉扎斯菲尔德对自身的研究对象兴趣有限，他感兴趣的只是哪个领域更有助于践行他的研究方法，而总统竞选便是绕不开的研究领域。就像他在给坎特里尔的信中所写的那样："你得理解我对大众传播无论怎样都不感兴趣。我的意思是，在某种程度上，一个方法论家会对每一件事情都感兴趣。"（罗杰斯，2002：283）

当然还得说说 1940 年的美国总统大选。1940 年民主党的总统候选人是已经干了两届总统的大名鼎鼎的富兰克林·罗斯福。他的对手共和党总统候选人温德尔·威尔基（Wendell Willkie）则名不见经传。威尔基在印第安纳州的农场长大，干过律师，当时经营着一家大型公共事业公司，因为出众的个人魅力和行政才华在三名候选人中侥幸胜出。选择罗斯福就意味着对其新政和威望的高度认可，意味着支持总统进入第三任期从而改变历史，意味着选择一个有经验的政客带领美国人应对可能到来的第二次世界大战。而选择威尔基则意味着选择未知与不确定性。这是美国历史上一次较为特殊的选举，因为与其说这是一次总统选举，还不如说这是一次对美国未来命运的选择。因此，将这场选举作为研究对象，注定会被载入史册。当然，这场选举的结果，自然是神一般的罗斯福总统以悬殊的选举人票比取得胜利。

该研究从 1940 年 5 月开始，收集数据的工作持续了半年，到 11 月才告一段落。但由于当时的数据统计技术较为落后，数据处理花了近三年时间，所以该书的第一版到 1944 年才正式问世。就在第一版问世后，拉扎斯菲尔德又再度回访部分当年的调查对象，并于 1948 年出版了该书的修订版。第三版是在第二版问世 20 年后推出的修订版，是拉扎斯菲尔德社会学思想成熟后又做的修订，所以它在理论运用、数据呈现和结论完善等方面已经显得非常成熟，正像拉扎斯菲尔德本人在第三版序言中所说的那样："在第一次报告中某些只是试探性地表达出的观点现在已经在经验上得到验证。此外，当初没有在研究中进行分析的许多原始数据已经被采用……我们将试图追踪在早期研究中所提出的一些预测的结果。我们将看到迄今为止有多少众所周知的如第二版序言中概括的'有必要进一步的研究'成为现实。"（拉扎斯菲尔德等，2012：序言第7页）因此，这一版本也可以被看作拉扎斯菲尔德的传播学集大成之作。

二、天才的工具制造者

《人民的选择》一书一直被学界视作经典，因为它不仅发现大众传播的效果是有限的，从而确立了有限效果论范式在传播学中的统治地位，而且发现了被大众传播所遮盖的日常生活中无处不在的人际传播，从而创立了"二级传播流"和"舆论领袖"等一系列重要的概念。然而，这一系列贡献都抵不上拉扎斯菲尔德在研究方法上的开拓。

在罗杰斯和莫里斯看来，拉扎斯菲尔德对社会科学的主要贡献在于，他是一个工具制造者："一般说来，比起正在研究的内容来，拉扎斯菲尔德对于研究工具更有兴趣。"（罗杰斯，2002：287）而解读《人民的选择》一书的关键也不在于"二级传播流"和"舆论领袖"等概念，而首先在于理解这项研究所使用的方法及其革命性意义。

拉扎斯菲尔德等人在导论中就宣称他们采用了一种新的研究方法。这种新的研究方法被称为固定样本方法，即在问卷调查过程中"重复访问相同的人"。这种方法据称是在盖洛普民意测验方法的基础上发展而来的，因为后者作为一种描述性的测量方法无法真正反映整个选举投票进程中民众态度的转变。"这种立场导向了一种静态的、类似普查型研究的偏好，这种研究在进行'调查'却不能得出能转变为社会行为的结果。"（拉扎斯菲尔德等，2012：序言第22页）在《人民的选择》一书的开篇，对民意测验的方法，拉扎斯菲尔德等人开门见山地做出了如下评价：

公共民意测验，通过将政治观点和个别选民的特点相联系，以及揭示选举之前的选民投票意图来拓展我们的知识。因此，他们在投票的某些决定因素上做了大量精细的研究……但正是在这一点上，他们需要在未来更进一步。对不同的人所进行的连续的民意测验，无法调查出全部的效果。他们指出的大多数倾向实际上只是各种转变（个人的政治态度转变到未决定，或从未决定转变，或从一个党派转变到另一个党派）的残余结果。他们掩盖了相互抵消的次要转变，甚至是受到反面倾向抵制的主要转变。在大多数情况下，他们并没有指出谁在转变。他们无法跟踪个别选民在投票过程中难以预测的行为，无法发现各种影响要素对选民最后投票的相对作用。（拉扎斯菲尔德等，2012：2）

在拉扎斯菲尔德等人看来，只有通过追踪，搞清楚一个人在政治选举全过程中的变化，如在某党全国代表大会前的态度，在经历了各种宣传攻势之后的反应，再到实际投票时的选择，才能真正观察到各种因素在其间所扮演的角色，才能发现社会科学的研究问题。而这一切只有通过固定样本的调查才能实现。拉扎斯菲尔德对于以往的方法偏重静态和结果导向的测量方式显然不太满意，他要寻找一种可以覆盖进程甚至征服时间的动态的实证研究方法。然而，后者显然会给项目组带来许多研究设计上的难题。

《人民的选择》之所以经典，就在于伊利研究较好地应对了固定样本研究的抽样难题。这些难题总体来说体现在三个方面：其一是研究对象的选择，研究对象必须稳定且具有代表性；其二是工作量和资金投入巨大；其三是反复提问可能带来的信度问题。为了解决这三个问题，拉扎斯菲尔德等人除了从各种市场调研的课题中筹措了十万美元的经费，募集了大量人手确保课题按时完成外，还精心设计了研究的时间、地点与方式。

《人民的选择》一开篇便解释了为什么会选择坐落在克利夫兰和托莱多之间的小城伊利县为研究地点：

之所以选这一地点，是由于其较小的规模允许对访员进行严密的监督；是由于它相对来说不具有地区特色；是由于它不受任何较大的中心城市的支配，尽管它也提供过对农村和小型中心城市的政治观点进行对比的机会；是由于 40 年来——即在 20 世纪所进行的总统选举中——它很少偏离全国的选举倾向。（拉扎斯菲尔德等，2012：3）

一个流动性不强、政治取向稳定、文化同质性高的小县城，确实是观察选民态度发展变化的理想地点，非常适合进行固定样本调查。然而，也正因为如此，固定样本调查才暴露出它的局限性——它不容易在人口流动迅速和频繁的地区进行。

1940 年 5 月起，课题组在伊利县当地培训了 15 名以女性为主的访员，他们在每四户人家中挑选出一户来，从而选出了 3000 个在年龄、性别、居住地、受教育程度等方面均具代表性的样本个体组成了测验组。通过分层抽样，在这 3000 人中又选取了 4 个 600 人的样本组，每个样本组的人口特征均与其他组尽可能一致。在这四个组中，有 3 个组除了 5 月外，只重复访问一次，一组在 7 月，一组在 8 月，一组在 10 月；而剩下的一组则从 5 月到 11 月每月至少访问一次，这就是固定样本组。之所以这样来安排访问时间，主要与选举的自然进程有关："前两次访问分别在 5 月和 6 月，共和党全国代表大会召开之前——最初的民意测验和第一次对固定样本组的重复访问。第三次访问和第四次访问在 7 月和 8 月进行，分别在两党全国代表大会之间和之后。在两党全国代表大会和选举日之间增加了两次电话访问，其中第二次尽量安排在投票前夜。第七次和最后一次访问在 11 月进行，也就是选举结束后不久。"（拉扎斯菲尔德等，2012：4）由于重复受访的固定样本组与其他三个样本组的结果相似，因此，这个研究设计可以有力地说明在此次研究中重复受访并不会对访问对象产生明显的影响。

这一系列在研究设计上的精心安排堪称社会调查的典范，它也确保了这次调查的丰硕成果及其信度和效度。作者们表示："固定样本方法是解决重要问题的更为有效的方法。"（拉扎斯菲尔德等，2012：5）研究达到了他们的预期目的，帮助他们了解了谁是其中的态度转变者，积累的信息可以帮助他们进行人群上的区分并且捕捉受访者意图改变时的态度变化，也能帮助他们了解宣传的效果是什么。"这类信息不同于从一般的公众舆论调查中得出的结论，后者仅能提供与同一时间点上的意见相关的数据。"（拉扎斯菲尔德等，2012：6）也就是说，拉扎斯菲尔德等人通过精心设计的工具，如愿"看"到了以往盖洛普民意测验的方法所看不到的内容。这个方法是如此成功，以至于后来的收视率调查也固定地使用这种方法。然而，在流动、异质化的今天，对这一方法的滥用终于使其完全失去了应用的市场。

三、作为副产品的二级传播理论

当人们谈论《人民的选择》时，似乎总是在说二级传播理论，致使伊利研究的偶然性发现几乎变成了一个神话。且不说拉扎斯菲尔德等人的无心插柳，就算他们有心专门关注广播和其他大众传媒的角色扮演，这本书就其本质而言仍然是一本研究选民社会心理的书。所以书中的主要内容仍然是探究影响态度强化或变化的各种社会因素。

所以，该书用了相当大的篇幅来说明一些此后在美国两党竞选中具有公理性的结论。在第三章到第五章中，该书交代了选民的社会背景与其态度之间的关系：

首先，阶级和宗教的差异是两个重要的影响变量。更富有的人通常是共和党人；比较贫困、自我认知为工人阶级的人通常会投票给民主党。"不同的社会属性，会导致不同的投票行为。"（拉扎斯菲尔德等，2012：19）新教徒更倾向于共和党而天主教徒则更倾向于民主党。然而，有趣的是："青年新教徒比老年新教徒更少地支持共和党人，青年天主教徒比老年天主教徒更少地支持民主党。"（拉扎斯菲尔德等，2012：22—23）

其次，竞选是一场"没有硝烟"的阶级斗争。由于大部分人认为，罗斯福代表着普通民众的利益，而威尔基代表的则是商业阶层的利益，因此"在两党候选人的拥护者给出的理由中都会表现出清晰的阶级结构"（拉扎斯菲尔德等，2012：28）。

再次，对时下重大议题的看法奠定了人们作出选择的知识基础。由于共和党人对于欧洲战场上的态度更加保守，更强调"孤立主义"，因而选择共和党就等于选择不卷入战争。而原则上只有两个总统任期的传统，则成为共和党选民不选择罗斯福的最重要理由。

最后，人们对参与选战的积极程度大相径庭。具有生活在城市、年龄大、受教育水平较高、社会阶层高、男性等特征的人口更倾向于积极参与选战。"简言之，对大选最感兴趣的人往往生活在城市地区，存在于具有较高受教育程度和较高社会—经济地位的男性，以及老龄群体中。"（拉扎斯菲尔德等，2012：40）

《人民的选择》一书的第六章和第七章描述了难以做出决断、摇摆不定的中间选民，这是选举双方最关注的人群。研究根据自身的时间进程将选民分为"5月选民""7—8月选民"和"9—11月选民"。"5月选民"在研究开展之前便已经知道自己该如何投票了，他们是两党忠实而坚定的选民，占所有调查对象的49%。剩下的51%都是可以争取的中间选民，他们在研究开始时还没有做出最终决定，他们中的某些人是到投票站才最终决定如何投票的。书中又将这些人分成三类：逐渐明朗者（28%）、摇摆者（15%）和政党转向者（8%）。研究发现对选举兴趣不高和投票时面临多重压力是导致他们犹豫不决的重要原因。这种压力来自同伴、职业、宗教和社会地位等因素带来的多种不一致。研究还发现："在我们确定的所有多重压力中，唯一最能有效影响选民延迟做出选举决定时段的因素，来自于家庭内部的不一致。"（拉扎斯菲尔德等，2012：52）对此，拉扎斯菲尔德等人总结道："只有那些对选举的兴趣很低而同时承受着很多冲突性压力的选民才真的会在两个政党间摇摆。"（拉扎斯菲尔德等，2012：59）"对选举兴趣最低、对结果最不关心、对正式媒介传播的政治信息最不关注、最后才做出投票决定的人，也是最终最容易通过人际交往……被劝服的人。"（拉扎斯菲尔德等，2012：59—60）

该书的第八章到第十章讨论了宣传在选民中的作用。直到这里，与传播学有关的话题才真正出现。拉扎斯菲尔德将宣传效果分为激活效果、强化效果和倒戈效果三种不同的类型：所谓激活效果就是通过宣传唤起选民的注意，并通过唤起他们的兴趣而激发他们潜在的既有倾向并使之最终明确自己的选择；所谓强化效果就是通过宣传强化原有观点，减少相反观点可能对原有观点的冲击；所谓倒戈效果，就是指通过宣传改变原有观点。然而，《人民的选择》通过自身的研究指出："足够反常的是，选战宣传产生的一个主要影响是对选民的投票行为根本没有产生明显的影响——如果我们天真地认为后面的这个'影响'意味着选民的投票行为发生改变的话。"（拉扎斯菲尔德等，2012：74）分析个中原因，拉扎斯菲尔德等人的解释是："那些阅听得最多的人不仅对自己的政党宣传得最多，并且由于其强烈的既有倾向，他们也是最不可能倒戈的人。反过来，那些最容易倒戈的人——选战经理最想使宣传到达的那部分人——也是接触宣传最少的人。这些互相关联的事实集中地体现了倒戈的瓶颈。"（拉扎斯菲尔德等，2012：81）这就是在所有传播学教科书中被大书特书的"有限效果论"。

然而，拉扎斯菲尔德等人说的根本就不是传播的有限效果，他们强调的是传播对那些对选举最不感兴趣和面临多重矛盾的选民不容易产生影响，原因是这些人不容易接触到媒体。于是，这才有了意见领袖和二级传播。"信息是从广播和印刷媒介流向意见领袖，再从意见领袖传递给那些不太活跃的人群的。"（拉扎斯菲尔德等，2012：128）面对这些人，直接的人际影响比宣传更重要。意见领袖就是那些在选举中特别活跃的个体。"在每个领域和每个公共问题上都会有某些人最关心这些问题并且对之谈论得最多，我们把他们称为'意见领袖'。"（拉扎斯菲尔德等，2012：44）他们不仅自身关心选举，而且会与身边的人讨论这些事情，他们试图去激活身边那些对选举不太关心的个体。所以拉扎斯菲尔德等人才认为，在宣传的最后一公里，意见领袖的人际传播比大众传播有用得多：

> 我们可以说最成功的宣传——尤其是最后一刻的宣传——是"围绕"那些投票决定依然模糊不清的人进行的，使他们参与投票别无选择。……面对面的影响力也就是地方"分子压力"，它通过

79

更多的个人解释和丰富的人际关系以激发正式媒介，从而决定选民的投票行为。归根到底，没有哪种媒介比人更能打动其他人。（拉扎斯菲尔德等，2012：134）

行文至此不难发现，所谓的"二级传播"和"意见领袖"与有限效果论是风马牛不相及的两个问题。拉扎斯菲尔德等人根本没有讨论宣传的效果到底是不是有限，他们对于宣传产生的激活效果和强化效果的说明，已经证明了宣传存在的强大效果。二者被后来的传播学者硬扯在了一起。而且这些概念不过是《人民的选择》一书中各种研究发现的副产品，用以说明我们如何影响不太积极的选民。

四、评价与反思

尽管美国传播学学者对《人民的选择》的阅读理解存在严重的问题，但他们多数比较推崇这本书及其方法和结论，将其看作传播学研究方法的开山鼻祖。

实证主义传播学最坚定的卫道士之一梅尔文·德弗勒（Melvin De-Fleur）在《传播研究的里程碑》一书中评价道："《人民的选择》有几个理由被认为是大众传播研究史上最重要的研究之一。""在大众传播研究史上很少有研究能产生如此深远的影响。"（洛厄里、德弗勒，2004：90，91）他的理由有三：其一是拉扎斯菲尔德创造性地将时间变量引入了调查法；其二是发现宣传的选择性效果，不是宣传在操纵人，而是人的社会背景左右了宣传的效果；其三是意外的发现——"二级传播理论"，这一理论可以将大众传播与人际传播结合在一起，为传播学开启了新的理论前景。

罗杰斯的理解则更为偏颇一些，他指出："总之，拉扎斯菲尔德得出的结论是：媒体在1940年的总统大选中产生最小的效果。"（罗杰斯，2002：302）他还杜撰了拉扎斯菲尔德的动机："拉扎斯菲尔德希望的是：伊利县的项目能够证实大众媒体在构成人们关于在总统选举中如何行事的意向上具有直接和强有力的效果。"（罗杰斯，2002：301—302）

其实，根本不是这么回事。罗杰斯认为，拉扎斯菲尔德因其三大贡献而成为传播学领域最著名的学者，其中之一就是："拉扎斯菲尔德发展了好几个重要的概念，诸如'舆论领袖'和'两级传播流通'等。他开创了人际传播途径作用的研究，这种途径在传播运动中是与大众传播途径相对立的。"（罗杰斯，2002：325）罗杰斯认为，这些评价与拉扎斯菲尔德对自己的评价是接近的。

美国的左派学者对拉扎斯菲尔德的评价比较消极。与拉扎斯菲尔德既有私人恩怨，又有范式分歧的 C. 赖特·米尔斯，可能是最早对该书"开炮"的学者，他认为拉扎斯菲尔德所从事的研究可以被称为抽象经验主义，这种研究范式是由其方法来决定其研究对象和研究问题的，因此这是一种独特的学术意识形态，它消灭了学术的想象力，意味着对古典主义社会学的背叛和倒退。虽然他也承认《人民的选择》是一项著名的研究，但他评价道："从这本书中，我们了解到，富人、农民和清教徒倾向于投共和党的票；相反类型的人则倾向于民主党等等。然而，对于美国政治的动力机制，我们仍然知之甚少。"（米尔斯，2001：57）

到了新左派时期，美国文化研究的代表性人物吉特林在 1978 年的一篇文章中尖锐地批判了拉扎斯菲尔德及其效果研究。他指出："自第二次世界大战以来，传播学领域的主导范式显然就是保罗·拉扎斯菲尔德及其学派所倡导的一系列观点、方法和学术观念：研究媒介内容所导致的具体的、可测量的、短期的、个人化的、观念和行为上的'效果'，以及由此得出的媒介在形成公共舆论方面无足轻重的结论。"（Gitlin，1978：207）他认为，这一研究范式完全没有关注"公司所有权的结构和控制"，也没有讨论过"媒介内容需要遵循的商业标准"。所以，"美国主流媒介社会学巩固了美国上世纪中叶的资本主义繁荣，竭力为其提供合法性依据"（Gitlin，1978：225，245）。

如果上述恭维和批判是直接针对拉扎斯菲尔德本人和他的传播研究，那我想他们都没有说到点子上。因为拉扎斯菲尔德所做的这一切只是让他的数学工具在传播学中旅行而已，他不必在乎来自不同学科的专家对他在研究内容上的指责。本文认为，拉扎斯菲尔德通过自己的工具在社会科学中制造有用的知识和学问时，也同时打开了潘多拉的盒子。

当他把应用社会研究局当成学术生产的车间，把研究者当作学术工人，把固定样本研究当作技术流程时，他把工业的意识形态引入了学术研究，从而把学术研究改造成了一种学术工业或者说学术制造业。拉扎斯菲尔德侥幸在这一过程中创造出了一些新概念，发现了一些新现象，但他的接班人将长期深陷学术常识化和功利化的困境不能自拔。而这一切，在拉扎斯菲尔德从事学术研究的时代，在他发明各种研究工具的时候，是完全无法预见的。

（胡翼青）

参 考 文 献

Gitlin，T.，"Media Sociology：The Dominant Paradigm," *Theory and Society*，1978，6（2）.

〔美〕C. 赖特·米尔斯：《社会学的想像力》，陈强、张永强译，北京：生活·读书·新知三联书店，2001。

〔美〕E·M·罗杰斯：《传播学史：一种传记式的方法》，殷晓蓉译，上海：上海译文出版社，2002。

〔美〕保罗·F·拉扎斯菲尔德等：《人民的选择：选民如何在总统选战中做决定（第 3 版）》，唐茜译，北京：中国人民大学出版社，2012。

〔美〕希伦·A·洛厄里、梅尔文·L·德弗勒：《大众传播学研究的里程碑（第 3 版）》，刘海龙等译，北京：中国人民大学出版社，2004。

拓 展 阅 读

胡翼青、何瑛：《学术工业：论哥伦比亚学派的传播研究范式》，《中国地质大学学报》，2014，14（6）。

〔美〕伊莱休·卡茨、保罗·F·拉扎斯菲尔德：《人际影响：个人在大众传播中的作用》，张宁译，北京：中国人民大学出版社，2016。

罗伯特·默顿

《大众说服：战争债券购买动员的社会心理》

有人认为，如果诺贝尔奖设立社会学奖项的话，那么罗伯特·默顿（Robert Merton）肯定是首批获奖者之一。以科学社会学和结构功能主义旗手著称的美国社会学家默顿，是美国社会学重要的理论缔造者之一。1941 年，默顿与拉扎斯菲尔德同时被聘为哥伦比亚大学社会学系副教授，开始了他们长达 35 年的深厚学术友谊。默顿回忆说，1941 年 11 月的一个周六，拉扎斯菲尔德夫妇邀请他们夫妇去吃晚饭。他写道："我去吃饭，然后呆了 35 年，这一切就是这么发生的。"（转引自罗杰斯，2002：257）在以后的 35 年中，他们估计用了约 1.8 万个小时面对面地讨论学术。而正是因为拉扎斯菲尔德，默顿接触到了传播研究，而《大众说服：战争债券购买动员的社会心理》（以下简称《大众说服》）正是他传播研究的代表作。这部作品也许不能与默顿在社会学理论和科学社会学领域的经典著作相提并论，默顿自己也对这部经验研究的"习作"不甚满意，尤其是这项研究并没有从数据中发展出一套默顿特别强调的"中层理论"，但这部著作仍然可以被看作战时美国传播研究的代表性作品。

一、成书背景

1943 年 9 月 21 日，哥伦比亚广播公司播出了一档为战争债券募款的节目，由著名歌星和广播节目主持人凯特·史密斯（Kate Smith）小姐主持。在长达 18 个小时且连续不断的广播节目中，史密斯每隔 25 分钟就会以各种方式介绍战争债券，旨在说服听众购买。最终，这期被称为"马拉松"的广播节目成功地卖出 3900 万美元的债券，在战时的美国成为传奇。在哥伦比亚广播公司的赞助下，罗伯特·默顿听从保罗·拉扎斯菲尔德的建议，主持了一项以此事件为背景的实证研究。《大众说服》一书，就是这项研究的成果。

默顿在该书开篇指出，此项研究旨在解释为什么这期节目能取得如此巨大的成功，探索数量庞大的听众如何被说服进而做出了购买债券的决定。默顿认为，站在社会心理学的立场上，这个案例有巨大的研究价值。这是发生在现实世界的真实案例，所有参与者都是主动、自愿，并且以较高的卷入度参与其中（收听节目、购买债券等）的，这就意味着研究者和参与者都非常清楚"事实上发生了什么"，并且能保证事件的真实性。例如，史密斯广播的内容被翔实地记录下来，听众是否购买债券也被记录在案。这个研究情境不同于在心理学实验室中由实验人员设计好变量然后刺激参与人员，观察反应。同时，与许多实验为了方便而选择大学生作为研究对象不同，这个重大的事件涉及的听众层次非常广泛。听众虽然以家庭妇女居多，但也不乏各个年龄、阶层和从事各种工作的美国人。此外，这个事件发生在战时的美国，默顿认为当时是一个充满危机而且道德混乱的年代，研究由一个娱乐明星通过广播创造的社会动员传奇有助于了解美国社会正在发生的深层文化变革和大众心理。默顿在该书的总结中指出，这项研究的社会价值在于它探讨了技术与道德之间密切的相互作用。

具体说来，此项研究主要有两个目的：第一，帮助研究者在复杂的生活情景中寻找是哪些具体因素导致了"说服"的发生；第二，具体解释和探索"说服"发生的过程和动因。默顿认为，这项研究的结果——例如确定决策变量、说服因素——可以作为以实验为方法的研究的先导，帮助研究者在纷繁复杂的现实世界和抽象的实验性探索/理论建构之间搭建一个桥梁。由于研究完善的设计和极好的完成度，此项关于"说服"的广播研究成为传播学史上经典的研究案例，产生了巨大的影响（Simonson，2006），有时也被称为"凯特·史密斯研究"。

该书由七章组成。第一章介绍了整个研究的背景和意义；第二章详细分析了"长达18个小时的广播马拉松"这个传播形式；第三章则聚焦"战争债券购买动员"这个主题，考察围绕"战争债券"，有什么样的话题被讨论，被如何讨论，听众有何种评价；第四章分析"史密斯"的形象如何被建构，她正直、爱国、无私奉献的形象如何在这个事件中起到了重大作用；第五章探索这个节目对"不同类型的受众"如何产生了"不同的效果"；第六章在美国社会和文化的大背景——社会生活被市场和资本宰制以至于人与人之间充满了不信任和不真诚——下探讨广播作为一个系统如何创造了"史密斯小姐"这个令人信服的公众人物，并再次让美国人感受到美国精神和共同体的存在；第七章总结了整个研究的结论，并对研究过程和结论进行了反思。

默顿指出，这项研究指向的更大图景是广播这种技术的使用会对社会产生何种效果。并且，需要特别注意的是，技术与道德之间存在着相互作用，而社会学家必须对这种相互作用保持警惕，对媒介技术及其传播内容保持批判性。同时，科学家和社会学家都要认识到，研究者不能满足于确定"有效的传播"，他们必须认识到，自身所携带的价值使得他们在选择问题、设计研究、阐释结论时从来不是价值中立（value free）的。一个只注重"传播效果"以及"如何传播才能有效"的社会科学家，只是一个探索"半事实"（half truth）的科学家，长此以往，我们会习惯于利用大众的焦虑操纵他们的情感，而这从根本上损伤了民主价值，牺牲了创造一个互相信任的文化氛围和一个稳定的社会结构的机会。

二、组合性的经验研究方法

默顿指出，只有同时分析宣传的内容以及听众的反应，才有可能理解"劝服"的社会心理学。并且，研究的过程需要不断对照传播的内容和听众的反应，在这两者之间不断来回比照、验证，才能回答为什么有些听众被感染/劝服而有些没有。在这一思想的指导下，该项研究主要使用了内容分析、焦点采访和社会调查三种方法。整个研究的要素则包括：（1）史密斯的社会形象；（2）她关于请听众购买战争债券的诉求；（3）马拉松式的广播节目这一形式；（4）听众本身的取向，包括在收听之前是否打算购买，是否已经购买，是否喜欢史密斯，等等；（5）史密斯的形象与当时特定的美国文化和社会情境的关系。

第一种研究方法，即内容分析主要用于分析长达 18 个小时的广播内容。虽然内容分析并不是一种崭新的研究方法，但是默顿认为，此前的内容分析只是针对文本内容得出抽象而笼统的评价，而这项研究中的内容分析是以主题来划分广播文本中的内容，因而能明确地找到是什么因素打动了听众。并且，研究之初提出了相关假设，即听众会对特定内容有特别的反应。这个研究先对广播内容进行主题分析、统计，并且提出受众会作何反应的假设，这为下一步对听众的焦点采访做好了铺垫，而采访内容反过来会证实或者推翻那些假设，进一步的研究由此展开。

第二个重要的研究方法是焦点采访。默顿指出这是一种创新的研究方法，并且后续撰文详细论述了这种研究方法（Merton，1946：541-557）。默顿认为，焦点采访克服了简单采访或者问卷当中只在意"是/否"而不关注情境和主观感受的问题。焦点采访需要受访者在特定情境（看了一部电影、听了一档节目等）中描述自己的主观经验。同时，在采访之前，研究者已经分析过情境并且提出了一些假设（如上文内容分析所做的那样），因此采访具有一定的焦点。但是，采访是引导性的，而不是直接提问，旨在让被访者以自己的方式、在自己的叙事中把观点表达出来。在此项研究中，默顿和他的同事选择了 100 位听众进行焦点采访，其中 75 人是从在节目中购买债券的名单中筛选出来的，另外的 25 人选择于当地社区，这 25 人虽然收听了节目，但是并没有购买债券。因此，在默顿看来，这个样本很好地涵盖了被说服与没有被说服的对象。所有的采访在广播结束后的第二天就开始，绝大部分在一周内完成，剩下的一小部分在第二周完成，以保证被访者对于所谈论的事情具有较高的敏感度。

研究的第三种方法，也是第三个部分，是一项更大范围的问卷调查。总数为 978 人的样本反映了纽约总体人口统计特征。而这个调查不仅用来检验定性研究方法得出的结果，也用来补充和说明更大范围的文化情境和社会心理。例如，在 978 人中，有 14 个认不出总统候选人，却只有 1 人不知道史密斯。可以说，20 世纪 40 年代的美国社会，娱乐明星作为公众人物的地位和知名度完全不亚于政治人物。再如，在这个调查中，还依照对史密斯平时节目收听的频率对听众进行了划分，以此来考察史密斯在不同听众心目中的形象是否以及如何受到收听频率的影响，进而，这种影响是否在这次战争债券的购买中起到了作用。而这部分内容也可以和焦点采访的内容互相印证、比较。

从方法设计上来看，这项研究显然深受默顿"中层理论"思想的影响，强调质化研究方法与量化研究方法的混合运用。中层理论特指默顿的一种理论追求，对此，他自己的表述是："中层理论既非日常研究中广泛的微观但必要的工作假设，也不是尽一切系统化努力发展出来的用以解释所能观察到的社会行为、社会组织和社会变迁的一致性统一理论，而是指介于这两者之间的理论。"（默顿，2006：55）面对学界对中层理论的怀疑和批评，默顿需要在经验研究实践中实现"中层理论"的建构。所以，默顿在一开始就澄清了这项经验研究绝不仅仅是一项关于传播效果的研究，该研究在研究设计上有中层理论的追求。从这项研究不拘泥于定性方法与定量方法，不拘泥于假设—验证/推翻假设的过程就可以看出，默顿研究中的实证研究是认识论范畴的，而非操作工具，更没有固定程式，与后期实证研究发展成为一个标准研究程序大相径庭（胡翼青，2010）。默顿想实现的是中层理论的理想，即将理论建构和经验研究统一到一个平台上。

三、未能实现的"中层理论"

研究中有很多有亮点的发现，但可惜的是没有形成有影响力的理论，更不要说形成"中层理论"了。这也是社会学"中层理论"的发明者默顿感到最不满意的地方。

在分析史密斯节目的具体内容之前，研究首先聚焦在"18 个小时的马拉松式的广播节目直播"这一形式上。常规的战争债券节目很多，也有很多明星参与，但是这个节目形式上的特别以及广播公司不断的曝光，使得听众在心理上就觉得这是一个重大的事件，因而也就会报以特别的兴趣，而对于史密斯究竟是否能坚持 18 个小时，听众更是报以好奇。研究结果证明，无论之前对史密斯小姐持何种态度，她坚持了 18 个小时的直播被理解为一种真诚而且无私的牺牲，不同于沽名钓誉的好莱坞明星或者一本正经的政客，史密斯小姐被认为在这场"马拉松"中完完全全自我奉献并获得了绝大部分听众的好感。更重要的是，默顿指出，这个直播带有互动的形式，听众可以打电话购买债券，而 18 个小时中，史密斯也不断更新收听和购买情况，以及做新的动员，这种互动使得整个节目并不是单向的传播，而是"一场不断进行的戏剧"，所有收听的人都参与其中，并且相信自己正在见证并创造历史。默顿指出，说服和宣传在根本上不同。对于说服来说，说服者和对象有更多的互动，而且说服对象有更大的空间去争论和反思，因而是"双向的交流"。

第二个重要的研究发现聚焦于节目内容诉求的主题。研究曾经假设，推动债券购买可以基于两个不同方向的基本诉求：一是唤起大众的爱国主义；二是告知债券是一种投资，诉诸理性人的假设。但是对这期广播节目的分析发现史密斯从不提第二点。默顿分析，这是因为如果同时提这两个方面，不仅不能鼓动听众购买债券，反而会引起一种道德混乱，即"购买债券究竟是无私（为了国家）还是自私（为了自己）"。因此，节目只注重唤起民众的爱国热情，宣扬这是一种无私的奉献。对节目的分析显示，史密斯一再强调"牺牲"这个主题，既谈到了奋战在前线的美国士兵及其家庭的牺牲，又谈到一战老兵用自己准备装假肢的钱买债券，而她自己无偿参加节目的行为，也是某种牺牲。"牺牲"的主题在对听众的焦点采访中对应了"负罪感"，即自己作为美国公民却没有做得更多的负罪感。在这种负罪感的驱使下，有些听众购买了比原计划要多得多的债券。

值得注意的是，默顿对这场"有效的传播"持保留态度，原因就在于他认为这种诉诸情感的宣传是法西斯国家操控民众的手段，而美国这样的民主国家，总是希望尽可能地呈现事实本来的面貌，民众有自己的判断和选择的权利。在这个案例中，显然，债券的经济作用并没有被提及，听众更没有被告知国家发行债券是防止通胀的手段，在广播节目中，购买债券成了"爱国"最好的手段，购买债券就能尽快结束战争。事实上，有数量极少但是受教育程度高的听众因为清楚地知道债券对于国家的经济作用，对节目呈现的一味的感情诉求表示反感。但因为节目的主要收听对象是工人阶级和家庭妇女，他们被"牺牲"的主题深深打动，被史密斯劝服。

第三个重要的研究发现则是回应史密斯的公众形象是如何建立的这个问题。大样本的调查显示，史密斯并不在"售卖技巧"上占有优势，她能被称为"爱国者"的代表，也不在于她是一个充分了解国家事务的政治人物。严肃的政治人物虽然受到极少数知识分子的欢迎，但是被大部分普通民众认为是去个性和高高在上的，所以他们发出的情感上的诉求就很难引起共鸣，大众觉得与他们有很大的心理距离，而且民众不关心那些与自己相距甚远的政治意见。相反地，史密斯小姐略微肥胖但是亲切可人的外形和个性，赋予她在民众心中一种"母亲般圣洁"的形象，虽然事实上史密斯小姐未婚未育。而她朴实无华的作风和崇高的道德感，则进一步加强了民众对她的信赖。这种信赖还源于她虽然是名人和有钱人，但是"就像一个普通美国人"那样爱国、正直和友善。

将史密斯的形象放在美国当时的文化和社会背景下看，就会有进一步的发现。第一，受访者不断强调史密斯的真诚，与之相反，他们描述的日常生活，充满了不真诚。如前文所说，在被资本和市场宰制的社会生活中，人的关系都被工具化。史密斯的无私和牺牲，让他们再次感到真实。与之形成鲜明对比的例子是，因为被史密斯打动而打电话去购买债券的人听到电话里接线员机械而没有情感的声音，感到深深的失望。第二，默顿援引塔尔科特·帕森斯（Talcott Parsons）的观点，指出女性通常有三种角色：家庭模式、事业模式和魅力模式。史密斯是家常的，是母亲般的存在，且是去性欲的，而女性一旦开启魅力模式（比如好莱坞女星），她就有被资本化和商业化的危险（事实上，"母亲"这个形象也可以被资本化和商业化，史密斯在广告中不断扮演这种形象）。史密斯的母亲形象不仅让已婚中年女性（听众的最大部分）产生共鸣，也符合美国文化对女性的期望，即成为家庭的核心。第三，史密斯本身的奋斗过程体现了美国梦，即一个邻家女孩因为才能而成名。默顿指出，阶层固化本身在美国已经是不争的事实，上升的通道越来越狭窄，但是大众不愿意相信阶层固化，美国梦仍旧支撑着普通人，所以史密斯的成功就是千千万万普通人的成功，他们愿意看到和支持这样的例子。更重要的是，史密斯提供了一个"成功但不骄傲，仍旧是普通人"的样本，她的善行被广为传颂，因而虽然人们意识到她已经身为上层，却从来没有疏离感。史密斯长期主持广播节目，口语化的表达和家常的主题都营造出一种分外私人和亲切的情感。

默顿敏锐地指出，美国文化的核心是成功，因此往上的阶层流动既是美国民众的梦想所在，也是焦虑所在，但是史密斯"成功但普通"的形象提供了一种"意识形态上的安慰"（ideological balm）：她不断说服听众，你可以做一个普通但正直的美国人，不必有钱，也能很幸福；而反过来，有钱人未必幸福。研究表明，越是她忠实的听众，则越认同这个观点。这种"意识形态上的安慰"使得史密斯从来不可能在节目中提到社会结构真正存在的问题（阶层固化或者贫富不均），而她的听众也没有这方面的意识。研究结果表明，虽然史密斯的忠实听众（多为工人阶级）倾向于认为有钱人可能为富不仁或者不幸福，但他们对整个社会制度和社会结构本身没有不满，他们都认为贫富都在于个体原因（勤奋程度、天赋，等等）。默顿因而指出这种节目在意识形态上是相当保守的。史密斯的节目不挑战社会体系，使得她没有真正的对手。在广播中，政治家相互竞争、兜售理念，商人互相竞争、兜售产品，但是史密斯小姐没有对手，她垄断了公众的想象。在默顿看来，史密斯形象的建立是整个广播系统和娱乐行业共同作用的结果。她节目的稿子由一个团队负责，她的曝光也是被安排的，所以她的形象是"符号化的"，但是在受众眼中，这个符号化的史密斯，就是真实的史密斯。听众对她的信任和崇拜是宗教式的，而非理性的。

对史密斯作为"美国代表"的符号分析引出了该研究中著名的"伪共同体"（pseudo-Gemeinschaft）的概念。在真正的共同体已经不复存在的情况下，人们被"伪礼俗"或者"伪共同体"包围，有时候能分辨出伪装的友情是为了更好地推销商品，有时候却分辨不出史密斯到底是不是真诚的。默顿指出大众传播能建构起社区般的共同体，而研究也显示购买了债券的听众重新找到了归属感。但是，默顿对这种共同体也不乏警惕。公共舆论的管理被证明是技术性的，例如哪些话题和哪些渠道会更有效。媒介作为镜子，不是改变了我们对知识的认知和看法，而是改变了我们能看到的事物。技术使用者必须时刻保持清醒，判断自己是否把私心凌驾于公共利益之上。

研究的第四个重要发现就是听众自身的偏好和情况极大地影响了收听情况，进而影响了效果。在对 75 个实际上购买了债券的人的焦点采访之后发现，他们并不都是同等地受到史密斯的感召而去购买的。针对他们收听节目之前的情况（打算购买、观望、绝不购买），被访者被分成三组，以进一步考察他们先验的态度如何影响了其收听行为以及最终的购买行为。结果证明，听众本身的态度极大地影响了他们的收听情况（对内容的侧重、时长，等等）。默顿指出这不仅证明传播效果是有限的，而且证明了一个心理学观点：刺激（广播节目）是回应被刺激客体（听众）本身的心理需求。默顿认为并不是所有学派都承认这个心理学观点，但是承认这一点非常重要。在默顿看来，这就是知识社会学的根本所在，知识不仅是客观的知识和事实，看待知识和呈现知识的视角同样重要，而视角其实是被社会建构的。

应当说，质化与量化相结合的方法，让这项课题的研究发现既细致又丰富，但由于缺乏足够的理论抽象，这项研究完全无法达到"中层理论"的高度，默顿并没有据此找到琐碎经验研究和宏大理论叙事的中间状态。

四、评价与反思

"凯特·史密斯研究"开展的时候，在哥伦比亚大学应用社会研究局，由拉扎斯菲尔德领衔的有关传播的各项研究正如火如荼。默顿在该书副标题中指出这是一项社会心理学的研究，但这并不妨碍后世将这项研究奉为传播学研究的经典，彼得·西蒙森（Peter Simonson）认为这本书值得一读再读（Simonson，2006）。的确，这项研究在内容、方法和理论上都做出了重要贡献。

就研究内容而言，第一，讨论了大众说服何以可能，并且考察了相关各要素的作用；第二，开创性地讨论了名人公共形象的建立，并且分析了大众媒介在其中扮演的角色，进而讨论了大众媒介在建构新型共同体中可能起到的作用；第三，较早地指出了受众是主动的，而传播效果是有限的，受众对传播内容的接受受到自己社会结构和生活需求的影响；第四，由于这个案例建立在一个具有较大影响力的媒介事件上，这项研究也为探索媒介化社会事件的影响提供了重要参考。如果说这个研究有什么不足，可能在于没有详尽探讨那些"没有被说服"的例子。虽然默顿把他们纳入了焦点采访并且声称也要研究他们"为何没有被说服"，但是这一部分的论述十分薄弱，主要观点停留在"他们有比认同凯特·史密斯更重要的认同共同体"而没有发展下去。

就研究方法而言，如上文所述，该研究忠实地体现了默顿"中层理论"的建构理想。同时，研究设计大体按照（但并不拘泥于）"建立假设—问卷/访谈/内容分析—数据分析—验证修改假设—发展理论"这一过程来操作，体现了实证主义传统的社会学研究思路，即致力于以研究自然科学的方法研究社会问题。但需要指出的是，默顿的特殊之处在于，他并没有在研究中放弃对"人"的复杂性的探讨，否则他也不会如此强调焦点采访。默顿还在几处直接引用乔治·赫伯特·米德的符号互动论思想，认为其在解释受众对史密斯"印象"（impression）的形成中很有说服力。而在后世看来，定性和定量两种认识论基础不同的研究方法之所以能统一在这项研究中，也是因为对默顿而言，这个研究涉及不同层面的问题，而并不存在哪种方法一定为哪种服务的情况。虽然默顿认为这整个研究只是通往宏观理论建构或者实验室的跳板，但是至少在对"中层理论"的研究中，他并没有强调文本分析和焦点采访是为调查服务的。这套研究设计的思路后来被操作成标准的社会科学研究程序，进而用来进行"学术工业"的生产（胡翼青、何瑛，2014），这可能并非默顿的本意，主要的原因可能还是后世学者忽略了默顿研究中理论建构的理想。

将《大众说服》放到整个知识图景和学科中，不难发现这项研究在默顿本人的研究生涯和哥伦比亚学派的传播学研究中都有承上启下的作用。对默顿本人来说，这项研究是他为数不多的关于传播的专著，开启了他对于研究公众人物形象的兴趣，为他之后在社会学领域继续建构理论提供了丰富的经验材料。对于整个哥伦比亚学派来说，默顿的研究对结构功能主义范式在传播学中的应用起到了启发和奠基作用，同时，他以中层理论为指导，树立了经验研究和理论研究相结合的典范。但遗憾的是，默顿并没有通过他的研究方法得出"中层理论"，也没有实证研究者用类似的方法得出"中层理论"，这对"中层理论"的设想可以说是一个致命的打击。

（解佳）

参 考 文 献

Merton，R. K.，Fiske，M. & Curtis，A.，*Mass Persuasion*：*the Social Psychology of a War Bond Drive*，New York：Harper，1946.

Simonson，P.，"Celebrity，Public Image，and American Political Life：Rereading Robert K. Merton's *Mass Persuasion*，" *Political Communication*，2006，23（3）.

胡翼青：《传播实证研究：从中层理论到货币哲学》，《新闻与传播研究》，2010，17（3）。

胡翼青、何瑛：《学术工业：论哥伦比亚学派的传播研究范式》，《中国地质大学学报（社会科学版）》，2014，14（6）。

〔美〕罗伯特·K.默顿：《社会理论和社会结构》，唐少杰、齐心等译，南京：译林出版社，2006。

〔美〕E·M·罗杰斯：《传播学史：一种传记式的方法》，殷晓蓉译，上海：上海译文出版社，2002。

拓 展 阅 读

展宁：《传播学哥伦比亚学派考论》，浙江大学博士学位论文，2014。

马克斯·霍克海默、西奥多·阿多诺

《启蒙辩证法——哲学断片》

马克斯·霍克海默（Max Hochheimer）和西奥多·阿多诺（The-odor Adorno）开始着手撰写《启蒙辩证法——哲学断片》（以下简称《启蒙辩证法》）的 1942 年，距离法兰克福社会研究所成立已经过去了 18 年。社会研究所的知识分子，要么是犹太人，要么是迫于纳粹的压力而恢复信仰犹太教的人。他们当中最幸运的人也免不了有过社会局外人的经验——他们甚至在 1918—1933 年的那段时期也无法幸免（魏格豪斯，2010：8）。1933 年希特勒上台以后，社会研究所在德国"军事法西斯"的步步紧逼之下，几经辗转才在美国西海岸重新寻得安身之地，却又迅速嗅到了"商业法西斯"的气息。在成立之初，社会研究所的规划是以马克思主义观点研究工人运动，然而，西方资本主义世界在 20 世纪二三十年代经历的空前危机——经济危机、极权统治、世界大战、反犹大屠杀——最终促使霍克海默将"揭示人类没有进入真正的人性状态，反而深深地陷入野蛮状态"作为首要的理论任务，《启蒙辩证法》由此诞生。

一、成书背景

1924 年，在百万富翁之子费利克斯·韦尔（Felix Weil）的资助下，法兰克福社会研究所正式成立。韦尔希望将对马克思的讨论制度化

（魏格豪斯，2010：23）。创办之初的研究所高人云集，西方马克思主义的开创者格奥尔格·卢卡奇（György Lukács）和卡尔·柯尔施（Karl Korsch）都曾在研究所创办的《社会主义和工人运动史文库》杂志上发表了影响深远的文章。根据第一任所长卡尔·格吕恩堡（Carl Grünberg）的规划，社会研究所以研究社会主义和工人运动史为目标。1930年，霍克海默接替患病的格吕恩堡就任社会研究所所长。此后，他不仅长期担任社会研究所所长，而且还具体负责编辑《社会研究杂志》，他也被公认为许多集体研究计划的精神领袖（霍克海默、阿多诺，2006：编者说明）。霍克海默认为："在整个19世纪，随着科学、技术和工业的进步，人们开始发现社会整体的形成过程对个体而言越来越少了任意性和不正当性，相应地，人们也较少希望出现转变。但是这种希望破灭了，转型的迫切性再次浮现。今日社会哲学的任务，就是尽一切努力满足这种转变的需要……当代的知识状况要求不断地将哲学和科学的各种分支熔铸一体。无论从社会学还是从哲学对社会进行讨论，同样存在一个日渐突出的问题：即社会经济生活、个体心理发展和文化领域变迁之间的联系。"（魏格豪斯，2010：50）他提出了对研究所的新规划：通过将社会哲学和经验性的社会科学熔铸于一炉来克服马克思主义的危机，并通过大力引进弗洛伊德的精神分析学说来对传统研究路径进行补充和改进。由此可见，霍克海默一方面强调跨学科的研究合作，另一方面强调学术研究对于社会现实的敏感性。在霍克海默的领导下，法兰克福学派渐渐形成了包括弗里德里希·波洛克（Friedrich Pollock）、阿多诺、赫伯特·马尔库塞（Herbert Marcuse）、弗洛姆等人在内的第一代理论家，并最终成为西方马克思主义的一面旗帜。

1933年1月30日，在希特勒被任命为德国总理的同一天，霍克海默和波洛克位于科隆贝尔格的住所被纳粹冲锋队没收（魏格豪斯，2010：179）。3月13日，警方开始调查并关闭了研究所（魏格豪斯，2010：180）。4月7日通过的"关于文职专业公务人员的重新调整"法案，意在把文职公务员中的犹太人、共产主义者和社会民主党党员清除出去（魏格豪斯，2010：181）。至此，法兰克福学派学者彻底沦为有家难回的流亡者。所幸，社会研究所总部已于当年2月基本完成向日内瓦分部的转移（魏格豪斯，2010：185）。在瑞士的流亡只是暂时的，因为霍克海默判断，法西斯将席卷欧洲。因此，在同一年，社会研究所的领导者们就开始考虑落户美国的可能性（魏格豪斯，2010：197）。在哥伦比亚大学社会学教授罗伯特·林德（Robert Lynd）和罗伯特·麦克伊维尔（Robert Maclver）的帮助下，研究所在1934年6月前后获得了哥伦比亚大学的慷慨邀请（魏格豪斯，2010：199—200）。随后，波洛克、马尔库塞、利奥·洛文塔尔（Leo Lowenthal）、弗洛姆、阿多诺等人，陆续被霍克海默引进美国。

1933年3月至1934年间，由于德国社会环境的急剧恶化和社会研究所的漂泊动荡，阿多诺与霍克海默的社会研究所一度失去联系，双方相互指责对方的抛弃、疏离。阿多诺辗转到英国，成为牛津大学莫顿学院的一名大龄研究生。直至一年多以后，当社会研究所已经转移到哥伦比亚大学，阿多诺与霍克海默才通过通信消除误会（魏格豪斯，2010：215—218）。将近1935年底，霍克海默在巴黎见到了阿多诺，商谈之后，霍克海默给波洛克写信称，除了马尔库塞之外，阿多诺是他能够与之合作完成辩证逻辑的唯一人选（魏格豪斯，2010：219）。

霍克海默在欧洲时就开始酝酿辩证法项目，他把自己20世纪30年代的作品归在了"辩证逻辑"的名称之下，并称"现在，我们所有的计划就是在今后几年内撰写一部著作，而我们此前所有的研究，不管是已经出版的还是没有出版的，都只不过是给它打下的基础"。他在20世纪30年代的一系列著作表明，"辩证法"工程贯穿他关于社会理论的哲学基础工作，同时这一工程也是他对科学中理性的限制作用所造成的理性人格化做出的回应（魏格豪斯，2010：240—241）。马尔库塞虽然参与了这一项目的早期工作，但是霍克海默最终选择由阿多诺来作为辩证法项目的合作者，因为马尔库塞没有写完《论"操作性思维和社会统治"》一文，而阿多诺非常积极迅速地写作了《阶级理论反思》，还准备好了关于大众文化那一章的初稿。阿多诺非常适合霍克海默圈子的心理构成，他依赖霍克海默，并且一次又一次地沉浸在对"我们真正的共同事业，也就是辩证逻辑"的狂喜之中（魏格豪斯，2010：220）。最重要的是，对霍克海默来说，"阿多诺对'现有环境所具有的那种充满敌意而又尖锐的眼光'和他的好斗的性格"（魏格豪斯，2010：222），"恰恰可以探测出洛文塔尔、马尔库塞、弗洛姆，甚至其他人的著作是否对资产阶级学院体系做出了让步。因此这种富于热情的侵略性应该正确地加以输导，也就是说把它引入有利于社会理论发展的轨道"（魏格豪斯，2010：223）。

1942 年，霍克海默和阿多诺已经开始着手撰写《启蒙辩证法》。《启蒙辩证法》本来的计划，"实际上是要揭示人类没有进入真正的人性状态，反而深深地陷入野蛮状态，其原因究竟何在"（霍克海默、阿多诺，2006：前言），但在探讨这一问题的过程中，霍克海默和阿多诺逐渐发现，真正的理论已然凋零，当代意识根本不足以承担反思的责任。在明确性原则的要求下，否定性无可立足，从语言到思想都在强化现有的制度。与经济生产力的提升同时发生的，是掌握机器的社会集团对其他人群的绝对支配，是个体在机器面前的消失，是大众在堆积如山的财富面前的迷失，是精神的不断媚俗化以致其否定物化的功能消失殆尽。

《启蒙辩证法》虽然保留了对自由与启蒙思想之间关系的认可，但是它清醒地指出启蒙已经倒退为神话，并全面清算了失去了扬弃特征、失去了与真理之间的联系、已然成为商品的思想，以及颂扬这种商品的语言。而对于科学传统，则细心呵护和认真筛选。

《启蒙辩证法》包含四个篇章，分别是《启蒙的概念》《文化工业：作为大众欺骗的启蒙》《反犹主义要素：启蒙的界限》《笔记与札记》。第一篇论文《启蒙的概念》是全书的理论基础，它对合理性与社会现实之间的复杂关系，以及自然与控制自然之间相应的复杂关系的探讨，在后续篇章中得到反复深化。《文化工业：作为大众欺骗的启蒙》探讨的是启蒙意识形态的倒退如何在文化工业中得到清楚明显的体现，这一篇比其他部分更具断片色彩。《反犹主义要素：启蒙的界限》是 1947 年版本增补的内容，它通过对反犹主义的反思，阐明非理性主义来源于宰制理性自身的本质以及与理性观念相应的现实世界，已经启蒙的文明在现实当中又倒退到了野蛮状态。最后一部分是《笔记与札记》，其中，有些是论文的提纲，有些是有待探讨的问题（霍克海默、阿多诺，2006：前言）。

二、《启蒙的概念》

《启蒙的概念》提出的核心论点是，启蒙不断被卷入神话（霍克海默、阿多诺，2006：8），具有极权性质（霍克海默、阿多诺，2006：4）。被启蒙摧毁的神话是启蒙自身的产物（霍克海默、阿多诺，2006：5），神话变成了启蒙，自然则变成了纯粹的客体性（霍克海默、阿多诺，2006：6）。具体论述通过合理性与社会现实之间的复杂关系，以及自然与控制自然之间相应的复杂关系（霍克海默、阿多诺，2006：前言第4页）两个方面展开，二者在启蒙的历史中实为一体。

（一）合理性与社会现实

在试图对自然施加控制的过程中，理性战胜了神话，启蒙确立了算计与实用规则的地位，然而，科学和神话同源，神话并未远离，在启蒙的世界里神话世俗化了（霍克海默、阿多诺，2006：21）。

同启蒙一样，整个资产阶级社会的现实运动都表现为观念，而这些观念又体现在人和制度身上。启蒙倒退为神话，首先体现为当代意识向逻辑实证主义的倾斜，使思想失去与真理的联系和否定性，经验与思想一道贫乏下去，服务于现存的支配关系。启蒙确立了以知识、技术、现代科学、工业、近代实证主义甚至当代的语言和艺术为代表的"当代意识"。启蒙所设想的自然规律的客观过程赋予它自身一种自由主体的特征，但是这不过是以规律为名的禁锢。启蒙消除了旧的不平等与不公正——绝对的君王统治，但同时又在普遍的中介中，在所有存在与其他存在的关联中，使这种不平等长驻永存。在工业资本主义的发展中，神话在人与制度上体现为以自我原则为中介的社会劳动，它在为一些人带来丰厚的剩余价值的同时，对另一些人而言，则意味着对剩余劳动的投入，以及肉体和灵魂在技术装置之下的自我异化（霍克海默、阿多诺，2006：23），进而人与人的关系本身，甚至个体与其自身的关系被神话化。人被设定为物，人的灵魂也被工业物化，人性屈从于集体操控。拜物教扩散到社会生活的方方面面。随着资本主义商品经济的发展，计算理性沦为神话。强制统治使劳动再次跌入神话的魔掌（霍克海默、阿多诺，2006：25）。统治者们的策略和工业社会的逻辑共同促成了劳动者的软弱（霍克海默、阿多诺，2006：29）。

(二) 自然和控制自然

启蒙以及启蒙之后当代意识的诞生与发展的源头和动力，在于对自然的控制过程。但是，"每一种彻底粉碎自然奴役的尝试都只会在打破自然的过程中，更深地陷入到自然的束缚之中。这就是欧洲文明的发展途径"（霍克海默、阿多诺，2006：10）。

早期人类因不能认识和控制自然而陷入恐惧，启蒙则以知识、科学来为自然祛魅，试图摆脱自然对人类的统治。在启蒙过程中，神话自然转变为启蒙对自然的统治，而二者之间既有差异性也有同一性（霍克海默、阿多诺，2006：前言第5页）。霍克海默和阿多诺用"自我持存"串联起神话自然向统治自然的转变。在自然统治人的阶段，人类必须压抑自我以获得生存。当启蒙以理性去解蔽和控制自然时，人类并没有获得自由和解放，因为启蒙同时导致了对自然和人的统治。随着支配自然的力量一步步地增长，制度支配人的权力也在同步增长（霍克海默、阿多诺，2006：31）。霍克海默和阿多诺用奥德修斯（Odysseus）的故事揭示了社会分工对统治关系的深化，以及统治者的自由和被统治者在体力和精神上的双重失落。启蒙将自我从自然中拯救出来，而后又使人类失去自我。启蒙当中充满了欺骗。个体被当成牺牲品，理性——牺牲中的欺骗因素——被提升为自我意识，促使被奴役者自我强化外部强加的不公（霍克海默、阿多诺，2006：42）。无论是神话自然还是启蒙对自然的统治，都是通过主体的自我规训实现的。因此，"启蒙对待万物，就像独裁者对待人"（霍克海默、阿多诺，2006：6），牺牲自我为极权资本主义大开方便之门（霍克海默、阿多诺，2006：45）。霍克海默和阿多诺用朱莉埃特（Juliet）对科学的信奉，阐明启蒙驱逐了温情，驱逐了对弱者的怜悯，使快乐也变得机械化。

概言之，神话过程的独特性就在于将事实合法化（霍克海默、阿多诺，2006：21），启蒙之后的社会丧失了否定性，不能被批判之光洞穿。

工业资本主义社会体现出理性堕落为经济与统治工具，物质财富增长与人性凋零、思想物化、社会强制力不断增强（通过机器、社会机构、语言，即整体意识形态领域）互为推动的症候。于是，法西斯主义有了生长的土壤。法西斯主义拒绝一切绝对命令，因而与纯粹理性更加一致，它把人当作物，当作行为方式的集合。

三、文化工业理论的提出

"文化工业"这一概念提出的背景是广播、电影等大众化传播技术的发展，大众社会日益兴起和自上而下的思想宰制的强化。美国的文化工业所代表的商业法西斯与第三帝国的军事法西斯相互呼应。在《启蒙辩证法》中，霍克海默和阿多诺有意使文化工业理论区别于一般的大众文化理论，因而几易其稿，最终采用了"文化工业"这个概念。原因在于，他们认为文化工业并非来源于大众，而是自上而下地对大众进行整合（Adorno，2005：98）。

霍克海默和阿多诺认为，文化工业呼应着社会的一体化。电影、广播和杂志制造了一个系统。不仅各个部分之间能够取得一致，各个部分在整体上也能够取得一致（霍克海默、阿多诺，2006：107）。文化工业的各个分支机构在经济上相互交织，所有行业紧密地联系在一起，"最有实力的广播公司离不开电力工业，电影工业也离不开银行。这就是整个领域的特点，对其各个分支机构来说，它们在经济上也都相互交织着"（霍克海默、阿多诺，2006：110）。

文化工业使社会权力在工业力量的支配下渗透入人们的思想与心灵。在《启蒙辩证法》中，霍克海默和阿多诺从以下方面对工业进行诠释：（1）生产—消费的商业规则掌控社会生活，而这一经济模型实际由制造商掌控、按制造商的意志运行，消费者并没有选择的自主权；（2）以标准化和大众生产为特征的工具理性，其计算性质导致了固定的程式和伪造的风格，工业对细节的规定到了十分精细的地步，一切不符合上述经济模型及其内在权力关系的"不和谐音"都被清除。

工业力量何以通过支配文化领域，而渗透入思想与心理？在西方学者的视域中，真正的艺术，其风格"隶属于事物的逻辑"（霍克海默、阿多诺，2006：117），艺术应当表现苦难，应当表达对现存秩序的否定，因此，真正的艺术具有通达真理的认识论意义。然而，文化工业使真正艺术的认识论意义消解。工业逻辑对文化的渗透，表现为文化领域也遵循生产—消费的商业规则，"一切都从制造商的意识中来"（霍克海默、阿多诺，2006：112）；计算理性无处不在，使文化具有了"因式化、索引和分类的涵义"（霍克海默、阿多诺，2006：118），文化的整体和细节都深受其害，文化的否定性被消除了。文化工业就是同义反复，文化工业在"没有依据形式的那种无法驾驭的冲动而被强行制造出来"的伪造的风格中，"在贴着同样标签的行话中生产出来"，强行调和普遍和特殊（霍克海默、阿多诺，2006：116）。最终，通过文化工业，工业剥夺了个人"在各种各样的感性经验与基本概念之间建立一定的联系"的作用（霍克海默、阿多诺，2006：111），并且在社会生活中强化了商业的权力结构。资本成为绝对的主人。

当时娱乐业和传播技术发展的新形势也使文化工业如虎添翼。其一，时间上的渗透。"一个人只要有了闲暇时间，就不得不接受文化制造商提供给他的产品。"（霍克海默、阿多诺，2006：111）其二，以有声电影为代表，复制经验客体的技术越严谨无误，越容易让人混淆现实和荧幕。受众的想象空间越来越被压缩，人们更容易被文化商品把控意识。整个世界都要经过文化工业的过滤，文化工业教会受众期待什么，使他们自动做出反应（霍克海默、阿多诺，2006：113—114）。

与法西斯不同，文化工业体系是从更加自由的工业国家中发展起来的，艺术和娱乐的融合却使大众永远处于被统治的状态。它体现出一种欺骗性，令人们从内心深处热爱自己所遭受的不公，沉溺于虚假意识，逃避抵抗。

四、《反犹主义要素：启蒙的界限》

对反犹主义的思考与研究所成员的身份和经历直接关联。他们在亲身经历了 20 世纪 30 年代那一段黑暗时光后，认为反犹的历史与启蒙的历史相一致，奥斯维辛正是启蒙幽暗面的反映，体现出启蒙在现实中倒退为野蛮。

关于犹太人问题，霍克海默和阿多诺有两种看法。一种是法西斯对犹太人的看法。法西斯将犹太人视为敌对种族，而实际上犹太人只不过是被那些十恶不赦之人侮辱为十恶不赦之人（霍克海默、阿多诺，2006：153）。犹太人是统治者的替罪羊，成了牺牲品，他们被塑造的形象不过是统治者的形象——拥有财产，攫取权力（霍克海默、阿多诺，2006：154），实际上，犹太人只是基于历史的原因而从事金融领域的中间人活动，他们拥有物质财富，却没有政治权力。另一种看法从自由主义的立场出发，即从人类团结统一的原则出发来看待犹太人问题，没有充分认识到犹太人问题的特殊性。霍克海默和阿多诺认为，犹太人的生存和表现，使无法与其一致的普遍性本身产生了问题。犹太人与统治阶级之间的关系并不稳定。他们总是依附统治阶级，希望能被统治阶级接受而不受他们的控制。犹太人与统治民族之间的关系也总是一种贪婪和恐惧的关系。"启蒙与统治之间的辩证联系，以及犹太人在启蒙运动、民主运动和民族运动中所感受到的进步与残酷和自由间的双重关系，都体现在他们被同化的特殊本质中。被同化了的犹太人在努力去遗忘那些屡遭奴役（仿佛是第二次行割礼）的痛苦回忆，进而产生了一种自我约束的启蒙精神，这种精神使他们从备受煎熬的共同体径直转变为近代资产阶级。"（霍克海默、阿多诺，2006：154）上述一切都不可阻挡地使犹太人重新返回到被残酷地压迫和重组为一种纯粹"种族"的状态中。20世纪30年代，合理性和极权统治的同化原则最终使犹太人成为首当其冲的群体。

霍克海默和阿多诺指出，资产阶级社会中的犹太人问题反映的正是资本主义生产关系中的支配关系，而野蛮的反犹行为恰恰证明了民众的顺从。反犹主义是统治阶级掩人耳目、营私舞弊、威胁恐吓的廉价手段。反犹主义的刽子手们编造出冠冕堂皇的意识形态，如拯救家庭、拯救祖国、拯救人类，试图将动机合理化。工人阶级不憎恨资本家，更不想变革整个社会现实，而是把仇恨转移到犹太人身上。反犹主义行为方式是在因为被剥夺了主体性而变得盲目的人重新获得主体地位的情况下出现的。从反犹主义可以看出，视杀戮为消遣的荒唐行为，来源于人们所遵循和顺从的顽固不化的生活理念。反犹主义的盲目性和无目的性促使它把自己说成是一种出气筒，一种真理标准。愤怒在毫无还手之力的受害者身上被发泄出来。受到迫害的人们可以在不同情况下相互替换——或是吉卜赛人、犹太人，或是基督教徒、天主教徒等，而一旦他们发觉自己拥有权力，他们也会相互替换着成为杀人不眨眼的刽子手。

第三帝国的反犹运动体现出的厌憎世俗化、理性化，说明了巫术和宗教的统治形式如何在启蒙以后的世俗政治中"借尸还魂"。霍克海默和阿多诺指出，历史上的反犹主义有着很深的宗教根源，现在，宗教信仰中的厌憎已经世俗化。"启蒙和统治的联盟使人们对宗教的真理因素失去了意识，而保留下来的仅仅是一种宗教的物化形式……宗教最后成为一种制度，半是直接与制度连为一体，半是转变为大众文化。元首和他的追随者所崇拜的狂热信仰已经无异于那些曾经想身赴火刑的人们的信仰。"（霍克海默、阿多诺，2006：161）

理性取代了宗教和巫术的统治，但是文明没有把主体解放出来。霍克海默和阿多诺指出，文明意味着把一切变成纯粹的自然，人与自然的关系由相互交流转为人冷酷无情地对待自然。巫术中的模仿并没有在文明时代远去，而是被控制、调用。"文明通过对巫术时期的模仿形式实行有组织的控制，最后又通过一定历史时期的理性实践，即劳动，替代了适应其他一切以及与之相应的模仿行为的有机形式。"（霍克海默、阿多诺，2006：166）社会和个体的教育以及知识的发展，不断强化着人在客观劳动关系中的地位。"科学就是不断重复，它被精确化为可以观察到的规律性，被存留为一成不变的定式。数学公式就像原先的巫术仪式那样，成了一种有意识的不断还原，一种对戏仿的最高级的证明。技术为了促进自我的生存，也不再像巫术那样通过对外在自然的身体模仿，而是通过大脑的自动运作过程，通过将其转变成一种盲目的循环，来完成逐渐接近死亡的过程。"（霍克海默、阿多诺，2006：166）寄希望于通过劳动取代巫术中的模仿来摆脱苦难已被证明并不可行。工业资本主义的发展表明，劳动的结果只是劳动者的呆板僵滞和无动于衷，以及政客、教士、资本家们对劳动者的欺骗性统治。法西斯主义常规、仪式中的纪律、制服以及一整套不合理的机构编制，其意义都在于促成模仿行为（霍克海默、阿多诺，2006：169—170）。第三帝国的反犹主义显示为"被文明遮盖了的所有史前时期的恐怖被改造为加在犹太人头上的理性旨趣"，并且畅通无阻（霍克海默、阿多诺，2006：171）。

反犹主义者丧失了反思能力——一种在主体和外部世界之间建立关系的能力。霍克海默和阿多诺认为，反思的丧失表现在两个方面：不能反思客体，把自身的内涵不断加给外部世界；统治本身作为绝对法则，病态的个体针对其他个体总带有一种攫取权力、实施迫害的欲望（霍克海默、阿多诺，2006：174—175）。主体不断泛滥，又不断衰落，表现为第三帝国的追随者在愤怒、狂热之中失去理性，顺从于极权统治。反犹主义就是建立在一种虚假投射基础上的。虚假投射是把内在世界和外在世界混为一体，并把我们最为熟悉的事物说成是敌对的东西。主体被划归客体范畴，病态的客体被看作符合现实，疯狂的制度变成了这个世界现实的、合理的规范，而对这种形式的任何一种反叛都被当成神经错乱。反思能力的丧失给法西斯以可乘之机。第三帝国的实际政治经济景象是，与国家机器融为一体的垄断资本家兴起，并获取了人们的纷纷依附。与此同时，犹太人在流通领域的经济实力开始不断地削弱。然而，最后是已然让步和败退的犹太人，因为统治者的欺瞒和人们对虚假投射的沉溺而成为牺牲品，统治秩序反而得到了巩固。

概言之，反犹主义体现的是统治者借助谎言而施行的极权统治，它得以推进的基础是合理性发展所致的思想的僵化、主体反思能力的丧失、经济中的道德失落。在启蒙之后以理性为秩序的世界里，非理性显得比理性更为理性，个体内化了奴役，真理遭到驱逐，判断在晚期工业社会以后又退化到了没有内在逻辑的阶段。

五、评价与反思

马克思曾经对资本主义的命运做出诊断，他认为随着资本主义不断生产其掘墓人——无产阶级，随着财富的积累和无产阶级所受压迫的加剧，无产阶级会越来越清楚地认识到自身的处境，进而对现存制度进行反抗。然而，20 世纪二三十年代，当资本主义国家爆发严重的经济危机时，当压迫愈加严酷时，德国人民把希特勒推上了元首的位置，工人没有去反抗与国家机器融为一体的垄断资本，反而内化奴役，参与到对自身的压迫和控制中，并且将怒火盲目地对准统治阶级选出的替罪羊——犹太人。包括法兰克福学派在内的西方马克思主义者认识到，仅从资本运动规律的角度出发并不足以揭示 20 世纪随着工业资本主义的发展而兴起的极权统治，而应该对主体的沉沦加以剖析。霍克海默在《唯物主义和形而上学》中甚至提出，"设想社会的经济基础是永远第一位的也是不对的。基础和上层建筑永远在相互作用，必须指出，虽然在资本主义社会中经济是这一过程的决定性因素，但这种条件是历史的并随时而变"（杰伊，1996：64）。《启蒙辩证法》立足于当时的社会现实，同时关注德国"军事法西斯"和美国"商业法西斯"，重新梳理解读启蒙的历史，发掘那看似通往理性、自由、解放的道路的幽暗面，阐明了"当代意识"和主体所遭遇的问题。霍克海默和阿多诺对马克思思想的创造性运用既根源于欧洲的文化思想脉络，又极具时代敏感性。

就传播学领域而言，《启蒙辩证法》中最具影响力的篇章当属《文化工业：作为大众欺骗的启蒙》。在当时，霍克海默和阿多诺能从美国的文化工业中发现表面的自由、繁荣之下的宰制性力量，以及各个领域的一体化、工业对灵魂的剥夺，无疑极具洞察力。他们的很多思想和论断至今仍未过时，成为传播学批判学派的重要代表和思想来源。不过，需要指出的是，霍克海默和阿多诺对于"希特勒—好莱坞轴心"的判断具有一定的历史现实基础，当时的好莱坞文化比今天的流行文化更铁板一块，更具垄断性，法兰克福学派很容易从中抽象出这种总体意象。在麦卡锡时代，美国与法西斯保持着模糊的关系，美国的流行文化也倾向于维持社会现状。而对今天的文化批判来说，霍克海默和阿多诺那种视生产为封闭系统的观点不应被理所当然、不经反思地全盘接受。

（余晓敏）

105

参 考 文 献

Adorno，T. W.， "Culture Industry Reconsidered," in J. M.，Bernstein（ed.），*The Culture Industry：Selected Essays on Mass Culture*，London：Routledge Taylor & Francis e-Library，2005.

〔德〕罗尔夫·魏格豪斯：《法兰克福学派史：历史、理论及政治影响》，孟登迎、赵文、刘凯译，上海：上海人民出版社，2010。

〔德〕马克斯·霍克海默、西奥多·阿多诺：《启蒙辩证法——哲学断片》，渠敬东等译，上海：上海人民出版社，2006。

〔美〕马丁·杰伊：《法兰克福学派史（1923—1950）》，单世联译，广州：广东人民出版社，1996。

拓 展 阅 读

〔德〕阿多诺：《否定的辩证法》，张峰译，上海：上海人民出版社，2020。

卡尔·霍夫兰等

《传播与劝服：关于态度转变的心理学研究》

早期大众传播理论常常夸大大众传播的效果，其中拉斯韦尔关于一战宣传技巧的研究和坎特里尔关于"火星人入侵"事件的研究最具代表性。然而，这些研究从严格的意义上来说还是缺乏有力的经验证据。打破强大效果论成为 20 世纪四五十年代美国传播研究的重要特征，而被誉为美国传播学四大奠基人之一的卡尔·霍夫兰（Carl Hovland）的说服研究是其中具有里程碑意义的研究。为了探索说服所导致的态度转变，霍夫兰及耶鲁大学的心理学团队在第二次世界大战以后进行了一系列有组织、体系化的实验研究，史称"耶鲁传播研究项目"。《传播与劝服：关于态度转变的心理学研究》（以下简称《传播与劝服》）一书概述了这一系列实验的理论基础和内容框架（霍夫兰等，2015：1—2），也是这一研究项目中最为重要的一部著作。

一、成书背景

20 世纪 20 年代，在态度测量方面，社会科学取得了积极的进展，瑟斯顿（Thurston）和蔡夫（Chave）、利克特（Likert）发明的量表在各个学科得到广泛应用。传播与态度改变的研究因而成为一种可能。第二次世界大战迫切需要这种可能变成现实，由于需要了解战时传播所产生的效果，说服研究因此成为心理学及其分支学科在 20 世纪中叶最流行的研究取向。

1941 年，为了取得第二次世界大战的最终胜利，美国政府希望将 1500 万平民训练成随时可以上战场的新兵。而这其中最棘手的问题之一就是需要提升这些新兵的作战欲望和士气。新兵必须知道美国为什么卷入这场战争，谁是美国的敌人，谁是美国的盟友，为什么他们应该不惜牺牲生命为美国和盟军而战。美国战争局为此专门求助电影界来帮助他们实现对新兵的教育，并鼓舞这些新兵的士气。1942 年初，美国陆军总参谋长乔治·马歇尔（George Marshall）将军委托好莱坞著名导演弗兰克·卡普拉（Frank Capra）制作了 7 部 50 分钟的电影，即《我们为何而战》系列纪录片。《我们为何而战》使用了大量可获得的有关促使美国卷入战争的事件的新闻镜头。为了评估这些影片在新兵中的传播效果，战争局委托行为主义心理学家霍夫兰等人负责测试纪录片传播的效果。霍夫兰及其团队围绕其中的四部电影，设计了一面理（one-sided）信息与两面理（two-sided）信息、恐惧呼吁的影响、信源可信度的效果等实地实验。他们最后发现，尽管电影有效地促进了新兵对这场战争的认知，在强化对盟友的认同和增加对敌人的仇恨方面也取得了一定的效果，但对士气提升几乎没有任何帮助。这一研究，被看作传播学研究的里程碑，也是说服研究的重要起点。它的成功，强化了霍夫兰进一步推进说服研究的决心。

霍夫兰出生于芝加哥，1936 年在耶鲁大学获得了心理学博士学位。在那里，他受到了行为主义心理学家克拉克·赫尔（Clark Hull）的严格训练。1942 年，在他 30 岁那年，年轻的霍夫兰就承担了战争局关于纪录片传播效果的重要委托课题。对此，施拉姆评价说："30 岁的霍夫兰来到华盛顿开始传播研究时，已经是美国学习研究领域名列前茅的青年实验心理学家。像做其他任何事一样，他平静地抵达这样的学术高度，从不夸耀。"（施拉姆，2016：105）

1946 年，霍夫兰决定将他在战争局研究团队的主要成员带回耶鲁大学，进一步寻找说服性传播的基本法则。从 1946 年到 1961 年，在洛克菲勒基金会的资助下，霍夫兰及其团队先后开展了 50 多个独立又紧密联系的实验，史称"耶鲁传播研究项目"。1953 年，霍夫兰等人将其总体研究的理论框架和一些已经开展的实验研究的结论进行了汇总，形成了《传播与劝服》一书。

《传播与劝服》一书的形成与行为主义心理学的发展也有着重要的关联。如果把美国大众传播学比作一幢高大的建筑，那么行为主义心理学毫无疑问就是这幢建筑的根基。行为主义心理学的基本观点、基本方法都贯彻到传播学的各项具体研究之中。早期行为主义强调客观，排斥内省，把人看作一架"刺激—反应"机器。此后这种观点受到多方面的挑战，到霍夫兰的时代，行为主义心理学已经具有一定的认知心理学色彩。

20世纪20年代流行于西方传播界的枪弹论就受到同时代行为主义心理学的影响，它的理论依据是经典行为主义的"刺激—反应"理论。"刺激—反应"理论在传播研究中首先体现为传播效果模式，就是把媒介信息作为刺激，受众态度的改变和行为作为反应，也就是说对受众行为的"刺激—反应"解释。这种理论认为人数庞大的受众没有个性，没有教养，没有个人独立见解，主要受本能驱使，而大众传播的威力巨大，受众处于消极被动、无能为力的地位，只要枪口对准靶子，子弹就会百发百中，功效神奇，最后受众就像被动的靶子一样任人摆布、控制。

从美国传播学史的发展阶段来看，霍夫兰的劝服研究开启了"有限效果论"阶段，大众传播社会中的受众事实上是无数以匿名方式存在的个体，他们对外部世界的直觉受到个体差异和社会环境的暗示，不能完全表现自身的理性和思维活动，从而限制了媒介改变态度的力量。基于这个前提，霍夫兰及其团队希望通过研究在信息的直接接触中认知有何选择性，为后来的信息制作者和传播者提供一套可进行心理学解码的配方（霍夫兰等，2015：1—2）。

二、研究方法

"耶鲁传播研究项目"的主要特点之一是采用控制实验法对命题进

行检验，大部分研究成果都是在实验设计后产生的结果。在这些实验中，影响观点改变的各种因素，将被分离出来用于测试传播效果。

控制实验法与数据关联分析法不同，也与运用实验性方法的评估研究不同，后者主要用于确认某个特定的传播活动是否有效。20 世纪 20 年代和 30 年代的大部分研究都属于这一类型。这些研究都旨在发现传播对态度是否有影响，或者比较两种差异很大的传播是否有自己的相对优势。但是，这类研究并不能分辨导致传播效果产生差异的因素。因此，后期的传播效果研究大多数采用控制实验法，以系统地改变理论分析中的基本因素。

由于控制实验带来的可控性，该项目中大部分传播都只采用了单向传播形式：把设定好的传播内容呈现给"受控制"的受众，并限制受众之间的交流。实验者认为，尽管对面对面交流效果的研究还需要其他方法，但从单向研究方式中获得的大部分基本规则，都能用于群体讨论和心理疗法的说服过程（霍夫兰等，2015：5—6）。

关于传播的界定是基于"刺激—反应"的定义。在这一计划中，研究者集中研究说服过程的几个重要环节，这些环节是根据研究者关于传播的定义界定的，即能引发人们某种反应的"刺激"，"个体（传播者）传递刺激（通常是语言的）以改变其他个体（受众）行为的过程"。因此，该研究分为四个部分：传播者、传播内容、受众以及受众的实际反应。这些研究主题与拉斯韦尔提出的传播的 5W 模型类似。

在"耶鲁传播研究项目"中，研究者认为说服传播的主要影响在于刺激个人思考他的原始观点和传播中建议的新观点。研究者假定，仅仅只是思考这两个观点并不会带来观点的改变，因为意见和态度是持续的，除非个人获得了新的学习经验，否则他所持的态度和意见是不会发生改变的。因此，研究者假设接受观点是在刺激的基础上偶然发生的，那么为了改变观点，在形成新的隐性回应时，就必须创造出比形成旧的隐性回应时更强的刺激。在观点改变的过程中，有 3 个变量十分重要：注意、理解和接受。简言之，霍夫兰及其同事提出的理论模型认为，态度和意见的改变遵循以下步骤：提出一种值得推荐的意见→受众注意并理解了该信息，并对此做出回应或行动→如果采取一种新的反应比旧的反应具有更大的吸引力，对象就会改变其态度。研究者认为，传播中主要有两类刺激能够引起上述刺激的变化，一类与传播源可观察到的特征有关，另一类涉及传播的环境，比如其他成员对传播进行反应的方式，以及重要的内容因素，比如"观点"和"诉求"等（霍夫兰等，2015：6—13）。

在具体的实验过程中，研究者并没有直接将大众传播或者现实的媒介宣传的传播过程作为研究对象，而是通过制造具体的实验环境进行研究。研究涉及的是更为亲近的人际传播渠道，比如现场的讲话和图示讲解、录音讲话和文字信息。尽管该项目采用的都是实验室控制环境的研究案例，但在当时，许多学者认为，这些情况下的说服传播规律，也同样适用于现实生活中的大众传播。

基于以上研究假设和研究对象，霍夫兰及其合作者设计了大量控制实验，实验中的信息是量身定制的，然后在特定的环境下进行测试，各种影响劝服的因素所产生的效果得以区分开来。传播是单向进行的，传播者与受众、受众之间均不能进行交流。他们希望通过这样的严密实验，找到说服性传播的原则。

三、效果有限的说服行为

（一）受众的态度改变大多数是短期行为

霍夫兰及其合作者通过对传播所涉及的四个方面进行研究，增进了学界对说服过程相关方面的了解，如可信性、对反宣传的"免疫"、工具诉求的特点、组织忠诚度、成员身份及抗拒影响等。

研究发现，一般来说，传播效果很大程度上取决于传播者，也就是信源。霍夫兰及其同事将关注重点集中在两个问题上：一是传播者可信度的差异，将如何影响受众对传播内容和传播方式的看法和评价；二是在多大程度上，传播者可信度的差异改变了受众的态度和观念。

首先，信源的"专业性"是一个重要因素。前人研究证明：一则广告的可信性在某种程度上与刊登它的媒介的声誉密切相关。此外，"可信度"是另一个重要因素，即人们会在多大程度上相信传播者会尽力传播他认为最确凿的主张。在日常生活中，如果我们感到对方有十分明显的说服我们的意图，我们很可能会觉得他有所图谋，因而不肯相信他。

为了测试信源的"专业性"和"可信度"的改变带来的影响，霍夫兰和韦斯（Weiss）设计了一个系列实验，对两组大学生进行完全相同的传播，在传播前、传播结束时、结束一个月后，对受众的观点进行问卷调查。这次研究选取了四个主题，可信度高的信源向一组人传递了这四个主题，可信度低的信源向另一组人传递了这四个主题，并且都向被试呈现了每个主题的肯定答案和否定答案。

研究发现，信源的可信性是产生即时的意见改变的重要因素。如果传播内容被认为是来自低可信度信源，受众会认为它在表述上比来自高可信度信源的传播内容更加偏颇和不公正。与低可信度信源相比，高可信度信源更容易引导观点朝着自己提倡的立场转变。

但传播者可信性的影响会随着时间的推移而减弱，几周之后，高可信度信源的正面效果和低可信度信源的负面效果都会逐渐消失。这时，对受众而言，不管是对内容的主观评价，还是对结论的接受，这两种信源的影响力并没有差别。这项研究表明，在实验中，信源和内容的持久性相对独立，而长期效果显然基本上是由内容记忆的持久性所决定的。受众在接受传播内容时，信源和内容的分离可能会发生，比如：受众可能会遗忘某个特定的信源，但会记住信源所传递的某些具体内容。随着时间的推移，内容和信源"同生同长"的趋势弱化，当分离发生时，信源的影响减弱。

对意见的即时影响与受众的注意程度和理解力无关，对于受众获得信息量的测试发现，接受低可信度信源和接受高可信度信源传播的受众学到的传播内容一样多，但前者对推荐观点的接受程度不如后者高。这说明，观点的改变不仅需要学习新观点，还需要有动机来接受它（霍夫兰等，2015：21—36）。

总的来说，大部分意见的改变都是短期的，而不是长期的。因此，尽管说服性传播要使对象的意见立刻发生改变并非难事，但大约一个月后，受众往往又会回到他们最初的观点上。

（二）诉诸恐惧的传播内容能增强说服效果

关于说服性传播的内容效果研究分为激发性诉求与说服性论据组织，这些主要的刺激种类包括：充实的论点，使受众能够判断结论是"真实的"或"正确的"；"积极"的诉求，使人们关注接受传播观点能够获得的奖励；"消极"诉求，包括恐惧诉求的内容，主要表明不接受传播观点会导致令人不愉快的结果。在这当中，霍夫兰及其研究团队主要对符号如何作为有效刺激产生作用，以及有效组织观点时涉及的因素进行研究。

其中，关于恐惧诉求的研究对后世广告业的发展产生了较大影响。恐惧诉求的研究设计是为了调查威胁性诉求在意见改变中是否有效，何种刺激内容可能引起恐惧或形成威胁，由此产生的传播效果中，恐惧诉求又扮演了何种角色。

研究者假设，运用恐惧诉求包括以下步骤：第一，让被试接触中性传播内容，让他们明白所要传播的主题。第二，做出威胁性陈述，让被试感到可能会有不好的事发生在自己身上。当这些预期在被试头脑中预演时，个体的紧张感会明显增加。第三，当被试处于高度紧张情绪中，传播者进行另外一些陈述，宣称有可以避免危险的方法，即只要采用了传播者建议的行为或者态度，就能或者说应该可以避免危险。当这种用于消除疑虑的建议在被试头脑中预演时，紧张感得以缓解。紧张感的缓解再次强化、确认了这一建议，于是，当类似的刺激再出现时，被试就倾向于采取这种新的反应。

欧文·贾尼斯（Irving Janis）和西摩·费什巴赫（Seymour Feshbach）对上述恐惧唤起的传播模型进行了测试，通过向被试描绘他们可能要经历的潜在威胁，从而诉诸恐惧。研究结果表明，传播内容的确诱发了研究者所预期的焦虑感，重度恐惧诉求造成的心理紧张感最强烈，中度诉求次之，轻度诉求最弱。由此，他们得出结论：传播内容中的威胁要素增加，会相应提升情绪唤起的程度。

此外，研究者还发现，恐惧诉求的确能增加人们对传播者所建议采取的行动的服从程度。令人惊讶的是：在改变实验对象对传播者建议的服从程度方面，轻度诉求最为有效。因为，如果恐惧诉求只能引发强烈的情绪紧张，而无法提供合适的安慰，那么强恐惧诉求的运用就会干扰说服传播的整体效果。当受众的恐惧程度很高，但说服传播的安慰性内容不足以缓解这种恐惧时，受众就会被恐惧推动去忽略威胁，或减少对威胁的重要性的认识。概言之，过分的焦虑会减少受众对传播的注意、理解和接受（霍夫兰等，2015：60—88）。

霍夫兰等人提出的关于恐惧诉求的传播模型，也叫作驱动力减弱模型，是第一个对恐惧诉求的劝服效果机制进行分析的模型。以此为基础，恐惧诉求被广泛地应用于广告心理学和健康传播研究中。

(三) 受众个性直接影响说服效果

众所周知，人们会对相同的社会压力产生不同的反应：只有当个人有必要的动机性倾向时，刺激因素才会发挥恰当的作用。将这些因素纳入考量，才可能得出更加全面的一般性原则，来预测传播的说服效果。霍夫兰等人的研究主要包括群体归属感对说服的影响，以及在接受说服性传播时群体的趋同性。

研究者认为，个人的趋同倾向源于群体归属，这些倾向基于个人意识到的群体其他成员对他们的行为期望，以及个体所具有的达到这些期望的动机。此前的研究表明，一个人越是看中他在群体中的成员资格，就越会努力使自己的态度和意见与组织的公共意见保持一致。在面对背离规范的情况时，他就会强烈地抗拒这种影响，尤其是当这种影响来自群体外部的时候，研究者将这种现象称为"反规范传播"。因此，凯利和霍夫兰猜想：意见改变的程度与一个人对群体成员资格的重视程度呈负相关。

在实验设计中，研究者向 12 名"童子军"（Boy Scouts）成员发放调查问卷，用于测试他们的身份价值水平以及在接受传播前对森林生活的态度。一周后，一个外来的成人向童子军发表标准化的演讲，批判了森林生活，并指出现代社会中的儿童能够从他们对城市的了解中获益更多。演讲结束后，研究者马上向童子军发放问卷，让他们再次回答前面的问题，用来验证他们在听过演讲之后对各种活动的感受。不过，在检验中，童子军被随机分为两部分，一部分仍然在"保密"条件下填写问卷，另一部分则在"公开"条件下进行。

研究结果显示，在群体中，身份价值非常高的成员不容易受到"反规范"传播的影响，也就是说，如果童子军非常重视其在群体中的身份价值，那么传播会产生事与愿违的消极效果，那些最想要维持自己群体身份的人，最能抵抗违反群体标准的传播（霍夫兰等，2015：114—122）。

除了由群体身份带来的不同动机外，对传播反应的个人差异还有其他来源。比如，前面的研究表明智力的差异会影响个人受说服影响的程度。但这里还涉及一种复杂的关系：智力水平更高的人应该更容易习得传播内容，并且能够有效地做出合适的推论；与智力水平较低的人相比，他们也可能会用更为批判的态度来接受论点和结论。贾尼斯的一项研究提供了相关数据，在三次传播后态度改变的基础上，根据可说服度，将被试分为高、中、低三类。个性数据来自详细的临床报告，其被试是一小部分接受心理咨询的人，也来自对许多人做的个性测量。研究结果表明，自信心不足的人会更多地受到说服传播的影响。那些表现出社会不满足、压抑攻击性和有抑郁倾向的人有最大的观点改变（霍夫兰等，2015：150—156）。

此外，对受众反应的研究显示，主动参与传播者会比被动参与者更容易改变意见。例如，那些不得不发言支持某一问题的人，更容易朝着讲话所支持的方向改变意见（霍夫兰等，2015：184）。并且，受众最初可能会拒绝接受低可信度信源传播的信息，但一段时间之后，人们不再把结论和信源联系在一起。尤其当传播包含的观点和证据符合自身利益，并且在不需要记起信源就可以想起传播内容时，这种分离最容易出现（霍夫兰等，2015：204）。

四、评价与反思

美国学者霍夫兰对传播学最突出的贡献，一是将行为主义心理学和心理实验方法引入早期传播学研究，从而在心理学层面上为信息传播的效果研究提供了学理基础；二是通过研究揭示了传播效果形成的条件性和复杂性，对否定早期的"魔弹论"效果论起到了很大作用。胡翼青指出："霍夫兰强化了美国传播研究的另一种重要取向，那就是个人主义取向的行为主义研究。也许可以这么说，行为主义心理学的观念和方法论是因为霍夫兰才在传播学领域大行其道的。"（胡翼青，2012：145）希伦·洛厄里（Shearon Lowery）和德弗勒指出，从第二次世界大战的陆军实验到"耶鲁传播研究项目"，霍夫兰团队及其研究成果成为"传播学的一份重要学术遗产"（洛厄里、德弗勒，2009）。

霍夫兰从心理学跨界到传播学，将行为主义心理学和传播学紧密地结合在一起，并且将后续研究归类到传播学学科中。这些理论在与哥伦比亚结构功能主义传播理论的长期交锋和整合中，逐渐成为美国传播学的主导性研究范式。它极大地推动了以效果研究为核心、以量化研究方法为主导的美国传播学的发展。施拉姆在《北美传播研究的开端》中将霍夫兰列为传播学的四大奠基人之一，并认为在 1946 年到 1961 年间，霍夫兰在耶鲁领导的说服研究是"任何个人对这个领域作出的单个贡献中最大的一个"（施拉姆，2016：122）。

"耶鲁传播研究项目"的实验方法是具有创新性的，研究者对传播效果研究中的心理实验法做了大量的改进；这个项目提出了一些需要实验检验的"关键性变量"，并把各种变量的效果区分开来，分别进行研究。实验研究方法以其独特的测量设计，为科学研究传播效果尤其是直接和即时效果问题提供了强有力的支撑。许多学者都认为霍夫兰在传播研究中所采用的方法、策略和技巧不仅适用于他个人的研究，也适用于传播研究的许多其他领域。如何从信息传播的源头和归宿来寻求信息的自变量所产生的因变量，即便在信息变幻的今天也仍然是分析各种传播议题的基础。

当然，也有研究者质疑霍夫兰团队使用实验方法研究说服的做法。他们指出，在人工控制的条件下取得的研究成果能否运用到自然条件下？也有研究者质疑，霍夫兰及其同事在研究中并未使用传媒上的信息或宣传节目，也没有研究现实社会生活中的媒介运动和大众传播，这种基于人际传播的实验研究是否适用于大众传播的效果研究？罗杰斯在谈到霍夫兰的说服实验时说："它是有意图的传播，是由某种信源所作出的单向尝试，以便在接受者方面造成效果。但是由于说服通常是通过人际传播渠道而进行的，有些来回往返的相互作用便往往发生在说服过程之中。"（罗杰斯，2012：369）所以他指出："在今天说服研究被认为是一种人际传播研究。"（罗杰斯，2012：396）

对此，霍夫兰及其合作者回应说，实验研究对于理论的科学化十分必要，并且在其中可以发现基本的"法则"。依据这些"法则"，社会科学家们就能对未来的事件做出有效的预测，而这才是所有研究的真正目的所在。另外，他们认为说服的效果可同时适用于实验和自然的环境。不过，这样的回应并没有真正打消大家对实验研究方法局限性的担忧，因为场景对于传播而言实在是太重要了。这从某种意义上也体现了唯科学主义的视角可能产生的局限性，这些所谓的研究社会科学的"科学家"总是坚信实验室的一切法则在现实生活中都适用。

说服研究始于亚里士多德，但直到20世纪才成为一个令人关注的研究领域，不得不说，霍夫兰团队发挥了重要的作用。霍夫兰的研究既是现代态度改变研究的开端，又是大众传播理论若干重大贡献的渊源（Demirdöğen，2010）。他在研究中提出的一些概念（如可信度、对宣传的免疫力、恐惧诉求、睡眠效果，等等）都是引导后来研究的起点。这极大地推动了美国传播学的产生和早期发展，确定了传播研究的心理学方向，积聚了研究力量，为传播学奠定了进一步发展的坚实基础（Jowett & O'Donnell，1992）。美国传播学家罗杰斯认为：霍夫兰的研究直接影响了传播研究对传播社会效果（以态度改变的程度测量）的重视。霍夫兰的追随者、当代说服研究的代表人物麦奎尔估计，每年约有1000 种有关说服研究的出版物出现，从中仍可时常看到霍夫兰的影子。

霍夫兰及其研究团队的理论成果告诉我们，影响说服效果的因素是非常复杂的。说服主体和受体的个体特征、当时的环境、其他个体的反应等都会对说服受体产生一定的影响。说服采用的信息传播媒介，也在一定程度上影响其效果，不过如果霍夫兰能够意识到传播媒介的重要之处不在于劝服本身，而在于劝服关系的建构，那么他的理论可能会更有生命力。

（文思敏）

参 考 文 献

Jowett，G. & O'Donnell，V.，*Propaganda and Persuasion*，California：Sage Publications，1992.

Ülkü，D.，Demirdöǧen，"The Roots of Research in（political）Persuasion：Ethos，Pathos，Logos and the Yale Studies of Persuasive Communications,"*International Journal of Social Inquiry*，2010，3（1）.

胡翼青：《传播学科的奠定：1922—1949》，北京：中国大百科全书出版社，2012。

〔美〕卡尔·霍夫兰等：《传播与劝服：关于态度转变的心理学研究》，张建中等译，北京：中国人民大学出版社，2015。

〔美〕E·M·罗杰斯：《传播学史——一种传记式的方法》，殷晓蓉译，上海：上海译文出版社，2012。

〔美〕韦尔伯·施拉姆：《美国传播研究的开端：亲身回忆》，王金礼译，北京：中国传媒大学出版社，2016。

〔美〕希伦·A·洛厄里、梅尔文·L·德弗勒：《大众传播效果研究的里程碑（第 3 版）》，刘海龙等译，北京：中国人民大学出版社，2009。

拓 展 阅 读

〔美〕卡尔·霍夫兰：《劝服的表达次序（英文版）》，北京：中国传媒大学出版社，2015。

〔美〕卡尔·霍夫兰等：《态度的形成和改变（英文版）》，北京：中国传媒大学出版社，2015。

〔美〕卡尔·霍夫兰等：《个性与可说服性（英文版）》，北京：中国传媒大学出版社，2015。

利昂·费斯汀格

《认知失调理论》

利昂·费斯汀格（Leon Festinger）的《认知失调理论》是社会心理学历史上最重要的著作之一，这部著作使费斯汀格成为社会科学中被引用次数最多的学者之一。认知失调理论问世以后，立即被众多心理学家追随并迅速成为社会心理学的重要理论脉络。这一理论脉络被看作勒温群体动力学派的标志之一，费斯汀格也因此被誉为社会心理学的"教皇"。然而，很少有人知道，这一理论的提出与一个传播研究项目紧密关联在一起，它的主要任务是为传播学探索一个综合理论。

一、成书背景

费斯汀格 1919 年 8 月 5 日出生于美国纽约，1939 年在纽约市立学院完成本科学习后，到艾奥瓦大学追随勒温学习心理学并于 1942 年获得了博士学位。作为一个成功的导师，勒温不仅带领自己的团队在小群体研究中不断有所突破，而且把自己和学生打造为一个紧密联系且表现卓越的学术群体。在艾奥瓦大学短暂的学习生活，使费斯汀格和他的同门一样成了"坚定的勒温思想的信奉者"。因此，1945 年，他放弃了在罗切斯特大学的教职，跟随导师到麻省理工学院群体动力研究中心从事研究。1947 年，勒温不幸病逝，费斯汀格成为群体动力学研究的旗手之一："费斯汀格对勒温后来所有的学生都产生了重要的影响，他向他

们传授统计方法和实验的设计。"（罗杰斯，2002：370）

在华生行为主义占统治地位的国度里，勒温这位深受德国心理学尤其是格式塔心理学影响的移民学者处于高度边缘化的状态。在努力适应美国学术环境的过程中，勒温不断地从理论心理学转向应用心理学，经历了一个从"德国勒温"转向"美国勒温"的过程。尽管如此，他还是不能接受"刺激—反应"这么简单的理论前设，也无法真正被美国心理学界所接纳。在学术思想上，费斯汀格更像是受到了"德国勒温"而非"美国勒温"的影响，他的认知失调理论里有场论的影响、格式塔心理学的影子，却没有把关人和社会流程的影子。比如，在《认知失调理论》一书中，费斯汀格尽管大量引用勒温的表述，但多是其早期理论。费斯汀格对应用性社会心理学研究的兴趣不大，但应用研究恰恰是"美国勒温"在20世纪40年代以后最热衷于从事的研究。他赞同老师将非常复杂的社会过程置于实验室之中，并且在自己一生的研究中大力推动了实验社会心理学的进展。然而，他在实验心理学中更关注个体认知本身而非群体关系中的要素。所以，尽管有相似的理论基础，但费斯汀格的方向与勒温有所不同。

也许是贝雷尔森深知费斯汀格对理论综合的喜好和能力，所以，他在1951年深秋询问费斯汀格，是否有兴趣针对"沟通与社会影响"领域积累的大量经验资料提出一组概念命题，然后编写一个"命题目录清单"。在费斯汀格欣然接受以后，时任福特基金会行为科学分会主任的贝雷尔森立即给了一笔数目不菲的项目经费。资助学者进行理论综合，这也从某种角度反映了相比于其他基金会的社科项目主任，作为知名学者的贝雷尔森更具学术品位和学术眼光。在获得这笔经费之后，费斯汀格与梅·布罗德贝克（May Broderbeck）等其他四位合作者一起开始了这项艰苦的研究。他们先从关于流言的各种经验研究出发，想汇集一个关于流言传播的完整目录。然而，当他们在这些关于流言的经验资料中发现了认知失调和减少失调的丰富含义后，最终兴趣渐渐集中到用失调理论去综合解释各种经验资料这一问题上。其结果是，他们没有如愿提出一份"命题目录清单"，却发现了举世闻名的认知失调理论。项目的最终成果即《认知失调理论》于1957年正式出版。

尽管费斯汀格是认知失调理论系谱上最重要的学者，但这一理论并非他的独到发现，在他之前，有关认知平衡或认知和谐的问题已经在社会心理学研究中萌芽。这一点在《认知失调理论》一书的开篇便被提及。

弗里茨·海德（Fritz Heider）作为勒温的终生好友和同事，对费斯汀格启发甚大。海德以认知平衡理论闻名于世，他宣称认知不平衡状态会产生紧张，人们喜欢平衡状态甚于不平衡状态，因此人们总是倾向于达成认知平衡。记录这些观点的手稿在当时并没有出版，事实上，这些手稿直到 1958 年才得以出版，但在这之前，费斯汀格已看过这些手稿。所以，费斯汀格以极其尊重的口吻说："海德的论述所指的，同我们迄今所讨论的，是同一过程。"（费斯汀格，1999：6）

查尔斯·奥斯古德（Charles Osgood）和罗伯特·坦南鲍姆（Robert Tannenbaum）在《认知失调理论》一书出版前的 1955 年联合发表了一篇论文，在这篇论文中，两位作者通过实验数据指出：观点的改变与人们既有的认知框架有关，当人们面对两种相互矛盾的认知要素时，那种能够强化自身原有框架的认知要素会得到支持。

以上这些思想鼓励了费斯汀格，使他意识到人的社会行为通常是建立在主体认知要素间的不一致基础之上的，而这又超越了海德。对此，周晓虹评价说："L. 费斯汀格……彻底改变了前几种理论重社会认知轻社会行为的偏向，因此也产生了更大的影响。"（周晓虹：1993：326）

二、认知元素及减少失调

《认知失调理论》是一部典型的开门见山的学术作品，在书的引言中，费斯汀格就交代了整本书的理论核心。如果要把握失调理论的核心内容，就需要在引言中读懂如下前提：

前提之一，人有多个认知元素，这些元素既可能是对现实的正确反映，也可能偏离现实，所以认知元素间可能存在着失调。许多认知失调可以从现实与认知元素之间的不完全对应的关系中得到显现。费斯汀格对于认知元素的定义是非常宽泛的，他认为认知元素"即一个人对自身，对自己的行为以及对环境所了解的事情"（费斯汀格，1999：8）。所以他倾向于将认知元素等同于知识，而且把它们分为关于自己的知识和关于世界的知识。

两个认知元素之间可以分成三种不同的关系：其一是两个元素无关；其二是两个元素相关且有内在的一致性；其三是两个元素相关，但不一致或相互矛盾。对于可能失调的两个认知元素，原因可能有很多，费斯汀格认为主要原因可能是逻辑上的不一致、文化习俗上的不一致、从属关系上的不一致，以及现实与过去经验的不一致。

前提之二，人们更倾向于生活在认知元素一致的状态中，失调元素出现后会给人们带来压力，个体就可能出现对失调元素的调整，这种调整将根据失调程度而定。在费斯汀格看来，失调程度指的是："如果两个元素彼此是失调的，那么失调程度将是元素重要性的一个函数。对于个体而言，这些元素越重要，或越具有价值，元素之间的失调程度就越大。"（费斯汀格，1999：14）而失调程度越大，个体因此减少失调的可能性也就越大，直到失调程度超过对某一认知改变的抵制力为止："在两个认知元素之间可能存在的最大程度的失调，相等于两个元素中具有较少抵制的那个元素对改变的抵制力。如果失调超过了抵制力的这个程度，具有较少抵制的那个元素将被改变，由此减少了失调。"（费斯汀格，1999：222）

前提之三，如果失调程度很高，人们会采取一些行动改变自己的认知失调状态。费斯汀格指出了其中的三种方式：其一是改变主观的行为；其二是改变对环境的态度；其三是增加新的认知元素。比如，当确认抽烟有害身体健康时，抽烟的个体可以有三种应对认知失调的方式：一是戒烟，二是否认抽烟有害身体健康，三是认为自己的身体特别棒或安慰自己交通事故的死亡率远远高于抽烟的死亡率。原本最简单的方法是戒烟，而事实上人们通常认为自己可以幸免。这是因为让他们改变抽烟的习惯实在是不容易。对此，费斯汀格解释说："通过改变一个人的行为或情感，并非总能实际上消除失调或减少失调。改变行为的难度可能太大，或者在消除原有失调时，这种改变本身反而造成了一系列失调。"（费斯汀格，1999：17）而否认抽烟有害身体健康也是不太容易的，因为这是社会共识。费斯汀格甚至认为，这比改变行为还要难："这要比改变一个人的行为来得更为困难，因为要这么做，人们必须对自身的环境有足够的控制，所以，相对来说，这种情况很少发生。"（费斯汀格，1999：17）当然，如果得到他人的认同，情况就不是如此了。所以，引入一个新的认知元素即自身的独特性往往是最容易的选择："实际上，人们很可能使用增加可以减少现有失调的新元素这种方法。"（费斯汀格，1999：19）费斯汀格强调，一切改变都是艰难的，因为这种改变可能是痛苦的和有所损失的，原有的行为可能在其他方面是令人满意的，或者改变在客观上是不被允许的，所以认知失调在现实情境中其实是相当复杂的。

在以后的理论发展中，许多学者都对如何减少不协调提出了自己的设想。基于费斯汀格的想法，弗里德曼补充说认知失调不应当只考虑两个认知之间的关系："在决定有多少不协调存在时，必须考虑整个认知体系。"（弗里德曼等，1984：478）根据这一说法，人的失调程度可以用以下公式表达：

$$失调程度 = \frac{失调认知数目 \times 认知数目的重要性}{协调认知数目 \times 认知数目的重要性}$$

根据这个公式的函数关系，失调认知数目越多，其重要性越大，就会导致失调程度越小。与之相对应，协调认知数目越多，其重要性越小，就会导致失调程度越大。因此，弗里德曼等人提出："减少不协调的方法主要有三种：减弱不协调要素的重要性；增加一致性的要素；或者改变一种不协调要素，使之不再与另一要素不一致。由于不协调的大小依赖于各种要素的重要性和一致要素与不一致要素的数量，所以这里任何一种方法都会减少不协调的程度。"（弗里德曼等，1984：479）

很明显，费斯汀格本人对于减少失调的对策兴趣不大，这当然与其纯粹的理论追求有关。而弗里德曼等人的建议，若感性地表述出来，很像今天新媒体上铺天盖地的教人如何应对生活的心灵鸡汤，学术价值有限。

三、作为传播理论的认知失调

人们总是倾向于将《认知失调理论》看作社会心理学的作品，这当然也无可厚非，但这本书所依据的经验资料必然是面向传播研究的，这从某种意义上也反映了早期的美国传播研究具有浓重的社会心理学色彩。在引言之后的九章，费斯汀格先后讨论了做出决策后的认知失调、强迫服从中的认知失调、信息接触中的认知失调以及社会支持对认知失调的作用等四个部分的内容，其中讨论信息选择、说服、宣传效果以及流言传播的内容占据了其中的第一、第二和第四部分。因此，这本书一问世就受到受众研究和效果研究者的高度重视，正如罗杰斯所说的："传播学学者迅速开始研究费斯廷格的理论，在 20 世纪 50 年代末的几年之内，不和谐的实验是传播学的一个重要类型。"（罗杰斯，2002：371）

认知失调理论对于传播研究尤其是受众研究和效果研究而言，是一个理想的理论框架。它可以用来解释当外部强行设定的信息环境与受众个体的认知处于失调状态时，受众为什么并不一定会改变自己的态度和行为；它也可以用来解释在相对主动的情况下，受众为什么会对信息进行选择性的接受。

费斯汀格用失调理论讨论了当受众被动地接受了一些新信息后的结果，他用这种理论有效地解释了为什么被动接受的效果通常是有限效果。人们总是会接收到一些与原有认知框架不一致的新信息，可能是偶然和无意间关注的，可能是在一种强迫的环境中不得不接受的，又或者是在与他人面对面交往的过程中获知的。由于这些新信息可能会导致认知失调，因此"在引起失调的新认知元素发生影响的初期，人们会采取有效的措施，防止引起失调的新元素在认知上永久性地牢固地建立起来"（费斯汀格，1999：113）。这些防卫措施包括：

（1）发现宣传材料与自己的旧有观点相矛盾时，采用一种与材料完全不同的逻辑推理方式，最终回到自己原先的理解。

（2）表面上接受材料，但实际上用两种方式使材料的意义被否定：

要么认为材料从整体上是站得住脚的，但在个案上仍然存在这样那样的偏见；要么承认只有个别材料是有说服力的，并不能反映整体的面貌。

（3）完全没有试图去理解材料，而是将材料中的内容放到自己的参照框架中去解释。

所以，费斯汀格就用这样的方式解释了有限效果论的心理机制："如果一个人被动接触到会增加失调的信息，那么，除了使用可以减少失调的通常程序外，还存在着建立快速的防卫机制的方法，来防止新认知从此牢固地建立起来。"（费斯汀格，1999：115）这种观点其实是对以拉斯韦尔为代表的建立在刺激—反应理论基础上的宣传强效论最有力的反击，也体现了两种不同的心理学范式对同一现象完全不同的结论。

但是，失调理论最具阐释力的领域毫无疑问是人们对信息的选择性接受。从消费行为学的角度入手，费斯汀格的研究发现，一旦在多种同类商品选择的情境下做出决策后，人们就会陷入失调。为了调整这种失调的状态，他们会主动获取与自己采取的行动相一致的认知元素而避免获得不一致的认知元素。费斯汀格的课题组选择汽车广告作为研究对象，并做出了以下预设：

1. 与阅读其他汽车的广告相比，新汽车主人会阅读更多的与他刚买的汽车有关的广告。

2. 新汽车主人往往会避免阅读他们曾考虑过但没有购买的汽车的广告。

3. 可资比较的旧汽车主人，在广告阅读中应该显示出极少的差别，因为他们的失调大半已消除或至少已经是稳定的。进一步说，强调最新样式所有吸引人的特征的新汽车广告，很难减少已买了两年的主人可能依然存在的失调。（费斯汀格，1999：44）

结果是以上假设基本都得到了验证。这一发现导致广告商开始意识到广告的最主要作用是为购买者提供决策的依据，从而有力地支持他们的购买行动。所以费斯汀格得出的结论是，在失调的状况下，人们在选择信息时采取的做法是："追求减少失调的认知；避免增加失调的认知。"(费斯汀格，1999：115）进一步说就是："如果信息源被看作是可以减少失调的或提供与行为相协调的新元素的，那么，他应该主动去接触该信息源；如果信息源被看作是有可能增加失调的，那么，他应该主动地去避免接触这类信息。"（费斯汀格，1999：138）当然，如果失调程度太大，甚至超过了改变行动的抵制力，似乎又另当别论，这时改变行动的可能性大大增加，决策者可能会主动去追求可能强化失调的信息。

这种情形如果用以解释流言的传播也非常有趣，在费斯汀格看来，流言得以广泛传播也是人们在认知失调后选择性接收信息的结果。与所有流言传播的解释者不同的是，费斯汀格更关心的是未经证实的流言为什么会被不断扩散："流言得以不断地散布并广为流传，其必要条件是：有足够的流言听众也迫切感到要把它告诉其他人。"（费斯汀格，1999：166）某些处于相似情境中的个体，当他们都出现认知失调时，便经常通过接受和传播言之成理的流言获得社会支持，以减少失调。比如说，在自然灾害发生后，人们倾向于接受与害怕相协调的流言，"为害怕辩护"："广为传播的、被人们相信的流言都是这样一些流言：提供了与害怕相协调的认知。"（费斯汀格，1999：199）也就是说，选择性地获取并传播流言是处于失调状态中的个体努力减少失调的常用手段。所以，那些未能减轻人们认知失调的正式渠道的宣传通常是无法与流言匹敌的，流言通常是处于高度失调状态中的人们的首要信息选择。

我们必须承认，用这一视角去解释传播学中的选择性接受和选择性理解是非常精彩的，它也同样能很好地解释在伊利研究中为什么只有8％的人最终改变了他们的投票意向，可以很好地解释为什么受众会主动寻求和主动过滤媒体上和社交圈中的各种信息，甚至可以很好地解释为什么受众在解码时会出现协商式解码和对立式解码。这种解释远胜于德弗勒或克拉珀在他们的著作中对有限效果论和受众差异论的表面性理解。受众的个性差异、人口特征带来的差异、社会圈层的差异以及文化差异其实导致的是受众的先在立场的差异，这是受众非常顽固的根本原因。今天，在互联网舆论的研究中，这种研究视角依然可以解释为什么网上的辩论不太容易达成共识而更容易形成言语暴力，依然可以解释为什么网上的流言传播如此频繁。对认知失调的恐惧使每个人都天然具有捍卫自身原有立场和观点的防御机制，也都天然具有为寻求社会支持而采用的非正式渠道的信息获取方式。

行文至此，不得不说，费斯汀格尽管没有完成贝雷尔森交派的理论集大成的任务，但确实对沟通与传播领域的各种经验现象做了一个角度极佳的理论综合。沿袭这一研究视角完全可以哺育更有理论价值的受众研究。

四、评价与反思

《认知失调理论》问世后产生了巨大的影响，也招来了大量的批评者。对该书最常见的评价是："在所有一致性理论中，认知失调理论最负盛名，也最不受欢迎。人们对它作过检验、怀疑、应用、修改、诽谤、接受、拒绝。"（费斯汀格，1999：中文版译序）由于该理论挑战了主流社会心理学尤其是行为主义心理学强化理论的某些结论，因此难免树敌颇多。这也可以被看作勒温学派在华生学派地盘上的生存状况的一种写照。

对该书最常见的批评是认为它对复杂的问题进行了过度的简化：有学者指责关于失调的讨论很少考虑个人的差异：有些个体可能对认知失调相对敏感，有些则可能比较麻木；有些个体的自我认同可能是比较负责任的，有些则可能是玩世不恭的；有些个体自尊心较强，有些个体自尊心较弱；等等。这一切都会导致完全不同的后果。也有学者认为关于失调的讨论一定要基于具体的社会情境：通常，如果一个决策并非个体自愿，那么失调就未必会发生；如果个体对认知对象没有什么正面的期待，那么失调现象也不是那么明显；个体在某些社会情境下会意识到认知元素的关联，但在另一些情境下就未必，这也是很常见的现象。

对该书的另一个批判则是认为认知失调的定义存在问题。把认知元素看作广义的知识，显然既宽泛又狭窄。其实认知元素主要是一种观点和态度，它与广义的知识显然不同，但与此同时它又不可能不与情感发生关系。事实上，如果没有情感的作用，许多认知失调都无关大局。毕竟在态度和决策中，情感的作用比认知要大得多。当然，两个认知元素怎么才能互相关联，其背后的作用力是什么，这些最基本的问题，都没有在该书中得到厘清。

面对这些指责，有学者提出了一些所谓的替代理论如自我判断理论和印象整饰理论。费斯汀格也亲自对认知失调理论做了不少修正，尤其是在 1964 年出版的《冲突、决策和失调》一书中，他补充了不少内容，包括承诺对失调的影响、后悔对失调的影响等。然而，批评意见并没有掩盖《认知失调理论》的光辉，相反，这些批评的声音体现了学界对这一理论的兴趣，也显示了这一理论在社会科学领域的重要地位。早在 1959 年，费斯汀格就因《认知失调理论》获得了美国心理学会的杰出科学贡献奖，1972 年更是当选为美国科学院院士。几乎所有学者都将这一理论看作社会心理学的一个伟大和成熟的传统。几乎所有的社会心理学教材都会在社会认知这一章中重点介绍这一理论的发展脉络。对《认知失调理论》一书的最高评价大概是这样一种说法："它激发了研究者去澄清、说明、探索应用和扩展这个理论的概念、假设和原理。"（费斯汀格，1999：中文版译序）它是一项激发了进一步研究的热潮的研究成果。也正因为如此，费斯汀格才在社会心理学史上具有了"教皇般"至高无上的地位。

对于学界对他的评价，费斯汀格倒是不那么在意，其学术兴趣十分广泛。20 世纪 60 年代，弗斯汀格致力于欧洲社会心理学的复兴，在其影响下，社会认同理论在欧洲兴起并成为当下社会心理学和文化社会学的主导性范式。而到了晚年，他对社会心理学心生倦意，转而从事文化史的研究。

倒是传播学，在 20 世纪 60 年代以后，似乎就完全遗忘了费斯汀格，忘记了他为传播效果研究所做的理论综合以及这一理论综合内在的繁殖力和多样性。这大概是因为在更强调结构功能主义和行为主义的大众传播领域，费斯汀格的路数有些格格不入。效果研究在 20 世纪 60 年代被克拉珀确认为有限效果论范式之后，便成了缺乏理论张力的教条，费斯汀格最终没能在这个当时充斥着冷战思维的领域开展新的研究。

（胡翼青）

参 考 文 献

〔美〕E·M·罗杰斯：《传播学史：一种传记式的方法》，殷晓蓉译，上海：上海译文出版社，2002。

〔美〕J.L.弗里德曼等：《社会心理学》，高地、高佳等译，哈尔滨：黑龙江人民出版社，1984。

〔美〕利昂·费斯汀格：《认知失调理论》，郑全全译，杭州：浙江教育出版社，1999。

周晓虹：《现代社会心理学史》，北京：中国人民大学出版社，1993。

拓 展 阅 读

Festinger, L. , *Conflict, Decision, and Dissonance*, New York: Stanford University Press, 1964.

罗兰·巴特

《神话修辞术：批评与真实》

罗兰·巴特（Roland Barthes）曾经这样评价自己："他无法容忍自己的任何固定形象，他一旦遇到命名，就倍感痛苦。"（转引自斯特罗克，1998：45）。正如这一自述指出的那样，巴特很难被某个或某几个标签所框限，种种社会思潮在他的身上交汇，继而产生了一系列复杂的化学反应，而《神话修辞术：批评与真实》（以下简称《神话修辞术》）①无疑是这些反应中最为耀眼的一种。通过本书，人们得以直观地认识到意识形态神话是如何通过符号运作入侵日常生活的，而符号学也从这里开始大显身手并开疆拓土。

一、成书背景

1915 年 11 月，巴特出生于法国瑟堡，其父亲路易·巴特是一名海军军官，在巴特未满周岁时便死于第一次世界大战中的海战。这导致巴特度过了并不富裕的童年和少年时代，也部分地解释了他后来的左派政治立场（卡尔韦，1997：23），而与之相依为命的母亲则成为巴特生命

---

① 该书法文原版名为 *Mythologies*，通常被译为"神话学"，通行的两个译本分别为上海人民出版社 1999 年版《神话——大众文化诠释》（许蔷蔷、许绮玲译）与上海人民出版社 2009 年版《神话修辞术：批评与真实》（屠友祥、温晋仪译），本文参考的主要译本为后者。

中最为重要的依靠与支柱。

对于巴特的学术生涯而言，疾病是关键性影响因素之一。1934 年，中学生巴特被诊断出左肺损伤后休学一年，也因此与他梦寐以求的巴黎高师失之交臂。最终，巴特在 1939 年毕业于索邦大学古典文学系。1941 年至 1946 年间，巴特的肺结核反复发作，这迫使他长期住在疗养院而没能获得教师资格，但这一经历又为他提供了阅读与写作的空间，允许他深入了解儒勒·米什莱（Jules Michelet）、让-保罗·萨特（Jean-Paul Sartre）、卡尔·马克思（Karl Marx）等人的思想，为日后《写作的零度》（1953）与《米什莱》（1954）的问世奠定了基础。更为重要的是，远离大学与教育体系强化了巴特的批判态度与反抗精神，或许可以说，巴特称之为"生活方式"与"存在方式"的肺结核在冥冥之中"使他避免了一个很可能是平庸的命运"（卡尔韦，1997：71）。

1949 年秋，巴特在埃及亚历山大市担任法语教师时与符号学家阿尔吉达斯·格雷马斯（Algirdas Greimas）相遇，第一次听其谈及费尔迪南·德·索绪尔（Ferdinand de Saussure），继而开始接受索绪尔的结构主义语言学思想。1953 年，回到巴黎的巴特受邀为左翼杂志《新文学》开设定期专栏。四年之后，这些在索绪尔影响下初步尝试运用符号学方法的专栏文章集结为《神话修辞术》一书出版。对于巴特来说，触发他写下这些文章的是目之所及令人失望的法国生活。20 世纪 50 年代的法国，在快步走向现代化、经济日臻繁荣的同时也潜藏着一系列社会危机：一方面，伴随着美式资本主义的到来，商品与大众文化景观极度丰裕，中产阶级迅速崛起。另一方面，法国为了维持帝国统治，恢复第二次世界大战中损伤的民族自豪感而不断卷入殖民战争——1954 年，持续了八年的法越之战以法国的失败告终，而同年，法国又开启了一场镇压阿尔及利亚独立运动的战争。对于彼时的法国社会而言，无论是个人生活，还是公共生活，都带有神话运作的痕迹。而符号学，则是这位殖民主义与资本主义坚定的批判者所选择的最佳武器。

《神话修辞术》的出版令巴特迅速崭露头角，打开了他在符号学领域以及法国学术界的影响力。1960 年，巴特进入巴黎高等研究实践学院并于 1962 年担任"记号、符号与表征社会学"研究项目主任，这份

罗兰·巴特
《神话修辞术：批评与真实》

工作结束了巴特个人生活与研究生活的双重漂泊，意味着他在真正意义上获得了学术界的认可。此后，巴特逐渐孕育出一种稳定的学术生产模式：开设研讨班，与包括茱莉亚·克里斯蒂娃（Julia Kristeva）在内的众多拥趸讨论文章并进行写作，诸如《符号学原理》（1964）、《S/Z》（1970）等重要作品的成型均离不开这一模式。1977年，巴特荣任法国学术界最高殿堂法兰西学院文学符号学教授。不过，对于巴特而言，这也引发了他对于进入如此显赫的学术机构是否会与其反权力、反意识形态的学术立场之间产生矛盾的担忧。巴特对此显然是高度自觉的，他总是有意识地寻求对于学院式话语的突破。

而与之形成有趣对照的是，热衷反叛的巴特在政治实践上往往态度平和。在1968年的五月风暴中，较之萨特的鼓与呼，巴特并没有投入太多热情，他甚至试图开设一门研究语言和学生运动关系的研讨课，这当然遭到了学生们的嘲笑。学生们炮制了"结构不上街"等标语，巴特则对此深感疑惑，毕竟在他看来，结构主义对于体制化知识与意识形态的批判至少与这场运动并无龃龉。可以说，不管身居何种位置，这位学者终其一生都保持着离群索居。

就在巴特到达其学术声望的巅峰时，一场意外猝然降临。1980年2月25日，巴特出席了后任法国总统的弗朗索瓦·密特朗（François Mitterrand）举办的午宴。在宴会结束后步行回家的过程中，他被一辆洗衣店的货车撞倒，由此引发肺部并发症，并于同年3月离开人世。这场事故无疑给巴特的死亡增加了许多可供揣摩的空间，有人认为这与密特朗的政治阴谋有关，也有人认为巴特沉溺于三年前的丧母之痛中，所以在车祸后几乎丧失了求生欲望。而讽刺的是，同年4月萨特的死亡以及随之而来的全国性哀悼，几乎遮蔽了巴特死亡的"重要程度"，媒体报道将两者划分为"著名的"和"不那么著名的"知识分子（艾伦，2015：157）。经年之后回顾这样的论断，不免觉得有些荒诞。巴特的影响力是不言自明的，他被视作结构主义运动和法国新批评的代表人物，其探讨的议题之广泛，使得"任何学习媒体学，或表现形式，或政治和文化的学生，都不可能忽略巴特的作品"（艾伦，2015：158）。而在学术界之外，致力于将文学批评与文学创作结合起来的巴特，其作品《恋人絮语》（1977）也收获了大众的喜爱。

二、神话系统的符号学分析

《神话修辞术》一书结构相对清晰简单，包括"神话修辞术"与"今日之神话"两部分。其中，"今日之神话"这篇长文构成了巴特这一阶段符号学理论的大纲，意在解决这样一个问题：神话是如何被制作、接受并产生意义的。

首要的问题在于，如何界定神话及其特征。下半场甫一开篇，巴特就为神话下了一个明确的定义——"神话是一种言说方式（措辞、言语表达方式）"，界定神话的不是"传递其信息的媒介物"，而是"表达这信息的方式"，因此神话只有形式界限而无实体界限（巴特，2009：169）。在此层面上，巴特认为一个事物只要具有意指功能，就都可以成为言说，继而一切都可以是神话。因此，神话远不止于文学范畴，而是扩展到了符号学领域。这种定义正是在索绪尔结构主义语言学的启发下完成的，索绪尔倡导共时性的语言研究而非19世纪语言学家所从事的语言史、词源学等历时性语言研究，关注的是整体语言结构的运作规律（斯特罗克，1998：11）。巴特继承了这一原则，将符号学视作一门形式科学，关注符号系统内不同层次概念之间的相互关系，并在索绪尔的基础上将符号学的范畴从语言拓展至文化领域。从而，神话也可以被处理为由形式构成的符号系统，能用符号学提供的概念工具加以分析。

为了构建符号学分析体系，巴特借用了索绪尔的"能指"（signifier）和"所指"（signified）概念以及概念之间的关系。索绪尔提出，能指是（属于心理范畴的）听觉印象，所指是概念，两者联结形成符号。其中，能指是空洞的，只有通过它蕴载某个所指而形成符号才具有意义。所指是有关物的观念而非物本身，事物本身实际处于被忽视的状态，"因为假如我们要指涉周围的世界，只要求助于语言记号就行了"（斯特罗克，1998：7—8）。进而，巴特在此基础上进行了开拓创新，他突破了索绪尔有关语言作为能指、所指相结合的一级符号系统理论，提出了神话系统的特殊性——神话是"根据在它之前就已经存在的符号学链而建立的：它是个次生的符号学系统"（巴特，2009：174）。对于神话系统来说，首先，由能指、所指以及两者联结而成的符号构成了初级符号系统。其次，这一初级系统整体性地成了次级符号系统的能指，这一能指作为语言学系统的终端则被称为"意义"，是现实可感的、充实的；神话系统的开端则被称为"形式"，是被抽干了历史的、空洞的。最后，巴特为新的所指保留了"概念"这一名称，概念吸纳了流淌于形式（能指）之外的历史，干瘪、空洞的形式使得概念得以完成意义与历史的重新填充，即通过神话的意指作用，在次级符号系统层面将能指（形式）与所指（概念）通过类比的方式联结起来，神话得以成功运作。简言之，正是这种层级机制使得神话能通过先前的初级意义制造出新的意义。

神话系统的层级机制

为了更加生动地说明神话系统的运作方式，巴特分析了一个著名的例子。《巴黎竞赛报》封面上有一位身穿法国军装的黑人青年凝视着三色旗并行军礼，上述形状、色彩等能指与所指共同构成了初级符号系统，我们可以从中读解出这样一种符号——黑人青年向法国国旗行军礼，这一符号进而作为能指呈现了另一重所指或概念，即法兰西帝国特性、军队特性及黑人的混合，最终两者意指了关于法兰西的神话，即"法国是个伟大的帝国，她的所有儿子，不分肤色，都在其旗帜下尽忠尽责，这位黑人为所谓的压迫者服务的热忱，是对所谓的殖民主义的诽谤者最好的回答"（巴特，2009：176）。巴特还延续了索绪尔有关能指、所指的任意性思想，提出神话学领域中一个所指可以拥有无数能指，也就是说，除开黑人青年行军礼之外，还能找到一千张照片来意指法兰西的帝国性。

在神话的符号学分析之外，巴特还集中探讨了神话之于普通读解者的接受过程。相比初级系统，次级系统的能指具有意义和形式的双重性，这种难以厘清的双重性为概念制造了在空洞的形式基础上重新填充意义的机会，这使得神话的功能是扭曲而非藏匿，因此就允许法兰西帝国神话在实践意识形态的同时仅仅是一张普通的照片。凝视国旗的黑人青年仍然真实存在而并没有消失，概念扭曲、异化了意义但并没有消除意义。由此，神话具备了一种折中的含混性，既不会因藏匿概念而使得意图过于隐晦，难以产生效果，也不会因过于赤裸而被轻易拆穿。经过上述过程，神话使能指、所指之间的关系自然化、正当化，读解者会将神话作为事实系统来读解，而这其实也是读者所期待甚至需要的，"人们和神话间的关系不是建立在真理之上，而是建立在使用之上：他们根据需要褪去神话的政治色彩"（巴特，2009：205）。因此，批评神话成为一件极度困难的事情，毕竟很容易将批评下降到初级符号系统的能指层面即字面意思层面，从而使之消解殆尽，这也就是巴特所谓的神话的两重结果——既作为告知又作为确认（巴特，2009：185），在这个意义上，巴特认为神话是具有命令性、强制性的。

三、日常生活的意识形态批判

《神话修辞术》当中比重更大的则是第一章"神话修辞术"，它由多篇主题各异的时评文章构成。这些文章取材于彼时法国社会的热门话题，内容丰富，在巴特这里，神话极为寻常又本质地构成了社会生活的全部。尽管巴特认为这些按月而作的文章并未在整体层面有机展开，但恰恰是它们之间的异质驳杂，描绘出一幅由无数神话碎片拼接而成的法国生活全景图。最终，巴特意在揭示整个法国都浸润在匿名意识形态之中（巴特，2009：201）。

在物质生活方面，《葡萄酒和牛奶》中提到，葡萄酒在不同层面体现出鲜明的"法国性"。一方面，饮用葡萄酒在法国不仅是一项具有悠久历史的传统，也是一种具有强制性的集体行为。这种行为区别于其他国家的"为醉而饮"，在追求悠然快乐、收放有度的宴饮礼仪之中彰显法国人的优越品位，成为界定民族身份的基本元素以及爱国情感的实际载体。另一方面，葡萄酒的生产具有明显的帝国特性，看似纯洁无瑕、令人快乐之物实则建立在对殖民地与劳动者的剥削上，深深地卷入法国资本主义的运作。

在文化生活中，巴黎大型摄影展"人类大家庭"展现出了人类共同体的暧昧神话，在确认了巴别塔式混乱的多样性的同时又引申出人类的统一性，即"人类在任何地方都以同样的方式出生、劳作、欢笑、死亡"（巴特，2009：152），上帝的意志在此得以彰显。同样地，传教士葛培理（Graham）福音布道、掀起狂热的仪式背后其实站着麦卡锡主义，美国人试图通过这一方式将法国从无神论与共产主义中唤醒。在《自由式摔角的境地》一文中，巴特以广受大众喜爱的摔角运动为例，指出观众并不在意摔角选手是否耍了花招，也不在意比赛是否真的合乎规则、优雅有礼，可以说选手其实与观众达成了一种"表演与观看表演"的默契。在这种默契中，选手往往会选用典型的形象、夸张的姿势和故意为之的犯规动作等符号，而观众也能轻易理解这些符号及其所指。最终，战败的卑劣者呈现出被殴打的巨大痛苦，这种场面指向的是完美运作的道德机制，观众从善恶昭彰的过程中获得巨大的愉悦，符号的意指作用发挥到极致。

诸如新闻、电影、杂志、广告等大众媒介产品更是神话分析的主阵地。对于奥妙洗涤剂的广告，巴特认为它通过运用"深透和气泡"这类"精神性符号"，不仅展现出洗涤剂能在最为隐秘的深层而非表层去除污垢，而且制造出一种轻盈和柔软的质感，产生安抚镇静的精神效果，从而这种精微意象就掩盖了洗涤剂的侵蚀作用。这种"深层"的观念在各类广告中普遍应用，比如所谓护肤品的"深层补水"，多半会展现某种液体顺着细孔，持久、凝重、缓慢地渗入表层，赋予纯净，激发活力；而所谓盥洗产品的"深层清洁"，多半会将人体内在性进行公开展示，并表明产品会去除其中的一切杂质污垢。在分析这些广告的基础上，巴特试图传达的是一种"法国人对洁净满怀渴望之感"（巴特，2009：96）。有研究者认为，对于巴特来说，在法国家庭生活中扮演至高地位的卫生、清洁其实是一种符号语言，它们隐喻着法国战后的国家观念，法国人对卫生痴迷的背后是对殖民地社会的歧视以及自身区隔于此的优越（Gómez，2017：44）。

上述例子将巴特的汪洋恣意、精确犀利展现得淋漓尽致，甚至可以说其背后是某种天才式的敏锐与直觉。从根本上来看，即使只是对流行文化与消费品进行分析，巴特仍然是在以一种隐喻的方式解码政治与社会问题，所处理的是法国社会在那个特定时期的需求与欲望——经济与文化在逐渐走向复苏，而帝国却正在失去它最后的殖民地，"《神话修辞术》描绘了新兴的消费欲望如何促进新的国家概念"（Gómez，2017：44-45）。在这种末日余晖的笼罩下，葡萄酒、玩具与洗涤剂不只是消费品，摔角、布道与摄影展也并非仅仅停留在社会奇观层面，它们共同构成了法国战后集体心理的一部分。

总体而言，关涉日常生活各方面的案例反复表明，巴特试图展现神话系统与资本主义之间的深层联系——资产阶级正是通过神话的运作制造意识形态、操纵大众生活的。要揭示这种联系，就需要揭示神话的制作过程。资产阶级采用种痘式免疫、同一化、事实确认等具体修辞手法，将其阶级特殊身份匿名化、去政治化并强加于所有社会阶层之上，最终将现实世界转变成想象世界，将历史转变成自然（巴特，2009：201—203）。因此，神话将历史从语言中剔除出去，文本以一种脱离其生产地点、时间与目的，抹除符号化过程的方式，成为一种空洞的寄生形式，继而在重新包装下填充进与最初不同的意义（Gómez，2017：41-42）。在上述机制的作用下，消费主义、民族主义以及种族主义等得以润物细无声地悄然进入法国民众的头脑，以至于人们在接受它们的时候，只是将其作为一种自然而然的符号系统与事实系统，根本无法意识到所谓的"事实"其实是在特定历史背景下由特定群体建构而成的神话。神话的强大之处在于，它是简单而又直观的，它消除了复杂、矛盾与辩证，组织起一个高度净化、无比清晰、完全敞开的扁平世界。而大众流行文化则成为神话的最佳载体，成为颠倒性意识形态最称手的工具，日复一日地塑造着法国人的精神世界与生活方式。

有鉴于此，读解与破译只是第一步，批判才是巴特的最终目的。想要从符号学转向意识形态分析，就必须将神话模式与一般历史关联起来。"去神话化"（demystification）的目标就在于重新阐明被所谓"普遍""自然"现象遮蔽的历史性、民族性与阶级性，将其还原至本来面目。在这个问题上，巴特从来不对自身的激进立场加以掩饰。他认为，传统观念当中"学者的客观性"与"作家的主观性"之间的泾渭分明其实并不存在，只有"完全地生活在时代的矛盾中，这可以使嘲讽成为获取真理的条件"（巴特，2009：30）。

四、评价与反思

在法兰西学院的就职演讲中，巴特回顾其学术历程时谈到，1954年左右他曾有过这样一种理论设想，即希望用一门符号科学来促进社会批评，他认为"萨特、布莱希特和索绪尔都可以聚会在这一计划中"（转引自卡尔韦，1997：103）。显然，《神话修辞术》便可以被看作这一设想的成果。一方面，萨特与布莱希特作为马克思主义思想家，其文学、戏剧理论极大地影响了巴特。另一方面，索绪尔的结构主义语言学为巴特提供了方法论上的指导，帮助他打磨出一把剖析神话如何运作的手术刀。在突破索绪尔的基础上，巴特使符号学跃出了语言的范畴，借助符号学方法对更为宽泛的社会文化现象进行分析，考察这些现象的生成机制。

在《神话修辞术》中，巴特实际想做的是将马克思主义与符号学方法予以融合。通过次级符号系统中能指的双重性将历时性要素纳入考察范围，神话的生成正是有赖于概念抽空历史继而进行历史和意义的再填充而实现的，因而对神话进行马克思主义式的意识形态批判就可以通过符号学来完成。就像费斯克分析的那样，同样都讨论神话，列维-斯特劳斯（Levi-Strauss）属于较为纯粹的索绪尔派，否认历史和社会特殊性而强调普遍性，相较而言，巴特认为语言是受阶级控制的，关注语言体系的历史与社会使用（费斯克，2008：111）。简言之，该书的思路可以用巴特自己的话加以概括，"一是对大众文化的语言作意识形态批评，再是对这语言作初步的符号学解析"（巴特，2009：27）。

但是，这种融合并非完美无缺，体现在《神话修辞术》中即是两部分之间存在着较为明显的割裂。在上文举出的例子之外，第一部分还有更多篇目其实鲜少运用符号学理论，其中可以看到社会学、心理学乃至教育学、宗教学、设计学的身影，却很难发现符号学的踪迹，更不必说像第二部分中黑人青年敬礼的例子那样，用神话的次级符号系统来进行条分缕析了。当然，这是由于多篇月评文章乃陆续写作而成，巴特实际上经历了一个漫长的理论顿悟与建构过程。然而，这种断裂也部分地暴露出该书的问题所在。

严格来说，"神话修辞术"部分与巴特的文学批评紧密联系，致力于进行资产阶级意识形态批判，而"今日之神话"则可以被定性为以科学的结构主义符号学批评为重点的新一阶段作品的开始（艾伦，2015：46）。从"今日之神话"抽象的理论层面来看，意识形态神话的生产是通过符号运作得以实现的，两者之间的联系貌似被成功构建，但反过来考虑如何具体地拆解神话时就会发现，纯粹的符号学分析是不够的。如果忽视历史语境以及神话接受者"解码"的框架等问题，就难以论证何以是这一种而非另一种解读模式更具解释力，因此巴特完成的许多分析都被认为存在过度解读的嫌疑。譬如若是缺乏对法国殖民史的洞察，再精妙的符号工具也无法从黑人士兵的敬礼中解读出法兰西帝国性。也就是说，对于巴特而言极具创造性的意识形态批判，很难被整合进形式化、普遍化的符号学研究。这便是为何《神话修辞术》在帮助巴特收获赫赫声名的同时，也遭到了部分学者的批评。尽管其中有的是出自政治立场的偏见，却也不乏点到巴特痛处的地方，比如书中被认为存在着"部分解释的谵妄"（Gómez，2017：57）。在某种程度上，巴特后来转向后结构主义，转向"作者已死"与"意义的无限游戏"，可以说是对《神话修辞术》阶段思想的部分修正。

更进一步，就意识形态批判而言，《神话修辞术》也被认为是稍显薄弱的，巴特被认为仅仅提供了"部分迂腐的术语"（Gómez，2017：57）。只是将神话归于"资产阶级意识形态"的批判思路仍然显得过于简化，巴特没有建立起体系完善的符号政治经济学批判，所饱含的只是一种马克思主义情绪与处世风格而非马克思主义的方法论（汪民安，

2005：52)。不过，巴特本人也没有在《神话修辞术》上过久停留。1970 年，巴特在该书单行本出版 13 年后坦率地承认，鉴于意识形态批判须得更加洞察入微，而符号学分析也获得了极大发展，此书已显得有些过时，他也不准备再对此进行修订（巴特，2009：27）。

无论如何，我们都必须承认巴特尚不完善的建构已经足够夺目。纵使单论作为时评文章的第一部分，《神话修辞术》已极具价值。读者不但可以领略巴特字里行间洋溢着的文采与机锋，还能借此一窥 20 世纪 50 年代的法国。这部作品被认为"记录下一个迷恋流行文化的社会其文化消费模式变化的社会影响"，甚至可被视为一部独特的"战后法国编年史"（Gómez，2017：22，43）。尤为令人惊叹的是，巴特所剖析的法国社会在许多方面与当下并无二致，一些符号操纵手法仍活跃于当代文化生活，这充分地说明了神话学强大的洞察力与生命力。

更重要的是，通过尝试将符号学与马克思主义的批判理论结合起来，神话学为文化研究锚定了重要的议题：一方面号召关注大众文化及其承载的意识形态，将日常生活中人们熟视无睹的文化现象陌生化、问题化，另一方面还为这种分析提供了相对好用的符号学工具。正是巴特确认了符号可以超越语言学的范畴进而成为透视一切社会文化现象的重要入射角，道破了符号绝非中性、透明的媒介，而是能够生产意义、制造意识形态神话的系统。巴特广泛地影响了包括让·鲍德里亚（Jean Baudrillard）、克里斯蒂娃在内的诸多学者。符号学如今已被视作文化研究的基本方法，从符号学切入文化文本也已成为传播研究的经典路径。甚至直至此书出版近六十年后，仍有一批学者致力于探索巴特神话学的当代适用性，追问"今天的神话是什么"，神话作为一种解释机制的持久性何在（McDougall，2013：3，7）。可以说，巴特一直在警醒着我们，"如果没有精良的分析工具，就不再进行揭露的工作了；如果最终没被承认为符号破坏者的角色，就不再进行符号学的工作了"（巴特，2009：27）。

（谌知翼）

参 考 文 献

Gómez，J. M.，*An Analysis of Roland Barthes's Mythologies*，London：Macat Library，2017.

McDougall，J.，"Fables of Reconstruction," in Bennett，P. & McDougall，J.（eds.），*Barthes' Mythologies Today：Readings of Contemporary Culture*，London and New York：Routledge，2013.

〔英〕格雷厄姆·艾伦：《导读巴特》，杨晓文译，重庆：重庆大学出版社，2015。

〔法〕路易-让·卡尔韦：《结构与符号——罗兰·巴特传》，车槿山译，北京：北京大学出版社，1997。

〔法〕罗兰·巴特：《神话修辞术：批评与真实》，屠友祥、温晋仪译，上海：上海人民出版社，2009。

汪民安：《谁是罗兰·巴特》，南京：江苏人民出版社，2005。

〔美〕约翰·费斯克：《传播研究导论：过程与符号》，许静译，北京：北京大学出版社，2008。

〔英〕约翰·斯特罗克编：《结构主义以来——从列维-斯特劳斯到德里达》，渠东、李康、李猛译，沈阳：辽宁教育出版社，1998。

拓 展 阅 读

〔法〕罗兰·巴特：《流行体系（第 3 版）》，敖军译，上海：上海人民出版社，2016。

雷蒙·威廉斯

《文化与社会：1780—1950》

1958 年,《文化与社会：1780—1950》(以下简称《文化与社会》)面世，就好像一幅宏大的地图被缓缓打开，勾勒出了 1780—1950 年英国近两百年间文化、艺术、历史、哲学、社会的发展脉络。在这部著作中，雷蒙·威廉斯（Raymond Williams）一改传统文学理论的范式，开创了以动态、开阔、多语境的社会视角来诠释文化的批评方法，成为英国文化马克思主义最重要的奠基人。18 年后，该书的姊妹篇《关键词：文化与社会的词汇》问世，以词源学的方式再度肯定了《文化与社会》一书的基本立场和观点，威廉斯作为文化研究奠基者的地位因此牢不可破。这两本书在当下的影响力早已突破了文化研究的"一亩三分地"，影响到多个领域与学科，其中就包括传播学。尽管《文化与社会》的标题貌似与传播无关，但当翻开品读之时，便会惊觉，传播与媒介的影子无处不在。

一、成书背景

雷蒙·威廉斯 1921 年出生于威尔士的一个小村庄，父亲是一名铁路信号员。威廉斯的每一重社会角色都扮演得很成功：作为学生，他品学兼优，1939 年进入剑桥大学三一学院学习；作为战士，他 1942 年应征入伍，多次在一线作战，曾任英军装甲师坦克连上尉；作为社会运动者，他青年时就热衷参加社会政治活动，1939 年还在剑桥求学时便加入英国共产党，积极参与各类活动，成为英共学生支部、"剑桥大学社会主义俱乐部"等组织的核心成员；作为教师，第二次世界大战结束后，他重返校园，先后担任剑桥大学基督学院英文系讲师、剑桥耶稣学院院士、剑桥大学戏剧讲座教授，深入战后工人阶级所处的社会环境，对他们所面临的一系列问题进行深刻的文化反思。1988 年，威廉斯与世长辞，离开了他奉献终身的文化事业。威廉斯一生笔耕不辍，涉猎极为广泛，在文化理论、哲学、语言学、社会学、戏剧、文学批评等多个社会科学领域均有所出，笔耕不辍、著作等身。

威廉斯的文学研究最初深受 F. R. 利维斯（F. R. Leavis）的影响。出生于 19 世纪与 20 世纪之交的利维斯痛心于工业社会给文化带来的灭顶之灾：物质消费颠覆了人们的日常生活，大众娱乐破坏了人们的审美趣味。对于利维斯而言，文化是国家和民族之精神所在，应该掌握在少数知识精英手中，而真正的"文化"只有在工业革命之前的乡村中才能找到，那是一种社会井然有序、人们各司其职、人与自然和谐共处的美好景象。同样地，英国文化和传统的衰退黯淡也令威廉斯痛心疾首，利维斯的文学批评观更是他文化研究的起点。但是威廉斯无法接受利维斯的精英主义立场，尤其是将群众、大众视为乌合之众的代名词，认为他们反复无常、容易受骗、品性低级。这种平民视角自然也源于威廉斯本人的成长背景，工人阶级家庭的出身、丰富的社会政治活动经验、对工人阶级问题的长期深入研究使得他始终将自己与工人阶级联系在一起。"最重要的一点是，我们和他们一起。对于其他人来说，我们也是群众，群众就是其他人。"（威廉斯，1991：378）

在剑桥大学求学期间，工人阶级的出身使得威廉斯与剑桥盛行的精英文化格格不入，他的理论旨趣逐渐发生变化，开始接触马克思主义。他在《文化是平常的》中直言，自己的思想受到了两个方面的重大影响，"第一个是马克思主义，第二个是利维斯的教诲。尽管后来我对他们有许多不同看法，但我一直很尊重他们"（威廉斯，2014：8）。马克思虽然从来没有提出过专门的文化理论，但是其对于经济基础和上层建筑的思考启发了威廉斯。他接受了马克思的历史唯物主义，认为应该以历史的、动态的、变化发展的眼光来看待文化与社会问题。不过，他也不满于马克思主义重经济基础而轻上层建筑的取向，这种观点将文化视作由经济决定的次要内容。因此他决定突破经济决定论，文化被提升到与经济、政治这些决定性因素一样的位置，和它们一起建构社会，为他之后形成"文化唯物主义"做好了铺垫。

威廉斯一方面接受利维斯的文化观点，同时摒弃其精英主义；另一方面融入马克思的基本立场和方法，却又拒斥其对于文化的轻视。这两条理论脉络此消彼长，构成了威廉斯这一时期复杂而独特的思想图景，这种矛盾态度也被他的学生特里·伊格尔顿（Terry Eagleton）称为"左派利维斯主义"。而《文化与社会》正成书于此时。后来，随着理解的加深，威廉斯日益靠近马克思主义，并与之后的马克思主义者葛兰西、阿尔都塞进行理论对话，与利维斯的距离逐渐疏远了。

《文化与社会》的写作还受到一些具体因素的触动，其译者指出，威廉斯对文化的关注从编辑《政治与文学》时就开始了。《政治与文学》是《新左派评论》三位编辑对威廉斯的学术访谈，其目标是以现代人的体验来重新探讨和诠释"文化"一词所描述的传统。因此，威廉斯1950年开始写作的《文化与社会》，可以被看作《政治与文学》对文化探讨的延续。更何况，彼时正值第二次世界大战后世界政治格局重新洗牌之时，资产阶级和工人阶级的力量都在不断壮大，英国处在新的国内外局势之下，对于民主、阶级等问题的思考可谓恰逢其时。

二、作为整体生活方式的文化

威廉斯在《文化与社会》的前言中开门见山："本书试图说明文化观念及其各种现代用法是如何及为何进入英国思想的，同时探讨文化观念从开始到当代的演变过程。因此，本书旨在说明并诠释我们在思想和感觉上对19世纪后期以来英国社会变迁的反应。只有在这样的脉络中，才能充分理解'文化'一词的用法及其所涉及的各种问题。"（威廉斯，1991：14）为了达致目标，威廉斯并没有"就文化论文化"，而是"将文化理论视为整个生活方式中各种成分之关系的理论"（威廉斯，1991：

15）。同时，他认为生活思想的变迁与语言的变迁密切相关。因此，在不断扩张的文化观念和语言转向的双重作用下，威廉斯深入 1780—1950 年间英国的文学版图，选取了"工业""民主""阶级""艺术"以及"文化"这五个紧密联系的关键词，阐述它们在历史进程中的相互指涉、共同成长，而这一过程则隐现在 40 位思想家、作家的文本之中。

威廉斯指出，工业、民主、阶级和艺术四个关键词的意涵在不同的历史阶段发生了变化，而它们意涵变化又与"文化"概念的内涵嬗变密切相关、相互指涉。有学者尝试厘清关键词之间千丝万缕的关系："工业革命及其所带来的社会的深刻变化是文化观念嬗变的历史背景，工业主义造成的社会关系扭曲和人性异化是文化概念一直在批判和反思的对象。而艺术作为一种想象性和创造性的活动，它呵护着人的心灵并促进人性走向完美。民主和国家作为一种现代的政治制度，维护着被工业主义破坏的人与人之间的有机联系。艺术和国家分别作为内在和外部的重要力量，在实现着文化所要达成的终极目的——人性的完美。同样由工业主义造成的阶级之间的对立，精英文化成为统治阶级维护其统治的意识形态工具，大众文化的兴起和共同文化的理念成为新社会的一种发展趋势。"（张劲松、唐筱霞，2013）而在错综复杂的关节被一一打通之后，威廉斯的文化观得以清晰地呈现，从"心灵的普遍状态或习惯"，到"整个社会里知识发展的普遍状态"，再到"各种艺术的普遍状态"，最后是"文化是一种物质、知识与精神构成的整个生活方式"。

对于威廉斯文化观的把握，既是阅读《文化与社会》的前提，也是其结果，因为关于文化的讨论几乎贯穿威廉斯整个学术生涯。他曾经提出三种文化定义：理想性、文献式（documentary）和社会性。理想性定义将文化描述为人类追求完美理想的状态或过程，通过阅读、观察、思考等手段，获知最优秀的知识和思想，这种定义很大程度上接纳了利维斯的观点。文献式定义提出，凡是人类创造的"知识和想象的作品"，例如文学、语言、艺术成果等都可被称为文化。社会性定义则将文化视作一种整体的生活方式，"根据社会的定义，文化分析就是阐释了某种特殊的生活方式、某种特定文化隐含的与外在的意义和价值"（威廉斯，2013：51），文化就在每个人的日常生活之中。三种文化定义是在威廉斯的同时期作品《漫长的革命》（1961）中明确提出的，但是在《文化与社会》中，关于"文化是一种整体的生活方式"这一文化定义就已经基本成型。因此，准确把握"文化是一种整体的生活方式"的文化观，成为理解这部著作的题中应有之义。

文化作为整个生活方式的含义，在 20 世纪的人类学和社会学中备受瞩目。这一论断最早从柯尔律治和卡莱尔开始，最初只是对个人价值的一种肯定，后来在托马斯·艾略特（Thomas Eliot）那里得到延续，艾略特 1948 年出版的《文化定义笔记》也促使威廉斯重新思考对文化的定义。不过，威廉斯认为艾略特没能充分领会"整个生活方式"的含义，只是在区别与传统文化（如语言、艺术）不同的通俗文化（如民族风俗、运动、食物）。而且艾略特强调文化中必须有精英阶级的参与，这显然与威廉斯相悖。威廉斯提出的"文化是一种整体的生活方式"的内涵更加丰富。

首先，作为整体生活方式的文化就存在于社会总体之中，其间包含日常生活、实践活动、政治机构、组织团体、风俗习惯等诸多因素。因此，文化就从社会精英的手中挣脱出来，超越阶层，散落在每个人随手可及之处。更重要的是，威廉斯不仅给予了新兴工人阶级文化以极大的发展空间，还对其寄予厚望，认为这种新兴文化也应该参与到文化建设中去并成为重要力量。

其次，作为整体生活方式的文化是所有社会成员共同享有的文化形式。威廉斯的文化观念最终指向一种"共同文化"的理想，这是一种由共同体成员平等拥有的文化，记载着共同体验过程中代表大多数人的思想、情感和实践活动等的变化。共同文化由具有差异性的个体共同参与和创造，在动态过程中持续发展，并没有最后的确定性。因此，所有社会成员共同融入一种整体的生活方式，精英文化与大众文化的二元对立也得以消除。

最后，文化作为整体的生活方式，是语境化的。"文化观念的历史是我们的意义和定义的一种记录，但这些意义和定义又要放在我们行动关系的网络中，才能被人们所理解。"（威廉斯，1991：375）不同的国家、民族或地区拥有不同的社会制度、风俗习惯、语言风格乃至自然环境，关联着不同的经验和情感，也就形成了独特的行动。因此，文化存在于民族国家之中，而非全人类普遍拥有，文化的社会性和历时性也由此体现。

三、大众传播：《文化与社会》的隐含主题

美国著名传播学学者约翰·彼得斯（John Peters）曾这样定位《文化与社会》和传播学的关系："《文化与社会》是少数几部从国际思想潮流（或如威廉斯后来所言之'国际重要性'）出发反思大众传媒的政治、社会与文化意义的著作之一。"（彼得斯，2011：228）这令人有些迷惑，但是当我们真正翻开这本书，尤其是阅读被誉为经典文本的结论部分时，就会发现威廉斯对于传播的关切是如此显而易见。如果威廉斯今日重写这本书，或许会将传播和技术作为新的关键词。

20世纪50年代，在关注到麦克卢汉的一些研究后，威廉斯开始高度重视大众传播问题。尽管威廉斯对于《机器新娘》等麦克卢汉的早期作品表达了由衷的赞赏，但此后他渐渐反感于麦克卢汉对媒介技术的过度强调。他肯定了传播的重要意义，认为传播是人们根本的存在方式。他也肯定了受众作为参与的共同体在其中扮演的积极角色。威廉斯独特的传播观由此展开，与文化的第三种定义一样，这种传播观几乎一力确定了文化研究看待传媒、受众及传播过程中各种力量博弈的关系。这些观点不仅影响到伯明翰学派的思想框架，也远渡重洋，影响到了凯瑞的传播仪式观和美国文化研究。

与大众文化相类似，威廉斯在"大众传播"这一用词中窥破了精英主义的意图。大众传播指的是当时新兴的传播媒介（最初是报纸，后来出现杂志、广播、电影、电视），与传统的由精英把控的传播方式相对立，给单向的传送造成了冲击。因此，当精英主义者以"大众传播"和"大众文化"来指称这些新兴传播手段及其所承载的文化产品的时候，就不再是一种客观的描述，而是其精英立场和所谓高雅趣味的一种偏见。

然而，公众并不如同精英那样理解大众传播，他们以自己的方式存

在于传播及其文化之中。由此，传播被威廉斯寄予了厚望，成为实现他所希冀的共同体的必要手段，"任何真正的传播理论都是一种共同体理论"（威廉斯，1991：392）。没有传播，就不会有共同体；没有共同体，也不会有传播。通过传播，个体的、独特的体验、经历和意义得以转化为共同的体验、经历和意义，共同体才能不断成长、壮大。大众传播作为各种阶级的文化产品的载体，承担着民主参与和民主分享的期望。在他看来，传播不仅仅是传送（transmission），传送是单向的，更重要的是接受和反应，"就传播来说，就是要采取一种不同的传送态度，以保障传送具有真正多样化的来源，保证所有的讯息来源都能通过共同的渠道传播"（威廉斯，1991：396）。平等、民主是这个过程的基础。总之，威廉斯肯定了受众的主动性。

但是，当时英国的传播环境并没有那么理想，甚至可以说是糟糕。传播渠道或是被统治机构和政治权力所控制，或是被追逐利益的资本逻辑所裹挟，"即使在当代的民主共同体中，支配性的传播态度仍然占主导地位，这是很明显的"（威廉斯，1991：394）。这与威廉斯的设想背道而驰。因此，他主张通过重组当下的传播体制，释放出传播的解放潜能，为创造民主共同体服务。这些关于传播建设的理念在他后期的作品如《漫长的革命》《传播》（1962）中愈加清晰。

威廉斯关于受众主动性的看法一以贯之，在其技术观中也体现出来。《文化与社会》中随处可见他对于技术决定论的驳斥："即使从最坏处考虑，也只能说这些技术是中性的"，"完成传播所需的接受与反应，还要依赖这些技术以外的其他因素"（威廉斯，1991：380），"大众传播的观念取决于演讲者或作家的意图的程度，似乎远远超过取决于被采用的那种特殊技术的程度"（威廉斯，1991：381），"技术只是人的一个方面，但有时却会使人以为包含了整个人。这是一种危机"（威廉斯，1991：411），等等。这些观点后来在《电视：技术与文化形式》（1974）中得到整合。他坚定地与两种技术观划清界限：技术决定论和技术症候论。前者认为技术创造了新的社会或人类境况，后者则视技术为社会发展变化的反应和症状，是由社会所决定的副产品。威廉斯认为这两种观点的问题在于，均将技术从社会中剥离出来，仿佛技术在一个孤立的领域中自我生长。在他看来，技术并非自给自足，而是与社会以及其他因素不可分割，构成一整个共同的环境。这与他的文化观也相辅相成。

综上所述，关于受众，威廉斯抱持积极主动的态度。关于传播效果，一方面，威廉斯肯定了传播之于个人、社会和共同体的重要意义；另一方面，他又谨慎地反对媒介强效果论，认为传播固然具有不可替代的效用，但也只是影响人与社会的诸多因素之一，"整体的经验会重新抬头，固守它自己的经验"（威廉斯，1991：392）。就这样，威廉斯以审慎的调和姿态，在纷乱的传播学派争论中保有一席之地，并且滋养了后世一大批学者。

四、评价与反思

威廉斯的文化观承袭自利维斯和马克思，在拒斥精英主义立场的同时将文化的重要性抬至前所未有的高度；他的积极受众观与伊莱休·卡茨（Elihu Katz）和拉扎斯菲尔德不谋而合，对工业、阶级、权力、控制的分析又隐现着法兰克福学派的影子。他纳百家之所长，以独到的社会和历史视野在三百余页的篇幅中与各种观点进行碰撞和对话。在威廉斯的大众传播研究中，不仅有微观层面的个案分析，也有宏观层面上对媒介体制的整体考察，大众传播被赋予了新的政治意义，成为实现共同体和民主参与的重要资源，这些开拓性工作为之后的传播与媒介研究提供了参照。而且，威廉斯对大众传播的分析并非凌空蹈虚，而是始终着眼于现实生活中的现实文化问题，因此这些思想资源在当今社会仍然鲜活有力。

在 20 世纪 50—60 年代，还有一大批优秀的英国左派文化与社会研究著作涌现，包括理查德·霍加特（Richard Hoggart）的《识字的用途》（1957）、E. P. 汤普森（E. P. Thompson）的《英国工人阶级的形成》（1963）以及威廉斯的续作《漫长的革命》，而《文化与社会》无疑是这一系谱中的佼佼者，其中蕴藏着大量的思想基因，一刻不停地重塑着此后的传播研究，在其引导之下，大量探讨媒介文本、受众解读与传媒机构等问题的著作应运而生。彼得斯将其奉为媒介文化研究领域的经典之作，不吝赞美之辞："《文化与社会》不仅仅是英国文化研究的宝贵遗产，更与德国批判理论和美国主流媒介社会学建立了密切关联。""当美国学界对传播问题的讨论在 50 年代末期陷入僵局时，它却能中和左右两派的观点，建立起自成一派的理论体系。所谓经典，必定拥有海纳百川的容量，可以让读者免于掉入由历史传承而来的非黑即白的二分法窠臼。"（彼得斯，2011：237）

然而，《文化与社会》在受到赞誉的同时也不可避免地招致一些批评，威廉斯的文化观首当其冲。首先，有学者认为，他的文化观过于宽泛，并没有明确的定义和范围。如果将文化视作一种整体的生活方式，将日常生活、社会制度、风俗习惯、审美道德统统纳入，那么文化与社会的边界在哪里？又如何区分文化与非文化？其次，威廉斯的文化观被批评为英国白人、男性、工人阶级英雄的"单一文化观"，"《文化与社会》全然罔顾性别、种族以及性取向的差异，威廉斯笔下只有阶级、国家以及点到为止的'帝国主义'"（彼得斯，2011：238）。这些批评集中出现于 20 世纪 80 年代，彼时对于种族、性别的反思在文化理论中取得显著地位。再次，汤普森批评威廉斯的文化概念忽视了历史发展中的冲突和斗争，"在各个时代里，存在着典型的冲突和矛盾，它们不能被超越……我自己的革命观'也许是有启示的'，但雷蒙·威廉斯先生可能太温和了"（Thompson，1961）。作为整体生活方式的文化固然解除了资产阶级文化和工人阶级文化之间的二元对立，但同时遮蔽了生活中的各种不平等和权力关系，"大众"概念中蕴藏的革命性也由此消解。最后，威廉斯将文化限定于民族国家之内的做法，与全球化背景下不同国家、民族、地区之间文化的交融和碰撞显得有些格格不入。此外，威廉斯对于传媒制度重组的设想也过于乐观和简单，他认为只要采纳新的管理方法并给予大众控制权，旧的文化工业自会瓦解，显然忽视了原有组织在文化和结构上的限制。

尽管如此，尼克·史蒂文森（Nick Stevenson）还是给出了肯定的评价："尽管威廉斯的确没有充分陈述通俗媒介文化在话语方面的开放特性，可他又的确以在更为当代的批评里所没有的形式，将针对媒介、民主和共同体等问题的一些重要观点联系在一起。他认为，媒介文化迄今为止还没有完全发挥民主的作用。只消联系他对文化生产和内容的思考，我们便可发现他的这一观点是一种极为深刻的见解。"（史蒂文森，2001：45）因此，一切思想都根植于其所生长的社会和文化环境，也受制于思想家的知识和视野。这就要求我们在审视这部1958年出版的著作之时，应当怀着开放包容、清醒谨慎的态度，看到宝藏，也要看到陷阱。威廉斯在之后的作品中不断修正自己的观点，也曾公开反思《文化与社会》的缺陷，态度与他在撰写此书时展现出来的冷静、客观、中立别无二致。

伟大的作品总是面向未来的。在威廉斯生活的那个年代，尽管大众传播在文化和社会中扮演的角色得到了广泛的关注，但传播和媒介始终被放在次要考虑的位置。时至今日，以互联网为代表的媒介技术已经成为整个时代的座架，即便只是作为传递的工具，传播方式之多、传播速率之高、传播范围之广也不可同日而语。乘着媒介技术迅猛发展的东风，大众对于文化的创造热情和参与程度达到了前所未有的高度，遑论各类令人眼花缭乱的亚文化。但同时，人们对于高雅文化的呼唤、对于深度思考的追求、对于传统文化的怀念也日益攀升。所有这些一同构成了独属于这个时代的全新的文化图景，而在这幅美丽图景的背后，传播和媒介这把钥匙闪闪发光。

（马新瑶）

参 考 文 献

Thompson, E., "Reviews of Raymond Williams' *The Long Revolution* (Part Ⅱ)," *New Left Review*, 1961 (10).

〔英〕雷蒙德·威廉斯：《漫长的革命》，倪伟译，上海：上海人民出版社，2013。

〔英〕雷蒙·威廉斯：《希望的源泉：文化、民主、社会主义》，祁阿红、吴晓妹译，南京：译林出版社，2014。

〔英〕雷蒙德·威廉斯：《文化与社会》，吴松江、张文定译，北京：北京大学出版社，1991。

〔英〕尼克·史蒂文森：《认识媒介文化——社会理论与大众传播》，王文斌译，北京：商务印书馆，2001。

〔美〕约翰·彼得斯：《昔日之丰裕：雷蒙·威廉斯的〈文化与社会〉》，〔美〕伊莱休·卡茨等：《媒介研究经典文本解读》，常江译，北京：北京大学出版社，2011。

张劲松、唐筱霞：《文化是一种整体的生活方式——解读雷蒙德·威廉斯的〈文化与社会〉》，《内蒙古社会科学》，2013，34（4）。

拓 展 阅 读

Williams，R.，*Communications*，Harmondsworth：Penguin，1962.

Williams，R.，*Culture and Materialism*，London：Verso，2006.

〔英〕雷蒙·威廉斯：《关键词：文化与社会的词汇》，刘建基译，北京：生活·读书·新知三联书店，2005。

〔英〕雷蒙·威廉斯：《电视：科技与文化形式》，冯建三译，台北：远流出版公司，1992。

〔英〕雷蒙德·威廉斯：《马克思主义与文学》，王尔勃、周莉译，开封：河南大学出版社，2008。

丹尼尔·勒纳

《传统社会的消逝：中东现代化》

《传统社会的消逝：中东现代化》（以下简称《传统社会的消逝》）一书出版于 1958 年，其基于对中东六国（土耳其、黎巴嫩、埃及、伊朗、约旦、叙利亚）[①] 丰富的调查资料论述了 20 世纪中期中东地区各国向现代化社会转变的过程。作者丹尼尔·勒纳（Daniel Lerner）是一位生长于纽约的美国学者，彼时，他因这本书而声名鹊起。该书被看作发展传播学的开山之作，代表了发展传播学的主导范式。同时，该书也是关于经典现代化理论的重要论著之一，其贡献在于将传播这一因素引入如火如荼的现代化研究，提供了独特的理论视角。

一、成书背景

《传统社会的消逝》写作于 20 世纪中叶的美国。与当时众多社会科学领域的著作相类似，它并非一部严格意义上的学术著作，而更大程度上是冷战期间美苏地缘政治较量的产物。这本书对于形塑冷战期间利用大众传媒和文化渗透在后殖民国家中推动社会和经济进步这一观点起到了重要作用。

与第二次世界大战期间诞生的一系列传播学研究成果不同，战时宣

---

① 原本的调查计划是包含伊拉克的，但是由于困难重重，最终选择了伊朗作为代替。

传不再是此刻的关注重点，崭新的国际政治格局与美国外交诉求摆在勒纳这一代学者面前。第二次世界大战之后，帝国主义殖民体系瓦解，大批新兴的第三世界国家登上世界历史舞台，与此同时，两极格局逐步形成。在遏制苏联的基本战略指导下，美国在全球开展了一系列旨在实现地缘政治平衡的行动：一方面，在欧洲实施马歇尔计划，帮助欧洲战后重建，使西欧趋于稳定，形成以美国为首的西方阵营，以对抗苏联；另一方面，美国认为贫穷与愚昧是共产主义产生的温床，而发展经济正是对付它的最有力的武器，从而开始大力支援新兴国家，以防止它们倒向社会主义阵营。这不仅要求社会科学研究者进一步钻研针对苏联的心理战，同时也要求他们将目光转向新独立的民族国家，研究如何更好地引导它接受美国的意识形态立场。

在经济支援之外，美国通过空中电波来开展其意识形态斗争。1949年，由美国国防部出资成立的"美国之音"电台希望哥伦比亚大学社会应用研究局为其在中东的收听情况做一次调查，目的在于帮助"美国之音"在同苏联的竞争中赢得中东公共舆论的主导权。这无疑显露了这一研究背后昭然若揭的后殖民主义思想。这次调查所收获的大量访谈与问卷资料成了勒纳写作该书最主要的经验材料来源。

从另一个角度来看，到了20世纪中期，广大西方发达国家取得了经济上的长期稳定和高速增长，在全球掀起了以工业化为主导的现代化高潮。美国政府为了重新调整对外政策，需要对新兴国家的发展背景、前景进行研究，作为其制定对外政策的依据。由此，经典现代化理论得以在20世纪50年代产生，并很快在20世纪60年代兴盛起来。

从勒纳的学术经历来看，他无疑是一位智库式的学者。1944—1945年期间，勒纳在欧洲的心理战部门进行宣传研究。这一部门的主要工作是通过广播和传单进行宣传以打击德国军队的士气。战争结束后，他回到母校纽约大学进行研究工作，并于1949年出版了《反对德国的心理战》一书，介绍德国的心理战经验。这段在军队服役的经历为他后来迅速融入美国政府御用社会科学家的圈子埋下了伏笔。

1946—1950年间，勒纳在斯坦福大学由卡耐基基金会赞助的"国际关系的革命与发展"项目中进行合作研究，与该项目领导人拉斯韦尔

"第一次亲密接触"。在这之后，他来到哥伦比亚大学，或者更准确地说，是来到了拉扎斯菲尔德所领导的应用社会研究局。在这里，他参与了前文所言的针对中东六国的听众调查，并于1951年上半年介入了对土耳其的调查。也正是在这里，他和拉扎斯菲尔德展开了密切的交流与合作，踏入了哥伦比亚学派的大门。

1953年秋，勒纳加入了麻省理工学院新成立的国际研究中心，"第三世界现代化或经济发展对美国的可能威胁"是该中心在整个20世纪50年代的研究重点，其间，美国中央情报局是该中心最重要的资助者。按照该研究中心的观点，发展中国家的社会变化事关美国的有效管理。在这里，勒纳对中东六国的数据进行再编码与再分析，就其现代化进程问题展开研究。而他就此形成的现代化理论正达到了设立国际研究中心的最初目的：使社会科学家群体将自己娴熟的社会科学分析技巧带入为政策服务的研究工作，按照政策需求从事以政府为导向的相关学术研究。随后，勒纳在20世纪六七十年代成为美国开展对第三世界心理战的首席顾问。

二、数据二次分析与现代化指标的建立

勒纳这一研究所采用的数据和资料，一开始并不是为此研究专门收集的，而是为了替"美国之音"电台调查其在中东地区的收听情况。这项调查于1950年9月开始，由哥伦比亚大学应用社会研究局负责调查的组织工作，并开展实地考察和前期分析。

在每一个国家中，调查都是由当地的学者或学生完成的。问卷非常长，共117题，其中有不少是开放式的问题。如果被访者不听广播或不看电影，问卷中的许多后续问题则不会展开。因此，对于收听广播和观看电影的人来说，他们的访谈时间就会比其他人长些。访谈时间依据不同的情况从一小时到六小时不等。对六个国家而言，主要的问题是同样的，有部分问题会根据国情做调整。除此之外，调查过程中还采取了田野观察、焦点小组等辅助研究方法。这种质性和量化相结合的研究方法是属于经典哥伦比亚学派的，在沙阿（Shah）看来，对于这种研究方法

的选择，一定程度上是受到了美国战争期间行为科学的崛起的影响（Shah，2011：14）。

来自六个国家的大约 1600 份有效访谈资料于 1951 年秋天被运往纽约进行分析。勒纳对这些原始资料进行了重新编码、再处理和再分析，从而写就了《传统社会的消逝》一书。但是，勒纳深知，由于原始数据在选取样本方面的不足，该研究存在一些局限性。每一个国家的抽样都被刻意控制，以至于样本过多地代表了看电影、听广播、看报纸的那部分人。在抽样过程中，抽样指导规则不仅要求区分是否为听广播的人，同时将听广播的人按是否收听外国广播进行区分。此外，因为时间和资金的限制，每个国家中都只选取了三个省份进行抽样。因此，样本并不一定能够代表全国人口的情况。此外，勒纳通过从他处获取的各国的人口数据，与该研究所使用的数据中具有可比性的指标进行对比并发现，该研究所使用的这些数据并不完全是可信和完整的。

勒纳提出，他并非要通过样本推及总体，而是要从样本出发建立一个有关现代化理论的类型学。当然，这种类型学并非从头建立，其主要因素已经被描绘出来，且其指标系统在全球范围内正在进行现代化建设的国家中已有所应用。在该书中，作者希望结合中东六国来分析其现代化过程背后的一些独特变量和规律（Lerner，1958：82）。根据"现代—传统"二元划分，该书将国家分为三种类型：现代型国家、过渡型国家和传统型国家。相应地，每个国家都存在三种类型的人，即现代人、过渡人和传统人。

首先要厘清的问题是：谁在改变？往什么方向？以怎样的速率？谁在改变？在每一个走向现代化的中东国家，那些处于过渡阶段的人更多地表现出作者所言的参与式的风格：城市化、具有读写能力、媒介消费和移情能力。勒纳指出，随着数据的逐步展现，我们会发现不同的人口和社会特征影响着个体向现代化转变的程度。举例而言，具有读写能力的非农男青年倾向于引领现代化进程，而其余人则紧密地尾随。往什么方向？中东大地上所发生的改变都是同一方向的。传统生活方式的消逝随处可见，世俗的趋势是转向流动性——物理的、社会的和心灵的流动性。以怎样的速率？勒纳认为，各地正在发生的社会转变的速率是一个函数（很有可能是一个线性函数），这一函数与社会中能够转变其社会阶层的个体的人数有关。在某一国家中，越多的人"迈向现代"，这一国家在现代化指数上的总体表现越好（Lerner，1958：83）。

在对上述三个问题的回答上，各个国家的表现是不同的，而国家之间的差异导致现代化进程对国民生活产生不同的影响。原因在于，国家提供各种渠道以供个体改变其生活，每个人都在其力所能及的范围内做出选择。但是，国家之间现代化进程和程度的差异导致其为个体所提供的可能的机会和规则在数量和类型上都是不同的。因此，在不同的国家中，即使属于同一种类型的人（勒纳所划分的现代人、过渡人和传统人）也会过上截然不同的生活（Lerner，1958：83）。为分析在普遍的现代化大环境下个体与国家之间的相对关系，作者提出了三个假设：（1）如果某国中三种类型的人平均现代化程度得分高，则这一国家更现代；（2）如果某国中过渡人的得分更接近现代人，则这一国家更动态；（3）如果某国中三种类型的人得分差距小，则这一国家更稳定。"更现代"意味着有更多的人正在改变他们的传统生活方式；"更动态"指的是现代化进程以较快的速度展开；"更稳定"指的是阶级差距比较不显著，也就是说，现代化进程将不会伴随政策和人员的暴力断裂（Lerner，1958：84）。由此，作者引入除了现代化程度之外的动态性和稳定性这两个国家间比较的依据。

为了更好地进行国家间的比较，勒纳将六个国家按照其制定的现代化指标进行排序，以便其随后分析某一指标与国家现代化程度之间的具体关联，并对这六个国家的动态性和稳定性做了比较。这些指标分别是：人口数量、城市化程度（人口超过2万人的城市百分比、人口超过10万人的城市百分比）、识字率、投票率、媒介消费情况（日报发行量、广播听众数、电影席数量）、媒介生产情况（日报数量、广播传输速率、年电影生产数）、教育情况（基础教育、职业教育、教师培训、大学教育）。按现代性程度由高到低排序为：土耳其、黎巴嫩、埃及、叙利亚、约旦、伊朗。

随后，勒纳建立了几个关键指标：流动性、媒介接触、媒介准许度（接受媒介的程度）、移情（empathy）、新闻区间、意见区间、个人自

信（无力感）和幸福感。他认为，过渡人的主要特征是其流动性，并将
那些从自己的出生地搬到其他省或是更大的地区居住的人定义为流动
的。流动性会带来更多的媒介接触，媒介接触的增加会提高人的移情能
力。移情能力的测量方法是观察受访者能否回答"如果你是一个报纸编
辑，你想要经营怎样的报纸"这一问题。移情能力会拓宽视野，即所谓
的新闻区间（根据受访者回忆的最近一个新闻的类型而定）。同样地，
这一点也能够体现在意见区间（能够就多种事务表达自己的观点）上。
新闻区间和意见区间的拓宽，使得人们对自身之外的事务产生兴趣并表
达意见，舆论由此得到发展。舆论是从人们之间对彼此就公共事务表达
意见的互相期待中产生的，因此，作者通过两个问题来测定这种相互期
待的广泛程度：目前受访者个人及所在国家面临的最大的问题是什么？
他们会怎样解决这一问题？根据受访者的回答，勒纳得出其"个人无力
感"的程度，并认为这种无力感代表他们缺乏基本的参与。作者认为，
在某些国家，过渡者会由于社会中他们能够接触到的渠道和适应性的机
制过少而产生深深的无力感，从而引发不幸感。因此，作者就幸福感做
了相关分析：就六国内三种类型的人群而言，不幸感的分布和无力感及
缺乏移情能力的分布是一致的。

三、现代化何以可能：一种发展传播学的视角

勒纳认为，当时中东地区广泛存在一个相似的、潜在的矛盾冲
突——乡村与城市、土地与现金、文盲与启蒙、认命与野心、虔诚与寻
求刺激。中东人都面临这样一个问题，即如何使不再能够满足他们需要
的传统生活方式实现现代化。作者认为，实现现代化是多样化的中东地
区得以统一的前提。勒纳想要说明的是，西方的现代化模型所展现的某
些要素和序列，是与全球性的现代化相联系的。任何地方，要想提高城
市化，必须提高识字率；要提高识字率，就必须增加媒介接触；而媒介
接触的变动与更为复杂的经济参与（人均收入）和政治参与（选举）是
一致的。这种模型作为一种历史事实已经出现在西方，而现在，无论种
族、民族、信仰，这一模型重新出现在各个大陆上正在进行现代化建设

的国家之中。

勒纳在此关注的是社会变迁中的个人层面——巨大的历史推力所带来的转变对个体日复一日的生活方式的影响。他表示，这一观察的立场不带任何种族中心主义。沙阿认为，这里所说的种族中心主义源自当时美国国内对这一问题的普遍关注和反思（Shah，2011：24）。尽管从今天的眼光看来，勒纳在这本书中的表述毫无疑问是种族中心主义的，但是他承认文化个性是变动的，而非不变的种族特性，代表着他在一定程度上受到了种族自由主义的影响。

该书最广为人知的便是勒纳提出的"移情"概念。勒纳认为，现代性是一种参与式的生活，其独有的人格特征机制为移情（Lerner，1958：78）。他将移情描述为一种流动的人格，意为将自己放置于他者的境况来看待的能力（Lerner，1958：50）。最初，西方人由物理空间上的移动而获得了精神流动性，即移情的能力，变得习惯于多变的节奏。这是一种基于个人选择的流动，是为了获得更好的生活。物理流动性带来了社会流动性，随之而来的是社会结构的适应性转变。现代社会是由探索新世界开启的。精神流动性的增强意味着现在更多的人，对比以往任何一个历史时期的人而言，拥有更强的想象自己作为一个陌生人身处陌生的境况、地点和时间的能力。目前，移情在全球的传播正在加速。一个流动的社会必须是鼓励理性的，计算的选择形塑了个人行为和境况。由此，人们认为社会的未来是可操控的，而非命定的。流动的人拥有高度识别外部环境新情况的能力，并会通过两种心理机制来适应新要求。这两个机制分别是：投射（projection，将内心投射到他人或外界事物上）与心力投入（introjection，使他人的态度或外界事物形成内心形象）（Lerner，1958：49）。

勒纳的一个主要结论就是，只有在现代社会中，高度移情能力才是主流的人格形式。他认为，现代社会是被移情所刻画的，即一种强大的能够快速注意到并重新安排自我系统的能力。同时，现代社会要求广泛的参与。因此，这要求个人具有开放性和适应性强的系统，能够时刻准备着去适应新的角色，在公共事务中确认自身价值。这就是为什么社会的现代化与我们所说的精神流动性密切相关。勒纳的数据分析表明，相比以往的任何一种社会，在现代社会中，更多的人显示出更强的移情能力（Lerner，1958：51）。相比而言，在传统社会，即非参与式的社会中，人们由血缘关系所联结，分散为相互独立的社区而非围绕某一中心而存在；在劳动力没有城市—乡村之分的情况下，人们也没有发展出太多经济上相互依赖的需求；而缺少了这种相互依赖，人们的视野将局限于其所在的地区和只有熟悉的人群参与的处于熟悉的情境之下的决定之中（Lerner，1958：50）。而现代人则正好相反。

那么，移情、现代化是如何与大众媒介建立联系的？前面所说的心灵的流动性的增强，意味着相比以往的任何一个历史阶段，现在有更多的人需要更高超的技巧去想象其作为一个陌生人身处一个陌生的境况的情景（Lerner，1958：52）。以往通过交通工具来实现的空间转变体验，现在经由大众传播所带来的不断扩展的媒介体验而成倍增长，世界范围内移情能力的提高也得以加速。现代社会中的文学作品，如小说传递了移情。过去的诗歌通常是一种自我表达，而现代小说展示的是对他者生活的持续性想象。这一过程在电影和广播电视剧中体现得更加明显。在出行所带来的空间转换之外，媒介通过多种多样的体验强调了这种空间转换。因此，他称大众媒介为流动性的放大器。但是问题在于，媒介所营造的人工世界过于简单，面对新环境所导致的紧张情绪，出行者能够通过外显的行为来缓解，而媒介使用者却没有这种释放内部张力的渠道。因此，大众媒介通过简化感知（我们所见的）和复杂化回应（我们所做的）来教会人们操控自己的内在心灵。由此，西方人获得了展现现代性的移情技巧。同时，大众媒介描绘了他们可能面对的角色，并阐释了他们可能需要的观点。

勒纳发现，现代媒介系统只出现在那些就其他测试指标来看已经步入现代的社会中。这就是说，在那些已经拥有一定程度的地理及社会流动性的人群中，媒介能够最有效地传播精神流动性。作者将公共传播系统分为两种：媒介系统和口语系统。而改变总是由口语系统朝媒介系统发展的。这种转变的速度通常和社会系统中其他关键部分的改变显著相关。其中包括政治的、文化的和社会经济的部分。为验证上述假设，他制定了"社会参与"这一指标，其中包括四个部分：城市化（包括工业化）、识字率、投票率、媒介参与。这其中用到了联合国教科文组织和联合国其他部门关于这六个国家的数据。结果显示，这些因素之间两两相关。

数据分析显示，"城市化—识字率"和"识字率—媒介参与"这两对关系都是高度相关的。基于此，结合历史现实，勒纳提出，参与式社会，即现代社会的形成有三个阶段：（1）城市化首先产生，随之而来的是识字率和媒介参与度的提高。识字率与媒介参与度之间是彼此依存的关系，二者中一方的提高会带来另一方的提高。人口从分散的地区向城市中心流动的过程，不仅刺激了人们的参与性需求，同时也为人们的广泛参与提供了条件。只有城市要求人们具有读写能力，以读懂招牌、乘坐地铁，等等。（2）但是从历史上看，读写能力在第二阶段中扮演着更为重要的角色。读写能力最初的社会功能就是减少人们在精力上的浪费。其更强大的功能是培养大批具有技能的劳动力，以适应城市工业发展的复杂性，为包括大众媒介消费者在内的金钱使用者提供商品。（3）而到了第三阶段，随着技术和工业的发展，报纸、广播等媒介才被生产出来。媒介参与的增多会带来个体在社会系统中各层面参与的增加（Lerner，1958：60-62）。在上述过程中，每一个现代社会中都存在的参与式的社会机制（选举）得以产生。就个人心理层面而言，这一过程可以表现为，城市、学校和媒介的发展吸引乡村人口的迁移，使之产生移情力。随后，城市居民、教育和媒介接触增强了这种已然存在的移情力。需要注意的是，这其中存在一个中介变量，即城市化过程中的人口密度，人口密度过大会导致识字率和媒介参与度提升的乏力。

四、评价与反思

作为发展传播学理论中绕不开的一部经典作品，《传统社会的消逝》所提出的现代性框架直到今日依旧为学者们提供了极具参考价值的分析路径。勒纳首次尝试将传播与现代化相联系并建立理论，分析了传播与现代化之间的关系，强调传播对于现代化进程，包括个体与社会的不可忽视的巨大影响，并提出大众媒介具有的"放大器"的意义，说明了大众媒介对社会经济发展及流动性的人格形成的促进作用。由此，他启发了一代传播学学者思考传播在社会转变过程中的角色和作用，引发了罗杰斯和施拉姆随后的一系列相关阐述，并逐渐形成了传播学中的一个新领域，即发展传播学。但这并不意味着勒纳的理论是完美无缺的。事实证明，以勒纳为代表的发展传播学主导范式是失败的，这一路径在第三世界国家引发了严重的社会经济问题。勒纳的模式实际上是以西方社会为蓝本的，忽略了第三世界国家不同的民族特点、文化传统和具体社会条件，因此并不是普遍适用的。范东生指出，勒纳所遵循的是一套精英主义的，自上而下、单向、线性的大众传播模式，对大众传播的社会作用也有简单化和过分乐观的倾向，忽视了社会形态和结构以及其他因素对大众传播的制约和反作用（范东生，1990）。

从现代化理论的角度来说，勒纳代表的是经典现代化理论，属于现代化研究四阶段中的第一个阶段，尽管为许多国家提供了一定的理论指导，但其相对而言是较为狭隘的。它对于现代的定义基本只关注经济增长程度这一点，而忽略了其他层面，如文化的现代化。其基本假设是：传统与现代的二元对立，现代化的基本内容是共性的，全球现代化是传播和扩散的。这三个假设在勒纳的研究中发挥着基础性的作用，同时也成为这一研究被后人诟病的一个方面。二元对立的窠臼指的是，经典现代化学者在建构这一理论时，受古典社会学中社会变迁"两极理论"影响，使用的基本方法是"传统—现代"两分法，即社会抽象为传统社会和现代社会。在他们看来，所谓现代化过程是一个传统性不断削弱和现代性不断增强的过程，是传统制度和价值观念在功能上对现代性要求不断适应的过程。但是这种传统与现代之间的二元对立，过于激进的发展变革可能引发社会动荡，使得反现代化的声音重新得到响应，反而破坏了通向现代的可能性。

从方法论的角度来说，不可否认，勒纳的作品对于当时的传播学研究方法很具有启发意义。他利用庞大的数据来分析现代化这一宏大议题，从细碎的经验事实中抽象出指标并由此建立起结构方程，发展出经典现代化理论，在很大程度上推进了拉扎斯菲尔德的定量研究方法的发展。只不过，以今天的眼光来看，他所使用的实证主义方法很难称得上是严谨的。约翰·古利克（John Gulick）认为，勒纳的经验材料十分不足，他并没有证明，上千的具备投票权及意见的美国人拥有移情的、开朗的个性（Gulick，1959）。同时，问卷中有关个人情况的资料过少，这源于对问题的思考不够全面深入，预设过于武断。例如，从问卷数据中无从得知受访者之间的亲戚关系及其他人际关系情况，也就是未将亲戚关系看作影响开朗的、流动的心理的因素之一。但是这一点对于探索勒纳所言的传统人、现代人而言，是有帮助的。莫尔·伯格（Morroe Berger）对埃及的研究解释了亲戚关系和其他人际关系对人们的影响（Berger，1957），而这正是勒纳没有揭示的。

最后，勒纳是出于怎样的考量而选择了书中所列的种种因素呢？除了勒纳自身具有强烈的西方中心主义之外，还有一个原因是勒纳所使用的数据资料限制了他的思考路径。也就是说，他的逻辑推导都是基于已有的资料，对于资料中有所彰显的部分，将其理论化，做一些合理的解释，而对于资料中未涉及的部分，则无从考察，自然在逻辑链中有疏漏。这些指标及其相互之间关系的建立，并不完全是因为其在现代化进程中的重要价值和理论解释力，而是因为它们恰好在数据中被呈现出来。

（南塬飞雪）

参 考 文 献

Berger，M.，*Bureaucracy and Society in Modern Egypt：A Study of the Higher Civil Service*，Princeton：Princeton University Press，1957.

Gulick，J.，"Review of *The Passing of Traditional Society：Modernizing the Middle East*，" by Lerner，D.，*American Anthropologist*，1959，61（1）.

Lerner，D.，*The Passing of Traditional Society：Modernizing the Middle East*，New York：Free Press，1958.

Shah，H.，*The Production of Modernization：Daniel Lerner*，

Mass Media，*and The Passing of Traditional Society*，Philadelphia：
Temple University Press，2011.

范东生：《发展传播学——传播学研究的新领域》，《国际新闻界》，
1990（3）.

拓 展 阅 读

〔美〕韦尔伯·施拉姆：《大众传播媒介与社会发展》，金燕宁等译，
北京：华夏出版社，1990。

埃弗雷特·罗杰斯

《创新的扩散》

1890 年，法国社会学家加布里埃尔·塔尔德（Gabirel Tarde）提出了一个经典的问题：为什么在 100 个新事物中只有 10 个会被广泛传播，而另外 90 个则被遗忘和湮没？塔尔德将其归因于心理学中的模仿法则。这一阐释虽然此后没有得到广泛认同，但是这个问题开启了扩散研究的大门。新事物层出不穷，而大众的采用行为则似乎存在一定的规律，农村社会学、教育学、人口学、公共卫生学等学科的学者试图在自己的研究领域中给出解答。20 世纪 60 年代，埃弗雷特·罗杰斯在《创新的扩散》一书中正式提出了创新扩散理论，他也因此被誉为"创新扩散理论"之父。《创新的扩散》回顾和整合了以往与创新扩散有关的经典研究，并成功地提出了得到学界广泛认可的关于创新扩散的理论模型，因而多次再版，至今仍是发展传播学领域的经典之作。

一、成书背景

创新的采纳之所以会受到多个学科的关注，是社会形态变革和新型媒介兴起二者合力的结果。在传统社会中，信息流通相对局限，技术创新数量少、普及速度慢。而在电力工业革命后，社会的流动性大大加强，大众传播的发展使得跨时空、远距离、大范围的信息传播成为需要和可能。由于大众媒介的迅猛发展，信息的增殖速度和流动速度都呈现爆炸式增长，层出不穷的新技术、新工具、新理念如何抵达大众，成为一个值得关注的课题。

扩散研究始于美国的农村社会学研究，也集中于美国的中西部大学，这与当时美国高等教育的特点息息相关。1862 年，为推动中西部农业地区的现代化进程，强化当地农村劳动力的农业知识和技能，林肯总统签署了一项旨在推动农业科技研究的法案——《莫里尔法案》，该法案规定每个州必须留出一定的公共土地建立教育机构，由联邦注入资金促进农艺和机械技术的教育，由此形成了 68 所"赠地学院"（land-grant university）。这些"赠地学院"在美国中西部农村广泛成立以推广农业科技为目标的农业试验站，聘请农业专家帮助农民解决相关问题。20 世纪初，"赠地学院"经过整合纷纷改革成为州立大学，但围绕农业发展办学的理念并没有随之消失。第二次世界大战后，美国的农业专家研发出新型杀虫剂、抑制杂草生长的新型除草剂、提高家畜抗病能力的抗生素等一系列重要的技术创新。在这些农业创新的作用下，农产品亩产量和人均产量都显著提高。但同时，农业专家也发现农业科技被开始采用的时间往往很长，多数农民对科技创新表现得较为冷淡，农民对创新的态度及其变化、如何推动农业创新快速扩散等话题引起了农业社会学家的关注。

罗杰斯研究农村社会学并非偶然。他于 1931 年出生在艾奥瓦州的一个农场中，是美国农业技术飞速发展时期的亲历者。作为一位农场主，罗杰斯的父亲拒绝采用包括杂交玉米在内的生物化学创新。1936 年，艾奥瓦州大旱，罗杰斯家损失惨重，其父不得已才种植了抗旱能力更强的杂交玉米，这件事让年仅五岁的罗杰斯印象深刻。1952 年，罗杰斯在艾奥瓦州立大学获得农学学士学位，这所学校的前身就是一所赠地学院——"艾奥瓦州立科学与技术大学"。朝鲜战争爆发后，罗杰斯入伍服役两年，之后重返艾奥瓦州立大学，并于 1957 年获得了社会学和统计学博士学位。个人成长经历使得罗杰斯关注农业科技推广，而社会学和统计学的背景给予了罗杰斯有力的分析工具。

《创新的扩散》是罗杰斯在其博士论文《克林斯农业社区几个农业创新产品的扩散分析》的文献综述部分的基础上扩充而成的，罗杰斯最初的研究兴趣是农业技术在农村社会中的推广，后来扩展到了所有新事物在大众中推广的过程，涉及科学技术采纳、疾病预防、生育政策等诸多领域。该书出版时，罗杰斯尚是俄亥俄州立大学一名年轻的助理教授。《创新的扩散》先后在 1971 年、1983 年、1995 年和 2002 年四次再版。该书第一版出版时，扩散领域的书籍只有 400 种左右，到该书最后一次再版时已经增加至 4000 种。这说明，在罗杰斯的引领下，扩散研究已经发展为社会科学研究中的重要领域。

二、创新扩散的四要素

《创新的扩散》一书内容全面，涉及创新扩散的多个侧面，但最主要的观点就是罗杰斯在该书开头部分提出的创新扩散的四个要素，即创新、传播渠道、时间和社会系统。

(一) 创新的五大属性

罗杰斯认为，创新可以消除不确定性，创新的扩散过程就是消除不确定性的过程，因此，讨论创新扩散效果的影响因素首先应关注创新能够在何种程度上消除不确定性。易于广泛传播的创新通常需要具备五个属性：相对优势、相容性、复杂性、可试验性和可观察性。

相对优势指的是创新替代原本的技术和方法的优势，代表了创新的成本以及预期收益。创新的相对优势与采纳率成正比。相容性指的是"创新与现有的价值观、以往的各种实践经验以及潜在的采纳者的需求相一致的程度"（罗杰斯，2002：206）。创新的相容性和采纳率成正比。当创新与传统的观念或当前的实践经验存在冲突时，采纳率就会大大降低；当创新符合客户系统的需求时，采纳率就较高。复杂性与创新的采纳率成反比，可实验性和可观察性与创新的采纳率成正比。预防性创新由于包含了对某一负面情境的暗示，效果无法预先感知，因此扩散速度较慢、采纳率低。

创新的五个属性是影响创新采纳率的显性因素，此外，接触创新的渠道、创新代理人的努力等不可感知属性也影响着创新的扩散。越是易于让个体感知到不确定性消除的创新，扩散的速度越快。

(二) 创新扩散的传播渠道

创新扩散的主要传播渠道可以分为大众媒介渠道和人际关系渠道，两种传播渠道在扩散过程中扮演着不同的角色。大众媒介渠道在认知阶段效果更显著，而人际关系渠道在说服阶段影响更显著。大众媒介能够高效、广泛地面向大众传递新讯息，而人际关系渠道的互动性强，便于进行双向交流，补充信息，解释疑问，更加灵活。在不同的社会系统中，大众媒介在发达国家的说服作用更突出，而人际关系渠道对发展中国家采纳者的认知更为重要。对于不同阶段的采纳者而言，早期采纳者具备强烈的冒险精神，但缺乏其他的信息来源，主要受到大众媒介所传播的信息的影响。晚期采纳者心态比较保守，对于他们而言，大众传播的影响力较为微弱，他们之所以采纳创新主要受到直接关系渠道，如人际关系的影响。

(三) 扩散过程中的时间因素

对于一个决策单位而言，创新—决策过程包含认知、说服、决策、实施、确认五个阶段，创新—决策期是创新—决策过程所需的时间，对不同采纳者而言创新—决策期会有所不同，早期采纳者比晚期采纳者的创新—决策速度更快。在大多数情况下，以时间为横坐标、相应时间的新采纳者数量为纵坐标绘制出的曲线是一条钟形曲线，本质上是正态曲线（见下图）。这一曲线表明，当某项创新的采纳率达到 $10\%\sim20\%$ 的时候，采纳率进入快速增长的阶段，而当系统内有半数的人已经采纳该项创新之后，增长速度到达峰值，此后创新消除不确定性的功能日趋减弱，创新扩散的速度减缓。

传统的扩散研究将某一群体中的人划分为主动进行传播创新的创新者和被动接受的对象，罗杰斯打破了这一二元划分方式，按照创新性递减的顺序将采纳者划分为不同类型：创新者、早期采纳者、早期大多数、后期大多数和落后者。由正态曲线可推知，将创新事物从系统外部

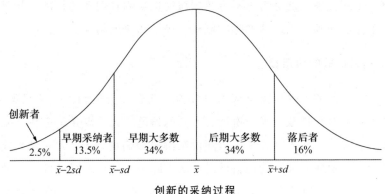

创新的采纳过程

引入系统内部的、富有创新和冒险精神的创新者占总体的 2.5％。社会系统中的意见领导者，即早期采纳者占 13.5％。早期采纳者兼具创新和谨慎两方面特性，是创新者和系统内多数成员之间的中介，处于系统内部传播网络的中心地位，是系统内多数成员模仿的样本，对创新的加速扩散有重要作用。早期大多数和后期大多数均占 34％，早期大多数比普通成员稍早一些采纳创新，对创新持谨慎的观望态度，倾向于跟随潮流而非引导潮流。后期大多数和早期大多数都是系统内部数量最多的采纳者，他们对创新持怀疑态度，只有系统内部大多数成员都采纳创新之后才会选择跟随创新。对于这一类采纳者而言，多数成员的实践降低了创新的不确定性，由此带来的安全感十分重要。落后者占 16％，这部分成员最固守传统，既不影响舆论导向，也很少受到舆论的影响，往往处于社会网络的边缘地带。他们缺乏社会和经济资本，故而对创新抱有抗拒的态度，需要相当长的时间来采纳创新。

不同的采纳者群体呈现出不同的特征。在社会变量方面，早期采纳者的受教育程度、社会地位、向上流动性均更高[1]；在个性变量方面，早期采纳者比晚期采纳者具有更强的移情、推理和抽象思维能力，更少的教条主义思维，与他人联系的程度、媒介接触程度更高。对创新的采纳者进行细分是为了制定具有针对性的推广策略，从创新的早期采纳者

①　人类学家弗兰克·肯辛质疑这种线性关系，认为中低阶层比中上阶层更具有创新精神。这一假设被称为"肯辛斜坡"，至今仍具有较大争议。

到落后者，创新精神依次递减，创新需求却逐渐增强。晚期采纳者承受不确定性的能力较差，采纳创新的意愿更为低迷。创新机构不应将注意力集中在社会上层更具有创新精神的精英阶层身上，居于社会中下层、倾向于怀疑和抵制创新的群体是推广创新的重点。

（四）作为扩散网络的社会系统

《创新的扩散》一书的一大重要贡献在于修正了古典扩散研究中的认知误区。在此之前的扩散研究遵循伊利研究中从大众媒介到人际传播的两级传播模式，而罗杰斯和帕梅拉·休梅克（Pamela Shoemaker）的研究对此进行了修正，补充了创新的多层级扩散过程。创新的扩散过程并非沿着从创新者到接收者这一简单化约的层级展开，而是在一个复杂多元的社会网络中逐步展开的多级传播模式。罗杰斯提出，创新代理人和观念领导者是社会系统中扩散网络的两个关键节点。创新代理人是来自创新机构、以向客户推广某个新观念或者新事物为目标的人员，如推销员、咨询人员、教师等。创新代理人可以弥合创新机构的技术专家和潜在客户之间的知识和文化背景差距。个体接受新观念和新事物往往是模仿心理驱使的结果，而在一个社会系统的人际网络中，一小部分人起到观念领导者的作用。这些观念领导者的社会经济地位较高，比仿效者更加积极地参加社会活动、接触创新信息，具有比普通客户更强烈的创新精神，同时又遵守社会系统的道德和价值准则与行为规范，因而常常是创新代理人进行扩散的切入点。

在人际渠道的传播中，具有异质性的个体之间往往比同质性高的个体之间更容易实现创新的扩散。同质性高的个体容易实现有效的交流，但这样的交流局限在同一网络中，不利于外界新观念和新事物的引入。同质扩散实质上会将扩散局限在水平圈层中，反而成为创新扩散的阻碍。异质沟通则可以实现异质系统之间的信息交流，弱关系链更有利于新事物和新思想的迅速扩散。

在为创新扩散理论搭建研究框架和体系的同时，罗杰斯也提出了对现有的扩散研究的批评。扩散研究中最大的问题在于过度创新，研究者理所当然地认为一项创新应当被社群的所有成员接受，而忽略了创新被拒绝和终止的可能以及创新可能带来的负面影响。这种对创新扩散的片面认知和潜在的偏见阻碍了扩散研究的发展，将研究对象窄化为推广过程已完成并且成功扩散的案例，而正在扩散中的和失败的创新则成为一个盲区。事实上，数据采集应当在扩散的过程中进行，以避免只关注成功的创新而忽略失败的创新。此外，研究者容易陷入个体指责的偏见，当创新的采纳过程受阻时，研究者的价值预设尤其会显露无遗，常常忽略个体所处的社会文化环境，片面地认为拒绝采纳创新是愚昧和落后的表现。

三、案例分析方法的有效运用

尽管罗杰斯是统计社会学专业出身，但他显然并没有主要采用统计学的方法来研究创新扩散的问题，相反，他的经验研究采用的是在美国传播学中不太常见的案例分析法。然而，恰恰是这一研究方法，让这本书的经验素材显得非常扎实，有力地支撑了罗杰斯创新扩散的"四要素"和"五阶段"的理论框架。

罗杰斯先是梳理了扩散研究史，通过陈列和爬梳大量的前人研究案例，总结了扩散研究在农村社会学、地理学、教育学、传播学等学科中的源流和发展，又用大量案例论证了创新扩散的四个要素。

早期的扩散研究散见于各个学科之中，缺乏明确、一致的研究框架和理路，继塔尔德之后，社会学家厄尔·佩姆伯顿（Earl Pemberton）发现创新的采用符合正态累积曲线的规律，进而将其归因于"文化互动"。但是，这些研究往往都是直觉层面的描述，存在一定的偶然性，而没有解释创新采纳的发展趋势背后的原因。

这一空白随后在农村社会学的调查中得到填补。布莱斯·瑞恩（Bryce Ryan）和尼尔·格罗斯（Neal Gross）的杂交玉米扩散研究是扩散领域最著名的实验，该研究在很大程度上回答了这些问题，改变了人们对创新采纳的认知。20世纪20年代末，瑞恩及其助手格罗斯在艾奥瓦州玉米种植带的杰弗逊（Jefferson）、大强克逊（Grand Junction）两个小镇各访问了259位农民，了解他们是否开始种植杂交玉米、获知相关信息的渠道以及信源的重要性等。瑞恩和格罗斯发现创新技术的采纳过程比过去认知的形成更加复杂，农民获知杂交玉米信息的渠道主要是种子公司推销员和广播、农业期刊等大众媒介，但是说服他们开始种植杂交玉米的主要是邻居。这一研究深化了对创新采纳决策过程的理解，媒介的习惯性接触和人际关系是影响采纳决策的两大因素，两者的影响各有偏重，大众媒介是主要的信息获知渠道，但在说服力层面，人际渠道则表现得更为有效。瑞恩和格罗斯的实验之所以是扩散研究的第一步，是因为该研究明确了创新扩散的几个基本问题：在一项创新的扩散过程中，人的决策、影响决策采纳的传播渠道、创新扩散的社会系统，为之后的扩散研究提供了参照的样本。

20 世纪 60 年代，保罗·简·多伊切曼（Paul Jane Deutchmann）和奥兰多·法尔斯·博尔达（Orlando Fals Borda）在哥伦比亚的村庄索斯亚进行的农业创新扩散研究，是扩散领域的又一里程碑式研究。在此之前，人们并不清楚在缺乏大众媒介信息渠道、识字率低的第三世界国家的乡村中，创新的扩散是否会呈现和其他环境下的扩散一致的规律。在 10 年的田野调查中，波尔和奥兰多将 6 项农业创新引入了索斯亚这样一个看似难以发生创新扩散的偏僻村落，其结果是 4 项都达到了 75％及以上的采纳率。研究验证了 6 项研究的采纳率随时间的推移呈现 S 形曲线，并按照创新性为村庄中的农民打分，分数累计也呈 S 形且接近正态分布。波尔和奥兰多进一步详细划分了村庄中的采纳者类型：创新者、早期采纳者、早期大多数、后期大多数、落后者。在波尔和奥兰多之前，创新扩散研究多关注欧洲和北美等发达地区，索斯亚的实验佐证了创新扩散模型在第三世界的生命力。创新扩散的过程在欠发达的索斯亚和发达的俄亥俄州之间存在显著的相似性，但以索斯亚为代表的经济较落后地区存在更大的社会经济地位差距。另外，由于大众媒介普及程度低，人际传播渠道起到了主要的推动作用。通常是由村落中社会经济地位较高的创者从媒介中获取创新信息，再通过人际渠道传递给社群中的其他成员，从而实现创新的扩散。

罗杰斯和 D. 劳伦斯·金凯德（D. Lawrence Kincaid）在 25 个朝鲜村庄中调查了避孕技术的扩散情况，借以探讨不同社会系统中的创新采用率。研究发现，在同一个节育推广计划中，尽管政府推广了多种避孕手段，但是同一个村庄内的居民几乎都选择了相同的避孕方式。在面向全国的节育手段推广活动中，村庄是各自独立的扩散单位，每个扩散单位中扩散的创新项目和采纳率受到村庄内部的人际关系网络的影响。

当然，由于罗杰斯所处的时代量化分析技术的局限性，使用案例分析的方法也确实是不得已而为之，随着社会网络分析方法的问世，更先进的量化技术开始被大量运用到对创新扩散的研究中。在最后一版《创新的扩散》中，已经看到这一趋势的罗杰斯呼吁，创新扩散学者要超越过去的方法和模型，而许多年轻学者目前正在用最新的统计学方法和模型回应罗杰斯的呼吁。

四、评价与反思

在《创新的扩散》之前，虽然扩散议题已受到不少学者关注，但是他们的研究缺乏对创新扩散的系统、理性的认识，多是感性的经验和知觉。罗杰斯将零散的案例和过往的研究从各自的学科中抽离出来，统筹、整合为一个系统性、操作性强的研究框架，划定了创新扩散研究的边界。因此，该书虽然较少涉及罗杰斯本人的原创性研究，但对于创新扩散研究这一领域而言是从零到一的开创性的奠基之作。之后的几十年间，扩散研究以罗杰斯框定的框架和方向为基础持续扩展学术版图，后续研究多是对罗杰斯的创新扩散理论的验证、补充和局部修正，而没有脱离和超越这一成熟的体系框架。

《创新的扩散》是发展传播学领域的经典著作，但该书并非全无缺憾。吕蒂宁（Lyytinen）和达姆斯高（Damsgaard）质疑了罗杰斯划分的创新—决策过程，认为主观地设定五个阶段——认知、说服、决策、实施、确认——不免刻板僵化，不符合复杂的技术扩散实践。他们以EDI体系在芬兰的扩散实践为例，说明了这五个阶段的界限是含混不清的，顺序也并不固定，在有些情况下创新的采纳时间被大大压缩，而时间维度也并不重要。由此可见，创新的五个阶段、四大要素并非普遍通行的法则，而是需要依据不同的创新及其属性、社会系统中的具体情境进行调整。

吕蒂宁和达姆斯高（Lyytinen & Damsgaard，2001：173-190）指出，罗杰斯所讨论的创新是有条件的，这些技术型的创新往往是面向某一个同质性较高、边界明晰的群体，这一群体中的成员对该项创新是陌生的，在经济资本、接触创新的渠道、社会系统（如管理、社会制度、与创新代理人的接触等方面）等方面均大致相同。显然，并非所有的创新都符合这一条件，吕蒂宁着重探讨了信息科技领域的创新扩散现象，并从创新本身、采纳过程的角度提出了对传统的创新扩散理论的修正意见。就创新层面而言，信息科技的创新较为复杂、难度高，面向的受众边界往往较为模糊，在这种情况下，受众的异质性在很大程度上影响了创新的采纳率。因此，在对信息科技创新扩散的研究中，创新采纳决策应该被放入更为宏观、复杂的社会系统考察，关注采纳者自身的复杂条件以及政治模型、经济模型等不同维度，在更多元的研究层次上丰富和发展创新扩散理论。卡茨等人（Katz，Levin & Hamilton，1963）也认为创新扩散研究对人际关系的理解是孤立和简化的，决策单位之间的互动并非只是个体对个体的信息流通，而是发生在个体所处的社会系统的框架限定之下的，因此采纳者之间、创新者和采纳者之间的社会关系值得进一步关注。

有一个预设贯穿《创新的扩散》全书，即扩散本质上是来自系统外部的创新将影响施加于系统内部的过程。这一预设假定创新来自外部，创新的扩散是外来的机构和专家传播知识、改变系统内成员的认知和行为的过程，而忽略了这一过程具有双向互动的可能，系统的主动性也是创新扩散的重要一环（韩鸿、辛文德，2012），据此制定的扩散的策略也主要基于创新本身，缺乏对社会系统内部作用机制的关注。美国传播学学者阿尔文·辛文德（Alvin Sinvind）等人所开创的正态偏差方法（positive deviance approach）在一定程度上弥补了这一研究缺憾，该方法始于斯捷尔宁（Sternin）和周（Choo）（Sternin & Choo，2000）等人于 20 世纪 80 年代在越南开展的降低儿童营养不良率的项目。该项目研究发现，当地居民普遍对知识的扩散无动于衷，但一些实践活动可以让社区内部成员习得改善儿童营养状况的烹饪技能。该项目的成功广泛地影响了联合国和世界各地的非政府组织的工作方式。正态偏差方法是一种社区驱动的扩散途径，在社区内部既有的行为中寻找有利于创新扩散的行为并加以放大和扩散，最终能够在认知和行动双重层面上推行创新。罗杰斯虽然推崇去中心化的扩散，但是他没有能够在书中深入地进行分析。正态偏差方法提供了一种去中心化扩散的有效范式，分析和呈现了从创新的萌发到确认采纳的全过程。创新萌发于社区内部，以行动的形式在社区内扩散，采纳者非但不是消极被动的，而且具备主动生成创新的可能。正态偏差方法没有脱离罗杰斯的理论框架，而是在不同的创新类别中进行了补充，"在适用领域方面，正态偏差策略更适合于个人或组织行为的变革，而创新扩散理论更适用于技术创新领域"（韩鸿、辛文德，2012）。

罗杰斯本人也认同，缺乏批判和反思是创新扩散理论的症结之一，这意味着这一理论体系缺少新生理论的成长基点，后续发展乏力。这一方面是因为创新扩散现有的理论体系已经发展得比较成熟，对经验现象的描述十分系统、全面和清晰，难以开掘争议和阐释的空间。另一方面，创新扩散理论的提出是第二次世界大战后发展传播学迅速发展壮大的产物，而当这一研究范式逐渐淡出当代学者的研究视野之后，创新扩散研究也多停留在对固有研究范式的复制和套用上，在不同的具体案例中一再重复时间维度的纵向观察和分析，而鲜见具有突破性和革新性的研究。因此，《创新的扩散》既是扩散研究的奠基之作，也是一座难以翻越的高峰。

（李子超）

参 考 文 献

Lyytinen，K. & Damsgaard，J.，"What's Wrong with the Diffusion of Innovation Theory?" In *Diffusing Software Product and Process Innovations*，New York：Springer US，2001.

Katz，E.，Levin，M. L. & Hamilton，H.，"Traditions of Research on the Diffusion of Innovation," *American Sociological Review*，

1963.

Sternin，J. & Choo，R.，"The Power of Positive Deviancy，" *Harvard Business Review*，2000（1）.

〔美〕埃弗雷特·M. 罗杰斯：《创新的扩散》，辛欣译，北京：中央编译出版社，2002。

韩鸿、阿尔文·辛文德：《超越创新扩散？——论发展传播学中的正态偏差研究》，《国际新闻界》，2012，34（2）。

拓 展 阅 读

Vishwanath，A. & Barnett，G.，*The Diffusion of Innovations：A Communication Science Perspective*，New York：Peter Lang，2011.

欧文·戈夫曼

《污名——受损身份管理札记》

污名的问题由来已久。在新媒体时代，污名及污名化现象愈发突出。与之相应，根植于多个领域和学科的污名研究也一直在推进，相关论说不断丰富。其中，加拿大裔美国社会学家欧文·戈夫曼所著的《污名——受损身份管理札记》（以下简称《污名》）占据了无可比拟的重要地位，是谈及污名时绕不开的名著。戈夫曼对"污名"（stigma）的概念性阐释与系统性考察，意味着一个研究领域的显化。虽说当前对于污名的研究基本上仍处于初级阶段（姚星亮、黄盈盈、潘绥铭，2014），但无可争辩的是，污名之所以能成为人文社会科学中的核心概念之一，应当归功于戈夫曼在《污名》中的开创性研究。

一、成书背景

"污名"一词，其起点至少能追溯到古希腊社会及中世纪基督教传统。戈夫曼在《污名》一书中开门见山地指出了十多年来社会心理学对污名问题的描述和观察对他的影响，"十多年来，在社会心理学文献中，目前已有一些佳作论及污名，即论及没有资格获得完全社会接受之人的处境"，它们能"提供许多可以一再引用的引文和许多有用的参考书目"（戈夫曼，2009：1）。

然而，这些研究并不是真正意义上的系统的思考。正如戈夫曼在正文中所呈现的，所谓的"论及"乃至"探索"更多是指散见于临床研究里的事实材料，以及诸如小说类、记事类的故事，并不存在对"污名"概念的自觉意识和系统论述。"研究者几乎从未花力气去描述污名的结构性前提，连为这个概念本身下定义都没有。"（戈夫曼，2009：1）正是基于前人污名研究的存在与虚无，戈夫曼展开了关于污名的一系列经典阐释。可以说，《污名》的诞生少不了对论及污名的某些著述的回顾与反思。当然，更关键的是，这离不开戈夫曼对污名现象中人与社会的深刻洞察。而这种洞察，显然延续了他一贯的学术风格。

1949 年，戈夫曼在美国芝加哥大学取得硕士学位，随后攻读该校社会学博士学位。在此期间，戈夫曼学习社会学和社会人类学，受到布鲁默的直接指导。这个曾盛极一时的学派自 20 世纪 30 年代中期逐渐衰落，但并未土崩瓦解。事实上，20 世纪 40 年代以后，在从米德的思想中发展出的"符号互动论"的旗帜下，芝加哥大学社会学系还聚集了一批享誉第二次世界大战后的社会学界的大师，他们在战后近 20 年间继续撑起了芝加哥学派的旗帜，并因此被称为"第二个芝加哥学派"（周晓虹，2004）。而这之中，就有"符号互动论的集大成者"布鲁默以及后来被誉为"符号互动论第三代代表人物"的戈夫曼。

尽管在 20 世纪 80 年代的一次访谈中，戈夫曼表示不大乐意被贴上"符号互动论者"的标签，且将自我定位成"传统意义"上的结构功能主义者（Verhoeven，1993），但他在客观上确实继承并发展了芝加哥学派的经典理论，即符号互动论。这从戈夫曼毕生关注"人际互动"的研究旨趣可见一斑——他"完全无意于帕森斯式的宏大叙事，而是深入微观的社会互动，在活生生的人际遭遇中展现社会的力量和逻辑"（于海，2010：266）。与戈夫曼的许多其他著作一样，《污名》正是这一视角的产物。将"污名"概念置于社会互动中表述也好，揭示蒙受污名者同常人之间的微妙互动也罢，无不体现出戈夫曼对人际互动的洞见。而实际上，从彼时的博士论文开始，戈夫曼就已经在为此时的洞见做准备。

沿着符号互动论的路径，戈夫曼将博士论文的选题定为《一个岛屿社区中的交往行为》（未发表的博士论文，芝加哥大学社会学系，1953年），并为此在设得兰群岛一个佃农经济社区中进行了长达一年的田野调查。在此研究成果的基础上，戈夫曼于 1959 年写就了成名作《日常生活中的自我呈现》，阐述了包括前台、后台、表演、印象管理等概念，涵盖情境、框架、角色等议题的"拟剧论"（dramaturgy）。《污名》则进一步把这种理论视角运用于越轨社会学领域，实际上写的是"蒙受污名者在日常生活中的自我呈现"（戈夫曼，2009：199）。如此说来，戈夫曼对污名的研究实质上是对"拟剧论"的一种延伸。有观点甚至认为，"污名只是戈夫曼'符号互动论'（'拟剧理论''印象管理'等）研究中的一个案例或副产品（姚星亮、黄盈盈、潘绥铭，2014）。照此说法，发端于博士论文、成形于《日常生活中的自我呈现》的"拟剧论"可谓奠定了《污名》一书的理论框架。

但问题是，有那么多可以讨论的互动现象，戈夫曼为何会关注污名这一经验现象呢？结合戈夫曼的学术经历可推知，这可能与他早先对作为蒙受污名者之一的精神病人的研究有关。博士毕业后，戈夫曼在国家精神卫生研究所工作过 3 年，在那里，他对合成"整体制度"（total institutions）的社会现实产生了持久的兴趣（珀杜等，1992：334）。为此，他花了一年时间隐藏身份，近距离融入并观察精神病院内的环境，研究了其中的人际互动和偏常行为。此次实地研究促成了《精神病院》一书在 1961 年的问世，同时也推进了标签理论以及戈夫曼对污名的关注。也是在 1961 年，戈夫曼继承了第二个芝加哥学派越轨社会学的研究传统，在加州大学伯克利分校开设了一门名为"越轨与社会控制"的课程，其授课讲稿正是当时已经撰写但尚未出版的《污名》（Marx，1984）。两年后，该书便问世了。

"全书开篇引用小说家纳撒尼尔·韦斯特（Nathanael West）的《寂寞芳心小姐》，展露了一个缺鼻女孩刻骨的绝望，这似乎为整本书定下基调。"（戈夫曼，2009：199）在《污名》的主体部分，戈夫曼将目光聚焦于残疾人、毁容者、口吃者、妓女、罪犯、精神病患者等有着异乎寻常的不同、不为社会充分接受之人。全书内容可大致分成两个部分：主体部分由第1—第3章组成，基于三重身份视角展示了污名的含义、蒙受污名者"在日常生活中的自我呈现"及自我认知；第4、5章为深化部分，通过连结"越轨"概念，探讨污名的实质。

二、蒙受污名者在日常生活中的自我呈现

戈夫曼对污名的解读起始于对它的语义考古。一般认为，"污名"一词源于希腊语"stigma"，原意为刺入或烙进人体的记号，以暴露携带人道德地位的不寻常和不光彩。在基督教时代，此词又添了两层隐喻：一是指神圣恩典的身体记号；二是医学上指由生理紊乱引起的身体记号，也是褒贬之意皆有。不过，《污名》主要采纳了stigma的负面意涵并将其概念化。或许正因如此，我国台湾人类学家谢世忠才会在1987年引入stigma一词时，将之翻译为"污名"。

书中，戈夫曼首先将污名描述为"一种令人大大丢脸的特征"，并将这种特征分为身体残废、个人的性格缺陷以及与种族、民族和宗教相关的集团意识强三类。然而，他并未止步于这种本质主义的表达。戈夫曼十分清楚，这个词"更适用于耻辱本身，而非象征耻辱的身体证据"（戈夫曼，2009：1）；他更明确地强调，"真正需要的，是用语言揭示各种关系，而不是用它描述各种特征"（戈夫曼，2009：3）。从这种建构主义的关系视角出发，污名被定义为虚拟的社会身份（virtual social identity）与真实的社会身份（actual social identity）之间的差距。其中，"虚拟的社会身份"指的是符合规范期望和要求的"社会身份"；"真实的社会身份"则对应着个体拥有的能被事实证明的类型和特征。当二者不相符时，一个人即蒙受了污名。而相对地，在同样情境下保持两种社会身份一致的人则被称作"常人"（normals）。

值得注意的是，若要避免误读，还应留心污名一词及其同义词隐含着双重视角：蒙受污名者是否觉得自己的与众不同已经为人所知或被一眼看穿？抑或他觉得它既不能为在场者了解，又不能立即被察觉？这两种视角区分出"丢脸"（discredited）与"会丢脸"（discreditable）这两种情境。情境有别，蒙受污名者的"自我呈现"自然不同。

（一）丢脸者的"紧张管理"

戈夫曼认为，作为蒙受污名者中"显而易见"的一类，丢脸者会明

显感到，混合的社会情境容易造成焦虑不安、心神不宁的互动。因此，对丢脸者而言，主要问题是"如何管理社会接触中产生的紧张"（戈夫曼，2009：58）。当虚拟和真实的社会身份的差距已然暴露时，熟悉互动"情境"、进行社会化学习是较为可行的解决办法。

提及"情境"，要回到几乎贯穿戈夫曼所有人际互动分析作品的"情境定义"概念。它指的是对情境内存在的和不存在的一切主观性的判断。作为人们做出反应的依据，"情境定义"影响甚至决定了人的互动行为。在人际互动中，丢脸者的"紧张管理"有效与否取决于他对情境的定义是否到位；而要把握好"情境定义"，至少要熟识"情境"的构成要素——互动对象。

依照戈夫曼的叙述，在与丢脸者互动的对象中，除常人以外，还有"自己人"，即有同样污名的人。在自己人中间，丢脸者能像正常人那样被接受（戈夫曼，2009：28）。而在常人中，又可细分出两种"明白人"。一种明白人是理解污名者处境的知己，比如边缘人，"特殊的处境使他们对蒙受污名者的秘密生活了如指掌，也抱有同情"（戈夫曼，2009：39）；再如"通过社会结构和有污名的人扯上关系的"（戈夫曼，2009：42），类似污名者亲属。另一种明白人则是因工作环境而仅仅了解情况的人，如与罪犯打交道的警察。三类不同的互动对象，定义了三种不同的情境；丢脸者对"情境"越熟悉，"紧张管理"就越老练。

对于有特定污名的人而言，社会化学习也有利于其更好地缓解互动情境中由他人引起的紧张。戈夫曼指出，蒙受污名者在社会化过程中有两个学习阶段："先是学习常人的观点，再根据这种观点了解到自己是不合格的。"（戈夫曼，2009：108）如此学习，丢脸者可以更好地适应互动情境。当然，要减少互动中的紧张关系，丢脸者还可通过"打掩护"的方式，让可见的污名显得不"刺眼"。具体做法为，"努力约束那些最容易被当作污名的缺点""组织社会情境"。

（二）会丢脸者的印象管理

区别于丢脸者，会丢脸者在人际互动中需要考虑的问题是，如何管理自己未披露的丢脸信息，简单讲，就是"装"（戈夫曼，2009：59）。

借用"拟剧论"的术语，即"利用符号进行表演，并使这种表演取得良好的效果"（芮必峰，2004）。

对会丢脸者而言，此处的"良好效果"是指控制污名的"可见度"，从而在别人心目中塑造出他所希望的印象。所谓的"符号"则指承载社会信息的"标记"（包括声望符号、污名符号、否定标识等）、表现个人身份的"明确记号或身份挂钩，以及生平细节的独一无二的组合"（戈夫曼，2009：78）。而"表演"自然是指"装"。那么，会丢脸者是如何"装"的呢？戈夫曼的回答是："信息控制"。

一种方式是管理与个人身份有关的记号、"传记"。由于附着个人身份记号的文件只能在特殊场合下呈现给专门受权检查身份的人看，不易被公众获得，因此，会丢脸者可以较为自主地选择隐瞒或透露与污名有关的信息。但"装"也不是无条件的。其一，对生平细节进行准确记录的"传记"会对污名者进行限制。正如戈夫曼所举的例子，"英国一些有精神病史的人无法在职业介绍所里装成普通的工作申请者，因为他们的国民保险卡上缺少一些公章"（戈夫曼，2009：84）。其二，他人还会"感知识别""社会识别"个人鉴定，闯入会丢脸者的"后台"，甚至借此实施各种"敲诈"。这警示会丢脸者注意划分互动空间，管理好角色和观众的分离，控制"传记的信息相关度"。

另一种方式则是操纵传达社会身份的标记。主要有三个技巧：一是去除，即隐瞒或抹去已成为污名符号的标记；二是转化，即把令自己蒙受污名的缺点标记、呈现为具有另一种特征的标记，而这种特征的污名程度更低一些；三是分化，即在面对危险时，把世人分为两拨，蒙受污名者对大的那拨什么都不说，而对小的那拨什么都说，因而也依赖这一小拨人的帮助，蒙受污名者通常会拉拢那些对他构成最大威胁的人来协助他伪装。

关于"装"，戈夫曼发表了诸多见解。毕竟，《污名》的副标题就是"受损身份管理札记"。但第2章将近结尾时，他主张会丢脸者主动披露，从"学习装"走向"超越装"，"如果他接受自己、尊重自己，就没有必要隐瞒他的缺点"（戈夫曼，2009：138）。

(三) 蒙受污名者的"自我认知"

在分析了"丢脸"与"会丢脸"这两种蒙受污名者的"自我呈现"之后，戈夫曼又整体性地考察了蒙受污名者的"自我认知"。

"暧昧"，这是戈夫曼对蒙受污名者自我认知状态的总结。一方面，蒙受污名者"把自己定义为与任何其他人没有不同"（戈夫曼，2009：147），由此，他在对"自己人"的认同上犹豫不决，将其"分层"对待，同时"与常人联盟，以非污名的方式自视"（戈夫曼，2009：146）。但另一方面，"他和周围的人又把他定义为一个别样之人"（戈夫曼，2009：148），所以才会尝试种种"规范化"的努力。

而究其原因，这种纠结起源于不同类型的群体定位。第一种是内群体的定位。内群体是指"由蒙受污名者的同道中人形成的集合体"（戈夫曼，2009：153），即"自己人"群体。其代言人认为，蒙受污名者应当忠于自己的群体，同时，采取内群体立场的职业人员倡导一种激进的行为标准。内群体为蒙受污名者提供的认知定位是，完全认同自己的与众不同。

与内群体的定位同步，蒙受污名者还被要求用第二种群体的观点看待自己。这个群体就是常人以及由常人组成的更大社会（戈夫曼，2009：156），即"外群体"。其观点可用"职业的呈现"或"恰当调节"准则来概括——它建议蒙受污名者"不要试图彻头彻尾地去装"（戈夫曼，2009：148），"把自己当做本质上与常人无异的人接受"（戈夫曼，2009：165）；但又要求他"不要'规范化'或'不扮丑'"（戈夫曼，2009：150），在设法否认其与众不同时打住。当蒙受污名者以此来定位自我时，这种做法催生并加重了他的矛盾认知。

问题是，可能根本没有"可靠的"解决办法（戈夫曼，2009：170）。污名和群体划分本身就是由社会决定的，无论蒙受污名者接受哪一种自我身份，矛盾都还在。换言之，即"蒙受污名者""自己人""常人"间复杂的互动关系会一直持续。为了形象地表现这种关系，戈夫曼创造了"身份政治学"这个术语。

三、理解污名的理论视角

戈夫曼在该书开篇就试图说明污名是一种"社会建构":"在单一概念格局中经济地描述论述污名的材料,并澄清污名与越轨这个主题的联系"(戈夫曼,2009:2)。尽管有些人蒙受污名是源于"虚拟和真实社会身份之间的差距",但是通常这种社会建构力量在相当程度上被遮蔽了。此情此景下,对这类蒙受污名者的集中讨论难免会造成一种偏向本质主义的幻象:污名是被污名者自身的问题造成的,蒙受某种污名的人与不具备这种污名的常人处于两极对立关系。

戈夫曼完全不同意这种看法,他引入社会学关于越轨的经典讨论对其进行解说,挖掘出污名实质上是一种社会越轨行为。戈夫曼认为,一群人共同拥有某些价值观、共同遵循一套行为准则和与个人特征有关的社会规范,任何不遵循这套规范的个人会被当作偏常者,他的特立独行会被看成偏常(戈夫曼,2009:188),而越轨是偏常的一类。这里,社会规范关联着虚拟的社会身份,破坏规范的越轨行为使得真实与虚拟社会身份不一致时,便会引发污名现象。所以说,污名并非蒙受污名者的问题,而是社会规范所定义的缺陷。

循着这一思路,戈夫曼发现,其实每个人多多少少都蒙受了污名,因为,社会规范的多样性"具有让许多人不合格的作用"(戈夫曼,2009:173)。只不过有的人一生为污名所累,有的人只是偶尔成为"正常的越轨者"而已。也就是说,每个人起码在某些关系和人生的某些阶段参与扮演了蒙受污名者和常人这双重角色。由于蒙受污名者和常人涉及的不是人而是角色,因此二者并非绝对割裂,而是处于一个连续体的两端。

不仅如此,戈夫曼还试图采用符号互动论视角下的"情境""框架"等概念来分析污名问题。尽管框架的概念在 1974 年的《框架分析:经验组织论》一书中才真正成熟,但相关思想已经在《污名》中有所铺陈。这进一步增添了该项研究的传播学色彩。

比托马斯更胜一筹,戈夫曼用"框架"概念进一步延展和深化了

"情境"，用社会规范、制度等结构因素冲淡了绝对的主观性。他指出，框架是"一种情境定义，它是由社会事件的组织原则以及个体在其中的主观投入决定的"(Goffman，1974：10)。戈夫曼把污名界定成由社会建构的"虚拟身份与现实身份的不一致"，认为其实质是社会规范界定的越轨。是否蒙受污名与个体本身是否有缺陷关系不大，重要的是在特定的社会规则和互动秩序中是否被标记为有污点。以"污名标记"定义情境，人们得以定位自己和他人扮演的是蒙受污名者还是常人的角色，进而指导社会参与互动。而如前所述，这里作为"情境定义"的"污名标记"不完全是由主观判断决定的，还受到社会结构的制约，俨然可被视作"框架"。而这个"框架"就是影响蒙受污名者和常人互动交往的"中介"。

戈夫曼的污名研究对传播学影响颇大，最直接的意义莫过于为其开辟了"污名化建构"的问题域。既然污名是一种被建构的、存在虚拟成分的身份符号，那以"建构社会现实"为根本的"新闻媒介"就成了观察污名现象的重要渠道。从农民工到城管、从网游少年到粉丝……新闻媒体源源不断地为社会群体或事件制造各式各样的标签，致使污名现象无处不在。在国内传播学界层出不穷的"媒介与污名化"的个案研究，无非是针对这样一种现实情景的基本反应。而纵观此类论述，无一不是以戈夫曼的污名理论为基础。从本质上来说，它们只是浮于表象的探讨，仅仅是《污名》的衍生品。

不过，在新媒体时代，互联网空间中频繁出现了以自我矮化为取向的自我污名、对他人的抗争性污名等泛污名化的网络传播现象。这些新现象是对传统污名现象的逆反，其产生的时代背景、社会背景与技术背景皆不同于以往。然而，万变不离其宗，要透视它们背后的深层社会动因，我们仍然需要与《污名》对话。

四、评价与反思

自《污名》问世的半个多世纪里，与污名相关的研究在国外一度兴盛，而几乎所有研究都深受戈夫曼污名概念的影响。"这一影响不仅表现在众多学科（包括心理学、社会学、人类学、公共卫生、医学、社会工作和政策等）引入戈夫曼的 stigma 概念并加以运用，而且表现为不同学派基于对戈夫曼的污名概念的局部继承而产生的歧见。"（郭金华，2015）

以污名研究的两大重镇——心理学和社会学为例，前者一般侧重于污名形成的认知条件和认知过程，即从个体主义和社会认知论的视角出发来解释污名的发生学，而后者则倾向于污名的功能和社会性，往往将污名置于文化、政治、经济等社会背景下来理解和关注（姚星亮、黄盈盈、潘绥铭，2014；郭金华，2015）。学科的分野最终促成了相关污名研究以不同向面共存的局面，但"毫不夸张地说，它们大都没能在戈夫曼的基础上有多少实质性的突破"（姚星亮、黄盈盈、潘绥铭，2014）。

师承符号互动论，戈夫曼在《污名》中花费了大量笔墨阐述蒙受污名者与常人面对面互动中的认知、行为。这体现了从布鲁默以来就已成型的微观视角，即社会不是由宏观结构构成，而"被认为是由行动的人组成，构成社会生活的则是这些人的活动"（Blumer，1969：85），属于微观社会学范畴。尽管戈夫曼无意于建构宏大的理论体系，但这并不能说明《污名》一书就仅仅具有琐碎经验描述的特征。无论是污名的由来，还是污名的实质，戈夫曼的分析都落脚到了宏观的社会层面，揭示出微妙的互动背后勾连着无处不在的社会结构。说到底，也正是因为将宏观结构的概念引入微观的符号互动论，戈夫曼才能提出"框架"概念。另外，《污名》一书还谈及污名具有的社会功能——谋求那些社会不支持的人支持社会的功能，同时对某类人进行社会控制和排除。在此，污名作为一种话语表达，同时在制定禁区和树立权威，成为社会权力规训的一种手段。由此，不少人将之与福柯的"话语"和"权力"理论相关联。

毋庸置疑，《污名》极富学术意义。但特别的是，戈夫曼研究污名的方法只是"寻找一个有趣的选题，然后只管写——没有研究假设、操作方法或系统的定量数据"（Marx，1984）。借用社会学家柯林斯的话说，戈夫曼仅凭自己的眼睛完成了这一切。可即便如此，其著作也被认为"比许多具有大量数据和统计分析的研究更富有客观性和真实性"(库佐尔特金,1991)。对于戈夫曼的作品,安东尼·吉登斯(Anthony Giddens)给予了很高的评价:"他的方法具有优雅飘逸的骑士风格","给人留下了轻盈飘逸的印象,并富有真知灼见和微言大义"(吉登斯,2003:116—117)。除了方法,戈夫曼的写作也别具一格,"完全从他自己独一无二的话语系统展开去"(于海,2010:264),语言简明、灵活,通俗易懂。

然而,任何作品都不可能完美无缺,《污名》也不例外。首先,最明显的不足是,没有对污名的问题(动因、过程、作用)做进一步研究和分析,而止于认为污名本身就是一种理论(姚星亮、黄盈盈、潘绥铭,2014)。况且,关于污名理论本身,其定义和论证之间也存在断裂。戈夫曼强调污名是社会建构的产物,但在主体部分的论述过程中,对人际互动的关注大于对污名建构的分析,使得虚拟社会身份和真实社会身份之间的不一致如何导致污名的过程未能被具体呈现出来。与此同时,由于戈夫曼用于论证的材料多同精神病患者、残疾人等有关,极易给人造成"污名是污名者自己的问题"的错觉,进而形成先前所说的对污名概念的误读。

其次,微观—宏观的整合存在问题。它造成了前后矛盾的逻辑:基于微观视角,戈夫曼将"社会规范"具化为各式各样的标准,由此推知,人人都会蒙受污名;而基于宏观视角,戈夫曼又以抽象化的"社会规范"分出四类污名者。于是,划分的意义何在?这同时也使得戈夫曼对社会结构宏观特征的阐释不透彻:尽管戈夫曼意识到了制度权力的社会规训作用,但他的微观互动分析只是提供给蒙受污名者各种适应指南,缺乏对权力的批判。

最后,关于《污名》个性化的成书手法,赞誉声有,争议也不少。有别于一般严格意义上的社会学研究,它几乎没有一手的实地调查,有的是大段大段引自传记、新闻、小说的例证。这在"正统"的学者看来极不严谨、缺乏科学性,有批评甚至认为,戈夫曼的作品只不过是对社会生活无关紧要的特色所做的零星观察。

《污名》一书可指摘之处不少，难以一一列举。但正如戈夫曼所称，这是一篇"论说文"、一本"札记"，他"无心面面俱到，旨在发人深思"（戈夫曼，2009：200），太过苛求也没必要。

（王聪）

参 考 文 献

Blumer，H.，*Symbolic Interactionalism：Perspective and Nethod*，New Jersey：Prentice-Hall，1969.

Goffman，E.，*Frame Analysis：An Essay on the Organization of Experience*，Boston：Northeastern University Press，1974.

Marx，G. T.，"Role Models and Role Distance，"*Theory and Society*，1984，13（5）.

Verhoeven，J. C.，"An Interview with Erving Goffman，"*Research on Language and Social Interaction*，1993，26（3）.

〔美〕W. D. 珀杜等：《西方社会学——人物、学派、思想》，贾春增等译，石家庄：河北人民出版社，1992。

〔英〕安东尼·吉登斯：《社会理论与现代社会学》，文军、赵勇译，北京：社会科学文献出版社，2003。

郭金华：《污名研究：概念、理论和模型的演进》，《学海》，2015（2）。

〔美〕雷蒙德·保罗·库佐尔特、艾迪斯·W. 金：《二十世纪社会思潮》，张向东等译，北京：中国人民大学出版社，1991。

〔美〕欧文·戈夫曼：《日常生活中的自我呈现》，冯钢译，北京：北京大学出版社，2008。

〔美〕欧文·戈夫曼：《污名——受损身份管理札记》，宋立宏译，北京：商务印书馆，2009。

芮必峰：《人际传播：表演的艺术——欧文·戈夫曼的传播思想》，《安徽大学学报》，2004（4）。

姚星亮、黄盈盈、潘绥铭：《国外污名理论研究综述》，《国外社会科学》，2014（3）。

于海：《西方社会思想史(第 3 版)》，上海：复旦大学出版社，2010。

周晓虹：《芝加哥社会学派的贡献与局限》，《社会科学研究》，2004（6）。

拓 展 阅 读

〔美〕欧文·戈夫曼：《日常生活中的自我呈现（中译本第 2 版）》，冯钢译，北京：北京大学出版社，2022。

〔美〕欧文·戈夫曼：《框架分析：经验组织论》，杨馨等译，北京：北京大学出版社，2023。

赫伯特·马尔库塞

《单向度的人——发达工业社会意识形态研究》

毫无疑问，初版于 1964 年的《单向度的人——发达工业社会意识形态研究》（以下简称《单向度的人》）是赫伯特·马尔库塞诸多著作中读者最为广泛，影响也最为深远的作品之一。这不仅仅是因为该书标志着马尔库塞本人的思想从弗洛伊德的文明理论向黑格尔哲学的回归和转折，更重要的是，该书作为 20 世纪 60 年代末大学生运动的精神指南，具有重要的历史意义。该书所产生的巨大的社会动员力量使得马尔库塞在当时的西方世界青年中备受推崇，他在该书中提出的关键术语"单向度"（one dimensional）亦成为当今批判理论中最广为人知的概念之一。

一、成书背景

1898 年，马尔库塞出生于德国柏林的一个资产阶级犹太人家庭。1917—1919 年，他曾参加德国社会民主党左翼。但在卡尔·李卜克内西（Karl Liebknecht）和罗莎·卢森堡（Rosa Luxemburg）惨遭暗杀之后，因不满该党的背叛行为，他随即退出，此后便完全脱离了各党派之间的政治活动。马尔库塞曾先后于德国柏林和弗赖堡两地求学，并于 1922 年获得哲学博士学位。1929 年，马尔库塞为了获得在弗莱堡大学哲学系的授课资格，撰写了《黑格尔的本体论与历史理论的基础》一文。由于这篇论文与其导师马丁·海德格尔（Martin Heidegger）的政治意见相左，因此申请未能通过。1930年，马尔库塞经埃德蒙德·胡塞尔（Edmund Husserl）介绍进入法兰克福大学社会研究所，并逐渐成为法兰克福学派的中坚人物。1934年，由于纳粹的反犹主义日益猖獗，马尔库塞流亡至美国，转移到哥伦比亚大学法兰克福社会研究所工作。1942年，他任职于美国新组建的战时情报局从事反纳粹宣传研究。1943年，转任华盛顿战略服务局研究员，研究纳粹德国以及"去纳粹化"(denazification)。1945—1951年，他任美国国务院中欧事务部门主管，正是这段时间在美国政府部门的工作使得马尔库塞得以深入地了解现代资本主义的管理运作机制。1952年，马尔库塞重返学界，在哈佛大学俄国研究中心和哥伦比亚大学俄国研究所工作。1954年起，他于布兰迪斯大学任教，直至1967年转至加利福尼亚大学。1979年，他应马克斯-普朗克研究所的邀请赴联邦德国讲学，同年7月29日于施塔恩堡与世长辞。

马尔库塞一生著作颇丰。据初步统计，从1922年他提交的第一篇论文，也就是他的博士学位论文《德国艺术家小说》算起，到1979年其逝世前出版的《无产阶级的物化》，马尔库塞共出版论著、论文、论集、谈话录等达近百种之多。其中影响力较大的作品除了《单向度的人》之外还包括《理性与革命》（1941）、《现代技术的一些社会含义》（1941）、《爱欲与文明》（1955）、《苏联马克思主义》（1958）、《论解放》（1969）、《反革命与造反》（1972）、《审美之维》（1977），等等。

马尔库塞的哲学思想在很大程度上受到黑格尔、胡塞尔、海德格尔和弗洛伊德的影响，同时还受到了马克思早期著作的启发。马尔库塞早年曾试图对马克思主义作一种黑格尔主义的解释，并以此猛烈抨击实证主义的认识论主张。从20世纪50年代开始，马尔库塞主要从事对于当代资本主义的分析和揭露，并主张将弗洛伊德主义和马克思主义结合起来。在他看来，现代工业社会的技术进步和发展在给人们提供自由的条件的同时，也造成了种种强制。人们只有物质生活，丧失了精神生活，成了缺乏创造性的、麻木不仁的单向度的人。在《爱欲与文明》一书中，马尔库塞试图在弗洛伊德文明理论的基础上，建立一种理性的文明和非理性的爱欲相互协调一致的新的乌托邦，从而实现一种"非压抑的升华"（李恩来，2011：228）。而《单向度的人》一书的完成则标志着马尔库塞思想的又一次重要转折，也就是说，他对于现代文明的批判，主要依据的不再是弗洛伊德的文明理论，而是回到了他早年研究黑格尔哲学的主题——人类解放的先验理性原则。马尔库塞认为，在发达工业社会中，批判意识早已销声匿迹，极权统治渗透于社会生活的各个层面，个人成为丧失了合理批判社会现实的能力的、畸形的、"单向度的人"（赵培杰，1991：279）。

具体来看，马尔库塞作为法兰克福学派批判理论的激进成员之一，对于发达工业社会意识形态的批判一方面继承了该学派将意识形态理论等同于意识形态批判理论的一贯传统，另一方面又发展出了他自己的思想脉络，即将批判的重点置于技术理性批判这一意识形态的批判维度，对发达工业社会中科学技术如何执行了意识形态的职能进行了深入的剖析（吴学琴，2007）。在他看来，技术已经取代了国家暴力和恐怖，以一种无往不利的方式对社会生活的方方面面展开了全方位的统治。"在当代，技术的控制看来真正体现了有益于整个社会集团和社会利益的理性，以致一切矛盾似乎都是不合理的，一切对抗似乎都是不可能的。"（马尔库塞，2006：10）一言以蔽之，技术构成了社会控制的新形式。马尔库塞对于技术因素的关注和警觉，始于他在1941年发表的《现代技术的一些社会含义》一文。在此文中，他从社会学的层面出发对纳粹主义的思想起源进行了分析和考察。马尔库塞的这项研究显示出一种"唯物主义"的色彩，因为他找到了这一实实在在的"物"——"机器"或"技术"（吴学琴，2007）。在《单向度的人》一书中，马尔库塞延续了对于技术理性的批判，并且进一步明确提出：在发达工业社会中，技术成了社会控制和社会团结的新的、更有效的、更令人愉快的形式。面对这一社会的极权主义特征，所谓的技术"中立性"的传统观念再也站不住脚，因为技术并非作为脱离其社会影响和政治影响的单纯工具的综合而运作，技术社会形成了一个统治系统，这个系统在技术的概念和结构中已然发挥着作用。

马尔库塞之所以做出这一判断与他在美国多年的生活经历与所见所

闻有关。如果说在马克思生活的时代，无产阶级与工人大众的存在及其革命本性还是一个不争的事实，那么到了 20 世纪 60 年代，西方发达工业国家中的工人阶级在多大程度上仍然能够被称为无产阶级已经成为一个令人困扰的问题。马尔库塞在美国看到的是，借助两次世界大战，美国社会的物质生活极大繁荣，绝大多数人都被整合到了资本主义体系之中，如果说过去一无所有的工人阶级所能失去的只有锁链，那么现在他们能够失去的东西则要多得多。统治阶级的权力、管理和操纵不仅在个人意识层面运作，而且深入人们的潜意识和无意识领域（李彬、曹书乐等，2016：76）。上述变化带来的结果就是，革命的主体消失殆尽。正是在这一背景下，马尔库塞写作了《单向度的人》一书，以回应这一严峻的问题，并对发达资本主义社会的真相予以剖析，揭露技术所带来的新的、看似更好的生活方式如何阻碍了质变的发生，从而消灭了人们寻求新的社会生活方式的可能性。

二、单向度：无法回避的社会现实

该书的基本观点是：当下的发达工业社会是一个新型的极权主义社会，在这个社会中，所有的反对派和反对意见都被彻底压制，人们丧失了内心的否定性、批判性和超越性的向度，社会因此变成了单向度的社会，生活于其中的人沦为所谓的"单向度的人"——能够合理地批判社会现实的人。所谓"向度"（dimensional）又可以译作"维度""方面"，指的是价值取向和评判尺度。单向度的人由于丧失了独立思考、自由意志和提出反对意见的能力而无法再去想象和追求与现实生活不同的另一种生活，而这正是发达工业社会极权主义的集中体现。

马尔库塞开篇便对当下社会的状况做出了判断：我们面临的是一个没有反对意见的社会。他指出，发达工业社会看似使得我们的生活变得更加丰裕、庞大和美好，但这个社会作为总体却是非理性的，因为"它的生产率对于人的需要和才能的自由发展是破坏性的，它的和平要由经常的战争威胁来维持，它的发展取决于对各种平息生存竞争的实际可能性的压抑"（马尔库塞，2006：2）。更重要的是，这样一种压抑并非来源于自然和技术的不成熟，而恰恰依靠发达的技术起作用，这意味着社会对于个人的统治具有压倒性的、无远弗届的力量。因此，马尔库塞断言："我们社会的突出之处是，在压倒一切的效率和日益提高的生活水准这双重的基础上，利用技术而不是恐怖去压服那些离心的社会力量。"（马尔库塞，2006：2）那么，这意味着什么呢？马尔库塞认为，发达工业社会的这一特征——通过技术实现极权主义统治——使得批判面临一种被剥夺基础的状况。技术创造出了生活和权力的新形式，这些形式调和着反对这一制度的各种势力和反对意见，从而彻底遏制了社会发生质变的可能性。马尔库塞将日益自动化的技术视为这个社会中极权性的统治系统，并指出了技术和政治之间的内在关联："作为一个技术世界，发达工业社会是一个政治的世界"，"在技术的媒介作用中，文化、政治和经济都并入了一种无所不在的制度，……技术的合理性已经变成政治的合理性"（马尔库塞，2006：8）。

沿着上述判断，马尔库塞对发达资本主义社会的各个方面，包括控制形式、政治领域、文化领域和话语领域进行了分析，向读者全方位地展现了一个"单向度的社会"。

首先，技术成为社会控制的新形式。马尔库塞认为，当代工业社会由于其组织技术基础的方式，势必会成为极权主义的。但是，这种极权主义不是通过恐怖的政治协作，而是通过一种非恐怖的经济—技术协作，即既得利益者对于各种需要的操纵而发挥作用的。当代工业社会正是通过这样的手段有效地阻止了反对社会整体的局面的出现。在这样的背景下，传统模式中的经济自由、政治自由和思想自由等概念已经不再奏效，我们需要符合新的社会能力的新的表达方式，这种表达方式是通过对现行方式的否定而得以实现的。因为现行的生活方式和自由观念——个人在大量的商品和服务设施中所能够进行的自由选择——实际上是一种虚假的自由，其本质是对于艰辛和恐怖的异化生活的维护。自由由此沦为统治的工具，发挥着意识形态的作用。那么，这样一种悖论到底是如何出现的呢？马尔库塞指出，其背后的根源是技术。技术的控制具有调和不合理性与合理性的强大功能，一方面它似乎体现了有益于整个社会集团和社会利益的理性，另一方面它又带来了诸多矛盾，并且遏制了抵抗的可能。技术将浪费变成需要、将破坏变成建设的能力使得"异化"概念本身成了问题，因为人们似乎是围绕着商品展开自己的生活的。或者说，我们已经来到了异化的更高阶段——异化了的主体被其异化了的存在彻底吞没了。

　　其次，政治领域的封闭。马尔库塞这样描述发达工业社会的特征："总体动员的社会形成于工业文明最发达的地区，它把福利国家和战争国家的特征有效地结合在生产联盟中。与它的各个先行者相比，它的确是一个'新社会'。在这个社会里，传统的麻烦之点不是正被清除，就是正被隔离，引起动乱的因素也得到控制。下面这些主要的趋势都是人所熟知的：在作为促进、支持，有时甚至是控制性的力量的政府干预下，国民经济按照大公司的需要进行集中；这种经济与军事联盟、货币整顿、技术援助和发展规划的世界性体系相协调；蓝领工人和白领工人、企业中的领导和劳工、不同社会阶层的闲暇活动及愿望逐渐同化；学业成绩与国家培养目标之间的预定和谐得到促进；公众舆论的共同性侵入私人事务；私人卧室成为大众传播媒介的渲染对象。"（马尔库塞，2006：19）可见，在马尔库塞那里，"同化"和"遏制"构成了发达工业社会的关键词，这两个趋势在政治领域的表现主要存在于三个方面：（1）各个政党跨越了竞争性的集团利益，将合作扩展到了国内政策方面，各大党的政纲也变得越来越难以分别，例如，英国工党和联邦德国民主党均放弃了自己的纲领；（2）企业和劳工组织之间不再是相互对立的关系，而是实现了沟通和联盟，工会和公司之间已无区别可言，双方都在尽力为更大的导弹合同而四处奔走；（3）在发达国家，共产党的社会基础被资本主义制度大大削弱，政治目标也随之改变，不再与资本主义相互对抗和竞争，转而与现存的政权合作。马尔库塞指出，在经典的马克思主义理论中，资本主义向社会主义的转变被想象为一种政治革命；无产阶级摧毁资本主义的政治设施，但仍然保留它的技术设施并使之服务于社会主义。但是，这种变化要求的前提是：劳动阶级从他们生活的这一领域之内异化出去，他们的意识在这一领域之内是完全不可能继续存在的意识。一言以蔽之，对于质变的需要构成了质变得以发生的关键。然而，这样一种追求质变的意识正是这个单向度的社会所排斥和压抑的，在这个社会中，主体和客体成了一个以强大的生产力为存在依据的整体的手段。马尔库塞认为，在工业文明发达的地区，劳动阶级正在经历着一个决定性的转变，他们的工作越来越轻松，不同层次的职业之间的差别越来越小，对于现存社会秩序的否定意识自然也就越来越弱了。

再次，马尔库塞又论述了文化领域的一体化。在他看来，文学的某些重要概念、重要形象及其命运表明技术合理性的进步正在清除高层文化中的对立性因素和超越性因素，后者正在逐渐屈从于流行于当代工业社会发达地区的庸俗化趋势。那么，什么是"高层文化"呢？在马尔库塞那里，高层文化是一种前技术文化，它意味着对道德、美学和思想价值的推崇和信仰。然而，在今天，高层文化失去了它的合法性。过去人们所赞美的那种自主性个人、人道主义以及带有悲剧色彩和浪漫色彩的爱情，在当下都成了落后的象征。换言之，高层文化作为一种曾经被维护和尊崇的文化，在今天面临着彻底的贬低和拒斥。它所蕴含的对立性、异己性和超越性原本构成了现实的另一个向度，如今却被消除了。这样一种双向度文化的消失不是源于当下社会对各种"文化价值"的否定和拒绝，而是因为后者被全部纳入了已经确立的秩序，并且被大规模地复制和呈现。在此，马尔库塞批判了大众传播媒介在其中所扮演的角色，"如果大众传播媒介能将艺术、政治、宗教、哲学同商业和谐地、天衣无缝地混合在一起的话，它们就将使这些文化领域具备一个共同特征——商品形式"（马尔库塞，2006：53）。大众媒介将文化变成了商品，使得交换价值取代了真实价值，文学艺术远离社会、冒犯社会、指控社会的特征也就被消除了。从这一点上来说，艺术与其他否定方式一道屈从于技术合理性的进程。

最后，这样一种异化同样也发生在话语领域。马尔库塞将语言视为社会交往与行动的"中介"，在他看来，将自身建立于社会之不幸基础上的福利和生产结构，已经将自己的影响渗透到了在主人及其依附者之间起调节作用的话语之中。社会宣传机构通过塑造个体单向度表达自身的交流来实现这一渗透过程。该领域的语言具有同一性和一致性，并且有步骤地鼓励肯定性思考和行动，攻击超越性批判观念，结果导致在时下流行的言说方式中，双向度的、辩证的思考方式同技术性行为或社会"思想习惯"之间形成了明显的差异，后者有意忽略了现象和实在、事实和动因、实体和属性之间的紧张关系，话语作为认知评判发展阶段的那些中间环节由此被剥夺了。语言的这样一种衰落，在马尔库塞看来，与政治行为的衰弱是紧密相关的，当政治语言沦为广告语言，政治、商业和娱乐完全混杂在一起，便意味着统治的欺骗策略的成功。

在勾勒了单向度社会的面貌之后，马尔库塞进一步对单向度的思想进行了批判。马尔库塞认为，在发达工业社会对人的意识形态的统治过程中，现代哲学扮演了重要的角色，现代哲学失去了自身内在的否定性，沦为受到技术理性和统治逻辑制约的、只有肯定向度的单向度的思想。由此，马尔库塞将批判的矛头指向了现代哲学。在这一部分，马尔库塞首先提出，极权主义的技术合理性领域是理性观念演变的最新结果，后者的逻辑最终成了整个社会的统治逻辑。马尔库塞将历史划分为两个阶段：技术和前技术阶段。这两个阶段共同拥有一些表现西方传统连续性的、有关任何自然的基本概念。在这样一种连续性的范围内，不同的思想相互抵牾；它们构成了认识、组织、改变社会和自然的不同途径。然而，发达工业文明使得单向度的现实取得了对各种矛盾的最终胜利，稳定的趋势取代了理性的破坏性要素，肯定性思维取代了否定性思维，单向度的思维取代了多向度的思维。

随后，马尔库塞考察了理性观念的发展过程。他将理性的历史回溯至哲学思想自身的起源，对柏拉图（Plato）的辩证逻辑和亚里士多德（Aristotle）的形式逻辑进行了对比，进而指出：一方面，亚里士多德用"谓词判断逻辑"这样一种"纯形式"掩盖了命题的否定性；另一方面，在这一形式逻辑中，思想对它的对象漠不关心，后者已经成为统一组织、计算和推论的普遍规则的附属物，即抽象的、可以替换的记号或符号。形式逻辑的目标是发展普遍的控制和计算的精神工具和物质工具，在这一过程中，人们"不得不创造脱离实际矛盾的理论和谐，不得不清除思想矛盾，不得不在社会和自然的复杂进程中把可以同一的和可以替换的个体视为实际的存在"（马尔库塞，2006：125）。这样一种逻辑，在马尔库塞看来，是贫乏的、固化的、脱离现实的，是造成单向度思想的重要源头。与之形成鲜明对照的是柏拉图的辩证逻辑。在柏拉图那里，存在方式即运动方式——从潜能到具体、到现实的一种飞跃。有限的存在被视为未完成的实现，因而从属于变化。它的产生便是它的衰败，它因此充满了否定性。马尔库塞认为，"存在""非存在""运动""一和多""同一性""矛盾"等术语，在方法论上是开放的、多义的，而非全然确定的。并且，这些术语"有一个开放的视界和一个完整的意义领域，这一领域在交流的过程中自身逐步构造出来，但绝没有被封闭起来。不同的命题在对话中被提出，并得到发展和检验，而参与者则被引导去追问那些通常是不构成为题的经验和语言领域，并进入一种新的话语向度"（马尔库塞，2006：120）。因此，在柏拉图那里，辩证思想和既定现实之间构成了矛盾而非一致的关系，真正的判断并非从现实自身的角度，而是从展望现实覆灭的角度来判断这种现实，也是在这种覆灭中，现实达到了自身的真理。总而言之，柏拉图的辩证逻辑是一种矛盾的、双向度的思维模式，其中包含了在形式逻辑中消失殆尽的否定性。

随后，马尔库塞又对现代科学的逻辑展开了批判。他先是对现代科学和技术进行了分析，并指出，诚然，纯科学的合理性在价值上是自由的，它并不规定任何实践的目的，因而对任何可以从上面强加给它的外来价值而言，它看起来似乎都是"中立的"。但这样一种中立性恰恰构成了一种肯定性。这种纯科学的合理性有内在的工具主义特征，"在科学思想与其应用之间，科学话语领域与日常话语和行为领域之间存在着一种密切的关系——一种双方都在同一的逻辑和合理性之下发展的关系"（马尔库塞，2006：141）。马尔库塞由此推论得出，科学是一种先验的技术学和专门技术学的先验方法，是作为社会控制和统治形式的技术学。随着政治意图渗透进处于不断进步中的技术，技术的逻各斯被转变成依然存在的奴役状态的逻各斯，技术的解放力量——使事物工具化——转而成为解放的障碍，即使得人也被工具化了。此外，马尔库塞还毫不留情地指出，现代分析哲学和数理逻辑所蕴含的思维方式，其实质就是亚里士多德的形式逻辑。这种逻辑虽然披着"科学"的外衣，实际上却使人们对于现实事物的理解变得主观化、抽象化、符号化和形式化。符号与符号之间的形式和数学关系取代了理论与现实的真实关系，真实的事物由此被掩盖，不合理的现实却被保存了下来。

三、替代性选择的机会

在单向度的社会中，我们的出路何在？马尔库塞在该书的最后一部分提出了进行替代性选择的机会。在马尔库塞看来，哲学在拯救社会的这场战争中责无旁贷。他强调，普遍性的问题居于哲学思想的中心，哲学对于普遍性的态度可以表明自身在思想文化中的立场与历史作用。由此，马尔库塞试图阐明哲学的一般概念特有的历史功能：在与哲学相关联的概念丛中，普遍概念和特殊概念之间的量的关系有着一种质的外观，抽象的普遍概念指的似乎是具体的、历史意义上的种种潜能。例如，像"人""自然""自由""美"等概念是可以定义的，它们将经验内容综合成超越其特殊表现的观念，而这些特殊表现本身就是将被超越和克服的某种东西。因此，美的概念包括一切尚未实现的美，自由的概念包括一切尚未达到的自由。换言之，这些普遍概念是作为按照其潜能来理解事物特殊状况的概念工具而出现的。它们是历史的和超历史的；它们将经验世界由以组成的质料加以概念化，这种概念化从其可能性的观念出发并以其具体限度、禁忌和否定为依据。无论是经验还是判断都不是私人性的。哲学概念是在对历史连续性一般条件的认识中形成和发展的，是从特定社会中的个人角度来加以阐发的。

与此相对，马尔库塞对实证主义及其背后的哲学思潮进行了深刻的批判。马尔库塞认为，实证哲学和语言分析哲学将语言的意义同经验事实和具体的操作相等同，对既定事实采取了毫无批判的态度，导致原本多向度的语言被化约为单向度的语言，多向度的思想也退化为单向度的思想。为了论证这一点，马尔库塞对实证主义的起源和思想进行了梳理和分析，并指出，自"实证主义"第一次被使用以来，该术语就包含了三个层面的含义：（1）认识依据对事实的经验而获得有效性；（2）认知活动以物理科学为确定性和精确性的模型；（3）相信知识要进步必须以此为方向。由此，实证主义将各种形而上学、先验论和唯心主义当作蒙昧主义的落后的思想方式来加以反对和贬低，最终带来的结果就是，哲学思想变成了肯定性的思想，哲学批判则只是在社会结构的范围之内进行，并且将非实证的观念攻击得体无完肤。

马尔库塞将语言分析哲学视为哲学单向度化的元凶。语言分析哲学声称要治疗思想和言语所染上的令人混淆的形而上学观念症，纠正思想和言语中的反常行为，排除或至少披露暧昧、幻想和怪癖的成分。但实际上并非如此。语言分析哲学面向的分析对象是一种净化了的语言，被净化的不仅包含"非正统的"语言，还包含那些表达内容不同于社会所提供的内容的表达方式。而语言分析学家却将这种贫乏的语言视为完成了的事实并且原封不动地接受下来。马尔库塞认为，这样一种分析不仅不够，而且对于哲学思想和批判思想还可能存在着破坏性的作用。这不仅是因为，日常思维和语言领域同哲学思维和语言领域之间本来就存在着不可归约的差别，日常语言带有行为性——它是一种实践手段，而且因为，语言分析哲学在这样一种分析态度中将自己定位于具体化了的日常领域，而对那些矛盾的、冲突的，不能依照既定用法加以理解和归类的东西则采取隔离和拒斥的态度，结果导致自身丧失了对于现实的批判力。

因此，必须对哲学进行改造，要确立普遍概念的重要地位。在此基础上，马尔库塞进一步提出了对未来理想社会的"谋划"。在马尔库塞看来，"谋划"一词十分准确地强调了历史实践的特殊性质。它产生于对理解、组织、超越现实的其他那些道路之一的决定性选择和捕捉中。而初始的选择一旦做出，便规定了其他的诸多可能性在这条道路上所开展的范围，并且排斥一直不相容的其他可能性。因此，选择怎样的谋划至关重要。马尔库塞在此提出了两条确定超越性谋划的标准：（1）超越性谋划必须与在已有的物质文化和精神文化水平上开展出来的实际可能性保持一致；（2）超越性谋划要证伪和超越已经确立的总体，就必须在如下三个方面证明自己具有更高的合理性：①它为文明的生产成就勾勒保存和改进的前景；② 它以它的结构、基本趋势和关系为准绳来规定已确立的总体；③ 在为人的需要和才能的自由发展提供更大机会的制度框架之内，它的实现为生存的和平提供更多机会。

马尔库塞认为，在当前的发达工业文明中，已经转成政治力量的科学合理性在历史替代性选择的发展中似乎构成了决定性的因素。科学合理性的不断发展和应用将会达到一个终点，进而走向裂变，即量变向质变的转化。它将展现一种本质上新的人类现实的可能性——以实现了的根本需要为基础的处于自由时间中的存在。马尔库塞指出，技术现实的成就不仅将是超越技术现实的先决条件，而且将是超越技术现实的理论基础。

马尔库塞同时又提醒人们，务必警醒一切技术拜物教。后者近来主要表现在马克思主义对于当代工业社会的批判之中。在马尔库塞看来，技术的繁荣带来的是压抑性的生产力和"虚假需要"。后者使得人们失去了否定和对抗的能力，因此，必须唤醒人们的反抗意识，并通过对技术的重新设计来破坏现有的技术合理性。这意味着一种批判性和对现存社会的革命性要求。人们应当拒绝现存的社会制度和生活方式，去追求一种质变，从而摧毁现实的根本结构和基础，自由地发展自己的需求。他表示，从眼前的丰裕社会中解放出来，并不意味着又回复到道德纯洁和单纯愚昧的状况之中去。恰恰相反，通过根除唯利是图的浪费现象，可以增加可供分配的社会财富；通过持久动员，可以减少克制个人自身去寻求满足的社会需要。

应当说，与在《爱欲与文明》中提出的拯救人类社会的出路相比，马尔库塞在《单向度的人》一书中提出的解决方案要显得更靠谱一些，但依然没有摆脱批判理论不擅长解决现实问题的一贯特点。

四、评价与反思

《单向度的人》对当代资本主义繁荣表象背后存在的种种病态表现进行了揭露和批判，它所蕴含的尖锐而深刻的思想，对 20 世纪 60 年代和 70 年代西欧和北美的新左派运动产生了巨大的影响，其理论成就和历史地位无须多言。

马尔库塞的批判研究与传统社会的批判理论究竟有何不同呢？马尔库塞指出，一方面，批判的分析仍然坚持认为质变的需要像以前一样迫切。另一方面，和过去不同的是，批判学者需要对自己的理论出发点进行一系列初始的抽象。这是因为，传统批判理论的那些范畴和概念诞生于特定的时期，其实质是一些用来规定19世纪欧洲社会实际矛盾的否定概念和反对概念。例如，"社会"这一范畴暗含的便是19世纪社会地位和政治地位之间存在的尖锐冲突，"社会"这一概念的出现实际上是为了指涉一种与国家进行对抗的东西。类似的概念还有"个人""阶级""家庭"，等等。随着社会的变化，这些范畴和概念已经失去了自身的批判性含义，这也导致建基于范畴和概念之上的传统批判理论丧失了它自身的基础。因此，马尔库塞认为，批判理论当前的任务是要从对社会资源的实际组织和利用中，以及从这种组织和利用的结果中进行抽象，进而对事实进行一种"超越"性的分析。换言之，马尔库塞所从事的是一种抽象思辨而非社会现实分析，其批判的基础是哲学而非政治经济学。

所以，它必然招致其他批判学派的批判。有批评者指出，由于马尔库塞对于发达工业社会的分析止步于意识形态层面，而缺少经济和阶级分析，这在一定程度上背离了马克思主义。马尔库塞成功地揭露了技术对于人的统治，却没有向前一步，通过分析技术对人的统治，揭示出背后人对人的统治。事实上，技术不过是人实现对人的统治和剥削的中介，技术的异化本质上仍然是人类自我的异化。马尔库塞用技术批判取代了对资本主义制度的批评，因而未能从根本上触及现存社会的基本结构，他也因此受到了诸多批评。

另有一些批评者则猛烈抨击了马尔库塞解决问题的方案，认为马尔库塞对于单向度社会的替代性选择具有强烈的乌托邦色彩。在马尔库塞看来，唯有"生活在底层的流浪汉和局外人，不同种族、不同肤色的被剥削者和被迫害者，失业者和不能就业者"可以承担起革命的任务，因为"他们生存在民主进程之外；他们的生活就是对结束无法容忍的生活条件和体制的最直接、最现实的要求。因此，即使他们的意识不是革命性的，他们的反对也是革命性的。他们的反对是从外部打击现存制度因而没有被该制度引向歧途；它是一种破坏游戏规则并在这样做时揭露该游戏时受操纵的游戏的根本力量"（马尔库塞，2006：233—234）。可见，马尔库塞将希望寄托于一种乌托邦式的革命，并且默认由此取得成功的希望十分渺茫。可以说，在该书中马尔库塞将法兰克福学派的悲观主义社会批判理论发展到了极致。

该书对于传播学的影响主要体现为马尔库塞对于大众媒介的尖锐批评。在他看来，大众媒介在巩固技术的统治、消弭人们的抵抗性的过程中具有不可忽视的作用。其一，大众媒介将少数人的特殊利益作为所有正常人的利益来兜售，通过宣传虚假的社会表象让人们满足于现有的物质需要，放弃了对于另一种生活方式的追求和想象，放任自己处于一个"舒舒服服的不自由社会""一个使人安然自得的极权主义社会"中（马尔库塞，2006：4）。马尔库塞警示人们，大众媒介所展示的阶级差别的平等化恰恰显示出它的意识形态功能："如果工人和他的老板享受同样的电视节目并漫游同样的游乐胜地，如果打字员打扮得同她雇主的女儿一样漂亮，如果黑人也拥有凯迪拉克牌高级轿车，如果他们阅读同样的报纸，这种相似并不表明阶级的消失，而是表明现存制度下的各种人在多大程度上分享着用以维持这种制度的需要和满足。"（马尔库塞，2006：9）其二，技术的进步使得发达工业社会对人的控制可以通过电视、电台、电影、收音机等传播媒介以一种无孔不入的方式侵入人们的闲暇时间，占领人们的私人空间，对人们进行思想灌输和操纵。这导致人们很难在作为新闻与娱乐的工具和作为灌输与操纵力量的大众传播媒介之间做出区分。在手机成为每一个人的体外器官的今天，马尔库塞的这一判断已经彻底成为现实。总体来看，马尔库塞对于大众媒介的批判，继承了霍克海默和阿多诺的文化工业理论，并在他们的基础上补充和深化了对于作为技术的媒介如何削弱了人们内心向度的分析。

（孔舒越）

参 考 文 献

〔美〕赫伯特·马尔库塞：《单向度的人：发达工业社会意识形态研究》，刘继译，上海：上海译文出版社，2006。

李彬、曹书乐等：《欧洲传播思想史》，上海：复旦大学出版社，2016。

李恩来:《马尔库塞:〈单向度的人〉(1964)》,邹铁军主编:《20世纪哲学名著导读》,西安:陕西人民出版社,2011。

吴学琴:《挑战单向度的"意识形态"——〈单向度的人〉的文本解读》,《南京社会科学》,2007(10)。

赵培杰:《赫伯特·马尔库塞:单向度的人》,邱仁宗主编:《20世纪西方哲学名著导读》,长沙:湖南出版社,1991。

拓 展 阅 读

〔美〕赫伯特·马尔库塞:《爱欲与文明》,黄勇、薛民译,上海:上海译文出版社,2012。

威廉·斯蒂芬森

《大众传播的游戏理论》

在影响深远的《传播学概论》一书中，施拉姆曾难掩嘲讽地批判了一位提出"传播游戏说"这一奇谈怪论的心理学家，他就是威廉·斯蒂芬森（William Stephenson），后者于 1967 年出版了《大众传播的游戏理论》（以下简称《游戏理论》）一书。然而，与施拉姆笔下的古怪异端形象截然相反，美国学者斯蒂文·布朗（Steven Brown）和唐纳德·布伦纳（Donald Brenner）在一部名为《科学、心理学与传播学：敬献威廉·斯蒂芬森》的论文集中写道："威廉·斯蒂芬森是一位特立独行者，他是科学传统的反抗者。……频遭误解的他时常秉持着一位真学者的风度，直面批判而坚守信念。"（Stephenson，Brown ﹠ Brenner，1972：Ⅶ-Ⅷ）那么，从施拉姆笔下的"奇谈怪论"到布朗和布伦纳眼里的"真学者"，斯蒂芬森及其"游戏理论"的真正样貌究竟是什么？如今在网络时代，作为传播形式的游戏已经愈发普遍，重新发掘斯蒂芬森的传播游戏理论有助于我们推进传播学的发展。为此，我们有必要回到斯蒂芬森及其创作《游戏理论》一书的历史逻辑当中。

一、成书背景

1902 年，斯蒂芬森出生在英国诺森伯兰郡，他早年从事核物理学研究，并于 1926 年获得杜伦大学物理学博士学位。在读期间，他深受格式塔心理学影响，于 1929 年获得伦敦大学学院心理学博士学位。1935 年，在一封写给《自然》杂志的简信里，斯蒂芬森正式宣布了一种具有革命意义的 Q 方法的诞生，该方法提供了一种可以客观测量个体主观性的科学方法（Stephenson，1935）。同年，斯蒂芬森加入英国最早的精神分析学研究委员会并从事相关研究工作。自 1936 年起，斯蒂芬森先后担任牛津大学实验心理研究所主任助理及主任职务，其间继续从事心理测量学、格式塔心理学、精神分析学以及现象学心理学研究。第二次世界大战的爆发迫使斯蒂芬森投笔从戎，他加入了英国皇家医疗军团，并在远驻印度的英军中担任一名随军心理医师。战后，斯蒂芬森曾以英军准将身份在英国学界短暂复归，但是在 1948 年他又选择以访问教授身份加入了美国芝加哥大学心理学系。正是在芝加哥大学，斯蒂芬森自觉继承并努力推动发展了社会学芝加哥学派的深厚理论传统，在此期间出版了系统介绍 Q 方法的《行为研究》一书（Stephenson，1953）。但斯蒂芬森终究还是不能完全认同当时主导芝加哥大学心理学系的行为主义研究，后者排斥个体主观性在心理学研究中的重要价值。最终，他于 1955 年选择离开学界并进入广告界，紧接着便开始利用 Q 方法推动广告界向心理统计学与受众态度细分研究的革命性转变。

　　1958 年，斯蒂芬森又以广告研究特聘教授的身份在密苏里大学新闻学院复出，自此他开始系统审视新闻传播研究，并且尝试将 Q 方法论广泛应用在相关研究中，这其中就包括他于 1964 年发表的《新闻阅读的乐得理论》一文。正是在这篇文章中，斯蒂芬森首次将新闻阅读视作一种跳着思维小步舞的游戏，读者沉醉其中获得阅读的乐趣（Stephenson，1964）。1967 年，结合大量传播案例研究，斯蒂芬森在芝加哥大学出版社出版了《游戏理论》一书，该书后经美国交易图书公司在 1988 年再版。

　　《游戏理论》一书的两大主题也可以概括为论证人之自由意志的"游戏人"和探讨媒介心理测量学的"Q 方法"。斯蒂芬森在书中提出了各种原理和假设，有些并不成熟，也比较晦涩，不过全书主旨可以大致概括为：传播是一种游戏，游戏关乎自我存在和主观意义，因此，传播研究的核心问题应是探究自我存在和意义共享，据此，游戏理论最终达及一种存在主义心理学之境。但是，当时斯蒂芬森也发现，无论是传播的游戏理论还是 Q 方法论都未能撼动主流传播学研究，因此他曾不无遗憾地指出，提出传播游戏理论的我"只是推开了一扇门而已"（Stephenson，1988：206）。

二、游戏人：作为游戏的传播

1958 年，推门进入新闻传播学殿堂的斯蒂芬森不禁发出感喟："我对学界严重忽视娱乐与大众传播之间的关系感到困惑不解。"（Stephenson，1988：2）当时美国正在进入战后经济高速发展的黄金时代，中产阶级扩张，与此同时，报刊、广播、电影和电视等媒介技术日益成熟，大众文化消费的潮流方兴未艾。因此，如何理解诸如在电视节目中乐此不疲的"沙发土豆"现象便成为传播学界面临的新问题。

几乎同时，美国社会学家查尔斯·赖特（Charles Wright）在拉斯韦尔提出的传播"三功能说"（环境监测、社会协调、遗产传承）的基础上新增了"提供娱乐"的功能，从而形成了传播的"四功能说"。实际上，美国社会学家卡茨在 20 世纪 50 年代末就开始从受众使用媒介的角度开展传播研究，据此提出了著名的"使用与满足理论"。当时，斯蒂芬森认为，主流传播理论主要关注大众媒介如何影响受众的态度、信念及行为之类的效果问题，但是我们依然很难确切证明"大众媒介对人们内心深处的或者说更为重要的信念问题具有重要影响。曾几何时，大众传播研究似乎陷入了危机，引用该领域的早期倡导者之一的贝雷尔森的一句话就是'它行将枯萎'"（Stephenson，1988：1）。那么，导致其"行将枯萎"的原因何在？"大众传播研究的早期成果的共同缺憾就是对'游戏'元素的严重忽视"（Stephenson，1988：2），因此，斯蒂芬森认为必须将"传播"与"游戏"结合起来才能化危为机。

与莱特和卡茨等传播的"娱乐"理论家相比，斯蒂芬森的传播观更具颠覆性，他不是要在传播研究的"主体视角"这个关键词上做做样子。荷兰历史学家约翰·赫伊津哈（Johan Huizinga）的"游戏人"研究给他带来了最重要的理论启示。什么是"游戏"？赫伊津哈在《游戏的人》一书中尝试给出如下定义："游戏是在特定的时间和空间中展开的活动，游戏呈现明显的秩序，遵循广泛接受的规则，没有时势的必需和物质的功利。游戏的情绪是欢天喜地、热情高涨的，随情景而定，或神圣，或喜庆。兴奋和紧张的情绪伴随着手舞足蹈的动作，欢声笑语、心旷神怡随之而起。"（赫伊津哈，2007：8）我们可以将"游戏"的特性概括为"自愿性""乐趣性""非功利性""特定时空性"与"规则制约性"。在赫伊津哈看来，"除了形式特征与欢乐气氛之外，真正的游戏至少还要具备一个基本的特征：自觉意识"（赫伊津哈，2007：22）。显然，赫伊津哈更加强调"游戏人"的主体性，而乐趣本身就是一种独特的主观体验。神话、仪式、哲学、艺术、体育、诗歌、教育、科学、法律、战争、商业等伟大的人类文明创造莫不滥觞于原始游戏的土壤，赫伊津哈大胆宣告："文明是在游戏之中成长的，是在游戏之中展开的，文明就是游戏。"（赫伊津哈，2007：33）

　　既然文明本身就是游戏，那么大众传播必然也是一种游戏。斯蒂芬森在 1964 年发表的《新闻阅读的乐得理论》一文中的"乐得"（ludenic）一词即为"游戏"之意，"ludenic"源自赫伊津哈使用的"ludens"一词，而"ludens"的词源则是拉丁文"ludus"和"ludere"，都与"玩"有关（Stephenson，1964）。1967 年，在《游戏理论》一书中，斯蒂芬森直接表明："荷兰学者约翰·赫伊津哈的《游戏的人》一书是现代'游戏'思想的开山之作，我们本书所探讨的游戏理论也正是受惠于此。1958 年，我开始将赫伊津哈的游戏理论运用到大众传播研究当中。"（Stephenson，1988：45）赫伊津哈吸引斯蒂芬森的地方还在于，前者提出的游戏理论可以将传播研究的对象锚定在人的主观性上，这种主观性呈现为自由自觉的个体创造精神，而这显然不同于秉持"社会"等于"自然"、"人"等于"物"这一深层理论预设的实证主义传播观，后者的典型理论形态是我们可能最熟悉的传播的"信息理论"。

　　对于"传播"的不同理解决定了研究者可能具有截然不同的问题意识。20 世纪上半叶，传播学形成以"四大奠基人""5W 框架"和"效果研究"为中心的实证主义范式，成为一种科学研究范本。该范式的传播观预设为"传播是信息的传递"，对此斯蒂芬森明确指出："它（指信息理论)的相关术语来自电子学与电话学,比如'信息丢失'、'反馈'、'定向流动'、'网络'、'信息比特',等等。"(Stephenson,Brown & Brenner,1972:5)信息理论旨在探索一种信息传递的客观规律,尽管其对"信息"从信源到信宿应该是"透明传播"的理论预设展现了一种独特的科学客观性的偏见,但是这已然是影响世界的美国传播学根深蒂固的常识——斯蒂芬森正是要反对这一常识,为此他建构了一系列具有二元对立形式的比较概念,其中以"工作/游戏""传播痛苦/传播快乐""社会控制/选择聚神"为代表。

受到赫伊津哈的游戏观影响,在斯蒂芬森看来,"人们大多会将游戏、闲暇与工作区分开来:闲暇时间是我们的自由时间,它可以提供消遣、满足嗜好或者自我修养。工作则处理现实问题,它是人的谋生之道,它与物质生产紧密相连;相反,游戏除了给人提供一种自我满足之外,它几乎与物质生产绝缘"(Stephenson,1988:45)。游戏馈赠快乐,工作带来劳苦,前者强调非功利性的主体自由,后者是人处于外在功利限制下的不自由。斯蒂芬森认为,以施拉姆为代表的信息理论正是从作为"工作"的传播角度展开研究,而大众传播与国家发展、市场开拓等效果研究实际上都是"苦差事","我们很难想象,比方说,竟然存在这么一种文化,该文化所想到的全部东西唯有学习、生产与工作!"(Stephenson,1988:48)斯蒂芬森从美国反精神病学者托马斯·萨斯(Thomas Szasz)这里找到了"传播快乐"一词,用以解释传播给人带来的乐趣,传播快乐涉及人的自我意识。信息理论中的各种"苦差事"都与物质利益相关,斯蒂芬森将这种功利传播称为"传播痛苦",它与"传播快乐"的差异取决于人的自由意志,前者容易导致自我丧失,而后者则会带来自我提升。

"社会控制/选择聚神"是非常重要的两个传播原理,二者分别对应传播的"信息理论"与"游戏理论"。"社会控制原理主要体现在我们的内在信仰与价值观上。它为我们的日常生活注入了宗教信仰、政治信念、社会地位等诸多要素。由于生活在同一个地区,我们每一个人都遵从同一种生活习俗、信仰同一位上帝、拥有同样的基本生活方式——而这些都属于社会控制的范畴;而选择聚神原理则迥然不同,它涉及非习俗性的新颖行为模式、流行时尚与自由幻想等，我们借助这些东西才能自我存在、自我取悦，才能在某种程度上获得摆脱社会控制的自由——大众传播的重要意义正是在这一根本形式上得以涌现。"（Stephenson，1988：2）最典型的社会控制形式就是宣传和舆论，二者关乎传播效果，这也是信息理论范式的主导议题。选择聚神的典型形式是娱乐和艺术，其特点是令人兴奋、独具个性与满载愿求，"这种心理状况趋于自我发展与自我提升——特别强调自我的独特性"（Stephenson，1988：2）。社会控制是一种基于文化伦理和深层信仰的支配机制，它主导一个人的观点、态度和信仰，带有绝对命令色彩，它建立习俗、形成舆论并达成共识。选择聚神则是一种相对自由，它是个体的自由选择行为，彰显并提升了个体的自我存在，而作为游戏的传播是一种典型的选择聚神形式。因此，"大众传播之最妙者，当是允许大众沉浸于主观游戏之中者"（Stephenson，1988：1）。与信息理论关注传播效果不同，斯蒂芬森认为，关注人文维度的"人之神话"才是传播研究的重中之重，即关注人如何实现自我存在和意义共享。

三、Q方法：科学测量个体主观性

斯蒂芬森重新界定了传播研究的范围，他明确反对主流学界生搬硬套信息理论，主张从最被主流传播学界所忽视的"人内传播"和"个体主观性"出发，即采取科学测量个体主观性的 Q 方法来从根本上颠覆主流传播研究。对于 Q 方法，斯蒂芬森在书中给出了一段精辟的论述：

> 从根本上来说，Q 方法是一种个体用以描述自我对一些复杂话题、问题或情境的心理态度的方法。因此，该方法首要关注的是一个人进行自我描述的主观性，而不是通常情况以一种旁观者的立场进行间接推测。Q 方法论的一切心理测量都是以个人主体为中心——可以说，一切测量源自个体主观性。具体而言，该方法始于某一个案的心理测量，然后再将这一个案与其他个案进行比较分

析。换言之，该方法首先测量一个人的自我描述，然后再将其与其他人的自我描述进行比较分析，最后要对所有这些自我描述进行因素分析——Q方法会贯彻到本书的所有研究当中。（Stephenson，1988：5）

传播研究提出的不同问题决定了研究者可能采取截然不同的研究方法。信息理论旨在研究社会信息系统及其运行的客观规律，据此主要采取一种流行的R方法，该方法是一种主要考察特性关系和群体平均数的统计学方法。Q方法需要被试按照自己的主观偏好对特定研究论题的不同意见陈述（Q陈述）执行Q分类，然后再进行因素分析，据此得出被试对相应话题的态度，具有类似态度的被试彼此相关形成聚类，最后据此进行因素解释。上述两种方法的特性差异，我们可以通过下表呈现：

Q方法和R方法的特性差异

对比项目	方法论	
	Q方法论	R方法论
研究途径	（1）以多个项目（items）测验一小群人，根据测验结果将其对某一问题的态度、观念等分成不同类型；或将同一被试在不同时间的测验结果进行对比，探查其态度等的变化 （2）主要研究的是人与人之间的相关 （3）呈现出"主观反应"	（1）用少数的测验（tests）测量一大群人，然后根据这群被试在测验上的表现，找出一些影响被试行为或态度的共同因素 （2）主要研究的是特性间的关系 （3）呈现出"通则"
研究手段	定性与定量相结合	定量研究
研究母体	研究者要调查的全部内容，通常是意见陈述	研究者欲研究的全部对象，通常是人
样本	从母体中抽出的一定数目的意见（陈述）	从母体中抽出的一定数目的人
变量	人	特性（测试项目）
被试数量	少	多

（续表）

对比项目	方法论	
	Q 方法论	R 方法论
测量角度	从被试角度了解人们内在行为的发生	从观察者角度了解人的行为
被试状态	积极主动，测量自己	消极被动，被研究者测量
关注点	个体、主观性、探索与发现	总体、客观性、假设检验、结论的推广性
结论推广性	弱	强
数据比较	与自己相比（自比性） （1）可以进行个人不同时间测验结果的对比 （2）对于不同题项按自己的想法进行位置排序而不必与他人相比	与他人相比
数据含义保持性	强	弱

  两种方法在研究途径、测量角度、被试状态等对比项目上均存在非常显著的二元差异。R 方法寻找"普遍通则"，Q 方法呈现不同个体的"主观反应"。R 方法关注测量特性相关，Q 方法研究人际相关。R 方法是定量方法，Q 方法则是混合方法。R 方法的被试状态是消极被动的，Q 方法的被试状态是积极主动的。R 方法基于"假设—演绎"研究，Q 方法进行"探索—发现"研究；而斯蒂芬森认为 Q 方法是美国哲学家查尔斯·皮尔斯（Charles Peirce）提出的溯因推理的具体实现。在 R 方法论者眼中，个体之间的主观差异是心理测量的"污点"，要尽可能将这种误差排除；而对于 Q 方法论者来说，基于意义理解的人际差异才是心理测量的关键。R 方法依据传统自然科学式的"假设—演绎"方法，一切研究都是为了证实研究假设的普遍有效性；Q 方法力求如现象学那样悬置任何假设或者先见，更注重在个体主观性的自我呈现中发现新假设和新问题。在 R 方法论中，主观性是偶然性的随机分布；在 Q 方法论中，客观性才是偶然性的随机分布。R 方法将测量特性视作一种客观存在的实体，测量过程不会干预特性本身的状态，且被试是消极地被研究者当作客观对象进行测试；Q 方法认为人际差异的意义存在于个

体之间的相互关系当中，并且通过个体执行主观操作得以客观呈现，积极主动的个体在执行 Q 分类时完全依据自我参照。据此，Q 方法最终会将不同个体归为几种不同的 Q 因素，每一种 Q 因素代表一类个体特性；R 方法则将个体差异融于团体平均数中，并且个体无法在固定测试项目之外表达自我观点。

　　Q 方法建立在量子思维的现代科学认识论上，正如斯蒂芬森在《牛顿的第五定律和 Q 方法论》一文中所指出的："Q 方法论不仅遵守作为现代科学基石的牛顿四大定律，而且它还是近来发现的牛顿第五定律的创新应用。第五定律强调归纳法和主观性在科学认知中的优先地位，这就说明每个人的自我主观性更具知识拓新的潜能——然而这个结论超出了几乎所有人的科学认知习性。"（Stephenson，1988：882）举例来说，对于"正在下雨"这句话，从信息理论角度来看，就是告知我们一个自然事实问题，因为没有人能否认"正在下雨"这个自然现象，所以这是一种单一的、分析的客观说明。然而，这句话对处在不同情境中的不同个体来说，可能会因自我参照而产生不同的主观意义，比如"神清气爽""雨的舞蹈""浪漫感觉""糟糕天气"，等等。因此，在 Q 方法论来看，"正在下雨"这句话可以对复杂的、综合的主观理解进行解释，斯蒂芬森将这种自我参照的不同陈述集合称为"语汇"（concourse），字面意思就是"一起奔跑"，即不同观点在思维当中一起流动。斯蒂芬森将不同观点的一起流动称为"语汇定律"，该定律强调陈述的自我参照性，而信息则没有自我参照，因为它只说明一种客观事实。Q 方法不是寻求事实说明，而是旨在达成意义理解，并且这种理解具备一种可传播性。为此，斯蒂芬森建议使用拉丁词"共知"（consciring）恢复主体间性的"知识共享"意涵，而主张"传递"和"控制"的信息理论在根本上无视作为"共知"的传播价值。因此，斯蒂芬森主张将传播理解为一种基于知识共享的传播语汇理论。可以说，斯蒂芬森的 Q 方法论是一种崭新的科学哲学思想，走向科学说明与人文理解的互补整合之路，开启了崭新的科学人本主义范式。

四、评价与反思

在今天，网络游戏、粉丝迷文化、网红直播、偶像养成网综、抖音短视频等新媒体文化扑面而来。当我们一直试图追问大众对其欲罢不能的深层原因之时，一批研究者已经发现，"传播即游戏"的研究视角可以提供一个更具说服力的解释。诸如"用户视角""传播快乐""主观沉浸"等与场景应用伴随的媒介使用体验与游戏理论对于个体主观性的强调具备某种内在契合性，因此，游戏理论可以为我们提供理解数字时代网络文化发展的重要理论资源。实际上，对于长期以来过于功能化和实体化的传播研究倾向，游戏理论中的"游戏"一词已经超越了一般意义上的媒介经验研究，就斯蒂芬森的原初理论语境而言，"游戏"具有一种形而上的隐喻意义。传播游戏理论始终围绕个体的自我参照与自我存在，科学以人性为前提，媒介逻辑也以存在逻辑为前提，因此，斯蒂芬森对媒介的存在主义理解使得游戏理论早已上升到一种独特的媒介存在论的高度。

尽管斯蒂芬森已在该书致谢中明确指出全书只是他加盟密苏里大学新闻学院以来的一部研究选集，因此，可以认为它并不具备一般专著的系统性和连续性，但是如果不加留意，读者仍免不了遭遇一些阅读上的障碍。除了形式上的碎片化之外，《游戏理论》一书给出了诸如"游戏"与"工作"、"传播快乐"与"传播痛苦"、"社会控制"与"选择聚神"、"信息理论"与"游戏理论"等一系列对立的概念。斯蒂芬森在书中说明了提出这些对立的概念只是"出于理论研究的需要"（Stephenson，1988：48），换言之，他借助这种泾渭分明的对立形式批判主流研究之不足，但又绝非全然否定主流信息理论的重要学术价值。遗憾的是，该书诞生以来，包括施拉姆在内的大批读者都陷入了"游戏"与"工作"的二元形式争论的泥潭，很多讨论根本没能深入理论逻辑的关键处，鲜有学者触及游戏理论的本真意涵。此外，书中对作为活灵魂的 Q 方法论的介绍显得过于单薄，于是读者往往很难理解游戏理论的方法操作部分，进而直接阻碍了游戏理论对学界的影响。

如果抛开上述形式上的问题不谈，那么《游戏理论》一书可能还有以下两大不足之处：其一，斯蒂芬森在书中对以法兰克福学派为代表的传播批判理论持批判态度，但是他始终未能真正理解马克思主义劳动异化理论。在书中，斯蒂芬森写道："有些人认为美国的资本家已经全面掌控了通俗艺术、电影、电视和广播等大众媒介。电影反复向人们灌输一些不切实际的白日梦与童话故事。资本家告诉大众需要友谊，但是大众却在精神鸦片的沉醉中忘却了现实生活问题。于是这类批判者主张大众文化也应该创造一种了解世界状态的自我意识，并且应该致力于改善我们的生活世界。可是上述观点只是一些不切实际的苛求！因为这些观点都缺乏一种对既存 Q 受众进行测量的经验知识基础。"（Stephenson, 1988：41）遗憾的是，斯蒂芬森认为批判理论"不切实际"的理由竟然是批判学派缺乏科学方法，他批判主流传播范式的客观主义霸权，但是自己又拿着另一套科学霸权批判他人，无视批判理论正是要揭示他也在强调的人的自我意识如何在资本主义文化工业中被权力异化，由此"工作"才蜕变为"传播痛苦"的"异化劳动"，而自由自觉的"游戏人"最终沦为主流信息理论中的"非人"。因此，这是游戏理论不容回避的理论盲点。其二，尽管 Q 方法提供了一套精深的测量个体主观性的科学方法，但是其对明显带有强迫选择性的等级量表的运用，与其推崇的自然主义研究理念产生了矛盾。此外，与主流 R 方法相比，尽管 Q 方法采取小样本研究方法，但即便是个案研究的操作程序也并不轻松，因此 Q 方法并不适合从事一些大样本分析的横断面研究。

总之，全书瑕不掩瑜，尤其是考虑到该书诞生在 20 世纪 60 年代亟待学术革新的特殊语境当中。以斯蒂芬森为核心的传播研究密苏里学派已经挑战和修正了我们对传播学史的一般理解，并且还将进一步推动传播研究在更加凸显主体性和乐趣性的数字时代走向科学和人性真正融合的历史深处。

（宗益祥）

参 考 文 献

Stephenson，W.，Brown，S. R. & Brenner，D. J.，*Science*，*Psychology*，*and Communication*：*Essays Honoring William Stephenson*，New York：Teachers College Press，1972.

Stephenson，W.，*The Play Theory of Mass Communication*，New Brunswick：Transaction Books，1988.

Stephenson，W.，"Technique of Factor Analysis," *Nature*，1935（136）.

Stephenson，W.，"The Ludenic Theory of Newsreading," *Journalism & Mass Communication Quarterly*，1964，41（3）.

Stephenson，W.，*The Study of Behavior*：*Q-technique and Its Methodology*，Chicago：University of Chicago Press，1953.

〔荷〕约翰·赫伊津哈：《游戏的人：文化中游戏成分的研究》，何道宽译，广州：花城出版社，2007。

拓 展 阅 读

宗益祥：《游戏人、Q 方法与传播学》，北京：中国政法大学出版社，2017。

居伊·德波

《景观社会》

  1967 年，《景观社会》在法国出版。这本小册子的作者，正是此前已在欧洲激进艺术团体与青年学生中名声大噪的居伊·德波（Guy Debord）。他是谁？《景观社会》表达的又是何种观察与思考？德波的文字一如其人，充溢着凌驾于一切章法规则之上的锐气，但也总是因此而显得捉摸不定、难以把握。《景观社会》的内容与形式非同寻常：它建基于青年马克思的异化理论，却又通过反转马克思的论题论断来"致敬经典"。它的体裁乍看像是断片式的随想，讨论的主题却又无一不刺痛资本主义制度的沉疴。

  正因如此，外界对于德波这部代表作的评价是分裂的，有人对它嗤之以鼻，也有人百读不厌。阅读《景观社会》时，读者甚至可能一时疑惑：作者本人究竟把《景观社会》视作严肃的学术论著，还是一件旨在贯彻情境主义运动"异轨"主张的行为艺术作品？或许兼而有之。无论德波本意如何，《景观社会》在 1968 年震撼整个西方世界的"五月风暴"中，被激进的左翼青年奉为引领思考和实践的理论指导。此后，德波书中的诸多观点又被鲍德里亚、大卫·哈维（David Harvey）、道格拉斯·凯尔纳（Douglas Kellner）等人承袭并获得进一步阐发，成为影响后现代思潮形成、演进的重要学术资源。可以说，《景观社会》看似"离经叛道"，实则展现了德波对于战后法国乃至整个西欧的福利国家制度细腻、深入的观察和思索。作者貌似"语出惊人"的判断中包含不少颇具洞察力的判断，直到今天依然被广为引用。在当下深度媒介化的社会情境中，这些观点也可能在与新经验的碰撞中迸射出新的启示意义。

一、成书背景

1931 年，居伊·德波出生在巴黎近郊一个还算殷实的商人家庭。这一年，大洋彼岸的美国已经身陷经济危机多时，而此前仿佛尚能偏安一隅的法国，也终于在这一年感受到经济寒潮步步进逼。不久之后，这场波及整个资本主义世界的大萧条便将席卷众多如同德波家一样的法国中产阶级之家，将他们多年的积蓄扫荡一空。家道中落后，年少的德波开始跟随家人频繁辗转于法国各地，早早体验到生活的不确定性与时代的动荡飘摇。正如他后来在半自传体的著作《颂词》开篇所描述的那样："我一生中看到的只有混乱时刻、社会的极度分裂和巨大破坏……一个许多事物都以飞来横祸般的惊人速度变化的时代，几乎所有参考坐标和衡量标准都与它们得以建立的基础一起突然被扫荡一空。"（梅里菲尔德，2011：9）

不过，德波的秉性使他无法安于做一名躲避命运的旁观者。如同德波本人所言，他早早投身于那些自己少时曾亲身体察过的动乱之中，"慢慢地却是不可避免地走上了冒险的生活……而且我有意如此"（梅里菲尔德，2011：12）。1942 年，德波进入位于波城的路易·巴尔图公立中学（旧名"波城中学"）读书，在这里取得了一生当中唯一一份正式的学历和文凭。此后，他便义无反顾地投身当时令众多法国叛逆青年为之心醉的文艺运动当中，开启了自己引人争议又炽烈夺目的一生。

在凭借《景观社会》跻身左翼思想家之列以前，德波首先作为情境主义国际（Situationist International）的领袖而闻名。这一身份与参与情境主义运动的经历不仅是德波撰写《景观社会》的直接动因，也是解释这部著作关注的问题、分析的视角，以及"异轨"等关键概念之所从来不可或缺的那片拼图。"情境主义国际"这一提法来自德波的前妻米歇尔·伯恩斯坦（Michèle Bernstein）。20 世纪 50 年代，他们二人都活跃在由欧洲各地先锋派艺术家组成的小圈子中。这个团体的成员批评布尔乔亚式的生活方式和文化审美乏味空虚又千篇一律，主张通过重构具体的日常生活情境（situations），最终达致改善现代人生存境况的目的。而他们实现这一革命意图的方式，就是德波后来在《景观社会》中谈到的"异轨"。

巧合的是，德波就读的波城中学，也是他的偶像伊西多尔·迪卡斯（Isidore Ducasse）的母校。这位以笔名"洛特雷阿蒙伯爵"（Comte de Lautréamont）为人所知的诗人最先提出和阐发了"异轨"理念，并且在自己的诗作中演示了如何将其运用到文学创作当中——在浅显而泛泛的意义上，"异轨"指的是通过反转已被奉为圭臬的"经典"来打破僵化的教条，解构看似不可亵渎的伟大作品和崇高艺术。这种理念深深打动了青年德波。他不仅专门撰写过讨论"异轨"的文章和论著，还与情境主义国际的伙伴们一起将其发展成了专属于这个激进团体的革命策略。与德波一样的情境主义者相信，"抄袭是必要的"。这一口号同样出自迪卡斯，他声称抄袭既是进步的必然结果也是继续进步的必由之路，同时也构成异轨的基础。不过，迪卡斯所理解的"抄袭"其实是指利用原作者的表达抹去原作中的错误观念，借助戏仿的手法将其偷换为自己的理解。这种写作风格影响了包括《景观社会》在内的众多情境主义者的作品。

除了观念和理论上的准备，20世纪50年代前后以字母主义运动（the Lettrist movement）为代表的欧洲先锋派艺术实践，为情境主义国际的诞生提供了必要的组织条件和基本经验。1951年，刚刚参加完中学毕业会考的德波在第四届戛纳电影节上邂逅了字母主义运动的发起者之一伊西多尔·伊苏（Isidore Isou），后者试图以字母作为突破口和武器，从中发掘一种改造艺术与生活的方式。字母主义运动的文学和艺术实践既是美学的也是政治的，主张建立一种打破既有词汇和语言规则的交流方式，进而帮助社会摆脱传统语言结构的束缚。伊苏颠覆传统的诗作不以韵律和文采取胜，而是以各种无序排列的字母乃至自创的"超字"散布在纸上构成的视觉张力打动人。同样的理念与创作手法也体现在他1951年带到戛纳电影节上展映的《有关黏土与永恒的论文》中。这部看起来既高深又荒诞的影片故意打破声音与画面之间的对应，为杂乱无章且画质受损的影像与空镜头配上介绍字母主义运动理念的画外音或者不明所以的怪响，以此嘲讽和激怒装腔作势的传统电影。而在情境主义运动早期的影像创作实践和德波 1973 年亲自担纲为《景观社会》拍摄的同名影片中，都呈现出类似的表现策略与艺术风格。

不同于只能神交的洛特雷阿蒙伯爵，伊苏在开启德波的激进艺术创作与社会运动之路这件事上扮演着直接的引路人角色。1951 年，二人在戛纳电影节上结识后，伊苏帮助德波在巴黎找到了落脚之处，并引荐他结交了更多字母主义运动参与者或是达达主义、超现实主义的先锋派艺术家。年轻的德波在这个小圈子的影响下，也开始关心和讨论如何将革命实践融入艺术实践，以美学主张传达政治主张。后来情境主义运动所践行的艺术理念与革命策略，很大一部分就脱胎自德波在这一时期的思考与尝试中积累的经验。这个由各色游离于法国主流社会的边缘人所组成的社会网络也是情境主义国际的重要组织基础，在运动发起之初输送了大量早期成员。整个 20 世纪 50 年代，以字母主义国际（Letterist International）、意象主义包豪斯运动（the International Movement for an Imaginist Bauhaus）和实验艺术家国际（the International of Experimental Artists）为代表的众多小型先锋运动，借助成员们的私交逐渐联结成一个组织更加严密、规模更加庞大的团体，针对既有的文化、审美、生活方式乃至社会制度提出了更加系统的批评和更为具体的艺术化革命策略。这个团体便是情境主义国际的雏形。

可以说，德波早年参与的先锋派艺术实践与他后来领导的情境主义运动，一方面为《景观社会》提供了直接的经验观察与问题意识，构成了该书的基本创作背景。它是众多情境主义者在共同致力于通过发行出版物，抑或实际发起美学式的抵抗行为以宣扬自身艺术理念与日常生活革命主张过程中结出的成果之一。另一方面，《景观社会》也是对情境主义运动早期探索的凝练与总结，德波等组织成员此前零散的游击式"美学—政治"实践，由此上升为一套具有一定系统性且便于传播的理论阐述。正因如此，这部作品的问世与传播让该组织在 20 世纪 60 年代末声名日隆，直接促进其发展壮大直至抵达自身历史上的巅峰。

二、"景观"与"异轨"

托克维尔在 1856 年出版的《旧制度与大革命》中，曾经提出过一个耐人寻味的问题——有些革命为何偏偏出现在物质条件相对富足、社会看上去似乎一片祥和的时刻？一百多年后，《景观社会》与另一个以法国为策源地并最终席卷整个西方世界的历史事件，从理论与现实两个维度遥遥应答了托克维尔的提问——因为社会正在被"景观"吞噬，沦为空虚的表象。丰裕是表象，平等是表象，人的自我实现与全面发展亦如是。而那些掀起"五月风暴"并希望以此击碎福利国家"幸福"幻象的人，"拒绝用一个无聊致死的危险去换取免于饥饿的世界"（史称"五月风暴"的学生运动中一句广为流传的著名口号，其创作者正是德波）。

《景观社会》全书围绕德波在开篇便抛出的论点展开："在现代生产条件占统治地位的各个社会中，整个社会生活显示为一种巨大的景观（spectacles）的积聚。"（德波，2017：3）何谓"景观"？简单来说，在德波的语境中，景观指的是由各种以影像为中介的社会关系组成的集合（德波，2017：4）。但他特地提请读者区分"景观"与一般意义上的图像以及由它们堆积而成的产物，例如大众传媒炮制和撒播的影像文本，或是流行文化中充斥的各类图像与视觉符号。德波强调"景观"不应从字面上浅显地理解为图像的机械叠加，因为他在该书中试图谈论的是更加抽象和宏大的社会问题，而大众传媒与流行文化，至多只是第二次世界大战后西方资本主义国家经历的更加根本的异化中呈现出的局部症候之一。因此，读者在阅读《景观社会》时，其实不一定要对德波所谈论的景观做特别具象化的解读，或者将这一概念的所指限定于某个或某些具体的事物与现象。这一概念在德波的语境中更多表现为一种存在论意义上的描述和界定，它更接近于一个"名词性的形容词"。当某个存在者的存在畸变为一种表象，并且存在本身被这种虚假的表象所冒名顶替时，这个存在者便不再是它自身，而沦为景观了。

德波对于"景观"抽象的界说或许令人如堕五里雾中，但他借"景观"一词批判的对象及其批判意识的来源却很明确。如前所述，以德波为代表的情境主义者主张通过"异轨"打破创作领域的权威与教条。如此创作出的作品带有令人错愕的拼贴风格——文字作品的上下文之间没有必然联系,绘画作品中充满不和谐的线条与色彩,而电影作品中则充斥与图像不匹配的解说和杂音。然而,这种拼贴并不完全是任意的,其素材通常来源于情境主义者试图致敬的经典。而他们致敬的方式,恰恰是将经典解构为碎片,继而以令人意外的组合方式重构它们以组成新的作品,以此开拓想象、寻求意外的灵感与启迪。《景观社会》的核心内容,就是以这种方式对马克思的异化批判进行"异轨",并借此阐发德波自己对于马克思所提出议题的新见解。

马克思在《1844年经济学哲学手稿》中谈到,国民经济学抽象地把劳动看作物,或者更确切地说,是一种变成商品、参与市场流通的物。按照商品经济的逻辑,价格高,意味着对商品的需求很大,价格低,则意味着对商品的供给很多。而劳动作为商品,其价格必然日益降低。一旦劳动被异化成为一种特殊的商品,服从市场规律的调节,工人便陷入一种越是努力工作,其售卖的劳动就越廉价的怪圈。因此工人不断生产出的商品既不会带来真实的丰裕也不会增加工人自身的力量,反而对他们施以更为深重的控制和剥削。工人的努力工作在降低自身劳动价值的同时还帮助雇用他们的资本家扩大再生产,而这将进一步扩大社会收入差距,使现有社会中剥削与被剥削的关系进一步固化。而因此变得更加贫穷、更加弱小的工人,对于资本家的依附性也会更强,因而被牢牢捆绑在资本的链条上,成为其同谋和附庸。

在这种背景下,整个劳动过程逐渐被资本主义生产方式的内在要求重新组织,而人们的存在方式与有关幸福的想象也随之改变。正如马克思曾经预见的那样:"资本主义生产方式占统治地位的社会的财富,表现为'庞大的商品堆积'。"(马克思、恩格斯,2012:95)。商品化了的劳动不再具有帮助人们自我实现和全面发展的作用,只是为了获得更多用以购买商品的报酬,而劳动者的存在也相应沦为对于物的占有。在马克思这一批判的基础上,德波提出了更为悲观的论断——资本主义制度已然将世界变成了一种没有实在内涵的景观,人们渴望和占有的并非商品实际的使用价值,而是商品所象征的意义和以此编织的有关丰裕的神

223

话，例如在 20 世纪六七十年代象征着优渥生活的电视机和私人轿车（德波，2017：13）。因此德波认为，福利国家制度下人的存在境况比起马克思所分析的时代其实更加沉沦，继堕落为对于物的盲目追逐和无度占有之后进一步降格——在这样一个景观社会中，人们甚至难以在真正意义上占有物的使用价值，堆积如山的商品中有一大部分都是只能被凝望和展示的符号，但它们偏偏是比起生活必需品更加令人向往的那部分。

从"商品的堆积"到"景观的堆积"并非仅为异轨而做的文字游戏，德波其实想要借此解释为何在战后福利国家制度下，大多数人明明已经"免于饥饿"却依然无法获得满足，始终感到匮乏。这也回答了为何剥削阶级可以无视悬殊的贫富差距，不断制造丰裕的幻象。如果说马克思注意到资本主义制度的拓殖令商品的独立性扩展到由商品统治的整个经济领域，进而将世界改造为一个经济的世界，用商品的逻辑改写了人性，那么德波的贡献则在于，他发现资本主义重塑世界的方式并不一定是经济的也不只是经济的。在这样一个日渐沦为景观的社会中，整个世界都在被逐渐"表象化"——"直接经历过的一切都已经离我们而去，进入了一种表现（representation）"（德波，2017：4）。德波此语可以从两个维度理解：一方面，根据景观提出的新要求，能够被表现的才能存在，而无法获得表现即为不存在。能够出现在新闻媒体中的对象与现象才是"真实的"，通过广告获得褒赞的生活才有价值，文化工业打造的明星透过大众传媒，不断向公众展示一种由符号和象征拼凑而成的无深度的表面生活并引诱人们效仿，在实际的物质基础还很匮乏的地方，制造一种文化消费丰富和社会生活富足的假象。另一方面，景观社会的逻辑并非纯粹观念性的意识形态，它所制定的生产生活方式和它所要求的生产关系、社会关系、价值观念、文化习俗，等等，均在物质层面获得了彰显与表达，甚至改变了时间与空间这两个人们认识世界的基本维度，因而日益展现为一套具有无可争辩的实证性的"客观化"世界观。因此，景观不是世界的替补或者额外的装饰，相反，正是现实社会非现实主义的核心（德波，2017：4），一种后来被鲍德里亚形容为比真实还要真实的"超真实"。这种意义上的景观是一种比发生于生产领域的剥削更加温和但更为隐蔽无形的统治。它有如葛兰西所说的"文化霸权"，将整个世界统一于自身之中，时间与空间、丰裕与匮乏、劳动与作为其对立面的休闲，整个社会之中看似不相关甚至相互矛盾的种种，统统成为受景观逻辑宰制并服务于它的一部分。

三、"景观"的概念旅行

20 世纪八九十年代，德波的"景观"概念经过以道格拉斯·凯尔纳为代表的美国后现代文化研究学者介绍，在英美学界流行开来。其中，凯尔纳将"景观"概念应用于阐释美国大众文化现象，发展出一套有关大众传媒与流行文化的"媒体奇观"研究。这种尝试被凯尔纳本人以及一些来自传播研究领域的学者，视为德波景观批判以媒介化社会创造的新语境为契机获得的拓展与延伸。

不过，德波在《景观社会》中，并非完全没有注意到大众传媒及其文化产品在加剧景观宰制过程中的作用。而这部分关于文化消费与媒体文化如何参与建构"景观社会"的讨论，就成了凯尔纳《媒体奇观：当代美国社会文化透视》（以下简称《媒体奇观》）一书的起点。如同德波将景观视为能够一统现代生活世界各个领域的支配性力量，凯尔纳认为"媒体奇观"组织和推动了当代经济生活、政治冲突、社会交往、文化和日常生活，是当代社会去政治化和推广绥靖政策的重要工具。20 世纪 90 年代以来，好莱坞电影、主题公园、电子游戏等新的文化消费在美国的流行，均被凯尔纳视为媒体奇观进一步侵入现实生活的表现。这种奇观文化使社会主体变得麻木不仁，让人们把注意力从现实世界真正紧迫的事务中转移开来，沉浸在无关紧要却假装重大的"伪事件"中无法自拔，成为缺乏反思力和行动力的沉默受众。

不过，凯尔纳一方面声称自己使用的"奇观"概念取自德波《景观社会》一书和情境主义者的艺术实践，另一方面却表示他所谈论的"奇观"在三个层面上有别于德波的"景观"：其一是概念的抽象程度不同，凯尔纳认为德波提出的"景观社会"概念是较为单一和抽象的，带有鲜明的整体论色彩，而他在《媒体奇观》中探讨的"奇观"则是具体的案例，可以对应明确的经验对象与经验现象。其二是批判对象的差异，德波将批判的矛头指向资本主义制度本身，并致力于寻找革命性的替代方案，而凯尔纳虽然也批判"奇观"文化，但到此为止，不主张更进一步的反抗与解构。因此《媒体奇观》不同于《景观社会》，是在承认既有制度合法性的前提下探讨可能的改良路径，并且在批判奇观的同时强调其中也蕴含抵抗性的资源。所以，凯尔纳认为，自己与德波的第三点不同，就在于后者笔下的景观似乎是无往不胜的，而他本人却看到了奇观之中的矛盾与逆转（凯尔纳，2003：13—17）。

因此，严格说来，凯尔纳的《媒体奇观》与其说是对德波思想的补充和拓展，不如说只是套用了德波的概念，其内里依然是非常典型的大众文化研究，与《景观社会》有着迥异的思想与现实渊源，理论观照和问题意识也存在明显的分殊。《媒体奇观》对《景观社会》的介绍和引述实际上是跳跃和碎片化的，而且均从属于凯尔纳自己的论述结构。因此，可以说，与其说凯尔纳如同他自己所主张的那样补充和拓展了德波的《景观社会》，不如说更多地只是在自身需要时，穿插引述一点德波的表述以佐证自己的观点，而且这种引述不时有断章取义和望文生义之嫌。如此一来，《媒体奇观》其实在很大程度上绕过了德波《景观社会》的批判性内核。就此而言，凯尔纳对于德波景观社会理论"过于单一抽象"的批评，多少有些无的放矢。他实际上并没有能够进入德波原初的理论语境与之展开对话，更多只是化用了德波的一些具体观点。

从这种意义上说，20世纪末德波提出的"景观"在美国文化研究领域的概念旅行并不充分。尽管凯尔纳试图桥接理论思辨与经验分析的意图值得肯定，而且是众多研究者孜孜以求的理想状态，但从"景观"到"奇观"的误读，恰恰提醒我们不仅要注意特定概念的定义，更要关注原作者提出这一概念时的理论与现实关切及其身处的时代语境。

四、评价与反思

诚然，无论是德波对于第二次世界大战后资本主义社会批判性的判断还是《景观社会》对于这些观点的论述，都算不上特别严密和系统，但它们依然以敏锐的感受力和精到的语言，准确而犀利地道出了二战后法国普罗大众感受到却难以言说的困顿与茫然。资本主义的商品逻辑弥散在整个社会之中，取消了除消费以外几乎一切自我实现的方式与衡量"幸福"的标准，使公众无法理解造成这种"既富足又贫乏"的局面的症结，于是更无法抵抗、无力还击。而《景观社会》的重要价值正体现于贡献了若干具有启发性和号召力的概念，帮助人们看穿福利国家制度下"镀了金的贫困"。

或许正因如此，《景观社会》这本小书在二战后的西方激进思潮中大放异彩，其所引发的反响丝毫不亚于一般意义上的学术专著。更重要的是，德波基于自身驳杂的知识积累和丰富的生活经历写就《景观社会》，从而使这部作品处在多种思想脉络的纵横交织处。读者如若回溯和爬梳德波观点背后承前启后的思想史关系，由一本《景观社会》触类旁通，就能将 20 世纪以降西方社会普遍的关切、隐忧与知识界所做的集体反思作为一幅全景收于眼底。

需要注意的是，当德波以及后来那些承袭他观点的学者，声称当今世界已然呈现为以视觉为主导、影像施展魔力的"影像社会"时，并不是真的在说现实社会的运转全然脱离了基础性的、物质性的生产活动。这类表述中其实含有通过夸张的修辞引起读者关注的意图。这就意味着，注意到影像与表象的重要性仅仅是反思与探究的开始，真正关键的任务在于回答接下来的问题——究竟是何种社会力量与历史浪潮，使传统的物质生产活动中心从使用和交换，转移到了当下的"看"与"被看"、凝视与炫示之中？在这种新的经济之中，价值的源泉寓于何处，交换的动力又源于何种渴求？而在社会交换的价值逻辑与游戏规则发生总体性的转换以后，社会的权力结构中新的中心与边缘分别是什么？新的宰制性力量如何施展身手？谁又将受困于陷落的社会边缘，并因此饱尝丧失与匮乏之痛？因此，德波的研究仅仅是一个起点，他对景观社会的分析引导着我们看向这样一些更加深刻、复杂的问题——在一个由景观统治的世界里，或者说，在一种万事万物唯有被表象、成为表象才能被视同为"存在"的境况中，决定哪些存在者可以因为获得被表象的机会而存在、哪些被遮蔽的力量与秩序究竟是什么？那些获得表象的存在者何以能够获得表现，或者换句话说，它们为了在一个"表象为王"的世界里使自身可见，需要付出什么、阉割什么？

尽管德波后来写作《〈景观社会〉评论》时，拒绝给出具体的"解放策略"，但并不能因此认为他是虚无的、颓丧的。相反，拒绝开具任何药方更多源于一种悲观的审慎。晚年的德波已经清楚地看到世界的图像化，或者说社会的景观化，已然成为一种无处不在的弥散的权力。而以计算机为代表的新技术更为此添砖加瓦，催生了一种一统人类一切认识与行动的逻辑图底与控制性力量。自情境主义国际运动在"五月风暴"中分崩离析后，德波再也没能找到能够说服自己、说服他人的解放路径，但他坚信，《景观社会》中对于时代的诊断，依然具有生生不息的阐释力和启发性。或许在他看来，对于现代社会之中挣扎的大多数来说，即便受到无形、无相又无所不在的景观宰制的命运此刻无从逃脱，但人们依然有权利也有必要获知他们被给予的究竟是怎样一种宿命。如此一来，至少当那种此刻谁也说不清何时会来、会如何来的转机出现时，久经景观之苦的人们能够及早辨认出这只最后从潘多拉的魔盒里飞出的金蜜蜂，不与希望失之交臂。

（张婧妍）

参 考 文 献

〔英〕安迪·梅里菲尔德：《居伊·德波》，赵柔柔、崔晓红译，北京：北京大学出版社，2011。

〔美〕道格拉斯·凯尔纳：《媒体奇观：当代美国社会文化透视》，史安斌译，北京：清华大学出版社，2003。

〔法〕居伊·德波：《景观社会》，张新木译，南京：南京大学出版社，2017。

《马克思恩格斯选集》第二卷，北京：人民出版社，2012。

拓 展 阅 读

〔美〕道格拉斯·凯尔纳、斯蒂文·贝斯特：《后现代理论：批判性的质疑》，张志斌译，北京：中央编译出版社，2011。

〔法〕居伊·德波：《景观社会评论》，梁虹译，桂林：广西师范大学出版社，2007。

《符号互动论：视角和方法》

一般的美国社会学史书写都会把第一个社会学芝加哥学派划分为三个阶段：第一个阶段的代表人物是阿尔比恩·斯莫尔（Albion Small）和威廉·托马斯；第二个阶段的代表人物是乔治·赫伯特·米德和罗伯特·帕克；而第三个阶段的代表人物是埃弗雷特·休斯（Everett Hughes）和赫伯特·布鲁默。休斯和布鲁默将帕克的城市社会学和米德的符号互动论发挥到了极致。而且正是在布鲁默的不懈努力下，符号互动论得到了发扬光大，并成为第二个社会学芝加哥学派的重要理论取向。《符号互动论：视角和方法》是布鲁默出版的一部论文集，这本书呈现了布鲁默为符号互动论所做的巨大贡献，同时也被视为符号互动论的集大成之作。该书强调传播和交往（communication）在自我和社会形成中的基础性作用，这给予传播学理解和探索"传播"以全新的视角。

一、成书背景

1925 年，25 岁的赫伯特·布鲁默进入芝加哥大学社会学系学习，这一时期的社会学系如日中天，社会学芝加哥学派正在帕克的领导下走向巅峰。在社会学"圣城"芝加哥，布鲁默师从当时给社会学系开设社会心理学课程的米德，并获得了博士学位。与许多同学一样，布鲁默被米德的社会行为主义理论所吸引和折服。1931 年米德去世，布鲁默接替了米德的社会心理学教席。

布鲁默不仅被看作米德的接班人，他同样受到了帕克的青睐。20 世纪 30 年代，他被帕克推荐参与了佩恩基金项目的研究，并因为《电影与行为》和《电影与犯罪》两部书的出版而年少成名。他很早就参与了美国社会学学会的工作并长期担任秘书长。这一切都表明布鲁默会在 1933 年帕克退休后，成为社会学芝加哥学派的接班人。

然而 1935 年，东部几个藤校的社会学家在帕森斯的领导下发动了"叛乱"，他们成立了一个青年社会科学家团体，不受由芝加哥大学掌控的美国社会学会的组织和约束；还创刊了《美国社会学评论》，与学会的会刊《美国社会学杂志》分庭抗礼。"叛乱"的发生导致布鲁默的学会秘书长职务被罢免。1936 年，布鲁默又在系主任之争中输给了定量研究的代表人物奥格本。

在 1936—1951 年的 15 年中，奥格本一直是芝加哥大学社会学系的主任，失意的布鲁默将主要精力放在主办《美国社会学杂志》上，而他的理论建树则主要体现在继承并发展"符号互动论"上。1937 年，他第一次将"社会行为主义"命名为符号互动论，此后不断从理论和方法上完善这一理论系谱。米德的"社会行为主义"是对华生"行为主义理论"的一种回应，但这一命名将米德的理论局限于社会心理学的非主流领域，极大地限制了这一理论的发展。而布鲁默的命名和体系化的努力则使该理论成为美国社会学的重要理论传统。

1952 年，奥格本退休，原本铁定接任的布鲁默再次在系主任之争中败北。此后不久，他前往加州大学伯克利分校担任社会学系主任，第一个芝加哥学派宣告落幕。然而，随着他的学生如戈夫曼等人的迅速崛起，第二个芝加哥学派开始登上历史舞台。第二个芝加哥学派高举符号互动论的大旗，因此该学派也可以被看作米德主义的复兴。1969 年，与芝加哥大学再无瓜葛的布鲁默在他退休后的 69 岁之年，将他一生关于符号互动论的重要论文以《符号互动论：视角和方法》为题结集出版（Blumer，1969）。

这部论文集共包含十二个章节。具体来说，第一章为"符号互动论的方法论立场"，详细介绍了以米德思想为核心的符号互动论，以及布鲁默本人发展出的符号互动论的方法论，这一章占了全书四分之一的篇幅，是该书最重要的章节；第二章为"乔治·赫伯特·米德思想的社会学影响"；第三章为"作为符号互动的社会"；第四章为"态度和社会行为"；第五章为"人类群体的心理学意义"；第六章为"对托马斯和兹纳涅茨基《身处欧美的波兰农民》之评价"；第七章为"社会学分析和'变量'"；第八章为"社会理论哪里错了"；第九章为"没有概念的科学"；第十章为"社会心理学里'概念'的问题"；第十一章为"对大众媒介效果研究的建议"；第十二章为"公共舆论和公共舆论调查"。需要指出的是，论文集中若干章节在 1937 年以后已经作为演讲词或论文发表，有一些内容也被重复论述。各章节写作的时间也并非出版时间，有相当一部分内容在 20 世纪 40 年代已经发表。

布鲁默指出，该书的写作主要有两个目的，一是介绍符号互动论理论，二是介绍符号互动论的方法论取向。但是从具体章节来看，论文集所包含的内容和涉及的话题更广泛。整部论文集是布鲁默在其辉煌又跌宕起伏的学术生涯晚年对几个最核心议题的总结和回应，主要包括三个方面：符号互动论的理论与方法（第一、二、三章）；社会学和社会心理学的理论与方法（第四章至第十章）以及传播研究（第十一、十二章）。

二、符号互动论的理论与方法

布鲁默开篇即提出了符号互动论的三大前提：第一，人类对事物的行为建立在事物对人类所具有的意义之上，这里所说的"事物"包括人类在世界遇到的全部，例如客观物体、其他人、组织机构，以及观念等；第二，这些事物的意义来自，或者说生发于交往之间；第三，事物的意义通过人的处理和阐释被不断修改。在详细阐释这些前提时，布鲁默强调了如下观点：流行的心理学观点旨在用"刺激—反应"机制去探讨人的行为和心理，但这是完全错误的。"意义"在人类活动中占有至关重要的地位，遗憾的是，其重要性被学界忽视了。符号互动论强调

"人"的主体性，认为人具有解释所谓"刺激"的能力，而解释刺激的过程对人的认知和行为有重要的意义。传统观点或认为"意义"先验性地附着在物体之上，或认为意义是纯粹的心理反应，但符号互动论眼中的"意义"与这两种观点都不同。符号互动论认为，意义是通过人与人互动产生的，并且因此是一种"社会产物"。不过，倘若认为"意义"完全来自社会中的他人，也不正确，因为符号互动论还强调每个主体都会对事物进行主观阐释。主体的阐释过程既包括同自我交流的能力，也包括与其他事物互动的能力。基于这三个认知前提，符号互动论认为，社会的本质是人的团体，而基本单元就是人与人之间的互动。互动是符号性的，人类的交往依赖符号。文化、社会结构等抽象的概念也来自人们的行为和互动。布鲁默旗帜鲜明地反对将组织和结构看成自动的、有内在机理的、先于"人"而存在的。

符号互动论对"自我"的形成有着特殊的认知，其观点主要来自米德。布鲁默指出，米德的理论瓦解了传统哲学、心理学和社会学的认知基础。传统的认知基础是人的心灵和自我是给定的，人的认识对象也是自带意义的，人就是对这些给定的意义做出反应，人只是一个中介。米德认为，"人"不是这样的。米德把"自我"看成一个过程，而不是一个内化了价值和概念、盛满了需求和欲望的结构。自我本身就是一个带有反思的形成过程。自我分为主我和客我。简要说来，他人的态度组成了一个有组织的"客我"，而"主我"做出相应的反应，二者在不停的互动中建构自我。"自我"的形成要经历三个阶段，在玩耍阶段和游戏阶段，人类通过人际传播完成自我的建构。但是真正的飞跃发生于形成"泛化的他人"这一阶段，即主体认识到共同体的态度。事物的意义对不同的主体来说不尽相同，但主体对事物意义的阐释过程会受到他人如何对待事物的影响。所谓"理解"，就是双方或多方的阐释结果一致。因为自我的形成、意义的发生等都有赖于互动，社会始终处于形成的过程中，而非先验存在或者恒定不变。但同时，社会处于形成的过程中并不意味着历史不重要，相反，所有交往都有一定的背景，而背景是由过去所发生的事情决定的。因此，无论是考察人还是组织，都需要考察历史。然而，历史的视角也被主流心理学和社会学忽略了。

尽管布鲁默忠实继承了米德的理论观点，但是他对米德未能将其思想的方法论阐释清楚不甚满意。基于此，布鲁默发展了符号互动论的方法论立场。他指出，符号互动论是一种研究社会的理论而不是哲学思想，它是用来验证人类群体生活和人类行为的。这一立场为符号互动论指导经验研究提供了基础。此外，布鲁默认为由人类行为组成的经验世界和"科学观察"的世界并不一样，对于社会科学来说，"现实"只存在于真实的经验世界中，而不在其他任何地方。布鲁默不认为对世界的认知只能通过不断发展的科学技术——尤其是物理——来实现，但心理学和社会学尤其迷信这一点。布鲁默认为，对经验世界"仔细而诚实"的研究需要直面现实，然后回到现实，流行的观点所认为的不断发展的定量研究的技术就是方法论是完全错误的。

在布鲁默看来，方法论指的是对潜藏在科学探索之施行（the conduct of scientific inquiry）背后的原则的逻辑研究。因此，那些定量研究的技术只能算是方法。基于统计发展起来的定量研究有着致命的问题。这些研究者没有意识到自己选择特定研究问题、方法，获得数据以及阐释数据等这一系列过程中都充满了假设和偏见，他们研究的是"经过选择的世界"，而不是经验世界本身。更加糟糕的是，社会学被这一套研究程序和研究思维所统治，研究者对这套看起来"科学"的方法设计习以为常，不加反思。现在的社会学家根本不了解、不熟悉他们的研究对象，一直是旁观者和局外人。所以他们一直在用带有个人和学术团体鲜明印记的"印象"去趋近研究对象，而这从根本上扭曲了研究对象。并且，社会学家往往被两种错误的观念——利用专业工具才能了解世界，以及要客观——所误导，而不认为了解自己的研究对象是必要的。

既然流行的定量研究有如此严重的问题，那什么才是布鲁默认为正确的研究方法呢？他提出了探索和检验（exploration and inspection）这两种研究方法。探索指的是，不带任何假设地与研究对象熟悉，一开始是全面观察研究对象，不聚焦于某一点，随着研究的推进，不断调整观察方向，研究问题也由此生发出来。这个过程非常灵活，可以采用直接观察、采访、倾听、探索历史、使用书信和日记、安排群体访谈等形式，没有固定的方法，也没有固定的程序，一切视情况而定。因此，对将符号交往理论奉为圭臬的研究者来说，第一步就是要以研究对象的眼光去看问题。不过布鲁默提醒道，如果能顺利地找到一些"知情丰富"的人，会非常有利于研究的开展。而接触一些这样的人，也比使用"代表性样本"有用得多。在探索的过程中，研究者还要不停测试和挑战假设和观念，达尔文的做法提供了两个思路。第一，不要抗拒回答研究中浮现的任何问题，哪怕看起来荒谬或者无关紧要。第二，记录一切看起来挑战了既有认知和传统观念的情况，无论是有趣的还是奇怪的，无论是否与研究问题有关。

检验指的是分析过程（analysis）。研究者在这一过程中要致力于将发掘的研究问题理论化，探索事物之间的联系，概念化研究结果，探索理论的架构。对质性方法来说，确定分析的元素尤其重要，比如整合、社会流动、同化、克里斯马领导气质等，都是典型的分析元素。布鲁默指出，如此看来，分析的过程似乎和定量研究的那套操作差不多，但是因为出发点不同，两者有本质区别。符号互动论的方法论指向的是"实际发生的事情"，而定量研究者们只是在研究"他们想象中发生的事"。布鲁默强调，有人试图通过量化操作去测试"自我""自我认知""社会化程度"，这是对符号交往理论的彻底误解。如果要说明符号交往理论是错误的，也只能回到经验世界里去证明，而不是通过实验室或者量表。

布鲁默还指出，符号互动论不仅可以用于观察人与人层面的交流和互动，还可以观察集体层面的，例如机构与机构之间、国家与国家之间的互动和交流。关键是要注意主体之间如何互相定义和交往。研究者要探索互动过程如何被维持、改变、重塑、转化，牵涉其中的主体如何互相适应或者起冲突，集体层面的互动背景，也就是互动背后的结构性力量是具有研究意义的。不过，结构性的力量并不左右或决定一切。如果像结构功能主义那样把社会系统看成是设计好的、完满的、各部分互相合作各司其职的，也是不正确的。在符号互动论看来，相反，互动之中充满了矛盾和对抗。

布鲁默用一句话总结了符号互动论的理论和方法论立场：尊重经验

世界的本质，并组织一种方法论立场来反映这种尊重。布鲁默指出，在社会学领域为符号互动论做出贡献的人包括查尔斯·霍顿·库利、威廉·托马斯、弗洛里安·兹纳涅茨基（Florian Znaniecki）、罗伯特·帕克、伯吉斯（Burgess）、法里斯（Farris）、詹姆斯·威廉姆斯（James Williams），在学科外，则有威廉·詹姆斯，约翰·杜威和乔治·赫伯特·米德。

三、反思社会学的理论与方法

在 20 世纪 30 年代以前，社会心理学是美国社会学家最普遍的专业选择，因此，社会心理学也是社会学最重要的分支（周晓虹，2004）。作为那个时代的社会学家，布鲁默对社会学和社会心理学的讨论，常常是交织在一起的，该书的第四章至第十章，讨论的就是社会学和社会心理学的理论和方法。具体说来，对托马斯和兹纳涅茨基的巨著《身处欧美的波兰农民》的评述，反映了布鲁默所支持和提倡的研究路径和方法。围绕着"如何提出概念"，布鲁默着重阐释社会学与社会心理学能否成为、何以成为一门"科学"。

通过对波兰移民家庭的书信往来和生活史的研究，《身处欧美的波兰农民》探索了移民的社会心理与城市生活适应性问题。布鲁默给予该研究极高的评价，称作者尝试为科学的社会研究和形成科学的社会理论提供基础。托马斯和兹纳涅茨基的尝试有四个主要方面：第一，尝试反映复杂的文明社会生活的特征。现有的理论不反映社会变迁，但是，现代社会的特点正在不断变迁和不断再形成。并且，这种尝试导向一个社会理论，这个理论想要实现的是社会控制。第二，尝试以符合人类社会生活中交往的本质的路径去研究社会，既考虑客观的历史文化社会情境，又考虑主观的经历和认知，还考虑两者之间的互动，尝试发现"社会形成的法则"（laws of social becoming）。第三，创造性地使用一种既保存了人类主观经验但本身又客观的材料，去达到第一与第二所述之目的，这种材料被称为"人类档案"（human documents），书信和日记是典型代表。第四，提出了一个用以研究社会生活的概念框架，确定了

"文化变迁""社会融合"等分析性框架。这些分析性框架不仅能够帮助和指导研究者使用材料，而且能帮助研究者以同等的框架去研究不同的社会，以期在比较中形成更宏观的理论。

布鲁默认为，托马斯和兹纳涅茨基对材料和概念的处理是天才性的，他们非常善于从纷繁复杂的材料中提取出最核心的部分，也善于提出一般化的概念。布鲁默深知，一些迷信"自然方法论"的社会科学家会质疑使用人类档案是不是科学的，是不是在"客观地"研究主观经历。但是在布鲁默看来，使用这些材料完全没有问题。人类档案极具价值，它帮助学生趋近研究对象、理解研究对象、发现问题、发展理论框架。对读者来说，人类档案同样有类似的价值。和作者一样，读者也是通过档案中活生生的描述，去趋近、理解和认知的。布鲁默承认，研究者对材料的阐释也可以是多样的，因此研究的分析是否有价值很大程度上取决于研究者的经验、智力和技巧，而且，也不能迷信材料。对材料的阐释要经过不断的测试，测试的方式包括逻辑推断/批判，运用更广泛的人类经验，等等。

布鲁默称《身处欧美的波兰农民》为开展科学的社会研究和形成科学的社会理论提供了基础，那么究竟什么才是"科学的社会研究和社会理论"呢？社会科学在何种意义上是"科学"的？布鲁默批评同时代的心理学家和社会学家痴迷于改进"定量方法"和"实验方法"，忽略了社会与自然界本质的不同的做法，认为改良研究方法不过是缘木求鱼。布鲁默认为物理和数学是科学的代表，但是使用物理和数学的研究成果去研究社会科学，不过是舍近求远，真正需要向物理和数学学习的，是这样的学科如何发展概念，如何处理理论（theory）、问题（inquiry）和经验事实（empirical fact）之间的关系。布鲁默指出，理论、问题和经验事实在研究中是交织在一起的，理论指导问题，在问题的观照下去分析事实、凝缩和提取事实，而分析的结果又反过来影响理论的搭建。但是，主流的社会学恰恰相反，大量的和还在生长的现实被忽视，研究者与经验世界已经完全脱节。在自成体系的"提出假设—确定变量—收集数据—分析变量"的研究中，研究问题是那些"能被回答的问题"，这些问题是方法和操作程序决定的，而不是理论和现实决定的。

布鲁默认为，社会学和社会心理学对"概念"的误用，以及这两门学科缺乏"概念"，是它们尚不能成为科学的主要原因。在布鲁默看来，概念绝不仅仅是一个工具，它应该为我们观察世界提供特定的视角。举例来说，心理学中常用的"态度"，其实不能被视为一个科学的概念。一个经验科学中的概念必须符合三个条件。第一，必须明确指向确定的经验对象；第二，必须把这个确定的经验对象同其他的分类区别开来；第三，必须保证围绕着这个经验对象的知识能不断积累，对它的认知能不断深入。"态度"恰恰相反，因为说不清它具体包含了什么实际内容，所以它和什么都能联系起来，且无法和刺激（drive）、欲望（appetite）、感受（feeling）明确区分开来。虽然现在涌现出无数对"态度"的研究，但是对于态度的本质，我们今天所知道的，并不会比 20 年前更多，核心知识并没有增加。但荒谬的是，所有对态度的研究似乎都建立在已经知道"态度"是什么上。

按照布鲁默的看法，社会学和社会心理学应该使用何种概念，又如何用这些概念来形成理论呢？他提出了敏化概念（sensitizing concept）这个说法。敏化概念基于"感觉"（sense），从经验事实出发，而且是那些看起来不言而喻，但实际上内涵丰富的"常识"。这类概念包括文化、制度、社会结构、性格、道德、社会融合，等等。虽然这种概念缺乏"定义性概念"（definitive concept）——出生率、离婚率等——所具有的对属性和事件的精确说明，却是在事实和理论之间能搭建的唯一桥梁。从敏化概念出发，其内涵和外延一开始是非常混沌的，研究问题也不甚明朗，但是，这个概念带领研究者去探索世界的本质，通过忠实的描述和精致而富有想象力的分析来修正理论和对概念本身的认识。因为敏化概念的存在，理论、问题和经验事实处于不断的互动之中。

四、对效果研究的批判与反思

布鲁默在参加佩恩基金会项目——电影媒介对儿童受众的影响效果研究时，即开始采用与心理学家偏爱的实验法和统计学家偏爱的计量方法有所不同的研究路径。正是在这种不同学派的交锋中，布鲁默批评了主流的"大众媒介效果研究"和"公共舆论研究"路径，并提出了自己的观点。他总结了主流媒介效果研究的"研究路径"：确定"影响来源（如电视，或者一档节目）"，"被影响的人群（按照性别、年龄、种族等划分）"和"效果（同质性地划分为感动、反感等）"，三要素尽量明确，然后通过变量分析，形成三个要素之间确定且固定的关系，得出"什么样的因素对何种人群能产生何种效果"这样的结论。

布鲁默在根本上不认同这套"流程"，在他看来，这套"流程"没有真实反映大众媒体是如何在现实世界中运行的，因此，提出的研究问题是虚假的，得到的一般化推论也是错误的。布鲁默指出，要探索媒介的影响，先要考虑另外三方面的内容。第一，传播的内容和形式，这不仅包括所研究的媒体，还包括接触的其他媒体的内容和形式。第二，反应的内容和形式，即人们在何种情况下，用何种方法去理解传播的内容，这就是人与媒介、人与人的交互过程。第三，所有交流互相影响、互相联系的本质。基于这三点，一方面，布鲁默认为传播的内容、反应的内容和交互的方式都非常多样，那种试图研究"电视对民众投票的影响"的做法，在根本上提错了问题。布鲁默批评拉扎斯菲尔德和贝雷尔森的伊利研究和埃尔迈拉研究是"自命不凡"。通过布鲁默提出的视角，扎斯菲尔德和贝雷尔森得出的所谓结论——大众媒介的效果是有限的和最小化的——是显而易见的。而且，他们的研究结论也缺乏一般化，即深化成理论的基础。另一方面，心理学实验的方法看似严谨，控制各种变量，但是也不符合真实世界的情境。而且，由于研究者迫切希望在变量之间建立确定和明晰的关系，存在着进一步简化要素和关系的危险。

因此，布鲁默提出，研究大众媒介效果要用不同的分析思路和研究方法，从根本上，要注重五点。第一，对于媒介影响的效果研究应该严格地反映这个影响在经验世界里如何运行，传统的研究程序在这方面或许更加有力。布鲁默没有说明传统的研究程序究竟是什么，但他在研究电影媒介对儿童受众的影响效果时，使用了芝加哥社会学家常用的日记、案例等质化方法。第二，要确定人们面对媒体影响时的情感和认知状态，包括受众先验的立场、人际互动的状况，等等；而且要注意，这种情感和认知状况有其"集体性"的一面，不是原子化的个人所持有

239

的。第三，对任何既定媒介影响的效果研究都必须把此既定媒介影响放在与其他影响也相关的情况下考虑。第四，要考虑媒介影响是如何进入受众的生命历程以及受众是如何去阐释它的，而不是直接判定为积极影响、消极影响等。第五，必须考虑所谓"效果"的宽度。例如，如果要研究电视对投票意愿的影响，必须同时探索受众是如何被节目中各种相关的事情所影响，节目除了形塑候选人的形象，很有可能也影响了人们对党派的观点、人们对党派和政治事务本来持有的观点等。同时，还要考虑媒介影响发生的时空情境和历史情境。

除效果研究外，布鲁默关注的另一个传播研究的主题是公共舆论。第十二章的主要论点是：公共舆论调查（public opinion polling）不是研究公共舆论的合适手段。要正确地研究公共舆论，首先要明白公共舆论有什么特点。布鲁默承认，我们对公共舆论了解得还不够深入，但是通过经验观察和逻辑推导，能够得出一些基本的结论。第一，公共舆论在社会中占有一定的位置，并且在社会运作中发挥一定的作用；第二，社会中不仅有个人，也包含各种各样的组织，例如工会、公司，不同的个人在这些团体中扮演不同的角色，如领导者、参与者等；第三，这些组织或团体通过社会中的渠道发挥作用、互相影响；第四，这些组织或团体中有一些关键人物，这些人物是我们了解这些组织及其运作的核心；第五，公共舆论形成的核心是社会组织或团体之间的互动，而不是个人，所谓"每个人在言论平台上自由发声"是理想而不是现实，事实上，不同个体在舆论形成的过程中起到的作用千差万别；第六，公共舆论由多种多样的声音和立场组成，个体对这些不同的声音和立场会有各种反应。对个人来说，要面对和评价的公共舆论是各种各样的，甚至是相互矛盾的声音。个人进行评价的具体过程很难总结，但可以确定的是，个人只考虑那些"重要的意见"，而所谓"重要的"意见，主要是指意见的发声者/发声组织具有权力和声望。

布鲁默指出，现在的公共舆论调查并不关心上述"公共舆论"的特点，而只关心抽样。抽样的核心假设是把社会看作平等的、离散的个人的集合，每个人的角色和作用是一模一样的，舆论因此被视为一种"量"的累积。这种舆论调查之所以被视作有效，是因为它能准确地预测投票结果。但是，布鲁默指出，这仅对一人一票的投票结果预测有效，并不能据此推断"公共舆论调查是正确的研究公共舆论的方法"。事实上，每个人在舆论中绝不是扮演着"一模一样"的角色。个人的有些行为可能更加偏向原子化，例如买牙膏、读报纸，但是公共舆论，绝不是原子化个人意见的简单叠加，而是各组织博弈的结果，是权力和声望的交锋。抽样用在调查消费者中或可取得成功，但绝不适用于研究公共舆论。

五、评价与反思

从历时性和共时性两个维度出发，可以更好地理解以布鲁默为代表的芝加哥社会学派的观点。第一个维度是历时性的，符号互动论在很大程度上是美国"进步主义时期"的产物。欧洲大陆哲学和精英主义视角下无知、原子化的大众形象在深受进步主义感染的美国受到了挑战，"人"的主体性以及相互之间的交往受到前所未有的重视。芝加哥学派的研究路径也深受实用主义哲学的影响，主张用思想与行动去把握世界。人不是被结构控制，也不是历史的旁观者，而是历史的参与者、创造者。芝加哥学派强调经验研究，强调尊重经验事实，把社会学从思辨中解放出来，真正赋予了社会学经验和实践的品质。社会学贡献的知识和理论甚至有了影响社会、改造社会的力量。第二个维度是共时性的，按照符号互动论的观点，要充分理解布鲁默思想的内涵，必须了解他在与谁对话，就什么样的话题对话。在大师辈出的年代，布鲁默有很多理论对手。例如，社会心理学界有注重实验的耶鲁学派，社会学领域有来自帕森斯的挑战，方法论上拉扎斯菲尔德和默顿领衔的哥伦比亚学派极为强势。布鲁默就是在与他们的交锋中，发展、完善、坚定了符号互动论。

虽然布鲁默认为符号互动论是社会学领域最优秀的理论，但是这一理论并非无懈可击。本质上来说，符号互动论是"反理论"的，因为一切是互相建构的，一切处于形成中，没有什么客观的、不变的框架可供搭建，只可能在特定情境中剖析特定事件。着眼点过于琐碎和细微，没有宏观视野，缺乏对社会结构的把握，都是这一理论的缺陷。在研究方法上，虽然布鲁默详细论述了质性研究如何是科学的，但是因其过于强调"去操作性"，学生难以模仿、难以进步，质性研究的质量就依赖抽象的"经验"和"能力"，这妨碍了学术理想的传承和共同体的建立。

（解佳）

参 考 文 献

Blumer，H.，*Symbolic Interactionism*：*Perspective and Method*，New Jersey：Prentice-Hall，1969.

周晓虹：《芝加哥社会学派的贡献与局限》，《社会科学研究》，2004（6）。

拓 展 阅 读

Blumer，H.，*Movies and Conduct*，New York：Arno Press，1970.

胡翼青：《再度发言：论社会学芝加哥学派传播思想》，北京：中国大百科全书出版社，2007。

让·鲍德里亚

《消费社会》

在《资本论》中，马克思曾分析道："资本主义生产方式占统治地位的社会的财富，表现为'庞大的商品堆积'。"（马克思、恩格斯，2012：95）这一经典的论断后来被居伊·德波在《景观社会》中"异轨"为："在现代生产条件占统治地位的各个社会中，整个社会生活显示为一种巨大的景观的积累。"（德波，2017：3）整个 20 世纪 60 年代，类似的观点在法国左翼学者中广为流传，成为很多人学术研究的起点，让·鲍德里亚正是其中一员。风起云涌的 20 世纪 60 年代，初出茅庐的鲍德里亚身处风暴中心，观察着那个时代中人们共同经历的剥夺，也直接参与到他们的抵抗之中。这段岁月最终积淀成为他的成名作《消费社会》。在这部作品中，鲍德里亚在马克思与德波的观点之间编织了一个体现自身创见的接合——当代社会的财富或曰"丰裕"通过堆积如山的商品获得彰显，然而这些商品是没有实际使用价值的"景观"，或者用鲍德里亚自己的话说，是一种除了象征以外别无他用的"符号商品"。《消费社会》是如何论述这种接合的？鲍德里亚又是如何以此为起点展开自己的思想地图的呢？

一、成书背景

1929 年，鲍德里亚出生在法国东北部小城兰斯的一个平凡人家。

用今天的话说，这是一个典型的"草根家庭"。鲍德里亚的祖父是一位地道的农民，而父母则是普普通通的公务员。作为家中独子的鲍德里亚在他的整个少年时代中虽然并不特别拮据，但也同"精英""品位""上流社会"云云丝毫不沾边。

与此形成鲜明反差的是，少年时期的鲍德里亚在法国赫赫有名的"贵族学校"亨利四世中学接受了典型的精英教育。这间创办于 1791 年的中学前身是本笃会士隐居的修道院，位于学府云集的巴黎"拉丁区"。培养了众多文化名人与思想巨擘的索邦大学、巴黎高等师范学校以及在法国知识界具有举足轻重地位的法兰西学院皆位于此地。具有如此雄厚办学条件的亨利四世中学，招收的学生绝大部分来自法国的上流阶层，而鲍德里亚是个特例。高中毕业后，鲍德里亚在升学考试中接连失利，不仅没能取得法国顶尖学府巴黎高等师范学校的入学资格，甚至没能顺利就读一所一般的大学。根据鲍德里亚自己的说法，他在经历了一段"曲折的道路"后，终于得以在 20 世纪 60 年代初期进入索邦大学学习德语。然而好景不长，他随后又在大学教师资格考试中失意，最后选择进入一所中学教授德语。

可以说，在 20 世纪 60 年代的前半段，鲍德里亚的境遇在很多时候都是身处中心的边缘人。他从中学时代开始，就亲身体验到了法国悬殊的阶级差异与阶层固化，并且不断体会到阶层区隔透过教育在文化领域的复制与再生产。鲍德里亚后来对第二次世界大战后福利国家制度制造的虚假繁荣、各种公共服务开支中的虚伪承诺的批判，实际上有很大一部分也是他亲身经历过的。不过，在辗转不同中学担任德语教师的那些年中，鲍德里亚对学术的向往依然没有熄灭。他不仅出于个人兴趣翻译了马克思的《德意志意识形态》、布莱希特的《流亡对话》、弗里德里希·荷尔德林（Friedrich Hölderlin）与德国作家彼得·魏斯（Peter Weiss）的《玛哈/萨得》等知名德语作品，也经常在当时法国著名的文艺杂志《现代》上发表文章。与此同时，他还开始接触莫斯的人类学著作，被其中关于原始部落"夸富宴"的描写以及其中呈现的独特价值逻辑深深吸引。这些早期积累，日后都反映在鲍德里亚的著作中，并且贯穿他一生的学术思考。

　　幸运的是，鲍德里亚最终还是借由曾让他屡屡受挫的高等教育争取到了人生的转机。他于 1966 年取得了在高等实验学校亦译为"高等研究实践学院""高等研究院""法国高等研究学院""法国高等研究实验学院"等）参加罗兰·巴特开设的研讨班的机会，同时也在当时重要的西方马克思主义旗手亨利·列斐伏尔（Henri Lefebvre）的指导下完成了博士论文《社会学的三种周期》，取得了社会学博士学位。同年，鲍德里亚进入巴黎第五大学担任助教，不久后又转入巴黎第十大学教授社会学，而这所学校还有一个如雷贯耳的名字——巴黎南泰尔大学。它与索邦大学并列 1968 年"五月风暴"的策源地。这样的学缘和业缘关系也让鲍德里亚深度卷入这场社会浪潮，他不仅在晚年自称"30 岁是情境主义者"，而且在参与和观察情景主义国际的革命实践过程中分享了后者对于第二次世界大战后法国福利国家制度的反思与批判性主题。

　　上述种种在 20 世纪 60 年代结束以前塑造了鲍德里亚精神气质的要素和机缘，在《消费社会》一书中均有充分的展现。读者很容易分辨出这些现实与知识背景的所在，并领略到它们在鲍德里亚笔下的交融与碰撞——早年间亲身体验过的阶级区隔和福利国家制度许下的种种虚伪承诺、马克思政治经济学批判的锋芒、列斐伏尔"当代社会表现为一个消费受控制的科层制社会"之论断、结构主义符号学包含的认识论图式和对于当代社会种种"神话"的针砭，以及情境主义国际提出但未及充分展开和学理化的洞见。

二、"消费"社会与"浪费"

　　与人们通常想象中社会危机爆发时应有的情境不同，20 世纪 60 年代的法国在很多以时任总统戴高乐为代表的政客眼中，正处在"浴火重生"，甚至准备"再次腾飞"的阶段。在福利国家制度的指挥棒下，扩大就业与增加社会福祉成为政府主要的治理目标，而法国的经济也在美国的支援下迅速恢复，大学入学率上升，国民消费水平屡创新高。然而，"五月风暴"却正在此时以始料未及的方式撕裂了法国社会平静的表象。为何矛盾和危机偏偏在这样的时刻、以这样的方式爆发出来？鲍德里亚在《消费社会》一书中，试图为这个问题寻找答案。

鲍德里亚看到，第二次世界大战后的法国福利国家制度为人们勾画了一幅惊人的"丰裕"图景。整个社会就像法国著名百货商店"帕尔利二号"一般，宛如由堆积如山的物品和不断增长的服务所构成的热带丛林，密不透风，不见天日。物的丰裕不仅掩盖了事实上依然触目惊心的阶层区隔与贫富差距，甚至是时间和历史，使人遗忘今夕何夕，身处何方。除了模糊实际存在的社会问题，鲍德里亚还看到更为深层的隐忧——与物的大量繁殖形成反差的是，人们很难在其中寻找到文明的影子。这种由人自己生产出来的物品反过来保卫人、围困人，仿佛科幻小说中的恐怖情景在现实中上演。《消费社会》将生活在物品包围中的现代人类比喻为与狼朝夕相处因而具有了狼的习性的"狼孩"，只不过他们身上沾染的是"物"的习气，在商品与广告交织而成的花花世界中日渐沦为毫无反思能力、听凭欲望驱使的"官能性的人"（波德里亚，2000：2）。更有甚者，在这个被鲍德里亚形容为"消费社会"的世界中，不仅作为个体的人受制于物、听凭物的调遣，作为总体的日常生活乃至整个文明也受到物的重组和支配。鲍德里亚指出，在过去的文明中，物通常表现为一种经久不衰的建筑或者历久弥新的工具，在一代一代人与历史的更替之中沉淀下来。然而，现代消费社会中表现为商品的物，是一种层出不穷并迅速消亡迭代的消耗品，人们亲眼目睹它的诞生，也全程见证它们从不断完善到销声匿迹的全过程。人们的消费行为正是按照这些消费品新陈代谢的节律被组织起来的，物的节奏甚至成为人们安排日常生活和建立社会关系的基准与途径，比如被电视和私人轿车深刻改变的休闲方式，以及琳琅满目但共同彰显着"有品质的生活"的各类炫耀性消费品。以这种观察为基础，鲍德里亚从第二次世界大战后欧洲左翼学者对马克思主义异化批判的讨论和创造性的"挪用"之中，开启了自身对于当代"消费社会"的独特阐释。

理解《消费社会》这部作品乃至鲍德里亚总体思想的钥匙凝结于这样一个问题——他缘何将当代社会称为一个"消费"的社会？或者说，"消费"在何种意义上，被鲍德里亚指认为组织和调节当代社会的"主角"？《消费社会》的确留下了许多关于炫耀性消费、符号商品、广告神话等现代社会现象入木三分的批判，但如果不理解这些内容基于什么样的核心论点才被勾连为彼此相关的整体，只当它们是一个个孤立的零散论断，则会"只见树木，不见森林"。其实，在具体观点之外，《消费社会》最具启发性和想象力的创见，在于它领悟到"消费"在当代社会的意涵远远不止于"占有和使用商品"。"消费"之中蕴含着现代社会的流通法则，抑或说，它就是流通法则本身。这种法则是社会生活隐蔽的支配者与组织者，让全社会的生产与再生产按照它所制定的游戏规则永无止息地循环往复。正是在这种意义上，鲍德里亚将第二次世界大战后西方资本主义社会的新现实概括为"消费社会"。创造这种提法绝不仅是因为消费变得普遍和重要，更是因为它已然成为社会生活必须遵循的新章程，甚至是一种包含社会性压力的新"宗教"。

围绕这一核心论点，鲍德里亚进一步提出了一个有趣的推论——消费社会的灵魂在于"浪费"，仅仅"适度"的消费不足以构成统领整个社会生活的法则。如同鲍德里亚所见，随着第二次世界大战后全球经济的总体复苏，20世纪60年代的西欧资本主义国家普遍呈现出物质财富高度丰裕的状态，处处堆积着远超基本生活需求的商品。然而，资本主义的生产流水线不会也不能因市场的饱和而停息，否则便会陷入滞胀。随之而来的问题便是，谁来为这些商品买单？急剧膨胀的财富如何吸收？能否为这两个问题找到答案直接关系资本主义制度能否安然渡过由其内在缺陷所预埋的增长危机。《消费社会》给出的答案是："浪费"。如果说现代社会早期的"资本主义精神"体现为厉行节约和勤恳工作，那么在鲍德里亚看来，随着资本主义社会发展到物质相当富足的阶段，浪费却成了它所提出的全新伦理要求。这种作为消费社会"美德"甚至是义务的浪费有两种主要表现形式：

一种是作为"制度性浪费"的公共支出。鲍德里亚发现，与人们的常识相悖，消费社会并没有带来个人支出的急剧增长，相反，它带来的是作为第三方的行政部门支出的增长。在20世纪60年代，这正是包括法国在内大量西欧福利国家的社会事实，政府承担了医疗、教育、养老等大量个人开销，与此同时还投入大量资金用于平衡分配不均的社会资源。然而，有趣的是，鲍德里亚发现政府提供的社会福祉之中大有文章。以 1965 年为例，用于保障温饱的资金仅占政府全部社会福利支出的 1％，住房、交通和通信设备等基础设施投入占 13％。与此形成鲜明对比的是，用于教育、文化、体育和健康等"保护人并使其充分发展"的资金在全部支出中所占比例高达 67％。鲍德里亚认为，这种充满迷惑性且开支越发庞大的"社会福利"开销正是导致社会危机在 1968 年 5 月爆发的原因。

鲍德里亚将这种巨大的集体支出形容为"增长的恶性循环"。之所以有这样的判断，是因为虽然法国政府每年将 20％以上的国内生产总值重新分配，但这 20％之中的大部分资金并没有投入人们可以获得和支配的财富和物质设施，而是用于他们的"发展"。然而，鲍德里亚发现，社会阶级的区分与机会的不均等的存在受制于文化和社会因素，与经济投入其实并没有太大关系。即使在校园和接受免费教育资源的学生之中，社会阶级也带来了继承性的、无法缩小的不平等，"其他一些微妙机制所起的作用远远胜过经济机制"（波德里亚，2000：16）。在这种情境下，政府对国民收入的再分配不仅没有带来其所承诺的社会平等，反而大大强化了毫无生气的文化机制。无独有偶，不平等在医疗健康和公共设施领域也以同样的逻辑和方式维系了自身强大的稳定性。

然而，更大的危害在于，这种虚假的"福利"不仅无法真正带来一个更加美好的社会，相反，它还为充满不平等和剥削的现行社会提供了纾解内部危机的缓兵之计。鲍德里亚以汽车消费为例来解释这种资本主义生产机制自身创造的权宜之计：对汽车的消费不仅是购买一件单一的商品，与之相伴生的还有汽油开支、车辆保险、道路维修的公共开支，甚至是发生事故之后的医疗费用。所有这些花销，在消费社会的经济计算规则中，都会被视为消费，也就是说，在名为国内生产总值的统计之下，这些连带的费用并不被视为"消耗"，相反却被视为"增长"。鲍德里亚认为，这种虚幻的"增长"是现代社会中最不寻常的集体性欺骗，通过操纵数字，一种虚假的"丰盛"被凭空捏造出来。相似的逻辑充斥在消费社会的日常运作中，而正如销售烟草的收入和投入治疗肺癌的公共开支一同被视为增长，通过数字的相加，社会体系中消极和积极的内容在经济计算中被模糊和相互抵消了（波德里亚，2000：22）。所有的危害都可以被当作积极的因素和持续发展的契机被社会体系本身所消化。正是在这种意义上，鲍德里亚进一步指出消费社会的"丰裕"之所以是一种幻觉，是因为它绝对不可能消除贫困。在其计算自身增长的规则中，贫困如同社会拖在自己身后保持平衡的风筝。

除了上述集体层面的浪费，支撑消费社会的另一种浪费体现在个体层面，表现为对于符号商品的占有。在鲍德里亚看来，这种占有之所以是浪费，一来是因为人们斥资购买的这些商品大多并不具有实际的使用价值，而仅仅具有作为符号的象征价值。即便以广告为代表的大众传媒在构建一种关于"舒适生活"的消费神话时偶尔会吹嘘某些商品的"实用性"，那些用途所对应的需求也仅仅产生于消费神话之中而并非源自人们的实际生活所需，是"无中生有"的伪需求。二来，正因这些商品没有实际的使用价值，人们购买它们唯一真实的用途便仅仅剩下向他人展示。这种不以使用价值为目的的占有恰恰是为消费社会的文化内核所鼓励的——一掷千金购买只为供他人观赏的摆设，装点丰裕富足的景象。

三、商品的符号系统与消费神话

在上述两种共同维系着消费社会运转、为其提供不竭动力的浪费之中，鲍德里亚对分析后一种个体层面的浪费表现出了更为浓厚的兴趣。结构主义符号学思想对他的塑造尤为集中地表现在对这一主题的讨论之中。《消费社会》中对个体层面的浪费的分析在鲍德里亚的思想体系中也具有承上启下的意义——它上承作者此前在《物体系》中阐发的现代社会的物品之间相互关联、彼此指涉的观点，下启《消费社会》之后《生产之镜》《象征交换与死亡》《符号政治经济学批判》等后期作品中鲍德里亚从马克思"商品拜物教"迈向自己独创的"符号拜物教"的发展。

《消费社会》继承了结构主义人类学有关"神话"在人类社会中作用的界定，而消费在鲍德里亚看来，正是在今天组织着社会生活的全新"神话"。和一般的神话故事一样，它也具有自身的"语言结构"。如前所述，对于商品的狂热构成了鲍德里亚眼中 20 世纪下半叶资本主义社会的重要变化。消费在这一时期不再被理解为生产和劳动的附加过程，而是被当作日常生活中的"奇迹"来加以体验。超市中堆积如山的食品、百货商店橱窗中琳琅满目的商品、令人眼花缭乱的商品广告反复向人们描绘着由"发展""富裕"和"进步"等关键词构成的图景，从而掩盖了真实日常生活的平庸与单调。通过创造出大量令人目眩神迷的象征符号和流行神话，消费如同一种无声的暴力维系着封闭而枯燥的日常生活本身的宁静。这种用幻影代替真实的现象在传媒技术的加持之下更加能够掩人耳目，在遮盖真实世界本身的同时诱导人们安于现状，实现对消费意识形态的控制，平衡资本主义原始积累阶段重积蓄、尚节俭的清教伦理与消费社会中新兴的享乐主义精神之间的冲突，不断帮助后者实现自身的合法化。

作为人类活动的产物，现代社会中的物品所受到的制约并非来自自然规律，而是来自人类社会中的交换价值规则。马克思通过批判揭示了物的使用价值和交换价值规律，向人们展现了资本主义生产中人与人之间的关系已经成为一种物品的关系。而 20 世纪六七十年代的西方马克思主义者在这一基础上提出的拓展性观点认为，资本主义生产方式的异化已经进入了一个新的阶段，将已经被物化的人的关系，进一步偷换为一种象征符号之间的关系。这个主题在居伊·德波那里构成"景观社会"批判的基础，即物的交换被颠倒为一种"景观"的交换。《消费社会》中也表达了类似的观点。鲍德里亚认为，在丰裕的物品堆积之下，人们购买的并不是物的使用价值本身，而是其作为一种符号的象征意义。在这种堆积和丰裕的景象中物总是以成套的形式出现。各种商品不再孤立存在，而是与其他商品一起构成一系列相互对应的网络。消费者与物之间的关系由此发生了改变——物品不会再被单独地提供，人们不会再从特别的用途角度去看待它们，而是从"整套"的意义上理解其全部意义。广告、商标和宣传口号与商品一同强加了一种一致的集体观念，它们彼此之间相互应和的链条构成一种对更为高档的生活方式的暗示，刺激消费者产生一系列更为复杂的动机，从而诱导消费者沿着消费社会的逻辑从一个商品走向另一个商品，陷入一种无休止的欲望之网。

这种逻辑的奥秘就是对物品作为符号的象征价值的操纵，模糊商品的使用价值，将其升华为一种受到似是而非的"氛围"驱使的欲望游戏。

在鲍德里亚看来，目的仅仅在于展示物品象征价值的消费，在形式上肖似原始社会的"夸富宴"。在这种宴席上，人们呼朋唤友，把通过一年劳作收获的作物堆放一处，招待同部落的其他成员。在这些仪式性的节日时刻，作为礼物的物品成为联结社会的纽带，是社会之中约定俗成的让物品流通起来的手段，具有某种宗教性。现代社会的消费行为在这些方面与夸富宴具有相似之处。不过，夸富宴也与现代消费行为有所不同。夸富宴上流动的礼物是抽象神性的物化，是人们在宗教性活动中寻找某种物作为"替身"或者媒介，例如偶像、圣物。这一过程倾向于让恒定的物不断流通、代代相承，但人们并不倾向于将它据为己有，使其成为私人财产。圣物总被预先要求是在社会之中流动的。而现代消费刚好相反，经历的是实在物的抽象化，是物品不断脱离自身实际的使用价值，成为某种象征着丰裕、幸福、财富、社会地位或舒适生活等的抽象符号。而且，不同于原始社会倾向于凭借有限的物无限延伸其流通的时间与空间尺度，消费社会更鼓励在有限的购买链条之中无限充塞数量与种类更多的作为商品的物，最终使人们的身体、休憩、健康等日常生活的每个微小的细节，均成为消费社会的管理对象。在这一过程中被消费的符号商品不同于封建社会作为符号的物，后者是社会性的、制度性的，而现代社会的符号借助广告与传媒炮制的话语强调个性化，即便它们所兜售的商品本质上依然是流水线上批量产出的机械复制品。

四、评价与反思

将《消费社会》的出版与论述重新放置于 20 世纪六七十年代法国结构主义思潮与西方福利国家社会的普遍危机之中，会发现鲍德里亚观点的提出和论证方式与当时的众多学者都可以产生共鸣和呼应，例如亨利·列斐伏尔提出的"当代社会是一个消费受控制的科层制社会"、罗兰·巴特关于流行神话的分析，以及上文提到的居伊·德波关于现代世界表现为"景观"堆积的观点。这个时代的法国学者不约而同地发现，物并不是它本身，而是作为其自身的一种表象上的意义被交换。

这种共同的理解何以形成？在这些观点和论述的背后，既有第二次世界大战后法国活跃的左翼学者积极介绍和运用马克思主义政治经济学思想的影响，也得益于语言学转向之后，索绪尔结构主义语言学提供的全新认识论视角，更有战后欧洲特定社会条件之下，西方左翼学者对物质财富增长之下社会危机和文化焦虑的反思。如同鲍德里亚所言："关于消费的一切意识形态都想让我们相信我们已经进入了一个新纪元，一场决定性的人文'革命'将痛苦而英雄的过去同舒适的消费年代分割开了，这个时代终于能够正视人的欲望。然而事实根本就不是这样。"（波德里亚，2000：64）战后西方社会表面的稳定之下，不仅是结构性的匮乏、心理性贫困和阶层间的不公平问题未能伴随国民财富的重新分配而解决，乔装成一种"福利革命"和"消费民主"的消费行为实际上也与马克思所批判的带来对劳动者的剥削的资本主义生产一样，同属于一个不断刺激生产力以扩大再生产并对其进行控制的巨大逻辑体系。在今天，这一体系凭借一种消费代替生产、"享受"代替劳作的颠倒的表述而具有了十足的欺诈性，无形地渗入日常生活和人们的思想，从而对二者加以规训和操控。

鲍德里亚等学者从日常生活切入对资本主义生产方式的批判也提供了一种文化和社会的研究视角。特别是他们对第二次世界大战后大众文化和大众传媒的关注，在过去的政治经济学批判中是一个很大程度上被忽略的领域。然而，如同这部分学者所揭示的那样，在当代社会，人们消费和占有的并不是物实际的使用价值，而是其作为一种符号的文化意义。因此，对这种行为的分析就很难再通过基于理性计算和需求机制的经济学原理，而更需要从文化和社会的角度，探讨当代的流行文化和大众传媒如何建构起一套不断生产和创造欲望的话语体系，通过摆弄符号，将软性的消费意识形态植入人们的头脑，并实现一种更为隐蔽和有效的社会控制。也正是在这个意义上，《消费社会》对于传播学研究同样是一部重要的学术作品。

（张婧妍）

参 考 文 献

《马克思恩格斯选集》第二卷，北京：人民出版社，2012。

〔法〕让·波德里亚：《消费社会》，刘成富、全志钢译，南京：南京大学出版社，2000。

〔法〕居伊·德波：《景观社会》，张新木译，南京：南京大学出版社，2017。

拓 展 阅 读

〔法〕道格拉斯·凯尔纳编：《波德里亚：批判性的读本》，陈维振、陈明达、王峰译，南京：江苏人民出版社，2005。

〔美〕理查德·沃林：《东风：法国知识分子与 20 世纪 60 年代的遗产》，董树宝译，北京：中央编译出版社，2017。

〔法〕让·鲍德里亚：《符号政治经济学批判》，夏莹译，南京：南京大学出版社，2015。

〔法〕让·鲍德里亚：《生产之镜》，仰海峰译，北京：中央编译出版社，2005。

〔法〕让·鲍德里亚：《物体系》，林志明译，上海：上海人民出版社，2019。

〔法〕让·鲍德里亚：《象征交换与死亡》，车槿山译，南京：译林出版社，2012。

爱德华·霍尔

《无声的语言》

1959 年，承担美国外事人员培训工作的爱德华·霍尔（Edward Hall）在《无声的语言》中首次提出了跨文化传播（intercultural communication）的概念，这本书也成为跨文化传播研究的开山之作。霍尔所创立的跨文化传播学在当时的传播学科中显得有些另类，虽然学科冠名为传播，但霍尔对当时主流的传播学研究范式和内容，如舆论、说服、效果、大众传播媒介等话题并无兴趣，而是从人类学视角出发，将文化看作一个多层次的系统进行研究，致力于讨论跨文化交际的话题。然而，也正是这样的研究旨趣，为传播研究的基因库增添了新的基因。

一、成书背景

霍尔被称为系统地研究跨文化传播的第一人，其研究领域涉及人类学、传播学、心理学等多个学科。霍尔有着非常扎实的人类学教育背景。1936 年，霍尔在丹佛大学获得人类学学士学位；1938 年，在亚利桑那州立大学获得人类学硕士学位；1942 年，在哥伦比亚大学获得人类学博士学位。霍尔博士期间师从拉尔夫·林顿（Ralph Linton），同时也深受人类学家弗朗茨·博厄斯（Franz Boas）和鲁思·本尼迪克特（Ruth Benedict）的影响，博厄斯的语言学面向在很大程度上影响和启发了霍尔借鉴语言结构的分析方法来分析文化结构。1933 年至 1937

年，霍尔在亚利桑那州东北部的印第安保留地，与纳瓦霍族人和霍皮人一起生活和工作。他的职务是建筑队领班，和当地人一起修筑道路和大坝，霍尔在其自传体著作《30年代的美国西部》中讲述了这一段经历。在和印第安人交流的过程中，霍尔意识到在文化差异的作用下，人们互相之间的交流并不只是通过语言，语言之外的元素扮演了更加重要的角色，恰恰是对语言之外的沟通方式的理解决定了来自不同文化的人能否相互理解，言辞所能传达的信息远远少于其所隐匿的信息。20世纪40年代，霍尔应征入伍，先后在欧洲和菲律宾服役，这些经历为霍尔的跨文化传播研究积累了丰富的田野经验。

第二次世界大战后的美国一边通过马歇尔计划帮助欧洲复兴，另一边通过"第四点计划"（Point Four Program）援助和开发落后国家和地区。第四点计划得名于杜鲁门在1949年总统就职演讲中提出的第四点外交政策目标，即美国作为发达国家应当将自身的科技和工业推广到第三世界国家。与马歇尔计划的经济援助目标不同，第四点计划侧重于在第三世界国家展开科学技术的推广。1949年2月9日，美国国务院成立了技术援助小组来推动第四点计划的实行。在这一时期有大量的美国政府工作人员和工程师被外派到世界各地工作，但是这些开发援建工程因为文化隔阂而屡屡碰壁的不在少数。应1946年通过的《外事服务法案》的要求，国务院成立了外派人员培训学院（Foreign Service Institute）以培训涉外人员。霍尔在跨文化传播方面的经验受到了美国政府的高度重视，他于1950年到1955年间担任过第四点计划培训主任，负责为外派人员提供跨文化交际方面的培训。霍尔结合培训工作对自己的田野经验进行总结，同时结合授课实践，形成了解释这些经验的理论框架。1957年底，根据授课教案的内容，霍尔完成了《无声的语言》的初稿。1959年，该书在纽约正式出版。

霍尔并不是一位深居象牙塔的学者，他同时扮演着美国政府的顾问和智库成员的角色，在学术生涯中一直致力于应用人类学为美国涉外事务服务。霍尔是将学术和实践的双重角色结合得最为成功的学者之一，而实际上扮演这种双重角色的不只是霍尔。在第二次世界大战后美国扩张的过程中，美国的社会科学研究扮演了独特的角色，带有一定的后殖民色彩。人类学家寻求和美洲原住民、太平洋原住岛民交流的方式或许是出于纯粹的求知动机，但是这些研究受到了美国政府的支持，并成为美国对抗苏联、在第三世界扩大自身影响力的过程中的一块铺路石。美国不仅要通过第四点计划推广先进技术，也试图借此在当地植入美国的现代化意识形态。历史学家米歇尔·雷迅马（Michael Latham）认为现代化是冷战时期美国社会的一套意识形态，而意识形态本质上是对社会状态的一种解释（Latham，2000）。现代化意识形态通过注解美国历史进程，使启蒙运动中的西方文化优越性论调复苏。这一论调认为美国是现代化进程的终极形态，也是世界各国的共同终极目标。为了达到这一目标，美国有责任和义务向欠发达国家和地区提供先进经验和援助。现代化意识形态的搭建和推行，则应当归功于那个年代的社会科学界。1946年，帕森斯在就任哈佛大学社会关系系主任之后，开始着手将社会科学的各个分支——人类学、临床心理学、社会心理学、社会学等统合起来，在对人类心理行动的研究中形成对社会基本结构与发展形态的阐释。在社会科学的学科建制整合计划以构建意识形态话语体系为目标的大背景下，美国人类学充当了急先锋，在了解他文化、探寻跨文化沟通模式等课题上扮演了积极的角色。

《无声的语言》言简意赅地搭建起了跨文化传播学的学科框架，霍尔用三大层面、十大讯息系统等条目清单的形式梳理和概括了文化的构成，并结合大量的田野实例进行分析。作为一位人类学家，霍尔在书中提供了详尽的细节描述，使得抽象的文化构成元素显得浅近、具体。

二、文化的三大层面

霍尔将文化分为显性文化、隐性文化、技术性文化三个层面。这种三分法是霍尔该书思想的核心，是在继承前人知觉和超乎知觉（沙利文）、明晰文化和隐含文化（林顿）的二分法基础上提出来的。显性文化是可见的、可以被直接描述的文化，而隐性文化是隐隐约约地存在、可以被感知但是不明确的、模糊的文化；隐性文化是难以用语言直接表达的文化，技术性文化则是专业技术人员的文化，不为外人所知。

三个层面的文化相互关联，总是有一种文化会占据主导地位。在落基山西坡格兰德湖边的一个寒冷的小镇，居民把滑雪当作日常的交通方式，人人都会滑雪，并且把这项活动当成日常生活的一部分，每个人都有自己的滑雪方式。在这种情况下，滑雪是生活中理所当然的一部分，属于一种显性文化。而在丹佛，有人会将滑雪当作业余爱好，并不会特意钻研，也不知道滑雪有什么技巧。对这些人来说，滑雪就是每个人各自不同的模糊的隐性技能，如果别人问他们滑雪的方法，他们也无法回答，只会说"你会找到窍门的"。在这样的语境中，滑雪技术是滑雪爱好者人人共知的，但是他们无法明确规定和表达一套明确的滑雪技术。而在摄影师为专业的滑雪运动员拍摄的照片中，专业人士的滑雪动作可以被细致地分解为多个细节动作，每个分解动作都需要执行明确的标准。通过分析细节、分解动作，人们都可以习得技术性文化。

显性技能是依靠规戒习得的，有明确的行为指南，这种学习是一个从规训到犯错再到纠正的反复过程。隐性技能虽然人人共知，但是没人能说得清楚，学习隐性技能更多地要靠模仿范本。技术性文化的学习依靠的是老师单向地向学生传授技能，需要明了的逻辑分析、技术分解。显性文化系统往往和强烈的情绪相关，隐性文化系统通常情况下都不具有感情色彩，往往当人们遵守的不成文的隐性文化被破坏时，人们才会感到不快和反感。比如，当被陌生人直呼姓名时，我们会立刻感到不悦，然后根据自己的文化系统做出反应；美国人可能会生气并和对方脱离接触，而日本人不会直接表示不满，会以不自然的、神经质的笑来回应对方。这些反应都是由当事人的文化系统决定的，往往是下意识的、没什么选择的余地。技术性文化系统倾向于让人抑制感情，保持冷静和克制。

在文化系统中，时间和空间语言是两个重要的向度。处于不同文化背景的人对于时间和空间的感知并非理所当然的一致，如果不能在交流时认识到时空观念的差别，那么双方的交流将会遇到极大的阻力。

儿童通常要过了十二岁才能掌握时间这个概念，时间系统往往比我们认为的要复杂，学习时间要经过显性、隐性、技术性三个层面。在不同的文化中，时间的含义迥然相异。英裔美国人的时间观念和印第安人、西裔美国人、南亚人的时间观念存在显著的差别。英裔美国人认为时间遵循线性、单向延伸的刻度，可以被等量切分成不同的区块，人们做事的时候应该依照这样切分好的时间表，守时是一种正向的品质。而西裔美国人则认为一个时间段内必须集中完成一件事是不可理解的，在拉丁美洲人的时间观念中，时间具有多维度的属性，人们可以同时做多件事情而不必急于完成某一件。在线性向前延伸的时间观念体系里，英裔美国人崇尚未来，认为向前发展的未来是积极正面的，但是他们观念中的未来是能够预想到的、有限的近未来，他们很难像南亚人一样，将对未来的想象延展到上百年、上千年。被启蒙运动和现代化形塑的时间观念使得英裔美国人崇尚计划，而同时他们也被局限在可以计划的时间中，无法放眼更长远的未来，抵达更为宏大和遥远的目标。霍尔声称，这种制订时间计划的习惯，使得美国人成为一个无法展望长久的未来的民族。相反，纳瓦霍人非常注重当下，由于缺乏对未来的认知，纳瓦霍人认为未来更近于食言和敷衍的托词。同为印第安人，霍皮人不会将时间看成一个连续不断的系统，认为对时间加以量化是不可能的事情。在霍皮人看来，时间是许多不同的事物，不可以计量，也不能将农业时令和建筑工期混为一谈。

空间语言来自生物最基本的领地欲，人类虽然经历了漫长的进化，但是依然拥有很强的领地欲。空间语言的表征之一是人类在空间方面的记忆是非常持久的，不同的文化里有不同的空间语言组织模式。人与人之间的空间距离往往也会传递信息，在空间关系的暗示下，人们可以感知对方对自己的态度和交谈的氛围，确认自己在社交关系中的位置。不同的文化利用空间的方式有所不同，霍皮人的语言中没有表示三维空间的词汇，但是这并不妨碍他们的建筑有着复杂的结构；美国人在交谈的时候会保持一定的空间距离，即使是在关系十分亲近的情况下也并不欢迎肢体接触，拉丁美洲人的社交距离则要比美国人近得多，人们更加习惯在谈话的时候感觉到对方的气息，否则会认为谈话氛围不够友好。空间语言中蕴含着文化中的次序观念，具有丰富的意义。

三、向异文化学习

《无声的语言》虽然篇幅不长，但是它的目的非常明晰，就是要教会读者习得不同于自己的异文化。在霍尔看来："文化既然是学会的，按道理就应该是能够传授的；然而迄今为止，我们在文化教学方面却罕有成就，只有语言教学是重大例外。"（霍尔，2010：33）这说明，在跨文化传播中，最简单的就是语言学习，但用处有限。所以，霍尔认为学习一种文化，光靠学语言不行，跨文化交流光靠语言交流也不行，还要关注除语言之外的潜在的讯息系统。

霍尔把一个完整的文化系统划分为十大基本讯息系统（primary message system）：互动、组合、生存、两性、领地、时间、学习、游戏、防卫、开发。其中除了互动，基本都与语言交流无关。他认为："你可以从任何一种基本讯息系统着手学习文化，并最终了解整个文化系统的全貌。"（霍尔，2010：33）

互动的基础是生物基本的应激性，而言语互动是最高级的互动模式之一。组合指的是社会及其元素之间的构造，这是文化系统中最重要和最基础的社会性讯息系统。其他八种讯息系统则关涉人的工作世界、生活世界、学习世界、游戏世界、空间观、时间观、安全观和发展观。讯息系统之间存在互补的关系，工作和游戏、空间和时间等都存在功能上的互补关系。各类讯息系统并不是孤立存在的，然而霍尔也没有解释这套讯息系统的建构标准、十类讯息之间存在怎样的关系，这一解读主要是理解和进入一个陌生文化系统的操作指南。

当然，单单了解这十类交织在一起的讯息系统还远远不够，还要知道任何讯息系统都是由集合（set）、元素（isolate）和模式（pattern）三大要素构成的。集合是人们最先感知到的单位，元素是组成集合的单位，模式是将集合串联起来并赋予其意义的方式。

集合分为显性、隐性、技术性三类，人们容易感知到一些事物与另一些事物是不同的，因而集合往往是人们感知一个异文化时最初意识到的东西，特别是显性的集合。例如，在学习一种语言时，虽然学习者在集合的层面上学习外语单词，但是潜意识里还是会受到自身文化元素的影响，会下意识地用母语的音位发外语的读音。可见对于学习者来说，掌握文化的元素和模式与掌握集合一样重要。集合在不同的文化系统中具有不同的类别，譬如英语中的名词没有阴阳性之分，而西班牙语中的名词却有，因此集合不是孤立存在的，而是与其他集合，以及整个文化系统互动和相互依存的。集合的出现是具有语境性的："无论在哪一个层次，孤立地感知集合都不太可能。一般地说，集合都在语境中出现，成为一系列类似和相关事情中的一员。"（霍尔，2010：81）

在考察集合时，人们一旦开始认真搜寻元素，集合和元素之间的界限就消失了；而元素是抽象的存在，是在集合的层面上被感知的，元素和集合就这样频繁地相互转化。"如果说集合是存在中最容易被察觉的一面，模式是存在的组织蓝图，并赋予集合意义，那么，元素就是一种难以捉摸的抽象，几乎可以说是一种幻象。"（霍尔，2010：87）研究者对文化元素的考察越精确，认知就越抽象、越不精确。因为处于同一套文化系统中的人会共享一个隐蔽的系统，来辨识在模糊的元素组合模式里哪些是文化正常参与者使用的，哪些是外来者使用的。

模式是隐含的文化规则，集合按照一定的模式组织起来。"企图靠多学集合来掌握一种外国文化，无疑是缘木求鱼"（霍尔，2010：82），因此识别模式是不可或缺的。人们认为自己的行为是出于自主的意志，然而其实不然，人与人之间的交流无法从文化的语境中剥离，因而必须按照文化的模式法则采取行动。由于这样的模式是嵌入日常观念与行动的，人们只会受其操纵而不自知。模式遵循有序律、选择律、和谐律三种法则。模式的有序律要求集合按照一定的顺序排列，正如语言中的单词必须按照一定的语法规则组装成句，选择律决定了哪些集合可以结合，而和谐律强调集合之间的组合方式应当实现各个层次上的协调这一目标。

四、评价与反思

跨文化传播学的理论源头是文化人类学、语言学、弗洛伊德精神分析理论意旨的杂糅。霍尔的跨文化传播研究的起点就与弗洛伊德有密切的联系，弗洛伊德的精神分析表明人是在多个层次上同时存在的复杂个体，因而会在行动和语言上存在自相矛盾和冲突。这种多层次的共时存在状态启发了霍尔关注语言之外的传播，表层的语词交换之下潜在的隐形元素的互动才是跨文化传播的关键（Rogers，et al.，2002）。从这一理论基点出发，霍尔从文化人类学的视角观照跨文化交际的语境，借用语言学的三分法框架提炼出了一个普适的文化系统层次结构。

一言以蔽之，《无声的语言》一书的核心意旨是"文化就是交流（communication）"。在该书的中译本序言中，译者何道宽强调了自己是如何选择 communication 的译法的，这关系到霍尔所讨论的文化的范围。霍尔所讨论的交流仅止于人际传播，而不讨论大众传播，这并非无意忽略而是有意剔除。霍尔认为，大众传播是延伸人类感官的工具，但是他所关注的是人与人的直接交流，强调跨文化传播的文化向度而非传播向度。这一点和霍尔的文化人类学背景有密切的联系，他从博厄斯的"交流是文化的核心"的观点出发，依据丰富的田野调查经验建构了跨文化传播的理论构架。与此同时，《无声的语言》不是一部严格的人类学著作。人类学往往关注的是某一个民族或者社群的微观层面的现象，着重于详尽完备地记录细节事实，而并不将野心放大到宏观层面的议题。而《无声的语言》并没有严格地遵循人类学的研究方法（Rogers，et al.，2002），书中援引了多个族裔和地区的实例，田野调查本身并没有形成对一个明确对象的完整叙事，而是散落在书中各处作为观点的注脚出现。这是因为霍尔的目的不在于写作某一个民族或是部落的民族志，而是努力梳理出放之四海而皆准的文化结构法则与跨文化交际法则。

在讨论《无声的语言》中的微妙的矛盾的时候，需要回到这本书的写作起点。霍尔在担任第四点计划的培训主任、美国政府的顾问和智库成员的过程中，出于培训外事人员的需求将自己的田野经验汇总为《无声的语言》，该书的读者对象包括没有人类学背景的外派工程师、外交人员，而不只是人类学和传播学学者。这本书更像是一本有科普性质的培训手册，因此也就不难理解为什么会在书中发现一些语焉不详之处和看似自相矛盾的问题。霍尔一方面声称人们的行动受文化中隐蔽的模式法则的操纵，另一方面书中大量的分析是从生物性角度出发的，而人的行动究竟符合生物决定论还是文化决定论，霍尔并没有给出自己的解读。另外，霍尔在概括文化系统的构成时，缺乏一以贯之的逻辑，且结论稍显草率，无论是从语言学中借用三分法划分文化的层次，还是十大基本讯息系统的划分标准，以及这些术语之间的关联，都缺乏合理的论证和说明。瑕不掩瑜，跨文化传播已经过半个世纪的发展，回头去看《无声的语言》，可以说这本书开辟了一条阐释文化和交流的路径，提供了一些可行的实践路径，提出了一些深刻的洞见。因此，该书具备了创建跨文化传播这一学科的基本条件，是当之无愧的经典之作。

（李子超）

参 考 文 献

Latham，M. E.，*Modernization as Ideology：American Social Science and "Nation Building" in the Kennedy Era*，Chapel Hill：University of North Carolina Press，2000.

Rogers，E. M.，et al.，"Edward T. Hall and The History of Intercultural Communication：The United States and Japan," *Keio Communication Review*，2002（24）.

〔美〕爱德华·霍尔：《无声的语言》，何道宽译，北京：北京大学出版社，2010。

拓 展 阅 读

〔美〕爱德华·霍尔：《超越文化》，何道宽译，北京：北京大学出版社，2010。

赫伯特·席勒

《思想管理者》

　　《思想管理者》是赫伯特·席勒（Herbert Schiller）的第二本专著，探讨了国家资本主义的背景之下，媒体管理者是如何进行思想控制，并以此持续地满足统治阶级的根本利益的。与席勒的第一本著作《大众媒体与美帝国》（1969）相比，这似乎是一本"被遗忘"的著作。在中国，《思想管理者》由王怡红翻译，于 1996 年在中国台湾由远流出版公司出版，至今并无再版，也未在大陆引进。在西方，该书除了在迈克尔·帕伦蒂（Michael Parenti）的《发明现实》（1986）和萨义德的《文化与帝国主义》（1993）中被简要提及，几乎没有出现在任何当代左翼思想家著作的尾注、索引或参考书目中。这或许是因为在《思想管理者》出版同年，举世闻名的水门事件展现了美国媒体对集权的强势而独立的审查，公众及知识分子对媒体的信心达到了顶峰。

　　但事实上，席勒的《思想管理者》并不应被忽略，因为其展现了相当的洞见，即强大的传播手段可以塑造人们的"被动状态"（passivity），完成了"维持现状"的任务。书中对美国精英阶层、媒体的批判掷地有声，即便在今天看来也是如此。可以说，该书既是传播政治经济学的研究起点，也是一部经典文本。

一、成书背景

赫伯特·席勒的人生经历非常丰富，这深刻地影响了他在传播政治经济学中批判性的取向。1919年，赫伯特·席勒出生在纽约的一个工人家庭。他的父亲是一个珠宝工匠，在20世纪30年代的经济大萧条中失去了工作，他的母亲在纽约的公立学校做清洁工。"经济上的担忧和对未来的不确定性一直伴随着我"（Schiller，2000：12），也正是从彼时起，他开始厌恶将劳动力无情"流放"的经济体制。他既不相信神庇众生，也不相信抽象的"权利和特权"（迈克斯韦尔，2015：29）。

经济上的困难没有打断席勒的学业，他在不收学费的纽约城市学院接受了大学教育，其间他兼职做工，维持日常的开销。1941年，他来到华盛顿并在哥伦比亚大学获得了硕士学位，华盛顿公开的种族主义以及他此后的北非服役经历使他深刻地感受到了弱势群体的悲惨境况。相比之下，强权扶持的集团却一直在"不受干扰地盈利"。

1946年到1948年，席勒作为美国军事占领政府的文职人员驻扎德国，他在此后的一次采访中回忆说，这给予了他"真正的社会科学教育"。在此期间，他作为项目的亲历者，形成了与主流意见不同的看法——美国并不是从完全民主的角度重建德国的政治与经济的，相反，这是一种有意识的、深思熟虑的行动，目的是使之成为与此前的德国同样，但不那么极端的多元市场社会。这种转变并不高尚，只是一种"更受欢迎的制度安排"（Lent，1995：136-137）。这些经历使得席勒意识到政治力量和经济强权所具有的剥削性，他同情弱势群体，并渴望一个更加公平的世界。

从德国回来后，席勒一边在纽约城市学院教授经济学，一边在纽约大学攻读经济学博士学位。1960年，博士毕业的席勒决定在伊利诺伊大学工作，在那里他遇见了达拉斯·斯迈思。他们先后执教的传播政治经济学课程促进了席勒的学术转向——席勒不仅仅关注"政治和经济交汇的结合点"（Lent，1995：139），也开始关注"传播的结构和过程"（迈克斯韦尔，2015：42），这为丰富其政治经济学的批判性立场提供了一个抓手。1969 年,席勒的第一部专著《大众传播与美帝国》出版,引起了广泛热议,这本书凸显了现代大众传媒的功用,认为其在调动国际力量以支持美国全球霸权的过程中扮演着重要角色。席勒认为,大多数发展中国家从传统的"政治从属状态"(殖民主义)转变为"政治独立与经济依赖相结合的状态"(后殖民主义)——区别于一种政治现实主义的对抗,经济力量与电子技术的联姻成就了第二次世界大战后的美利坚帝国,其中,通信网络(communication network)尤其塑造了美国"自由"的图景,使之在国内外均获得了热情的忠诚。这本书出版在关于国际信息新秩序(New International Information Order)的重要会议召开之前,它的核心论点与对美国全球文化和传播力量的批评产生了强烈共鸣(Murdock,2006)。

1970 年,席勒来到了加州大学圣迭戈分校,并在三年后出版了重要著作《思想管理者》。这本书某种程度上是对他第一部著作的补充,即提供了一套完整的解释框架,以厘清国际传播的内容塑造公众意识的过程。根据麦克斯韦尔的考证,《思想管理者》的诞生有以下背景:席勒到达学校同年,学校新成立了第三学院,关注"第三世界研究、科学技术、城市与乡村研究以及传播四个领域",其目的是为社会做出贡献,而非仅仅是作为官僚机构的大学的"体制性目标"。席勒欣然加入,其深入浅出的授课风格得到了学生们的普遍喜爱,《思想管理者》的成书目的之一就是为学生提供一本教材,教会学生"参与政治行动和历史转变"。

20 世纪 70 年代的传播学科相当羸弱,仅有"微弱的学科认同感",甚至没有成为"系"的资格;同时,因为席勒尝试展现权力的真实结构以及它们对媒体的控制,该专业被指责为"意识形态的拥护者",而《思想管理者》在某种程度上是在为传播学科以及批判传播理论树立一个更加清晰的形象。

在《思想管理者》一书中,席勒将注意力转向了美国传播媒体管理者所使用的思想操纵方法。有趣的是,席勒这本书的出发点还受到了社会学家赖特·米尔斯的启发。彼时在学术界工作的米尔斯具有激进的民粹主义倾向,对权力抱有相当的不信任感。他认为,权力精英"已经掌握了历史上独特的思想管理和操纵工具，其中包括大众传播媒体"（Mills，1959：310-311）。米尔斯的批判一直都是左派的智慧源泉，但席勒是少有地对其以经验材料进行佐证的学者。

《思想管理者》成书时的政治环境值得一提。20 世纪 50 年代起，以麦卡锡主义为代表的反共意识形态弥散在美国社会，其影响在美国的外交辞令和流行文化中若隐若现。在这个意义上，席勒是绝对的"异见者"（dissident）。他在柏林的经历使他相信，美国对俄罗斯的评估是严重错误且虚假的，他认为，让美国人民相信其"日常生存受到了战争破坏和完全枯竭的俄罗斯经济的威胁"是"一次壮观的思想管理之旅"（Schiller，1973：6）。席勒这种批判性的洞见及其鲜明的反抗姿态贯穿《思想管理者》全书，以及他此后撰写的每一本著作。

该书共设八章，在第一章中，席勒对各种"复合体"（complex）（由各种行业集合而成的庞大机构）进行分析，如军事—商业、军事—工业复合体等，他讨论了公司会根据商业和军事目标来"衡量和制造意见"。在第二、第三章，他预见性地讨论了传播帝国的多媒体本质，注意到了电视、广播、报纸和其他文化资产的所有权以及相关信息和意识形态的协同作用，这与赫尔曼、乔姆斯基在《制造共识》（1988）中提出的五层过滤模式有一定重合。在第四章，席勒展现了三个"重要且具有代表性的文化信息机构"，即《电视指南》、《国家地理》杂志和迪士尼公司。他认为这些免费提供的内容并非有价值的信息，而具有宣传主流制度性观点的目的。在第五章，席勒详述了民意测验如何在本质上是精英阶层的一种控制手段。第六章着重讨论了跨国广告行业的情况，以及思想管理者如何输出美国的意识形态。第七章解释了受众可能的反抗以及思想管理者的应对指南。在最后一章，他展望了如何应对或者防御信息控制与思想管理。

二、操纵的迷思与技艺

在《思想管理者》中，席勒认为，美国的媒体管理者能够创造、主导图像和信息的传播，进而决定我们的信仰和态度，并最终影响我们的行为。正如保罗·弗莱雷（Paulo Freire）所说，对人类思想的操纵实际上是为了使大众服从于统治精英。席勒通过自己的分析向读者展现了思想操纵的各种手段。

思想操纵的手段有很多，但是所有权，即对信息、观念机构的控制是必不可少的，这种控制基于美国市场经济的底层规则。席勒尝试"验证这些安排的必然性，并质疑其合法性"（Schiller，1973：5）。当然，除了对国内的宣传，美国的传播装置（communication apparatus）也面向海外，以传播北美的文化意识形态。

席勒表示，"迷思"（myth）就是精英管理者的工具，它们能够解释、合理化，甚至美化现状，展现一种真切的"现实感"。操纵者确保公众支持一种不符合大多数人长期利益的社会秩序，而当操纵成功时，其他的社会安排就不会被考虑。具体而言，席勒提出决定内容的"迷思"有五种。

席勒认为，第一种迷思是"个人主义与个人选择"（individualism and personal choice）（Schiller，1973：8）。媒体操纵利用了西方的特殊历史环境，即将个人主义式的自由定义为真理，并加以实施。这使得"自由"这一概念产生了双重功能。它既保护生产性私有财产（productive private property）的所有权，也自命个人的幸福感的守护者。这在某种程度上意味着，如果没有前者的存在，后者是无法实现的。这一重要的结构是媒介进行思想操纵的重要脚手架（scaffold）。

不过，席勒认为，有足够的证据表明，至高无上的个人权利是一种迷思，而事实上，社会和个人本就是不可分割的。这样的看法反映了席勒对马克思主义的继承。但可悲的是，美国人的生活方式，从最微小的细节到最深刻的信仰，都反映了一种以自我为中心的观点，而这种观点反过来又映射了经济结构本身——例如，美国梦包括供个人使用的交通工具、独户住宅、独资经营的企业。甚至像医疗系统这样的机构，也具有明显的私营经济特征。这种小政府的后果是可以预见的，包括但不限于无节制的环境污染、土地私有化对城市规划的扰乱、更适宜被国有化的资源（如太空通信）以一种不民主的方式被规划，等等。美国人一直以来奉行的例外主义使得他们对完全个人主义的自由趋之若鹜，并很少做出反思。

第二种迷思是"中立性"（neutrality）（Schiller，1973：11）。席勒表示，媒体的思想操纵需要一种虚假的现实，即不断否认操纵本身的存在，而中立性迷思发挥了这种功能。被操纵的人民必须相信主要社会机构的中立性，他们必须相信政府、媒体、教育和科学是超脱于冲突和利益的。当腐败、欺骗和欺诈发生时，它们往往被看作人类弱点的结果，而这些机构本身是无可指责的。类似的，在新闻业中，客观性、中立性原则是被承认的。当纰漏发生时，新闻业安抚群众，这是人为失误造成的，不能认为信息传播机构存在缺陷，因为它"业已健全"。

在社会领域的任何地方，人们都援引中立性和客观性来描述事实上承载了价值偏向、具有目的性的活动，而恰恰是"这些活动为现行的制度提供支持"。在思想市场中，操纵者坚持认为不存在控制性的意识形态。他们声称，只有一个"信息—知识"（information-knowledge）的光谱，中立的科学家、教师、政府官员或个人从这个光谱中挑选出对他们试图建构的真理模式最有用的信息片段。

第三种是"人性不变"的迷思（Schiller，1973：13）。席勒认为，在消极情况下所产生的期望，无论多么微小，都可能导致社会的变革。事实上，每个人的脑海中都可能有各种各样的关于政治、社会、经济的想象，而所有这些想象的共同起点是人们对人性的看法。人类的本性最终会影响人类的行为方式，所以为了从一开始就遏制人们的期望，任何形式的暴力或邪恶的表现都被打上了"人类本性"的烙印，且这是不可改变的。

在这里，席勒举了一个有趣的例子，如果电视新闻节目每小时都会报道 6 起谋杀事件，那么"人性不变"的迷思就会使得媒体管理者很容易地将其合理化，不做出任何反思或改变。因为在这种情境里，社会中发生的错误被认为是正常的，所以根本没有改变的必要。在席勒看来，如若人性不变，则一切按部就班，"基本的关系不会改变"。如果确实出现了有利的报道，这些报道也会被负面评价"平衡"起来，从而恢复"适当和熟悉"的视角。

第四种是"社会冲突缺席"（absence of social conflict）的迷思

（Schiller，1973：16）。思想管理者倾向于忽视，或者干脆否认存在任何社会冲突。乍一看，这可能与之前的迷思相冲突，因为鉴于社会问题的规模和影响，要忽视冲突几乎是不可能的。但思想管理者们往往通过将冲突视为个人问题（而不是强调其社会根源）来处理这些困境。在这个意义上这一迷思与其他迷思得以联系起来。

不愿意承认和解释社会秩序中最深层的冲突状况是信息机构的一贯作风。大部分节目都平庸无奇，尤其是那些涉及重大社会事件的新闻，这似乎体现了媒体的制度性无能，即无法识别社会冲突的根源。但席勒认为，这不是疏忽，也不是创造力不足的表现，相反，这是一种有意的政策的结果。在纯粹的商业层面，直接呈现社会问题也会造成不安，所以为了留住尽可能多的观众，赞助商总是急于消除潜在的"有争议的"节目内容。在美国最成功的娱乐和文化产品，无一例外都是电影、电视节目、书籍和大众娱乐（如迪士尼乐园），它们可能包含了略多的暴力内容，但从不涉及根本的社会冲突。

最后一种是"媒介多样化"（media pluralism）的迷思（Schiller，1973：19）。在文化、信息多样的环境中进行个人选择被认为是美国人的生活状况。这种观点也内化在绝大多数美国人的信仰结构中，使他们易于受到操纵。

席勒认为，信息选择的错觉在美国比世界上任何其他地方都要普遍。这种错觉是由信息控制者故意维持的，即把丰富的媒体与内容的多样性等同起来。人们很容易相信，一个拥有6700家商业广播电台、700多家商业电视台、1500家日报、数百种期刊、每年制作几百部新故事片的电影业和价值数十亿美元的私营图书出版业的国家，能够为人民提供丰富多样的信息和娱乐。而实际上，这些娱乐、新闻都是由"看门人"（gatekeeper）从同一个信息宇宙（informational universe）中挑选出来的，其动机在本质上都是商业性的。正是在这个意义上，席勒认为事实并非麦克卢汉所说的"媒介即讯息"，而是在表面的繁复之下，"所有的媒介都传递同样的信息"（Schiller，1973：81）。

除了上述五种迷思，席勒认为，还存在塑造意识的两种技艺，分别是信息的"碎片化"（fragmentation）和"即时性"（immediacy）。

碎片化一般是指将信息分成许多部分的行为，这削弱了观众理解故事的能力。当碎片化被文化—信息装置植入大众意识时，它们的力量是巨大的，因为大多数人仍然没有意识到他们被操纵了。

在北美，新闻传播的主导形式具有相当的排他性。广播和电视新闻的特点是像机关枪一样背诵许多不相关的新闻，却没有任何合理的"社会或历史框架"将大量看似随机的事实有意义地并列起来，也无法梳理这些事件的相对意义或相互关联性。席勒表示，广播媒体中激增的脱口秀节目就是一种完美的碎片化模式。在一个多项目的节目中偶尔插入一个有争议的话题或个人，就完全化解了争议，或者使争议变得微不足道。因为"无论说什么，都会被随后的广告、插科打诨和八卦所淹没"（Schiller，1973：26）。

当然，大众传播媒介绝不是唯一加剧分裂的媒介。整个文化教育领域均在鼓励和促进原子化、专业化和微观划分。同时，当信息系统采用新的通信技术时，信息的碎片化程度进一步加深了。新的、高效的信息处理技术允许大量不相关信息的传播，进一步削弱了"个人对意义几乎无望的追求"（Schiller，1973：27）。

除了碎片化，席勒还认为，媒体对信息的即时传递会进一步摧毁大众的心理能力。一般而言，即时性——在事件发生后尽快报道——是美国新闻业最受尊敬的原则之一。那些不能提供即时信息的社会系统，要么被认为极端落后，要么面临一种类似"社会犯罪"的更严重的指控。

席勒认为，允许和促进发展信息即时性技术不是问题。这种技术业已存在，而且在不同的条件下可能是有用的。令人担忧的是，目前的社会系统利用快速通信技术来模糊或消除意义，同时声称这种速度有助于人们理解事件。事实上，即时的信息转瞬即逝，几乎没有任何持久的结构，这破坏了人们对其的理解。即时性，作为一种操纵手段，当它有效地阻碍了大众对事实全貌的理解，而服务于思想管理者时，我们很难相信它会被统治精英所抛弃。

三、诠释性的实证方法论

在理解了《思想管理者》的主要观点后，必须要提到该书的研究方法。与《大众传播与美帝国》一样，该书的资料来自官方报告、政府听证会记录、贸易出版物和会议演讲。席勒尝试通过对原始资料与二手资料的重组、分析、阐释，找出揭示权要人物世界观的短语和即兴评论，并给出自己的评价。事实上，《思想管理者》的成书目的之一是形成教材，所以该书的理路也迎合了席勒的教学方法——在课堂上，席勒会定期从当天的报纸上选择一篇文章或引文开始讲课，然后开始"解构"它，揭示内容背后隐藏的机制和未被公布的动机。

这是一种明显的定性研究方法，格雷厄姆·默多克评价道："阅读席勒可能是一种令人沮丧的经历，因为他经常借用资料，攻击对手而不点名。"（Murdock，2006）席勒对文本分析的坚持也可能来自对所谓的量化方法，或者说"基于运算的社会研究方法"的不信任。例如，他在《思想管理者》中认为，问卷调查与民意调查已经成为一种"社会控制的办法"，因为它们可以将人们分门别类，并安排更加适配的文化体系、经济体系、媒介体系来形成控制——"民意测验本身就是一种社会政策的行为"（Schiller，1973：105）。

席勒方法论的形成可能有两个原因。一方面，他接受了正统的经济学研究方法的训练，将社会经济发展理论直接挪移到传播领域。在《思想管理者》中，他对信息的生产方和适用方都做了一定的结构分析，并在全球范围内对美国商业、政治事例进行了整体性和历史性的分析。"在传播研究中，这类问题从未有人像席勒那样将它们充分地提出来过"（迈克斯韦尔，2015：51），因为彼时发展传播学的主导范式是以威尔伯·施拉姆的《大众媒介与国家发展》（1964）和丹尼尔·勒纳的《传统社会的消逝》（1958）为代表的量化研究。因此，尽管席勒使用了大量的经验材料，但他从来没有被看作经验主义阵营的一员。

另一方面，席勒的方法论可能与他在柏林的经历有关，"由于存在的各种混乱和在大型官僚环境中经常发生的失误"，他经常发现自己身处高层会议之中，亲眼目睹"承担重要职位的人如何表现"以及他们如何推动他们政策的落地（Lent，1995：136）。他能够知晓权要人物的谈话内容和办事手段，并以此支撑他的写作。由此可以看出，席勒的研究启发多根植于事实及其衍生材料，是一种诠释性的实证研究方法，而非某种抽离现实的思考。

席勒的方法独树一帜，但总是遭到经验主义和批判学派的双重攻击。缺少抽象经验主义的量化分析，使席勒的研究不被经验主义所认可；但较少的抽象理论阐释也使他遭受了学术同行的批评，被认为"缺乏理论的缜密性和正规的学术规范"（迈克斯韦尔，2015：19）。

四、评价与反思

赫伯特·席勒是第一批意识到第二次世界大战后全球权力中心正从"领土占有"转向"思想占有"的人之一。虽然席勒没有在《思想管理者》中直接提及法兰克福学派的诸多学者，如阿多诺、霍克海默，以及彼时与席勒同在加大圣迭戈分校教书的马尔库塞，同时，席勒也没有联系到更早的、具有批判意识的政治家或作家，如詹姆斯·麦迪逊（James Madison）、乔治·奥威尔（George Orwell）等，但席勒与他们隶属同一脉思想进程。法兰克福学派中更年轻的作者，汉斯·恩岑斯伯格（Hans Enzensberger)更是在 1974 年出版了《意识工业》的英文版，展现了与《思想管理者》相当相似的批判性话语。雷蒙·威廉斯在 1974 年对广播作为"顺序或信息流"的评述，也与席勒"两种技艺"的论述不谋而合。虽然必须承认，席勒的研究远没有霍克海默等人抽象、深刻，但是席勒的长处在于其更加突出的经验取向与对现实的直接指涉。

对于传播研究而言，席勒的《思想管理者》同样具有一定的意义，即对彼时施拉姆统摄的传播学研究做出了一定的突破，拓展了传播研究的外延。除了上述提到的方法论创新外，当施拉姆在关注传播本身，如生态循环、使用与满足理论之时，席勒对媒体背后的政治经济学因素给予了关注，并且是从一个相当批判性的角度切入了研究——媒介不是中立的，它为特定的目的服务，操纵着普罗大众。当然，这种取向也反映出两人的价值观冲突：彼时的席勒对美国已然完全祛魅，是美国意识形态的坚定的批判者；而施拉姆则仍然是美国军方的情报人员，是美国意识形态的坚定捍卫者。

当然，《思想管理者》这本小册子也有不少问题。不过，正是这些粗糙的地方成为许多后续研究的起点。比如，席勒没有对美国政府传播政策的历史做出深刻考察，也未对媒体产业的所有权，以及这种媒体"垄断"是如何受到政府支持的这类主题进行进一步的探索。在这一点上，罗伯特·麦克切斯尼（Robert McChesney）、班·巴格迪基（Ben Bagdikian）、爱德华·赫尔曼（Edward Herman），以及他们的学生做出了有益的后续讨论。再比如，席勒对军事—工业复合体的信息经济分析得到了文森特·莫斯可、珍妮特·瓦斯科（Janet Wasko）等人的支持与补充（迈克斯韦尔，2015：82）。20世纪八九十年代，席勒也通过若干重要研究进一步"更新"了其关于信息经济的观点。类似地，在公司力量与民主传统的张力、美国广告业和传播技术在思想控制上的特殊性，以及文化与政治符号的重要性等层面，约翰·凯瑞在1997年的著作《历史的证人》中为《思想管理者》做出了更加细致的补充论述。

赫伯特·席勒在2000年春天溘然长逝，他无法预料到，在他离去仅仅20余年之后，数字化和智能化技术似乎变成了最可怕的"思想管理者"。然而，如果席勒依然在世，他可能不会认同数智技术是"思想管理者"这样的说法。用麦克斯韦尔的话来说，席勒是一名"激进的技术决定论怀疑者"，他从不将公司、传播领域的极权主义影响归于技术，因为技术只是一种社会的建构，相反，所谓国家资本主义才是真正的问题，因为后者催生了"自由"的意识形态与民族主义显著的军事学说，正是这些构成了《思想管理者》的底层逻辑。

除此之外，正如《大众传播与美帝国》的中译本译者刘晓红所观察到的，现有的国际学术会议似乎"很难看到对席勒学术思想的反思、批判和继承"。其实，反驳席勒当然是容易的。例如，除却上文提及的不足外，他对媒体的评价具有冷战时期左派的色彩，缺乏客观的数据支持；他一以贯之的政治经济学批判太过宏观，以至于可能产生一种"简化论"的误解；等等。但我想，这些其实不是《思想管理者》真正的遗产，事实上，该书真正的价值是席勒作为一个"异见者"的姿态及其激进主张。正如尼尔·波兹曼（Neil Postman）所说，席勒塑造了"美国现代传播与文化研究的形态和结构"（转引自 Hochheimer，2000），在某种程度上，席勒的思想力量也以不同的方式同样地作用于全球南方。

（文湘龙）

参 考 文 献

Hochheimer，J.，"In Memoriam：Herbert Irving Schiller（1919-2000），" *Communications*，2000，25（1）.

Lent，J. A.，"Interview with Herbert I. Schiller，" in *A Different Road Taken：Profiles in Critical Communication*，Boulder：Westview Press，1995.

Mills，W.，*The Power Elite*，New York：Oxford University Press，1959.

Murdock，G.，"Notes from the Number One Country，" *International Journal of Cultural Policy*，2006，12（2）.

Schiller，H.，*The Mind Managers*，Boston：Beacon Press，1973.

Schiller，H.，*Living in the Number One Country：Reflections from a Critic of American Empire*，New York：Seven Stories Press，2000.

〔美〕迈克斯韦尔：《信息资本主义时代的批判宣言：赫伯特·席勒思想评传》，张志华译，上海：华东师范大学出版社，2015.

拓 展 阅 读

Smythe，D.，*Counterclockwise：Perspectives on Communication*，Boulder：Westview Press，1994.

〔美〕赫伯特·席勒：《大众传播与美帝国》，刘晓红译，上海：上海译文出版社，2013。

王怡红：《资本主义媒介神话批判——兼评席勒的〈思想管理者〉》，《新闻与传播研究》，1995（3）。

斯图亚特·霍尔等

《管控危机：行凶抢劫、国家与法律—秩序》

　　《管控危机：行凶抢劫、国家与法律—秩序》（以下简称《管控危机》）是斯图亚特·霍尔等人融合文化马克思主义之长以及文化主义与结构主义两种范式的集大成之作，也是将种族、法律、秩序与监控等核心问题持续推进并积极介入现实政治的学术实践。对文化研究学派来说，该书是伯明翰大学当代文化研究中心以长篇著作而非文集形式发表的第一部学术作品，它不仅标志着文化研究作为一个独特研究领域的出现，而且清晰地界定了这一领域与其他相对更为成熟的学科之间的关系和差异。在书中，霍尔等人通过对马克思主义传统理论资源的创造性运用，突破了微观与中观的社会结构与功能研究视角，进而将"道德恐慌"研究引向种族、阶级关系和意识形态层面的宏观政治批判。因此，《管控危机》可以被看作文化研究学者进行批判性学术研究的典范。

一、成书背景

　　霍尔是第二次世界大战后第一批从前英国殖民地来到英国接受精英教育的学生。1951年，他享受罗德奖学金从牙买加来到英国牛津大学学习，并于1956年取得文学硕士学位。当时英国相继爆发"匈牙利事件"和"苏伊士运河危机"，新左派运动正如火如荼地开展，文化研究的先驱人物雷蒙·威廉斯、理查德·霍加特和爱德华·汤普森等都是第一代新左派的核心人物。在他们的引领下，新左派运动形成了一种批判经济还原论、强调"文化"（上层建筑）与"非文化"（经济基础）之间交互关系的"文化马克思主义"立场。受这一思潮的影响，霍尔也积极投身其中，参与创办了《大学和左派评论》及《新左派评论》两份重要刊物，并于 1958 年发表了著名的文章《无阶级感》。霍尔对"大众媒介与阶级意识"核心问题的关注就开始于这一时期。

从 1961 年到 1964 年，霍尔在伦敦大学切尔西学院教授"电影和大众媒介"课程，以电视、电影、商业广告、流行小说和流行音乐等大众媒介为主要对象写成了《通俗艺术》一书。在这部书中，他参照威廉斯在《文化与社会》中的文化史分析方法，主张在"通俗"文化中鉴别"艺术"，培养媒介批评力，最终"让青年政治化"。正是这本书的出版给霍尔带来了伯明翰大学当代文化研究中心的邀请函。

进入研究中心没多久，霍尔就接替霍加特担任主任一职。在他领导的十年期间（1968—1979），中心在读的硕士生和博士生多达 40 人，他们以集体合作的形式活跃在青年亚文化研究、电视研究、种族研究等多个领域，《电视话语中的编码与解码》（1973）、《通过仪式抵抗：战后英国青年亚文化》（1976）、《管控危机》（1978）等一系列独创性的学术成果相继发表，不仅确立了当代文化研究的基本理论关怀、方向体系和社会关怀，也使得"文化研究"发展为一个相对独立的跨学科学术领域，伯明翰学派因此名声大噪。霍尔的独特贡献在于，继阶级问题之后，他将种族问题引入文化研究的关注领域，并结合阿尔都塞和葛兰西等西方马克思主义学者的理论资源剖析各种文化符号及其话语形式背后的权力结构，引导文化研究从停留于纸面上的文本分析走向文化实践领域。

《管控危机》一书就是霍尔在伯明翰大学当代文化研究中心期间和三位学生助手就种族问题合作的学术成果。1972 年，mugging（行凶抢劫）这个几乎只在美国使用的词语突然开始在英国犯罪新闻报道中广泛出现，并不断地与一些个案相联系，引发了社会大规模的"道德恐慌"。1973 年，法庭对在伯明翰汉兹沃思地区发生的一起"行凶抢劫"案件中的三名不同种族背景的年轻男子做出了十年到二十年不等的"威慑性"判决。面对突然被广泛报道的"行凶抢劫"这一犯罪类型及其引发的大规模社会恐慌，霍尔等人试图将其"作为一种社会现象，而非一种特定的街头犯罪形式"来研究（Hall, et al., 2013：1），它所要回答的问题是：为什么英国社会在 20 世纪 70 年代初这样一个特定的历史情势之下会以如此极端的方式对抢劫这一现象做出反应。正如霍尔所言："这是种族和文化的问题真正进入文化研究视野的最初契机之一，它比许多文化研究著作更具政治性，直接涉及 20 世纪 70 年代的一系列政治实践和具体的政治局势。"（Jhally，2016）

中文版的《管控危机》是 2013 年修订的第二版。与第一版相比，第二版增加了一篇作者序言，补充了相关领域在 1978 年之后二十余年的新发展。在再版之际的访谈中，霍尔再次强调"文化研究必须具有一种政治维度"（Jhally，2016）。正是因为有了政治维度的自我要求，20 世纪 70 年代隐藏于道德恐慌危机背后的文化霸权斗争和意识形态合法性重构问题才浮出水面。从这个意义上讲，《管控危机》为当今的文化研究树起了一面收复失地、重返政治功能和政治维度的旗帜。

二、"道德恐慌"背后的"文化霸权"

在该书中，霍尔等人致力于论述一个命题：行凶抢劫这一犯罪行为所引发的道德恐慌不过是 20 世纪 60 年代到 70 年代英国深层社会矛盾的表征，其问题的焦点并非"犯罪—控制"的法律学问题，也并非"媒体—受众"的社会学问题，而是"在社会共识瓦解与政治合法性危机背景下，英国社会文化霸权斗争和意识形态合法性重构的文化机制问题"（黄典林，2014）。围绕"道德恐慌"与"文化霸权"两个关键词可以将该书分为两部分理解。前半部分包括第一章到第六章，重在阐释关于"行凶抢劫"的"道德恐慌"是如何通过新闻的舆论生产机制在社会范围内被建构起来的；后半部分包括第七章到第九章，通过宏观层面的政治历史分析着重论述"道德恐慌"的舆论生产机制不过是国家的一种意识形态形式，国家正是通过这种方式获得了市民社会对实施强制性国家权力的支持性"合意"，进而建立起新的文化霸权。正是在重构意识形态合法性的过程中，黑人青年被塑造为"行凶抢劫"的"民间恶魔"，成为导致社会危机的"替罪羊"。因此，种族问题成为收束全文的落脚点。在最后一章，霍尔等人探讨了黑人群体的斗争在意识形态层面的结构性位置和政治形势，并比较了两种理解"流氓无产阶级"的马克思主义路径。

在该书开篇，霍尔等人对弥漫在全社会的"道德恐慌"做了编年史描述。从1972年8月到1973年8月一年多的时间里，包括警察、政治家、新闻媒体从业人员等在内的社会大众对"行凶抢劫"这一犯罪行为的反应一同经历了从高度警惕到归于平静的剧烈起伏。但通过对1955—1972年间暴力犯罪率、司法系统量刑政策以及刑罚震慑效果三个要素的分析，霍尔等人认为英国民众对"行凶抢劫"的反应很大。媒体中出现的大量报道、广泛的公众评论和焦虑情绪、强烈而果断的官方反应都证明当时出现了一场关于"行凶抢劫"的道德恐慌。借鉴越轨社会学中的标签理论，霍尔等人先对"行凶抢劫"（mugging）这一犯罪标签的语义流变进行考察，指出该词在从原发地美国到英国的跨语境转移过程中已经成为"一个代表关于美国社会总体发展趋势的各种复杂态度和焦虑情绪的指涉象征词"（霍尔等，2022：77）。通过使用这一标签，该词所表征的关于美国社会本质和困境的一整套历史建构被激活，人们不仅复制了标签本身，还调用了它的整体指涉语境（referential context）。这种社会标签被整体复制转化的过程促使英国公众将自身面临的社会问题与美国黑人犯罪、社会秩序和种族问题等复杂的社会危机联系起来，并迫切希望国家采取更加严厉的惩戒措施和更好的保护措施以阻止"行凶抢劫"的泛滥，这最终引发了"道德恐慌"。

随后，延续斯坦利·科恩（Stanley Cohen）对"道德恐慌"的研究范式，霍尔等人重点考察了媒体话语所建构的舆论生态对道德恐慌的建构作用。在《民间恶魔与道德恐慌》一书中，科恩指出所谓"道德恐慌"是经由媒体渲染报道所引发的对某种"威胁"的夸张反应，这种反应往往把威胁行为的实施者刻板化为对社会价值和利益的威胁者并最终导致法律和社会政策，甚至社会意识等方面的变化（Cohen，2011：1）。其中，媒体所扮演的角色是为社会大众理解越轨行为提供参照框架，而参照系的选择标准往往是对已经存在的控制文化观念图式的顺应。相较于科恩对媒体角色的静态理解和坦然接受，霍尔等人更希望去探究媒体为什么会顺应控制文化的立场来生产新闻，由此"首要定义者"和"次级定义者"这对重要的概念出现了。

霍尔等人认为，新闻生产过程中存在一个背景性的假设，即社会的"文化共识"是一切传播的基础，新闻事件会在来自"共识"观念的框架中得到解释（霍尔等，2022：128—132）。在犯罪新闻的报道过程中，以警察、司法系统和内政部发言人为代表的强势地位者能依靠权威的媒体话语资源成为议题的首要定义者，并通过界定问题是什么为后续的所有讨论设置界限，媒体只能被动复制和维系来自强势群体的定义。这种复制不仅是在组织话题的最初阶段直接引用权势者的意见，还包括偏向特定的议题设置方式和保持特定的策略性沉默区域（霍尔等，2022：139）。但在新闻生产的过程中，媒体又具备一定的自主性，会通过不同的编码方式将首要定义者的陈述和观点转化为日常生活中的共识性语言以便公众理解，来自强势群体的定义就这样被注入了共识性的文化意义。因此，媒体尽管处于结构性的从属地位，却发挥着把主导意识形态陈述为一种"公共智慧"或"共识"的关键作用。与此同时，公众意见也被媒体反哺到司法体系中，成为进一步加强社会控制的"合法性制造者"，在首要定义者和媒体之间形成了螺旋式的互惠关系（霍尔等，2022：152—155）。

在制造"共识"的过程中，公众在日常生活实践中产生的经验性"常识"也发挥着重要作用。葛兰西认为，现代资本主义社会并不是完全靠压制性统治来维持的，而必须借助非强制性的文化霸权来实现，即成功地把自身的意志转变为被普遍认同的意志，从而建立起以被统治者同意为基础的合法性，"成为常识"是确保统治合法性和市民社会顺从的关键步骤（葛兰西，2000：36—40）。当黑人行凶抢劫者被首要定义为社会失序的"替罪羊"，无论是工人阶级还是中产阶级群体因社会急剧变化而产生的焦虑情绪都有了宣泄的出口，保守的威权主义意识形态因为与这些"沉默的大多数人的经验"相勾连而具有了普遍影响力，从而具备了一种"霸权"地位，得以塑造整个社会思想的外部边界和范围。

围绕"行凶抢劫"现象，霍尔等人完成了从犯罪和越轨到控制文化机制再到国家文化霸权视角的转化（霍尔等，2022：37）。通过对新闻媒体舆论生成机制的剖析，霍尔等人完成了"道德恐慌"表征与"文化霸权"问题在经验和理论层面的双重接合，国家正是通过对道德恐慌这一意识形态形式的主导性建构，获得了市民社会对于建立法律—秩序强力统治的支持性合意，进而建立起新的文化霸权。

三、作为研究取向的"情势分析"

那么，这一场关于"行凶抢劫"的道德恐慌为何会在 20 世纪 70 年代发生，即英国社会为何要在这一时期建构一种新的基于法律—秩序的文化霸权？为了回答这一问题，霍尔等人选择了更加宏观的"历史情势"分析视角，进一步追问这一现象背后的政治社会根源及其在特定历史情势中的政治和意识形态功能。霍尔等人认为：

> 在这一时期，显然有一些历史性的、结构性的力量在发挥作用。可以说，它们从外部塑造了处于具体实践过程中的"行凶抢劫者"、潜在的行凶抢劫者、受害者以及抓捕者之间的即时互动过程。在许多类似的研究中，这些更为宏大、广泛的力量只是被提及或引用；但它们对研究所分析的现象所造成的直接或间接影响却语焉不详——它们只是作为"背景"的一部分而存在。我们认为这些所谓的"背景议题"实际上恰恰是导致"行凶抢劫"以特定形式出现，并推动它从 1972 年到 1973 年间沿着特定路径发展至今的关键力量。（霍尔等，2022：294—296）

这些"背景议题"就是具有决定性作用的"历史情势"。"情势"（conjuncture）一词来源于传统马克思主义的思想脉络，最早可以追溯到马克思的"规定的综合"与恩格斯的"历史合力论"。在阿尔都塞那里，"情势"演变为马克思主义政治学的一个重要概念。阿尔都塞认为，"情势"可以指"在任何需要运用政治策略的特定时刻，各种力量达到了精确的均衡状态，一种矛盾的多元决定状态"（转引自加利、李开，2017）。通过对这一理论资源的发掘，霍尔将界定当下面临的特定情势作为文化研究的首要任务："情势"是社会中各种不同的社会、政治、经济和意识形态矛盾汇集在一起，使之具有特定的、鲜明形态的时期。推动历史从一个情势走向另一个情势的往往是危机，或者如阿尔都塞所说的"在一个断裂的统一中熔断"（Hall & Massey，2010）。所谓"情势分析"就是对矛盾的发展、危机的酝酿以及解决办法进行剖析。

之所以将"情势分析"定义为一种研究取向而非研究方法，是因为霍尔等人几乎是偶然地发现了两种主要情势之间的过渡契机：第二次世界大战后，随着工党上台而出现的福利国家民主政治与20世纪70年代之后逐渐走向法律—秩序主导的"超常国家"是两个截然不同的情势，它们被1968年前后的社会危机割裂开来。而这一点是在研究开展过程中才逐渐明朗化的。在第七章到第九章中，霍尔等人用相当长的篇幅重现了利用"行凶抢劫"建构"道德恐慌"过程中被刻意忽略的"前史"（pre-history），他们回顾了一种文化霸权的特定均衡状态是如何在战后初期形成，又如何逐渐衰败并最终瓦解的，以及最后，国家又是如何以一种更具强迫性的、非文化霸权的方式，通过对"合法"武力的运用来捍卫统治的"合意"基础的（霍尔等，2022：341）。

在第二次世界大战后的1945年到1961年，工党建立了福利国家的雏形，通过市场和国家干预相结合的方式有效缓解了阶级矛盾和劳工运动的政治压力，在社会层面形成了一定的政治共识，英国进入相对稳定的发展时期。但在1961年到1964年，随着经济发展趋缓和移民的大量涌入，福利国家的财政负担日益加重，阶级矛盾和种族冲突逐渐凸显，青年亚文化的流行也给传统道德规范带来了很大挑战，最初的"共识"表象出现裂痕，国家试图采取某些社会民主主义策略来维系社会合意；但随着更直接的阶级斗争形式的出现，例如北爱尔兰分离主义的高涨以及1968年的学生运动，这一"合意"最终也面临枯竭。最终，到20世纪70年代，政治危机、经济危机、意识形态斗争以及种族问题成为英国公民和政治生活危机中的重要议题，统治集团不得不依靠国家力量，通过"法律—秩序"的强制手段来恢复政治秩序，走向威权民粹主义。

正是在这一阶段，针对"行凶抢劫"的道德恐慌出现了。通过这种意识形态形式，国家赢得了"沉默的大多数"对其日益具有强制性的措施的支持，从而使得那些"非同寻常的"控制手段获得了合法性（霍尔等，2022：344）。

统治阶级的理念并非总是成为常识，它需要一段时间才能掌握政治领域，因此文化霸权的斗争将永远处于过程之中（Hall & Massey，2010）。书中所讨论的国家控制手段日益强硬的过程是"文化霸权"的斗争过程，同时也是"超常国家"的兴起过程：

> 必须采取更加强有力的措施——"超常"的反对力量必然要用"超常的"措施加以控制。这是一个极其重要的时刻：此时，"通过合意"实现文化霸权的所有手段都用完了，统治集团通过使用更有压制性的国家机器来维系主导性秩序成为一种日益常见的现象。从此，文化霸权的运作过程从合意为主压制为辅的状态彻底转变为相反的状态：压制成为维系合意的自然的常规手段……同时，这种变化本身恰恰也是"文化霸权危机"的一种表现。（霍尔等，2022：466—468）

至此，通过对第二次世界大战后到 20 世纪 70 年代的历史情势分析，霍尔等人把隐藏在道德恐慌表征背后的文化霸权斗争过程变得清晰可见，并在一定程度上以"威权民粹主义"为关键词预测了撒切尔夫人上台后，英国社会在意识形态模式方面的转变。

四、评价与反思

《管控危机》被看作文化研究学派的学术气质成型之作。作为跨学科的产物，该书经历了从越轨社会学、亚文化研究到媒体研究、政治社会学，再到种族社会学研究的视角转换，成功突破了以往英国学术界在学科和领域上的封建结构（Clarke，2008）。尽管有人认为这会引发文化研究学派的归属和所有权问题，但不得不承认，正是这种跨学科的方式才让文化主义与结构主义两种范式的融合得以可能。霍尔认为，结构主义的巨大活力源于对"决定性条件""整体"概念以及"意识形态"范畴的原创性阐释，它能帮助我们在不脱离由不同实践构成的整体的条件下，真正开始对不同实践的具体性的理论思考；而文化主义则通过聚焦某个确定时刻和具体经验层面意识斗争的组织和发展弥补了结构主义的策略性缺席和沉默。尽管作为自足的形式，结构主义和文化主义都将不复使用，但霍尔对葛兰西的引入得以让文化研究吸纳两种范式的优势并开拓出一条新的道路：它们不断将我们带回由具有紧密耦合性（coupled）但并不互相排斥的文化/意识形态概念所标示的领域。《管控危机》集中展现了两种范式结合带来的分析有效性。通过从传媒与文化的维度对现实政治的批判性接入，文化研究学派展现出基于马克思主义立场所采取的历史制度主义分析的批判锋芒，这种历史的、批判的政治维度使得文化研究学派具备了长久的学术生命力。

"情势"分析的研究取向也是该书的重大贡献。在该书中，作者这样论述情势研究法的重要意义："文化研究的重点应该是在特定的语境下展开丰富翔实的经验分析，而不是试图发现宏大的一般性理论或历史变化的总体规律。"这正像霍尔所宣称的那样："文化研究的对象就是当下的情势，文化研究的长远工程首要的并不是关于文化的研究，而是用文化理解当下情势的研究。"（Meeks，2007：278）这种研究取向试图确定在一个历史时刻发挥作用的多重力量、趋势和压力，并确定在寻找"解决方案"和"前进道路"的过程中，力量的平衡是如何发挥塑造和指导作用的。它的优势在于结合了两个关键内容：第一，关注"抢劫"这个符号凝结、承载的意义内涵并将它们放在特定情势中；第二，这种情势始终处于进程中（Clarke，2008）。这种对特定情势的分析与霍尔对"接合理论"（the theory of articulation）的理解相互呼应："接合理论质问的是意识形态是如何发现其主体，而不是主体如何认定属于它的必然且不可避免的想法；它使我们去思考一个意识形态如何赋予人民，使他们能开始对自己的历史境况有所意识或理解，而不是把这些理解形式还原为社会—经济或阶级位置或社会地位。"（刘力永、李舟，2021）

就传播学而言，《管控危机》也对我们理解媒体、道德恐慌与政治合法性之间的关系有很强的借鉴意义。当我们欣喜于该书对媒体"次要定义者"这个新鲜概念的发现，霍尔等人在研究过程中的缺憾也出现在我们眼前。在分析文化霸权斗争的过程中，市民社会作为与国家意识形态相对独立的重要一端被忽视了。尽管这种忽视并非有意，因为大众的常识思维近似于潜意识，在问卷调查或访谈中很难找到痕迹，但仅以报纸、刊物上的"公众来信"作为市民社会反应的分析样本还是过于简单。这种"文本分析"的回归恰恰违背了霍尔自己提出的解码模式，它忽略了这些话语生产机制的矛盾冲突和多样性，忽略了道德危机话语进入社会传播领域后所可能产生的多元阐释，以及这些阐释对国家重构文化霸权过程的影响（黄典林，2014）。

尽管一直被看作当代英国文化研究的领袖，但霍尔生前并不希望自己成为这个领域的立法者，他坚持认为"文化不是独立领域，文化研究所做的不过是力图了解经济、政治、文化、意识形态与社会之间的整体关系"（加利、李开，2017）。然而，面对许多文化研究学者越来越看重理论性、只聚焦于问题的某些方面而完全忽视政治与经济的趋势，霍尔还是提出了关于"文化研究究竟应该研究什么"的看法："大肆宣扬高深理论会导致与社会现实的脱离，这不仅导致文化研究对真正的社会操控和压迫视而不见，反而还掩盖了这些社会矛盾，文化研究者必须发挥情势研究的优势，重返文化研究的政治功能和政治维度。"（Jhally，2016）面对这种"结构主义"缺失、"文化主义"占据强势地位的研究困境，重温《管控危机》也许能给文化研究带来新的启发。"我们不得不回到早期的问题，如文化与意识形态的关系，文化、意识形态与阶级之间的关系，文化、意识形态与权力之间的关系，文化、意识形态与其他社会领域的关系"（Jhally，2016），并据此重返批判性的社会研究路径。

当我们回顾霍尔等人对 20 世纪 70 年代英国社会那场"管控危机"的分析，我们也许会不由自主地产生一种审视当下历史情势的迫切需要。尽管我们无法确定某种危机将带领社会走向哪种结局，但至少对于危机的结构性分析会帮助我们理解潜在结果的范围，正像五十多年前霍尔等人对于"撒切尔主义"的成功预言一样。

（刘艺璇）

参 考 文 献

Clarke，J.，"Still Policing the Crisis?" *Crime，Media，Culture：An International Journal*，2008，4（1）.

Cohen，S.，*Folk Devils and Moral Panics*，London：Routledge，2011.

Hall，S.，et al.，*Policing the Crisis：Mugging，the State，and Law and Order*，London：Palgrave Macmillan，2013.

Hall，S. & Massey，D.，"Interpreting the Crisis," *Soundings*，2010，44（1）.

Jhally，S.，"STUART HALL：THE LAST INTERVIEW," *Cultural Studies*，2016，30（2）.

Meeks，B.（ed.），*Culture，Politics，Race and Diaspora：The Thought of Stuart Hall*，London：Lawrence & Wishart，2007.

〔意〕安东尼奥·葛兰西：《狱中札记》，曹雷雨等译，北京：中国社会科学出版社，2000。

黄典林：《道德恐慌与文化霸权：解读斯图亚特·霍尔等著〈控制危机〉》，《国际新闻界》，2014，36（4）。

刘力永、李舟：《"接合理论"的逻辑脉络：从马克思到斯图亚特·霍尔》，《南京社会科学》，2021（12）。

〔英〕斯图亚特·霍尔等：《管控危机》，黄典林译，上海：华东师范大学出版社，2022。

加利、李开：《斯图亚特·霍尔：最后的访谈》，《国外社会科学》，2017（1）。

拓 展 阅 读

〔英〕斯图亚特·霍尔、托尼·杰斐逊编：《通过仪式抵抗：战后英国的青年亚文化》，孟登迎、胡疆锋、王蕙译，北京：中国青年出版社，2015。

戴维·莫利

《〈全国新闻〉观众：结构与解码》

戴维·莫利（David Morley）的《〈全国新闻〉观众：结构与解码》（以下简称《〈全国新闻〉观众》）（1980）一书是地地道道的传播学著述，被视为英国新受众研究的典范之作。书中关于电视节目观众的分析视野和研究路径，在传播学思想谱系中勾连起文化研究学派和美国实证主义传播学，开启了受众研究的"新浪潮"（new wave），该书也使得戴维·莫利成为英国受众研究的开山鼻祖和代表人物。综观国内的传播学教材，戴维·莫利的名字却很少被提及。与此同时，他的这本成名之作的调查研究也是一波三折、饱受争议。更为吊诡的是，这个试图证明其老师斯图亚特·霍尔"编码/解码"理论的实证研究，最后却被视为该理论开始消亡的转折点。

一、成书背景

戴维·莫利在肯特大学时，师从社会学家弗兰克·帕金，专注于对阶级结构和社会分层的学习。1972 年转入当代文化研究中心后，莫利加入媒介小组，跟随斯图亚特·霍尔继续学习，深受霍尔的编码/解码理论影响。在传播学思想史中，莫利被归为文化研究学派。其实，拥有跨学科背景的他研究旨趣相当广泛。从 20 世纪 80 年代对电视的考察到现在对新媒体的关注，从对英国本土的研究到近年对中国的兴趣，从最初对家庭空间的权力关系批判到对现代性公共空间的思索，莫利始终有着强烈的学术好奇和踏实的研究节奏。《〈全国新闻〉观众》是莫利的学术起点，也是他的成名之作。要理解这本书在传播学思想谱系中的意义，必须回到 20 世纪六七十年代的英国当代文化研究中心（CCCS）。

1964 年，理查德·霍加特创立了伯明翰大学当代文化研究中心，成为中心第一任主任。虽说英国有不少研究机构都致力于文化研究，但这个新成立的学术研究机构在当时的伯明翰大学还是处于比较尴尬的境地。20 世纪 70 年代初霍尔执掌中心，缺乏资金支持和受到其他资深院系的排斥仍旧是棘手的问题。中心由诸多研究小组构成，如马克思阅读小组、弗洛伊德阅读小组、妇女阅读小组等。这些小组没有组织机构，成员大多在客厅、厨房会面，讨论、分享各类项目和议题。此外，文化研究的跨学科特点，使其在初创时期理论方法匮乏，不得不从文学、社会学、人类学中"盗用"所需之物，建构自己的理论框架（李彬、曹书乐等，2016：103）。与此同时，《新左派评论》组织翻译了一批欧洲的马克思主义、女性主义、结构主义、心理分析等文本，给文化研究注入了欧陆思想资源。1972 年秋天，莫利从肯特中学转入当代文化研究中心，继续研究生阶段的学习。他加入媒介小组，与斯图亚特·康奈尔（Stuart Cornell）、霍尔等一起工作。当时小组每周工作例会主要关注严肃的时事电视新闻节目在报道工业和政治冲突中扮演的角色，其分析的理论框架正是马克思主义学者的理论，包括阿尔都塞的意识形态理论和葛兰西的文化霸权理论等。

这一时期英国的政治生活被大规模的工业冲突所占据，1972 年和 1974 年爆发了规模巨大的煤矿工人罢工。当时的首相爱德华·希斯（Edward Heath）为了限制电力供应以节约燃料，提出"三日工作周"（a three-day working week）的计划，遭到矿工的强烈抵制。这一历史令当代文化研究中心的学生们感到一种强烈的政治义务，即必须要对上述事件做出某种回应。于是，在欧陆理论资源和外部政治冲突的双重作用下，媒介小组将研究注意力转向文本和观众，以及媒介文本的生产过程。1973 年，霍尔的《编码/解码》横空出世。作为对当时媒介研究两种模式——皮下注射论和有限效果论——的回应，霍尔重构了新的传播模式以反驳美国传播学的线性传递模式，他强调讯息的多义性以及重新认识受众解读行为的重要性。按照编码/解码理论，信息及其意义是被建构出来的，是一个积极的、阐释性的社会事件。信息的接收亦是如此。由于社会的复杂性，受众分属不同的社会群体，对信息的接收和理解也各不相同。由此，霍尔给出另一种信息传播模式：第一阶段，知识框架、生产关系和技术基础设施影响"编码"，亦即第一次意义的建构；第二阶段，"编码"通过有意义的话语形态进入"解码"；第三阶段，受众对信息及其意义进行"解码"。"解码"过程同样受制于特定的知识框架、生产关系和技术基础设置等（李彬、曹书乐等，2016：121）。

在此基础上，霍尔提出三种对电视讯息进行解码的类型。第一种是主导性解读或称偏向性解读，即受众的解码和传播者的编码意图相吻合；第二种是协商性解读，即受众虽然赞同媒体对事件的定义和判断，但也根据自己的具体情况在次要方面提出异议，有所保留；第三种是对抗性解读，即受众对电视节目的说法完全不赞同，特别是特定内容不符合其阶级/党派利益之际（李彬、曹书乐等，2016：121）。霍尔的这一思想来源之一正是社会学家弗兰克·帕金（Frank Parkin）。而弗兰克·帕金也是莫利在肯特大学的导师，并且他支持莫利在博士论文中补充一部分关于受众效果的研究。（1974年莫利在其博士论文中纳入了关于工业冲突的新闻报道研究。）为了进一步发展霍尔的理论模式，莫利开始将研读重心放在教育社会学上，关注阶级、种族、语言在教育中的作用。加之其对人类学、社会语言学和皮埃尔·布尔迪厄（Pierre Bourdieu）的思想的汲取，莫利在1974年发表了一篇短论文《重构受众：一种电视观众的民族志取向》，希望将霍尔的编码/解码理论用经验主义的方法向前推进一步。

接下来的几年，霍尔、莫利和康奈尔一起工作，向社会科学研究委员会（SSRC）申请了一项关于媒介受众的大规模研究计划，但是在1975年秋天该申请被社会科学研究委员会拒绝。这时，为了完成自己的博士论文，莫利不得不离开当代文化研究中心媒介小组。当时，霍尔及其媒介小组完成了对BBC电视节目《大全景》的研究。当时中心的许多研究小组都将焦点放在此类严肃的时政新闻上，所用方法有文本分析、内容分析和参与式观察。《全国新闻》并不是一个严肃的新闻节目，在广电内部人士看来，它是一个类似于供观众喝茶时打发时间的节目，虽然也试图处理一些大众和国家所面临的"严肃事件"，但这些只是例外，它的基本出发点还是相对轻松的话题（莫利，2005：92）。这样的电视节目在当时被视为没有研究价值。但是因为没有更多的研究赞助，《全国新闻》研究成为学术研究向现实条件妥协的产物。不过，这并不意味着《全国新闻》项目没有研究意义。用莫利自己的话说，《全国新闻》这样的节目在传播过程中仍然扮演着一个极为重要的角色。实际上，在某些方面，理解《全国新闻》这样的节目比理解"争议"或"严肃"——例如《大全景》这样的节目更加重要，因为《全国新闻》的节目内容中包含了我们同时代的很多人对于"人生"的感悟，也就是说，这个节目传播了一套有关基本态度和社会价值观的隐蔽讯息。总的看来，这些价值观念和态度构成了我们思考当今英国的种种"社会问题"时建立的各种假设的"基础"。这并非节目直接宣扬的内容，相反，这是人们从节目内容中推断出的一套假设。重要的是，正是这一套假设构成了严肃节目——例如《大全景》——立足的基础。这类非严肃性节目构成了一个基础框架，使得更具争议性的讯息在这个框架中被理解、被诠释（莫利，2005：92）。

于是，1975 年的整个冬天，媒介小组都在进行《全国新闻》的话语分析。1976 年深秋莫利完成博士论文，重回研究小组。此时，考虑到当时英国电影协会（BFI）可能会资助一些受众研究项目，康奈尔、霍尔和莫利立即行动起来。基于《全国新闻》丰富的原始材料，以及理论研究的日常生活转向，他们决定抛弃最初的研究设想，即做关于新闻报道的解码，转而以节目分析作为基本材料，去考察作为回应者的受众。英国电影协会最终同意资助这项计划，并在 1980 年出版了项目的研究成果，即《〈全国新闻〉观众》这本书。

二、编码/解码理论的实证研究

《〈全国新闻〉观众》是对霍尔的编码/解码理论进行的经验主义实

证研究。莫利在霍尔的传播模式基础之上，引入阶级、年龄、性别、种族等社会人口学变量，选择不同职业的观众，进行焦点小组访谈，让他们观看《全国新闻》的节目，并分析他们的解读行为，以此验证自己的假设：诠释的差别并非由个体心理差异造成，而是与人的社会—经济地位有着密切的联系。

从文本结构来看，这是一部规范的学术作品。莫利遵循"文献回顾—提出问题—研究设计—主体分析—总结提升"的研究思路，通过七章内容全面系统地论述了整项研究。在爬梳了大众传播研究的传统路径之后，莫利分析说，媒介研究被一种"钟摆效应"主导了很长一段时间，要么专门研究讯息，要么专门研究受众，很少把二者结合起来研究。皮下注射论专注于讯息的强大，使用与满足研究虽然充分肯定了受众对信息解读的主动性，但在诠释差别的原因上刻意强调个体的心理差异。莫利认为，必须重构受众的概念，将之放在社会结构和语境下去解读，而非独立的个体构成的群体。因此，诠释差异的不同不仅表现在个人层面上，更与他们的社会—经济地位相联系。"简单地说，我们需要搞清，受众的不同亚文化结构和构形、不同团体和阶级的文化符码和素养是怎样为不同部分的受众构建信息解码的。"（莫利，2005：99）

在此基础上，莫利使用的分析构架，即霍尔的三种解码类型：主导性解读、协商性解读和对抗性解读。莫利试图探究受众的解码过程是否会受到四个因素的影响：一是基本的社会—人口因素，包括年龄、性别、种族和阶级；二是各种文化框架和认同模式，包括正式的制度和结构层面和非正式的文化群体层面；三是话题，即亲身体验事件的受众与通过媒介了解事件的受众的解码过程有何差异；四是语境，即同一受众在教育情境、工作情境或家庭情境中，对讯息的解码是否会有不同。其实，莫利主要想探讨的是前面三个影响因素，这和他最初的文献梳理和理论脉络是一致的。关于语境因素，他自信地假定："解码过程具有可以跨越语境的基本连续性。与情境的问题相比，一个人具有的文化和语言符码却是一个更为根本性的问题。情境的差异会造成诠释领域内的差异。而这一领域的界限是由一个更深层次的原因决定的，也就是人们所具有的语言/符码——这不会由于情境的不同而发生根本性的改变。"

（莫利，2005：113）

按照这样的研究设想，莫利开始了他的研究。他选择《全国新闻》的两段电视节目 A 和 B 对 29 组所处地区、阶级、种族和受教育水平不同的样本成员进行焦点小组访谈。该书的第五章详尽地记录了每次访谈的时间、地点和受访人员的谈话。在最后的分析中，莫利将 29 个小组访谈归纳为四种类型：经理组、学生组、学徒工组和工会成员组，并且按照空间分布绘制了一张解码图（如下图所示）。该图上半部分是节目 A 的受众解码，下半部分是节目 B 的受众解码。（Morley & Brunsdon，2005：268）

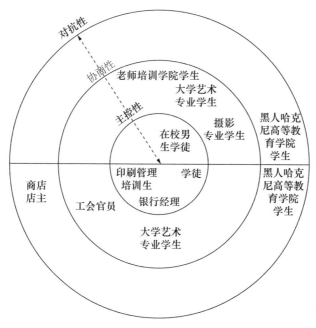

电视节目 A、B 的受众解码

研究发现，经理组中的银行经理和印刷经理都进行主导性解码，与工会成员的协商式解码完全不同。学生组中，文科大学生总体上呈现出明显的协商式解码和抵抗式解码。但是，在更为直接的政治—经济事务中，他们的解码变得不那么对立，反而倾向于接受《全国新闻》的主导框架。师范院校的学生本来与学徒工一样，具有主导性解码的倾向，但教育程度改变了他们，使他们的解读更加接近协商式解码。来自黑人工人阶级的成教学院学生对《全国新闻》并不进行抵抗式解码，而是一种"沉默的批判"。他们认为，这个电视节目与他们的生活几乎不相关。在所有小组中，学徒工组最接近节目的主导性解码。他们认为，《全国新闻》中提出的问题是"自然的""显而易见的"，他们对此没有任何异议。莫利分析，这可能是因为学徒工的"常识"意识形态立场与一种民粹话语形式相接合，而这种民粹话语形式与《全国新闻》的话语形式十分协调。工会成员组由工会官员和店员组成，虽然基本背景都是工人阶级，但是工会官员小组倾向于协商式解码，而店员进行的却是完全抵抗式的解码。同时，在所有的小组中，店员小组的抵抗式解码也是最为明显和完全的。

事实上，当莫利将29个小组归为四种类型进行分析时，就能看出其对阶级这个因素的重视远远高于其他因素。莫利试图按照研究设想，验证社会—经济结构在三类解码过程中的根本性力量。但是，他又不得不承认，实际情况远远比他构建的模型要"麻烦"得多。例如，他无法用阶级去解释，为什么经理组与工人阶级的学徒工可以共享主导性解码立场。为什么接受继续教育的黑人学生并没有因为种族因素而进行强烈的对抗式解码，事实上他们的立场与大学生的协商式解码更加相近。这让莫利意识到，个体受众对电视的实际解读过程远比霍尔和帕金的理论模式更为复杂。除去三种主要的解码类型，还存在更多的差别与变异，它们可能只是微不足道的因素，不会在总体结构模型中起到关键作用，却总是在具体的分析中不得不考虑到。莫利在最后的分析中直言，阶级地位与解码框架没有直接的联系。他同时收回研究设想中对语境的乐观判断，重申讨论个人对讯息的"解读"要从他们的社会语境入手。在不同语境下，面对不同种类的材料，各个小组会使用不同的解码策略。但是，莫利仍旧没有放弃对建构理想模型的执着。他认为，要想建立更加恰当的受众模型，必须对基本的主导性、协商式和抵抗式解码模型进行全面的精炼，提出一个正确的概念体系，以便把所有相关的差异和分歧容纳其中。虽然莫利后来转入家庭语境中关注性别在家庭收视行为中的权力关系，但是这种把所有差异和分歧都包罗其中的模型至今都没有成为现实。

三、关于阶级与解码关系的批评与回应

《〈全国新闻〉观众》出版后得到了广泛的引用，但批评和质疑的声音也不绝于耳。对该书的批评主要集中在结论和方法两个方面。

关于结论，有学者提出，莫利发现霍尔受帕金的启发，过分强调阶级对解读的差异所造成的影响，忽略了造成解读差异的其他因素。还有学者更为犀利地讽刺道，莫利想要发展霍尔的编码/解码模型，这表明个体对电视进行解读的复杂性远远超出霍尔的模型所涵盖的范围，所以不得不承认，社会地位和解码过程毫无联系。

关于方法，有宏观和微观两个方面的批评。宏观批评主要针对莫利使用的民族志研究方法。有学者认为，民族志方法的主要任务是描述，本质上不适合以批判为目的的文化研究。还有学者质疑，民族志得出的数据是在预先设置好的情形下产生的，会被研究者操控。即使研究者做到了谨慎小心和具备足够的自我意识，仍然不能摆脱自己的预设，结论只是取决于研究者想从中发现什么。更有学者直接否定了"受众"的概念，认为从经验主义的角度看，受众是根本不存在的。《全国新闻》的研究只是研究人员对一个除此之外不可能形成的小组和在一个除此之外不可能有的地方对受众进行的访谈。微观的批评针对访谈小组的划分，认为《全国新闻》研究夸大了访谈小组之间的差别。29个访谈小组主要以职业和性别来区分，这背后透露了莫利先入为主的观念，夸大了阶级的作用。

对于这些批评和质疑，莫利分别在1981年的《〈全国新闻〉受众：批判性附言》和1997年的《电视、受众与文化研究》两本书中做了回应和解释。他接受了学界对访谈小组划分差异不大的指责，并解释道，基于职业和性别来划分小组，是从研究目的出发的考虑，这项研究的最初设想正是将阶级和性别差异纳入媒介研究。也只有从这个基点开始，才能在后续的实证分析中修正先前过于简单化的划分。但是，对于学界认为他的研究是编码/解码理论开始消亡的节点，莫利给出了自己的辩

护，其实也是对霍尔的辩护。莫利说，是帕金而不是霍尔对意义系统和阶级位置给出了机械性的解读模式，霍尔的经典文章《编码/解码》反而看到并且避免了帕金的错误。霍尔所做的工作是扩充帕金的模型。同时，莫利承认自己过于强调阶级因素，将其放置于其他社会范畴之上进行讨论。但是他强调，自己以及霍尔的主张绝不是机械的社会决定论。他的结论也并不是受访者的社会—经济地位与解码过程完全没有关联，他在原文中使用的是"没有直接关联"。莫利重申，受众对讯息的解码是一个非常复杂的过程，不能单靠阶级因素来解释。最后，关于研究方法，莫利承认了民族志方法的诸多不足，但同时认为，没有一种方法是完美无缺的，而研究方法的选择本身既不能保证研究的成功，也不一定导致研究的失败。以统计学的量化调查来分析和探索受众"看电视"的行为，看似将受众的行为和观看环境分离开来，得出了二者在技术上的定量关系，但是，看电视实际上是非常复杂的行为，它不可避免地和一系列其他的家庭活动相联系，所以，只有在这种语境之中才能准确地理解受众的观看行为。而如参与式观察和民族志这样的人类学方法，注重整体性，关注行为的情境，恰恰是有助于对受众解码电视行为的分析的。

四、评价与反思

《〈全国新闻〉观众》因方法而在当时备受质疑，却也因方法而意外地为受众研究开辟了一片新天地，成为"新受众研究"的开山之作。今天，人类学的民族志方法已经成为传播学经验研究最重要的方法。但回到当时的语境来看，在美国传播学行为主义范式的笼罩下，民族志的方法取向在媒介研究中的艰难处境可想而知。虽然在 20 世纪 40 年代赫尔塔·赫佐格（Herta Herzog）关于"妇女收听晨间剧"的研究就已使用访谈法，但也只是作为辅助性方法来丰富对定量数据的理解。莫利的《〈全国新闻〉观众》问世之后，20 世纪 80 年代初，还有一批颇具影响力的受众研究成果都或多或少地采用了人类学民族志的方法，甚至在后来被称为媒介研究中的"民族志转向"（ethnographic turn）。它们反对过度迷信人口统计和问卷调查方法，支持关注日常生活和"深入的受众"（embedded audience），提倡"深描"（thick description）式的观察与阐释（李彬、曹书乐等，2016：123）。

不过，传播学中采用的民族志方法并非传统意义上的人类学研究方法。研究者不需要像人类学家一样进入"他者"文明的社群，以社群成员的意义系统和交往行为去观察他们的生活。传播学更多的是采用阐释民族志的方法，对深处其中的社会进行观察，不隐瞒自己的研究身份，甚至认为局内人的身份更加有助于理解受众的情感和阐释。莫利后来在《家庭电视》中就采取了阐释民族志的方法。为了对英国家庭收视行为的权力关系进行考察，他坚持每晚到受访家庭中与受访者一同观看晚间电视，融入并观察他们的收视行为。

从研究方法回到研究视角，莫利的《〈全国新闻〉观众》虽然没能提出与霍尔的"编码/解码"齐名的理论，但在无形中扩展了受众研究的理论视角，这无疑是更为重要的。该书前半段基本沿着帕金和霍尔的理论进路阐释，但后半段的实证材料提供了更为新鲜的事实。虽然理论上已经默认，不同的受众对文本有不同的解读，相较于个体差异，社会—经济地位在受众解码过程中具有更加重要的作用，但实际情况是，阶级、性别、种族、教育、话题、语境等每一个要素都在受众的现实解码中扮演了重要的角色。每一个要素与最后的解码类型都不存在简单的因果关系。理论根本无法穷尽受众解码过程中的多种复杂因素，甚至这些因素还存在某种变异。与其说这是对霍尔理论的证伪，不如说是对文化研究领域的突破。

从研究视角转向研究主题，《全国新闻》项目对传播学的意义更为深远。以往的文化研究因受阿尔都塞和葛兰西的思想影响较深，专注于权力、意识形态和文化领导权等更加宏观层面的研究，所以研究小组关注的电视新闻也多是严肃的时政节目。以《全国新闻》研究为发端，加之这一时段列斐伏尔的《日常生活批判》的引入，文化研究的视线逐渐转向日常生活领域，重视对受众日常生活经验的阐释和解读，后续的对亚文化、通俗文化和女性媒体消费的研究也都可以从这里找到思想线索。所以，相对于此前二十多年在英国及欧陆影响广泛的文化研究中的激进、传统和批判观点，以莫利的《〈全国新闻〉观众》为开端的新受众研究无疑是旗帜鲜明地来了个大转向（李彬、曹书乐等，2016：126）。

可惜的是，莫利的这本书目前还没有中译本。读者仅能在莫利的另一本《电视、受众与文化研究》中窥见《全国新闻》研究支离破碎的片段。更值得反思的是，今天国内的传播学理论书写往往注重对经典理论的介绍，却忽视一些具有起承转合特征的研究，莫利的《全国新闻》项目就是如此。

（郭静　南航）

参 考 文 献

Morley, D. & Brunsdon, C., *The Nationwide Television Studies*, London and New York: Routledge, 2005.

〔英〕戴维·莫利：《电视、受众与文化研究》，史安斌主译，北京：新华出版社，2005。

李彬、曹书乐等：《欧洲传播思想史》，上海：复旦大学出版社，2016。

拓 展 阅 读

Morley, D., *Family Television: Cultural Power and Domestic Leisure*, London: Comedia, 1986.

〔英〕罗杰·迪金森等编：《受众研究读本》，单波译，北京：华夏出版社，2006。

尤尔根·哈贝马斯

《交往行为理论（第一卷）：
行为合理性与社会合理化》

对于《交往行为理论（第一卷）：行为合理性与社会合理化》（以下简称《交往行为理论》）一书的学术地位，虽然哈贝马斯自己在该书的前言中谦虚地声称，这部著作不过是他对自己前期思想的总结，不是一部结论性的著作，而是一部过渡性的著作（哈贝马斯，2018：1），但从哈贝马斯学术思想的发展历程来看，这部两卷本的著作事实上可能是到目前为止其所有作品中最为重要的一部。因为在该书中，哈贝马斯不仅提出了一套关于社会、现代性和理性理论的综合构想，即"交往行为理论"——这一构想构成了他此后对自己的道德理论、政治理论和法律理论进一步阐发的基础（福尔特纳，2016：2），而且在一定程度上促进了批判理论的语言学转向，从规范的角度为重构批判理论真正奠定了理论基础，进而带动法兰克福学派走出了历史哲学作为一种思想资源来解释现实问题所面临的困顿，赓续了法兰克福学派的学脉。当然，也有一些学者认为，哈贝马斯在《交往行为理论》中所采取的改良主义路数，违背了学派传统的激进主义的批判路数，钝化了学派的批判锋芒。换言之，哈贝马斯自己带头刨了自家学派与批判理论立论的根基，其本人已"堕落"为法兰克福学派中最大的、潜伏最深的"学术叛徒"，无形中起到了反向的为资本主义辩护的作用。

不过，无论是认为《交往行为理论》为批判理论"续命"的观点，还是认为《交往行为理论》"刨了自家祖坟"的观点，都说明《交往行为理论》具有重要的学术地位与影响。此外，在现实中，哈贝马斯也不断地运用该理论，如他认为，在当今世界的各种矛盾冲突中，除了使用暴力或战争以外，交往行为理论是化解冲突的唯一的和平手段（贺翠香，2020）。那么，我们不禁要问：交往行为理论是在什么背景下提出的？有什么样的理论内涵？学界对其评价如何？等等。带着这些问题与好奇，让我们通过深度研读，走进哈贝马斯的《交往行为理论》。

一、成书背景

关于《交往行为理论》成书的背景，哈贝马斯在该书的第一版序言中作了说明（哈贝马斯，2018：10）。但由于哈贝马斯文字本身的晦涩、学术语言天然存在的门槛，以及对哈贝马斯所讲内容的具体社会语境、知识背景缺乏足够的了解，学界对该书写作背景的认识仍是莫衷一是、众说纷纭，以致形成了多种解释。

有学者认为，交往行为理论实际上是哈贝马斯早期的公共领域理论以另一套理论语言进行的表述而已（连水兴、梅琼林，2010）。也有学者认为，哈贝马斯因先天患有唇腭裂而形貌异常，遭遇了交往障碍，这促使他在不知不觉间将交往行为作为自己学术研究中的核心问题（哈贝马斯，2009）；还有学者从《交往行为理论》的成书时间，即1981年在哈贝马斯生命历程中所处的阶段推断，在那时，出生于1929年的哈贝马斯已经五十多岁，按照中国的传统说法，已经到了"知天命"的年纪，实现学术自由的他开始思考与回答自己的学术成就问题——个人一生的学术生涯能留下什么思想。彼时，儿时遭遇的"人生问题"又促使他以学术的方式来回答，至此，哈贝马斯在不知不觉间将自己的学术问题与人生问题联系在一起。此外，有的学者从思想史的角度，将《交往行为理论》追溯到1954年哈贝马斯在做报纸自由撰稿人时写作的发表于《水星》杂志的关于产业合理化和人类关系合理化的文章。有的学者还从批判理论发展史的角度出发，认为《交往行为理论》是为了消除批判理论规范的不足，重新解释真理概念，以一种新的方式评估资产阶级民主的成就。

为了弄清哈贝马斯写作该书的背景，本文将采取知识社会学与文本分析的方法对《交往行为理论》的成书背景进行考察。研究发现，事实上，《交往行为理论》写作的缘起就是哈贝马斯在该书的第一版序言中所讲的那样（哈贝马斯，2018：10），只是哈贝马斯讲得过于简略，并且存在着严重的逻辑链条断裂，尤其是没有交代交往行为理论为何要与"合理化理论"进行对话，以致学界长期以来对此不理解，认识不统一，并形成了多种解释。总的来讲，哈贝马斯写作《交往行为理论》主要是基于其写作该书时的时代背景。据哈贝马斯自陈，正式开始写作该书是在 1977 年。这从该书写于 1981 年的第一版序言中"在过去四年里，除了……而中断一学期之外，我一直都在撰写这本书"（哈贝马斯，2018：8）中也可以看出来。那么，1977 年到底发生了什么促使哈贝马斯写作《交往行为理论》呢？这就成为问题的关键。

根据哈贝马斯在接受联邦德国《美学与交往》杂志编辑的访谈时所言，1977 年，哈贝马斯之所以写作《交往行为理论》一书，直接缘起于 1977 年 9 月 5 日以"反对资本主义、消灭社会不公正现象、消除纳粹给德国带来的阴影"为宗旨的左翼恐怖组织"红军派"为了逼迫德国政府释放 1972 年因多次投放炸弹被抓的同伙，绑架并杀害了联邦德国企业主联合会主席施莱尔。而"红军派"之所以绑架施莱尔，是由于施莱尔利用国家社会党发迹，在当时的联邦德国也属于最有权势的大老板之一。该事件促使哈贝马斯认识到新保守主义者与发展的批判者（对资本主义高度发展持批判态度的人）双方截然不同的解释、不同的意识形态相互碰撞，产生了意料之外的社会效果，即"在一定程度上卓有成效地稳定了社会内部关系，在与社会性国家妥协的基础上实现了稳定"（哈贝马斯，2004：495）。

具体来讲，即社会性的国家的广泛民主和国家干预主义构成了一种制度，并作为新的发展动力在一定程度上推动着资本主义的发展。之所以会这样，是因为资本主义制度为了社会的稳定与有序，开始从资本增殖中拿出一部分作为与制度相适应的补偿，如福利制度、增加休假时间等。因此，在没有触动私人的高额投资与私人财产的结构的情况下，这种做法缓和甚至平息了阶级冲突。但是，这种资本主义缓和阶级矛盾的方式也并不牢固，而是面临着经济增长日趋缓慢所导致的经济和社会心理上"补偿"减少的问题。当然，这时，人们也没有停止探索的脚步：新保守主义者以强化的新凯恩斯主义解决资本主义制度面临的新问题；发展的批判者以米尔顿·弗里德曼（Milton Friedman）和拜金主义者的观点进行调适，但并没有从根本上解决问题，其结果就是把解决不了的问题从市场推向国家，再由国家推向市场，如此推来推去（哈贝马斯，2004：495—496）。因此，在这种情况下，认识与理解在社会福利国家妥协基础上建立起来的稳定的内在关系，越来越要求在社会心理和文化方面付出额外的代价。而且，超级大国之间的不稳定关系虽然暂时有所缓和，但从未彻底根除（哈贝马斯，2018：9），这成为当代资本主义在新的发展阶段面临的新问题，并且新保守主义者与发展的批判者提供的应对方案又逐渐衍生出更为激烈的形式。哈贝马斯通过研究维贝尔发现，这两种解释都反对西欧理性主义的遗产——新保守主义者以严格的后现代化名义来反对理性主义的遗产；而发展的批判者却凭着反现代化的热忱来反对理性主义的遗产，并表达了对这种争论不休的"并发症"会阻碍人们触及真正的西方传统和灵感的宝贵实质的担忧（哈贝马斯，2004：496—497）。

一言以蔽之，1977 年哈贝马斯写作《交往行为理论》的动机或者说背景，是想弄清楚人们将如何改造对物化与合理化的批判，以便从理论上说明与社会性国家妥协的脆弱性和新运动增强的批判潜力，而不放弃现代化的方案，不倒退到后现代化和反现代化（哈贝马斯，2004：497），不屈尊于"强硬"的新保守主义或"狂热"的青年保守主义。这一写作初衷事实上与 20 世纪 30 年代批判理论所追求的立场——利用哲学和实证社会学等学科资源，采取跨学科的研究方法揭露和批判资本主义社会——相吻合，只不过这一研究计划后来被霍克海默和阿多诺放弃，转而回到更为传统的哲学学科研究而已。所以，从这个意义上来讲，可能哈贝马斯所采取的研究路数更加"正宗"，其选择既具有理论性又具有现实指导价值的交往行为理论与合理化理论进行对话，也就在情理之中了。

二、交往行为理论建构的理路

虽然在《交往行为理论》第一版序言中，哈贝马斯自述，该书主要是围绕交往理性的概念、如何将生活世界和系统这两个范式联系起来、对当今越来越清楚可见的社会病理类型进行解释的现代性理论等三个方面来建构交往行为理论，进而勾画悖论发生的社会生活关系（哈贝马斯，2018：8），但事实上，该书有着其内在的理路。具体而言，该书实际上是哈贝马斯在对合理化理论的历史进行综合研究的基础上，以弥补目前合理化理论的不足为切入点，以交往行为为根基，来建构自己的理论体系——交往行为理论，并进一步探索与尝试交往行为理论与合理化理论的对话。因此，《交往行为理论》又被称为《合理化的辩证法》。这其中虽然有与霍克海默和阿多诺的《启蒙辩证法》进行比附、呼应、对话的嫌疑，但也说明该书进行理论对话的对象是合理化理论。

纵观哲学的发展史可知，哲学研究从根本上来讲就是对体现在认识、语言与行为当中的理性进行反思与研究的学问（哈贝马斯，2018：17），只是各哲学流派的路数、视角各不相同罢了。而合理化理论就是其中一个非常重要的研究主题。该主题不仅以理性为研究对象，观照现实的发展，而且沟通各个学科，哲学、社会学、伦理学等学科都关注、探究这个问题。更为关键的是，该理论既涉及元理论问题，又涉及方法论问题、还涉及经验理论问题。正如哈贝马斯所言，"使用合理性概念，既无法避免其主导行为概念的合理性内涵的元理论问题，也不能回避通过理解意义而进入客观领域所具有的合理性内涵的方法论问题，最后还有经验理论问题——从何种意义上讲社会现代化堪称是合理化——也是绕不过去的"（哈贝马斯，2018：8—9）。只是由于"合理性的理论过去在单独情况下发展，现在只能通过不同的理论残片加以侥幸的回应"（哈贝马斯，1994：510），哈贝马斯采取的是将哲学与社会学、人类学、历史学、语言学等学科相结合的方式而已。采用这种方式既是由于其哲学专业的出身，同时也因为其继承了早期法兰克福学派的研究传统。

这一深入哈贝马斯思想骨髓的隐形方法论，更是在《交往行为理论》中体现得淋漓尽致。综观《交往行为理论》全书可以发现，该书的谋篇布局，一如哈贝马斯的其他著作，引经据典、纵横捭阖地对韦伯关于理性化的现代化理论、米德的符号互动理论、埃米尔·涂尔干(Émile Durkheim) 关于集体意识的世俗化和转变理论、帕森斯的功能主义理论等经典作家及其理论的历史进行了深入的解读。但这不是哈贝马斯写作该书的目的，而是为了引出哈贝马斯自己的研究路向："通过对理论历史的综合研究，我找到了从康德到马克思所阐发的哲学思想在当代能够取得科学结果所立足的整合层面。我把韦伯、米德、涂尔干以及帕森斯当作经典理论家，亦即当作对我们还有启发意义的社会理论家来加以讨论。"(哈贝马斯，2018：9) 换言之，通过结合已有的合理化理论研究，观照资本主义的最新发展现实，通过哲学溯源来寻求思想资源，哈贝马斯发现：无论是韦伯的目的行为、目的理性、价值理性批判，还是他的老师，如霍克海默和阿多诺所进行的工具理性批判，都不足以解释当下资本主义发展的最新现实，即不再能够提供或提供很少的经济、休闲等"补偿"的资本主义为何依旧可以存在。

为了回答这个问题，哈贝马斯在批判性吸收已有合理化理论研究成果的基础上，向康德哲学、黑格尔哲学、马克思哲学等寻求思想资源，同时借助语言学的理论资源，进行理论综合，提出了自己的交往行为理论，来回应资本主义发展的现实问题。

三、交往行为理论的主要内容

自启蒙运动以来，能够自主地运用理性行事成为觉醒的人类的标志，但与此同时，被启蒙的人类无限度地利用理性行事也制造了很多麻烦。对于这种情况，马克思将这种理性的过度使用称为"异化"；卢卡奇则紧随其后，将其称为"物化"；韦伯将其明确指认为目的理性遮蔽价值理性，并将因对其过度运用而造成的不良后果称为"理性的铁笼"；霍克海默与阿多诺则更进一步将其归结为工具理性的泛滥，导致"启蒙走向了启蒙的反面"。但哈贝马斯研究发现，这些已有的合理化理论研究基本上都是从先验理性出发的，因此，面对资本主义最新的发展现实与社会矛盾时，无法提供有效的应对措施。故在这种情况下，哈贝马斯在研究理论史之后，对理性进行了去先验化处理，并将根据社会发展的现实需要重构了的理性——交往理性——应用于资本主义国家面临的社会问题的解决。

在哈贝马斯看来，理性从来就是一个超然之物，可以被彻底净化，一直保持中立。事实上，理性是一种实践，一种内嵌于一定的历史条件的实践，而这些实践本身就设定了正确的问题、恰当的论证方式以及合理的哲学进程（福尔特纳，2016：45）。因此，带有很强实践性质的交往理性，作为包含目的理性、工具理性、价值理性等在内的理性大家族中的一员逐渐走向"学术的前台"，并被哈贝马斯启用，建构自己的交往行为理论。

所谓"交往理性"，简单来讲，是指交往行为中蕴含的理性。更具体来讲，即"用话语兑现有效性要求的不同形式以及交往行为者通过为他们的表达提出有效性要求而与世界之间所建立起来的联系"（哈贝马斯，2018：102）。之所以会这样，是因为在哈贝马斯的交往行为理论中，交往行为不仅仅是指我们日常生活中的"交往行为"，而且在与目的行为模式、规范行为模式、戏剧行为模式相比较的基础上，为其赋予了丰富的内涵，即"交往行为模式把语言看作是一种达成全面沟通的媒介，在沟通过程中，言语者和听众同时从他们的生活世界出发，与客观世界、社会世界以及主观世界发生关联，以求进入一个共同的语境"（哈贝马斯，2018：126）。因此，从交往理性概念的内涵可知，交往行为理论作为一个理论主要包含这样三个命题：一是交往行为的有效性要求；二是交往行为的有效性要求与世界之间的联系；三是交往行为及交往理性对调适生活世界与系统的关系的作用。这三个命题看似分散，好像没有什么明确的关系，但实际上，三者紧密地联系在一起，并构成一个逻辑闭环。第二个命题是检验第一个命题的标准，而第一个命题与第二个命题合在一起所建构的交往理性又是第三个命题的关键。

第一，关于交往行为的有效性要求。根据哈贝马斯的理论构想，为了实现交往双方共同追求的沟通目标，交往行为需要满足这样三个有效性要求：交往双方所做的陈述是真实的（甚至只是顺便提及的命题的前提也必须是真实的）；与一个规范语境相关的言语行为是正确的（它应当满足的规范语境自身也必须具有合法性）；言语者必须言为心声。换言之，言说者要求其命题或实际前提具有真实性，合法行为及其规范语境具有正确性，主体的表达具有真诚性（哈贝马斯，2018：131）。

第二，关于交往行为的有效性要求与世界之间的联系。哈贝马斯认为，检验行为者交往的有效性要求的依据是：言语行为与行为者通过表达而与之建立联系的客观世界、社会世界以及主观世界等三个世界之间的关系。具体来讲，客观世界对应并检验的是真实性；社会世界对应并检验的是正确性；主观世界对应并检验的是真诚性。换言之，"当行为主体所说话语涉及客观世界时，它必须是真实的；当所说话语涉及与听者的关系时，其规范必须被视为正确而被别人接受；当话语涉及说话者的主观世界时，说者的态度必须是真诚的"（章国锋，2004）。总之，为了更好地交往、沟通，必须要有一定的标准来衡量日常的交往，否则，人们之间就无法进行交流、对话。但这并不是说，人们的日常交往必须满足所有的交往有效性要求。对此，哈贝马斯本人也非常清楚，完全符合交往的有效性要求的"理想的交往状态"在现实中根本就不存在，因为现实中的交流总是存在这样或那样的问题，甚至"肯定性和明确性在日常交往实践中实际上是例外"（哈贝马斯，2018：132）。不过，尽管如此，交往仍有一定的标准，只不过是按照一种相对固定，但又带有一定的游移性、易变性的"标准"，甚至是"双标"，来完成交流而已。

第三，关于交往行为及交往理性平衡生活世界与系统的关系的作用。交往行为及交往理性之所以具有平衡生活世界与系统的关系的作用，是因为"当对话者挑战彼此主张的有效性时，生活世界能够为做出判断提供资源。作为这一角色的生活世界为理解提供了隐性的、总体的、弥漫的背景"（福尔特纳，2016：77），而与此同时，生活世界又是通过交往中参与者的不同角度重建的。因此，生活世界与交往行为及其所形成的交往理性关系可以说是一个事物的两个方面，是一种互构、互相再生产的关系。具体来说，生活世界为交往行为提供不断矫正自身的丰富资源，而交往行为及其理性则是生活世界的建设者。不过，生活世界作为一种人们的日常生活空间，并不存在于真空之中。当下，随着资本主义的发展，尤其是技术的发展与理性的制度化，由行政系统、经济系统等子系统组成的系统不断地向生活世界领域入侵，生活世界逐渐被系统殖民化。原本仅仅是生活世界的补充的系统，现在不仅开始取代生活世界，而且生活世界反过来越来越依赖系统。而系统与生活世界两个概念在哈贝马斯的交往行为理论设计中有着很大的区别：生活世界是一个日常生活的领域、交往行为的领域，其整合社会的机制是语言，主导逻辑是"混合逻辑"，建构的秩序是要达成行为取向的一致，也就是社会整合；系统则是一个工具理性占据的领域，其整合社会的机制是媒介，主导逻辑是"功能逻辑"，建构的秩序是要达成行为后果的一致，也就是系统整合（福尔特纳，2016：88），是哈贝马斯借此从微观个体层面上升到宏观层面对资本主义社会进行批判的重要概念抓手。

至此，交往行为理论的内容初具规模。哈贝马斯从交往行为切入，通过论述衡量交往理性的有效性要求以及判断有效性要求的客观世界、社会世界、主观世界等命题，初步锻造出交往行为理论的基本构件。接着，他将交往行为及其理性从个体微观层面上升到宏观层面，与国家、社会发生关联，即在引入生活世界与系统概念的基础上，将交往行为及其理性作为平衡两者的重要方法，完成了从微观层面到宏观层面对资本主义社会进行批判，并提供解决方案的任务，建构出了自己的交往行为理论。

四、评价与反思

尽管哈贝马斯在建构交往行为理论时有着自己的理路，并且部分实现了自己的学术设想，达到了批判资本主义社会、为批判学派建立规范基础，进而重振法兰克福学派批判雄风的目的，并引起了"那些关心社会和政治变革以及关心社会科学发展的人们的充分注意"（Rasmussen，1990：1），但与此同时，交往行为理论也受到来自理论与现实的挑战。

在现实层面，交往行为理论面临着多种挑战。在现实生活中，人们之间的交流不可能完全按照交往理性的有效性要求的那样进行，还受到各种非理性的滋扰。更为可怕的是，人人都认为自己在交流中是理性的，而他人是非理性的。事实上，现实生活中的交流，无论是个人层面，还是国家层面，基本上都是多种逻辑并行的：既有理性的，也有非理性的，而不可能是完全理性的。完全理性的交往主体完全按照交往理性的有效性要求进行的交流，只存在于观念的世界里。当其从观念、理论进入现实层面时，理论与实践之间存在已久的"名实相怨"会带来各种各样的问题。因此，从这一意义上来讲，哈贝马斯的交往行为理论的立论根基是存在一定的问题的，而这一点也是交往行为理论在理论层面受到许多批评与修正的原因所在。

在理论方面，学界对于交往行为理论的批评，主要集中在以下三个方面：一是从否定交往行为理论的角度进行的批判，如福柯将哈贝马斯的交往行为理论斥为"交往乌托邦""一个被'应该'的乐观主义召唤出来的幻影"；理查德·罗蒂（Richard Rorty）对用交往理性重建理性概念必然要坚持的普遍主义要求表示怀疑；布尔迪厄更是认为，哈贝马斯的交往理性太过于理想，用他的话来讲，即"促使哈贝马斯将一切现实交往的尺度和规范作为一种理想来表述的前提……使他无视作为潜在因素内在于一切交往形式的权力结构和统治形式，而这种统治形式……恰恰是通过交往活动并在交往中确立的"（章国锋，2004）。二是从修正交往行为理论角度出发进行的批判，如针对理性的程序概念，麦卡锡要求局部恢复黑格尔的遗产，为此，他对将理性分解为一系列不同的合理性和相应的有效性表示不满；施内德尔巴赫（Schnädelbach）对哈贝马斯根据意义与有效性之间的内在联系加以论证的意义理解的常规内涵提出异议，强调要从叙述的角度使用合理性概念（哈贝马斯，2018：13—14）。哈贝马斯的学生阿克塞尔·霍耐特（Axel Honneth）虽然认同哈贝马斯所采取的改良主义的批判理论研究路数，但他对哈贝马斯试图通过交往行为理论来实现社会解放的研究观点表示怀疑。为此，他提出自己的承认理论来弥补哈贝马斯理论的不足。三是从整体上对交往行为理论产生的学术影响进行批判。概言之，交往行为理论产生了毁誉参半的学术影响。有学者认为，哈贝马斯通过建构交往行为理论，不仅实现了建构自己的理论体系的学术初衷，而且成功地为批判理论建立了一个规范基础（哈贝马斯，1994：506），实现了批判学派的语言学转向，赓续了法兰克福学派的学术传统。但与此同时，也有一些学者认为，哈贝马斯是法兰克福学派的"学术叛徒"，当其采取改良主义对资本主义进行批判，以交往理性来取代学派过去的学术传统革命、否定立场时，就注定其已成为学派的"罪人"，批判学派的根基受到了动摇，曾经闪耀的锋芒逐渐黯淡。不过，上文已述，如果说从 20 世纪 30 年代法兰克福学派最初确定的研究计划的角度来讲，谁是谁非、谁对谁错、谁坚持学派发展传统、谁背叛学派发展传统还未可知，关键是看判断的标准。

总的来讲，学界对哈贝马斯的交往行为理论既有褒扬，也有贬损；既有批判，也有建设；既有继承，也有创新。但不可否认的是，无论评价如何，哈贝马斯的交往行为理论已经成为一个重要的理论平台，邀约不同的学科、不同的学者汇聚于此，就理论问题、现实问题进行理论对话。这个学术平台既是哈贝马斯自己的，也是学界同人共有的。因此，在未来，为了更好地赓续法兰克福学派的学术传统，发展批判理论，学界亟须从新闻传播学的角度对交往行为理论进行深度耕犁，并从思想史的角度对与交往行为理论相关的研究，譬如《交往行为理论的准备与补充》《走向理性社会》《认识与兴趣》《后形而上学》等进行知识社会学的考察与探究。与此同时，由交往行为理论衍生出一些十分值得新闻传播学探讨的议题，如交往行为理论与公共领域理论之间的关系、"交往行为是如何可能的"、交往理性在当今的媒介化时代的变化与效度、交往理性与工具理性的区别、生活世界与系统的理论渊源及两者之间的关系、交往行为理论从批判理论那里继承了哪些学术思想，以及哈贝马斯又引入了哪些学术思想、弥补了批判理论的哪些不足以及对法兰克福学派的发展产生了怎样的影响等。

（董浩）

参 考 文 献

Rasmussen，D.，*Reading Habermas*，Cambridge：Basil Blackwell，1990.

〔美〕福尔特纳编：《哈贝马斯：关键概念》，赵超译，重庆大学出版社，2016。

〔德〕哈贝马斯、符佳佳：《公共空间与政治公共领域——我的两个思想主题的生活历史根源》，《哲学动态》，2009（6）。

〔德〕哈贝马斯：《哈贝马斯精粹》，曹卫东选译，南京：南京大学出版社，2004。

〔德〕哈贝马斯：《交往行为理论（第1卷）：行为合理性与社会合理化》，曹卫东译，上海：上海人民出版社，2018。

〔德〕哈贝马斯：《交往行动理论（第2卷）：论功能主义理性批判》，洪佩郁、蔺菁译，重庆：重庆出版社，1994。

贺翠香：《从拒绝到妥协、驯化：法兰克福学派批判理论的发展进程及其困境》，《中国哲学年鉴》，2020（1）。

连水兴、梅琼林：《媒介批判的转向：从"工具理性"到"交往理性"——论哈贝马斯的媒介批判理论》，《社会科学研究》，2010（5）。

章国锋：《交往理性》，《外国文学》，2004（1）。

拓 展 阅 读

〔德〕哈贝马斯：《公共领域的结构转型》，曹卫东等译，上海：学林出版社，1999。

〔德〕哈贝马斯：《后民族结构》，曹卫东译，上海：上海人民出版社，2002。

〔德〕哈贝马斯：《后形而上学思想》，曹卫东、付德根译，南京：译林出版社，2001。

〔德〕哈贝马斯：《理论与实践》，郭官义、李黎译，北京：社会科学文献出版社，2004。

〔德〕哈贝马斯：《认识与兴趣》，郭官义、李黎译，上海：学林出版社，1999。

爱德华·萨义德

《报道伊斯兰：
媒体与专家如何决定我们观看世界其他地方的方式》

2017 年初，美国总统特朗普签署了一份名为"阻止外国恐怖分子进入美国的国家保护计划"的行政命令，要求未来 90 天内禁止伊拉克、叙利亚、伊朗、苏丹、索马里、也门和利比亚等七国公民入境美国。此举表面上意欲维护美国国家安全，却再一次验证了爱德华·萨义德（Edward Said）《报道伊斯兰：媒体与专家如何决定我们观看世界其他地方的方式》（以下简称《报道伊斯兰》）一书所揭示的美西方世界对东方伊斯兰世界由来已久的他者化敌意。

《报道伊斯兰》一书英文原名为 *Covering Islam：How the Media and the Experts Determine How We See the Rest of the World*。有趣的是，中国台湾出版界将书名译为《遮蔽的伊斯兰：西方媒体眼下的穆斯林世界》。繁简两个中文版书名恰好展现了"cover"一词的双关意味，它揭示了美国媒体对伊斯兰世界的呈现既是一种报道，亦是一种遮蔽。

一、成书背景

1935 年 11 月，萨义德出生于耶路撒冷的一个富裕的阿拉伯裔基督教家庭。他名字中的"爱德华"充满了典型的英国贵族气，可"萨义德"又是一个标准的阿拉伯姓氏，这个东西方文化混杂的名字似乎预示了他一生摇摆不定的文化身份。1947 年，巴以战争爆发之后，萨义德被迫跟随亲人迁居开罗。在开罗生活期间，他就读于英国殖民者开办的预备学校，开始接受正统的西式教育。在学校里，萨义德经常因为说阿拉伯语而受到老师惩罚，这段痛苦的童年经历让萨义德始终以"他者"的身份反观西方文化。早年生活经历让萨义德始终有一种漂泊异地的孤独感，他曾写道，"我清楚记得那年初冬，'空袭警报'和'警报解除'的笛鸣不绝于耳。一个德军空袭之夜，我被裹在毯子里，由父亲抱进车库躲藏"（萨义德，2009：27），而这种流散身份在他后来的名著《知识分子论》中得以集中表述。1951年，萨义德远赴美国深造。1953年，他进入普林斯顿大学，取得学士学位后又在哈佛大学获得硕士和博士学位。萨义德能讲一口流利的阿拉伯语、英语和法语，他长期任教于哥伦比亚大学、约翰斯·霍普金斯大学、哈佛大学和耶鲁大学，但其一生都背负着在殖民地故乡打上的独特烙印，"殖民主义和帝国主义对我来说不是抽象的观念，而是特殊的生命经验和形式，具有几乎无法忍受的具体感"（薇思瓦纳珊，2006：21）。

1967年爆发的中东战争是萨义德的人生转折点：此前学术与政治于他是泾渭分明的不同领域，他是专注教研工作的学院知识分子，而之后他被迫关注学术与政治的内在关系，并且自觉为一些重大政治问题奔走发声。自20世纪60年代以来，萨义德就围绕中东的历史命运问题展开思索，在20世纪70年代中后期终于迎来了创作上的丰收期，其中最著名的作品就是"中东三部曲"，即《东方主义》（1978）、《巴勒斯坦问题》（1979）和《报道伊斯兰》（1981）。"中东三部曲"整体上以批判东方主义的视角揭示伊斯兰世界如何在美国主导的意识形态中被扭曲乃至妖魔化的问题。1979年，《巴勒斯坦问题》一书出版不久，伊朗就爆发了著名的"德黑兰人质事件"，而这一事件直接推动了《报道伊斯兰》一书的写作。

1979年1月，伊朗发生起义，巴列维国王的反对者推翻了巴列维王朝，将巴列维赶出伊朗，并建立了伊朗伊斯兰共和国。1979年10月，巴列维取道墨西哥前往美国就医，此举彻底激怒了以霍梅尼为首的伊朗新政权，霍梅尼于1979年11月1日号召伊朗人民向美国和以色列进行抗议示威。11月4日，美国驻德黑兰大使馆被伊朗示威学生占领，学生们要求美国政府将巴列维引渡回国，为达目的他们将 52 名美国外交官和平民扣为人质。这次人质危机一直持续到 1981 年 1 月 20 日，长达 444 天，这一事件直接导致美国卡特总统下台。危机事件发生后，美国媒体一改以往对伊斯兰世界的冷淡态度，对整个人质事件展开了事无巨细、长篇累牍的连续报道。美国民众每晚只要收看三大广播网在黄金时段播送的电视新闻就能关注中东地区的事态发展。然而，美国民众一直在接受美国主流媒体所建构的被严重曲解的关于东方伊斯兰世界的新闻报道。比如，人质事件发生地伊朗的体制、文化与宗教总是不断被美国媒体再现为一种危险而抽象的事物。以伊朗人质危机为导火索，美国媒体为西方世界建构了一个被妖魔化的伊斯兰世界，它与真实的伊斯兰世界相差甚远，《报道伊斯兰》的问题意识由此而生。

对《报道伊斯兰》产生重要理论影响的则是 20 世纪 70 年代前后兴起的新闻生产研究。在 20 世纪 70 年代，新闻生产研究在美国社会科学界产生了重要的影响，以赫伯特·甘斯（Herbert Gans）、盖伊·塔克曼（Gaye Tuchman）、迈克尔·舒德森（Michael Schudson）为代表的新闻生产研究揭示了新闻被制造的过程。萨义德高度认同这种观点，他在书中直接提到了他对甘斯观点的认同："新闻与其说是被动的已知事实，不如说是源自一套复杂的过程，经过通常是深思熟虑的选择和表达。"（萨义德，2009：64—65）与此同时，以赫伯特·席勒为代表的传播政治经济学的观点也深刻地影响了萨义德对西方媒介机构的看法。这些观点都构成了《报道伊斯兰》的媒介观。而这种媒介观一旦遭遇萨义德自身的知识社会学，《报道伊斯兰》便得以问世。

萨义德在理论上深受法国思想家福柯的影响。在福柯看来，权力与知识相互指涉，"不相应地建构一种知识领域就不可能有权力关系，不预设和建构权力关系也不会有任何知识"（刘北成，1995：219）。因此，萨义德认为所有关涉人类社会的知识都有赖于诠释，既然权力存在于知识之中，那么权力也自然存在于诠释之中。《报道伊斯兰》的背后隐藏着特定知识和主导权力之间的纠缠，美国主流媒体对于伊斯兰世界的刻板成见存在于话语的诠释活动中，显现出西方世界尤其是美国所掌控的话语霸权。西方的话语霸权掩盖了真实的伊斯兰世界，萨义德强调伊斯兰世界就如同美国一样有多种面貌，因此，他呼吁长期处于单一片面信息包围中的人们警惕话语霸权，力求展开批判思考。

萨义德还受到意大利马克思主义者安东尼奥·葛兰西以及法国社会学家皮埃尔·布尔迪厄的影响。身为知识分子的责任感让萨义德必须站出来为伊斯兰世界乃至世界各地遭受的不公发声。他认同布尔迪厄在《抗拒的行动》中提到的知识分子特征，"不屈从于权势，批判既有的成见，摧毁简化的是与非的思维方式，尊重问题的复杂性"（萨义德，2009：181）。此外，萨义德推崇葛兰西的有机知识分子精神，"相对于墨守成规、维持现状的传统知识分子，有机的知识分子不满并挑战现存的文化霸权，致力于与大众结合，开启民智，鼓动风潮，促成社会的变迁"（萨义德，2009：13）。实际上，萨义德已经让我们看到了其作为有机知识分子的坦诚，在美国官产学界几乎一边倒地共谋，制造出一个被妖魔化的伊斯兰世界的时候，萨义德却能在复杂的环境中始终保持清醒并做出理性判断，他恪守了内心深处真正的人文主义准则。

二、报道抑或遮蔽：西方媒体呈现的伊斯兰世界

西方媒体是否如其一贯标榜的那样客观中立地报道伊斯兰世界？在《报道伊斯兰》一书中，萨义德的回答是否定的。他以理性、冷静的笔触批判西方媒体、学界和政府对真实的中东地区进行"遮蔽"的合谋。如何理解中东新闻"报道"中的"遮蔽"？萨义德在全书开篇从整体上分析了"新闻中的伊斯兰"现象，然后对影响重大的"伊朗人质事件"进行了较为详细的案例解剖，最后采用福柯"知识与权力"的分析框架解释西方媒体展现的伊斯兰世界为何这般面目可憎。从这一脉络不难发现萨义德写作该书的内在逻辑，即从普遍的新闻报道框架到聚焦于特殊的伊朗人质事件报道，从而揭露西方世界对伊斯兰世界的刻板印象，并进一步对背后的深层学理加以探究。

萨义德为我们讲述了美国新闻报道中一个又一个伊斯兰故事。他由1980年联合爱迪生电力公司推出的带有讽刺伊斯兰教意味的广告引入对伊斯兰教和西方关系的讨论，探讨了伊斯兰教在美国的形象。1980

年夏，伊朗人质危机余波未平，纽约联合爱迪生电力公司推出了一则极具讽刺意味的广告。广告中有一些身着长袍的阿拉伯人，这些人都与伊斯兰教及石油有关联，虽然并未提及他们的身份，但这则广告传达的意思是警告"我们"这些西方世界的子民："他们"控制着我们的石油来源。这是当时美国媒体妖魔化伊斯兰世界的一个直观案例。萨义德认为西方世界将大部分伊斯兰国家的生活方式理解为原教旨主义。作者选用"诠释的共同体"一词旨在表明美国媒体对伊斯兰形象的呈现具有逻辑一致性："由于媒体本身是公司，并且要服务并促进一个企业体——'美国'甚至'西方'——因此它们都怀有同样的中心共识。这种共识……塑造出新闻，决定什么是新闻以及它如何让它成为新闻。"（萨义德，2009：68）这样做的结果就是："除了简化、强制、反对之外，美国人几乎没有什么机会用别的方式来看待伊斯兰世界。"（萨义德，2009：71）

萨义德认为，美国之所以能够成为一个诠释的共同体，是因为美国历来是一个复杂的社会，有多种亚文化，这一传统可以一直追溯到美国建国时期。这种共同文化的运作，并不会强制规范媒体的报道内容或强迫媒体直接代表某个集团的利益，但确实存在着一个让所有大众媒体觉得没有必要逾越的无形界限。"共识并不会被迫去规定或决定新闻内容，它不是源于严格的法律，不是阴谋，也不是独裁。它是源出于文化，或者更适切地说，它就是文化本身。"（萨义德，2009：68）这种表述体现了萨义德的理性与冷静。

萨义德还讲述了西方世界与伊斯兰世界尤其是沙特阿拉伯之间由于"公主之死事件"引出的纷繁纠葛，其中涉及美国媒体的大肆渲染、国家政权维护等问题。此外，对于亲西方的中东国家以色列，西方媒体却习惯于将其视作恐怖主义的例外地区，即它不属于可以被妖魔化处理的中东故事对象。因此，萨义德总体上分析了西方媒体报道伊斯兰的普遍叙事逻辑，探讨了作为"诠释的共同体"出现的伊斯兰形象在西方新闻叙事中被呈现的一般框架："就西方而言，伊斯兰教不仅代表可怕的竞争者，更代表对基督教后来居上的挑战。"（萨义德，2009：6）

1979 年 11 月爆发的德黑兰人质危机事件为萨义德提供了一个绝佳

的新闻分析案例。萨义德发现美国媒体一改过往对伊斯兰世界漠不关心的高冷姿态,对人质事件进行高度聚焦报道。然而,对于美国新闻受众而言,他们只能无奈地接受被严重曲解的新闻讯息,媒体看似报道客观,但实际上灌输和强化了大量的既有偏见。萨义德以《纽约时报》著名记者弗洛拉·刘易斯(Flora Lewis)对伊斯兰教的遮蔽式报道为例表明:美国媒体运用"再现"的力量想要达到否定伊斯兰世界的目的。除了少数异例,美国媒体的目标仿佛是掀起一场美国对伊朗的战争。然而,也正是因为这种敌对情绪的不断高涨,在伊朗人质危机事件余波未平的后续发展中,美国真正地"失去"了伊朗。作者认为这同时警醒新闻工作者应该期待更高标准的新闻报道。因此,在萨义德看来,西方媒体必须重新审视伊斯兰报道中大量未经检验且隐藏的叙事框架,许多并未言明的假设在西方媒体、政府官员和专家学者这里径直成为看似合理的解释,取代了真实的伊斯兰世界,掩饰了美国在意识形态层面对伊斯兰世界的他者化敌意。

当然,西方世界并非没有较为符合萨义德对伊斯兰报道水准的期待的媒体记者,萨义德特别引述了全球范围内少数能够看到真实、立体、全面的伊斯兰世界形象的学者或者记者的相关诠释进行佐证,这其中就包括著名的阿拉伯学者阿尔伯特·胡拉尼(Albert Hourani)、历史学家马克西姆·罗丹逊(Maxime Rodinson)、法国《世界报》记者艾瑞克·卢娄(Eric Rouleau)等。萨义德将美国的《纽约时报》与法国的《世界报》进行对比,在书中他写道:

> 无论如何,最重要的是:《世界报》如何尝试——无疑是自觉地——报道整个世界。相较之下,《纽约时报》的报道似乎是由危机与新闻价值主宰,但《世界报》则试图记录——或者至少是提及——国外发生的大部分事件。《纽约时报》对意见与事实似乎并未严格区分(至少在形式上如此):一旦遇上异常复杂的事件或议题,其结果就导致报道的长度、细节与曲折变化出现更大的弹性。《世界报》的报道流露出世故心态,《纽约时报》则是严肃而高度选择性的关切。(萨义德,2009:163)

因此，《世界报》的观点是一种自觉的"另类"观点，明显与在美国超级霸权主导下的《纽约时报》的观点不一样，自然呈现在大众面前的新闻报道也能够显示独特的人文关怀，而非美国媒体妖魔化伊斯兰形象时所用的各种标签与刻板印象。

然而，《世界报》毕竟不代表西方媒体的主流，其观点也并非支配西方媒体行为的"中心共识"。关于"中心共识"实际上如何运作，萨义德做出了如下阐释：这种共识就是设定限制条件并持续施加压力。以美国主流媒体为例，当记者在进行此项操作时，很少会察觉或者反思自身作为，这就塑造了大部分西方世界意欲"遮蔽"的伊斯兰世界。中心共识塑造出新闻，即决定什么是新闻以及它如何成为新闻。一个极其严重的后果是，除了扭曲、排斥和否定之外，美国人几乎没有什么机缘用别的方式来处理遥远的伊斯兰世界。

西方媒体的"中心共识"与对其的质疑声音——"对立知识"不断发生碰撞。萨义德深刻批判了当今对伊斯兰世界的报道已将某些偏见和故事转化为不容置疑的正统典范，并倡导与正统典范相对应的对立知识，认为这种知识属于作为"局外人"的年轻学者，与"主宰该领域的正统学术研究格格不入"的年长学者，以及一群"持有全面性反对立场"的作家、社会运动人士和知识分子这三类人群。知识对于他们而言是一种主动探索追求、质疑争执的生活方式。萨义德指出，所有关涉人类社会的知识都有赖于诠释，事实的重要性来自对知识的诠释，而诠释不能忽略诠释者所处的特定情境。因此，在萨义德看来，"所有的知识都是诠释，而且如果是诠释要具备警觉性和人性，并且能够获致知识，那么诠释就得对本身的方法和目标保持自觉。"（萨义德，2009：220）

三、报道伊斯兰：诠释伊斯兰的政治学

萨义德在《报道伊斯兰》中反复提及一个重要的观点，即"今日的'伊斯兰教'一词虽然看似一件单纯事物，其实却是虚构加上意识形态标签，再加上一丝半缕对一个名为'伊斯兰'的宗教的指涉"（萨义德，2009：1）。然而贴标签的始作俑者无疑是西方世界，萨义德还用了"浅薄化、非人化、妖魔化、过度简化、抹黑丑化、集体化"等词语表明西方阵营中官产学界对伊斯兰世界形象的协同刻画，批驳该行为是极不负责任的、反理性主义的"化约"与"入罪"，为此探讨扁平化的伊斯兰形象及其背后的媒体操作对于人们认清事实的强大干扰作用。与此同时，西方一些学者如伯纳德·刘易斯（Bernard Lewis）、塞缪尔·亨廷顿（Samuel Huntington）均支持东西方二元对立论，而这种伊斯兰诠释政治学无疑加固了所谓东方世界与西方世界这两个阵营的对峙，他们的观点也正好为萨义德的批判提供了素材。

英国老资历的东方学权威刘易斯，对伊斯兰世界的诠释是一场彻底服务于政治目标的全面攻击。他的"我们与他们"的对抗论调指出，"'他们'注定要陷入激愤与非理性，而'我们'则享受自家的理性与文化优越感；'我们'代表一个真实的同时也是世俗化的世界，'他们'则在一个幼稚狂想的世界中谩骂呐喊、高谈阔论……'我们'必须抵挡'他们'，靠的不是政策或议题辩论，而是绝对的敌意"（萨义德，2009：新版绪论）。不难看出，刘易斯观念中的"我们"指代英国、法国、美国等西方国家，甚至也包括亲美的以色列；"他们"则指代伊斯兰教、阿拉伯人和更广泛的东方世界，这群异类与"我们"针锋相对。他将整个伊斯兰世界描绘成整体外在于"我们"居住的、已知的、熟悉的并可被接受的文明世界，而且认为当代伊斯兰教传承了反犹心态。简言之，他将伊斯兰教视为基督教与自由价值的威胁，这也被萨义德视为东西二元对立关系积重难返的佐证。

身为"意识形态空想家"的美国保守主义政治学家亨廷顿则继承并发展了刘易斯的"文明冲突"观念。他肯定文明冲突的存在，认为世界文明被三股力量瓜分，即基督教文明、伊斯兰教文明和儒教文明，或者可以说是西方文明与非西方文明的二分，它们之间存在难以调和的分裂、角逐和矛盾。亨廷顿在此强调："不同的文明之间不仅彼此差异，而且彼此对立；不仅彼此对立，而且彼此竞争；不仅彼此竞争，更是彼此冲突。"（萨义德，2009：27）而且，亨廷顿坚定地认为，在全球的所有文明中，对西方最危险的就是伊斯兰教，证据就是刘易斯的文章《穆斯林激愤的根源》。按照亨廷顿的出发点和世界观，人们不难理解"文明之间彼此冲突"的观点，但这一说法明显忽略了历史长河中那些被遮蔽的真实部分，以及曾经或者依然赋予人类历史发展活力的无数江海暗流，也无视了数百年来文明之间的相互交流、助益与分享。他急于以狭隘、局促的眼光来凸显文明之间的敌意，从而强化了东西方二元对立论。

虽然萨义德在《报道伊斯兰》一书中批判的对象是美国主流媒体，但他同样把批判的矛头指向具有强烈政治色彩的东西方二元论，指向美国政府与主流学者，因为媒体似乎就是任其摆布的"傀儡"，而政府和学界的政治企图也在报道伊斯兰世界的新闻中昭然若揭。"从来没有一种诠释、理解以及知识不会涉及利益"（萨义德，2009：212），而政治经济利益必然是美国热心追逐的目标，其中渗透着对异域文明强烈的意识形态控制，以至于政治图谋最终会演变成一场场真实的侵略战争。

在美国，媒体呈现出"政治性"恶劣的一面，对政府立场和观点百依百顺。在伊朗人质事件中，其认定唯一重要的是无论人质是否得到解救都不要屈从于恐怖主义形式下的绑架、勒索。吊诡的是，美国政府自以为对于伊朗的冷淡态度是一剂很有用的"催化剂"，能够将媒体对于伊朗群众、伊斯兰教乃至东方世界的普遍敌意转化为政府官员选举的政治资本，从而赢得选民对强烈而敏感的政治立场的支持。然而，事实上，这样的政治立场的转换还会影响到学界和新闻界的大环境，学者和新闻工作者在研究与工作中出于对国家政治利益的考量，对于报道主题和学术议题的选择同样显示出强烈的政治偏好。或许这就是萨义德用"诠释伊斯兰政治学"表明美国对"正统知识"的深深执念的缘由。这种知识必须是符合国家既得利益的，它始终不会是中立的和客观的，这无疑暴露了"官（政府政策）—产（媒体报道）—学（专家意见）"三者之间的合谋关系，败露了美国官产学界刻意妖魔化伊斯兰世界从而服务于政治经济利益争夺的企图。

四、评价与反思

作为有着中东背景的美国人，萨义德具备东西方两种文化体验，双重文化身份让他始终以一种比较视角去思考问题。当美国政府、媒体和学界齐声讨伐伊斯兰世界的时候，他总是能够保持冷静思考并发出犀利的质疑声。《报道伊斯兰》是萨义德"中东三部曲"的终结篇，但是西方世界对伊斯兰世界的偏见似乎没有尽头。2001 年，在美国本土发生的"9·11"事件让全球震惊，事件被定性为恐怖袭击。萨义德在该书"附录"中坦言，这是"无法消灭的恐怖主义"（萨义德，2009：225），但这并不影响他坚守自己的观点——敌对和妖魔化无法建立良好的政治基础。因此，我们应该在《报道伊斯兰》这本书中挖掘更多内容，除了被妖魔化的伊斯兰形象以及背后美国昭然若揭的政治企图，还必须看到萨义德对伊斯兰新闻报道中有关诠释、知识与权力关系的分析。他敢于向权力说真话，展现了其作为有机知识分子的勇气与担当，彰显了强烈的人文主义精神。

关于这本书有待斟酌的几点如下：

其一，《报道伊斯兰》通篇指责美国乃至西方世界入罪伊斯兰，却忽略了"一个巴掌拍不响"的事实，毕竟伊斯兰世界也存在不尽如人意的地方，比如某些地区的经济与政治发展的滞后。换言之，萨义德在批判之余是否应该回头正视伊斯兰世界的某些现实苦难。

其二，作者从权力与话语角度批判西方世界的知识权力，但讽刺的是，这种批判话语本身也是一种独特的西方话语形式。因此，采取一种西方话语批判另一种西方话语恰好强化了西方话语霸权本身。

其三，尽管作者批判西方世界官产学界对东方世界的蓄意遮蔽，但是未能提出任何具体有效的应对措施，散见文中的各种期望也犹如"学术训练"般生硬无力。

但是，毋庸置疑，萨义德的批判观点本身更令人玩味，他在中东问题研究上的努力与付出也是有目共睹的，《巴勒斯坦问题》《东方主义》《文化与帝国主义》《知识分子论》等，这些作品正能说明事实。诺姆·乔姆斯基（Noam Chomsky）曾褒奖他说："假如我们不想成为权力的仆人，而是道德的行动者，萨义德能帮助我们理解我们到底是谁，以及我们必须做些什么。"（转引自萨义德，2009：15）因此，对待《报道伊斯兰》一书所关切的伊斯兰问题，如萨义德所言，"如今我们必须从那区隔人群的虚幻门槛退后一步，重新监视各种标签、重新考量有限的资源，下定决心，每个人休戚与共，就如文化的融合作用，不要理会那些一心求战的口号与信条"（萨义德，2009：228）。或许终有一天，全世界人民将打碎这虚幻的枷锁，萨义德的理想也不会被历史湮没。

（宗益祥）

参 考 文 献

〔美〕萨义德：《报道伊斯兰：媒体与专家如何决定我们观看世界其他地方的方式》，阎纪宇译，上海：上海译文出版社，2009。

刘北成编著：《福柯 思想肖像》，北京：北京师范大学出版社，1995。

〔美〕薇思瓦纳珊编：《权力、政治与文化：萨义德访谈录》，单德兴译，北京：生活·读书·新知三联书店，2006。

拓 展 阅 读

〔美〕萨义德：《东方学》，王宇根译，北京：生活·读书·新知三联书店，1999。

〔美〕萨义德：《人文主义与民主批评》，朱生坚译，北京：新星出版社，2006。

〔美〕萨义德：《文化与帝国主义》，李琨译，北京：生活·读书·新知三联书店，2003。

达拉斯·斯迈思

《依附之路：传播、资本主义、意识和加拿大》

2022 年，传播政治经济学派"鼻祖"达拉斯·斯迈思的著作《依附之路：传播、资本主义、意识和加拿大》（以下简称《依附之路》）的中译本问世。这对于国内从事传播政治经济学研究的学者、对批判传播学理论感兴趣的学生来说，无疑是一个好消息。斯迈思的专著并不多，而《依附之路》便是他的集大成之作。在书中，斯迈思不但继续深化、完善了他的"受众商品论"，还向前迈进了一步，探讨美国"意识工业"对加拿大的渗透与控制，以及由此带来的加拿大传播媒体、社会文化高度依附美国的后果。更重要的是，斯迈思在反思美国主流传播理论的同时，旗帜鲜明地传递了社会主义必将代替资本主义的信念（赵月枝、丁远哲，2022），他自己也在积极探寻推动西方资本主义国家实现社会主义转型的可能路径。在当下重读《依附之路》，对于探索中国传媒产业建设之路、创造独立自主的文化样态，有着重要的作用。

一、成书背景

1947 年，威尔伯·施拉姆在伊利诺伊大学创立了传播研究所，开启了美国传播学的建制化之路。第二年，他向从事经济学研究的达拉斯·斯迈思抛出了橄榄枝，聘请他前来任教。施拉姆的野心是为传播学这一"十字路口"引入经济学的研究视野与分析方法，只是，斯迈思并不是一个"主流"的新自由主义经济学家，他在加州大学伯克利分校接受了经济学的训练，从梅尔文·奈特（Melvin Knight）的著作中接触到了托斯丹·范伯伦（Thorstein Veblen）的制度经济学思想，也接触到了一部分马克思主义政治经济学观点。1937 年，斯迈思获得了博士学位，在美国中央统计局做问卷调查，一年后进入劳工部工作，接触到了媒介与电信行业中工人的劳动实践、工会斗争。第二次世界大战爆发后，他回到中央统计局标准处担任首席经济学家，专门从事与劳工问题相关的分析研究。1943 年，斯迈思进入联邦通信委员会工作，此时，联邦通信委员会面对电信产业技术工人的罢工和抗议束手无策，希望斯迈思作为首席经济学家协助追踪电信行业的劳动关系、劳资纠纷，并为费用率听证会提供参考意见。

早在学生时代，斯迈思便以观察、访谈的方法展开了一系列经验研究，研究对象遍及罢工的码头工人、赤贫的移民农业工人、西班牙内战中的反法西斯主义者，制度经济学的熏陶与这段实践经历共同塑造了斯迈思行动主义的立场。进入劳工部后，斯迈思又结识了一大批激进的工会成员，注意到他们如何与公司、工会管理层斗争，如何争取通信行业巨头美国电话电报公司与西联公司工人的支持，也注意到了传媒、通信行业中劳动过程的变化，包括新技术如何使劳动变得机械化、如何侵蚀了熟练工人的"手艺"技能。而在联邦通信委员会的工作让斯迈思意识到，商业利益正不断地争取政府组织与政策的支持，来争夺、控制广播、电视等媒介。渐渐地，斯迈思的学术立场不断"向左转"，这也为他与施拉姆在学术与政治层面的双重冲突埋下了伏笔。

进入伊利诺伊大学传播研究所后，斯迈思结识了查尔斯·奥斯古德、乔治·格伯纳（George Gerbner）等传播学学者，以及进行短期访问的西奥多·阿多诺和与之志同道合的赫伯特·席勒。"冷战"开始后，麦卡锡主义席卷整个美国，学术界自然也无法幸免。斯迈思因曾参与声援西班牙的反法西斯斗争而成为美国众议院非美活动委员会密切关注的"政治敏感人物"时（郭镇之，2001），施拉姆却自告奋勇，成为美国政府的反共急先锋；在斯迈思遭到众议院非美活动委员会的举报和秘密调查后，施拉姆先是扣押了举报材料，在有利于斯迈思的调查结果出炉后，仍将这些材料放入斯迈思的个人档案（斯迈思，2022：2），这令斯迈思极为不满。在斯迈思看来，此举无异于在事实上将他逐出了学术圈。在伊利诺伊大学工作的那些年，斯迈思几乎无法获得学术项目资助，只有美国教育广播工作者联合会给予他部分拨款，让他能完成前期调研、参加 1950—1951 年联邦通信委员会电视政策听证会（斯迈思，2022：2）。尽管处境艰难，斯迈思仍坚持在伊利诺伊大学开设了一门名为"传播经济学"的课程，向学生讲授政治经济学，他关于电子媒介、公共广播的批判性研究也是在这一时期开展的。1951 年，在瓦瑟学院消费者联盟学会的一次会议上，斯迈思第一次发表了关于"受众商品"的演讲，这一观点在不久后成为斯迈思最著名、最具代表性的理论，也成为传播政治经济学领域奠基性的理论。

1963 年，斯迈思心灰意冷，举荐赫伯特·席勒接替自己的教职后就离开了伊利诺伊大学，回到家乡加拿大萨斯喀彻温省的里贾纳大学任教。在里贾纳大学，斯迈思结识了重要的学术伙伴比尔·李凡特（Bill Livant），与他一同建构、完善了"受众商品论"。1974 年，斯迈思离开里贾纳大学，转入西蒙菲莎大学任教，认识了制度经济学家威廉·梅洛迪（William Melody）。1969 年，斯迈思参加了联合国教科文组织在蒙特利尔举办的国际会议，在会议发言中，他首次使用"依附"与"被依附"的概念来描述全球新闻传播秩序中存在的不平等关系。这一时期，他对"不结盟运动"产生了浓厚的兴趣，积极投身世界传播新秩序的实践，一边继续从事关于受众商品论的研究，一边关注垄断资本主义条件下美国对加拿大经济与传媒的控制和支配。1977 年，斯迈思发表了著名的《传播：西方马克思主义的盲点》（以下简称《盲点》）一文，引起了西方马克思主义批判学者（尤其是英国文化研究学者）的激烈讨论。1981 年，《依附之路》正式出版。在这本著作中，斯迈思运用他擅长的制度经济学分析，将加拿大的传播发展史书写为一部依附的历史，不仅重新梳理了受众商品论，还运用"意识工业"这一更宏观的概念来统摄其理论，建构了一种反殖民主义、反帝国主义的实践性传播理论。

二、从受众商品论到意识工业

"受众商品论"是斯迈思最著名的理论，最早在《盲点》一文中被提出。在斯迈思看来，受众观看电视节目的过程实际上是在为媒体"劳动"，媒体将受众的注意力收集起来出售给广告商，广告商通过剥削受众劳动的剩余价值，将受众纳入了资本主义的经济循环进程。媒体内容的"免费午餐"只是一种"诱饵"，吸引、驱使着受众为广告商劳动——通过各种收视率统计手段，广告商能够组织起数量庞大的受众，创造出消费意识，这一过程的实质就是受众为资本增殖的营销环节贡献力量。同时，受众也是那些广告营销内容的目标，他们自己劳动，向自己推销商品。

在《依附之路》一书中，斯迈思进一步发展了受众商品论，他认为受众受到了双重剥削：受众身份本身就是一种商品，它被斯迈思称作"受众力"（audience power）——受众力可以被生产、被销售、被购买、被消费（斯迈思，2022：26），也能被广告、公关及各种文化产品"科学地"管理（赵月枝、丁远哲，2022），媒体卖给广告主的、广告商购买来扩大市场规模的，都是这种"受众力"，即受众在收视过程中进行的创造性工作（斯迈思，2022：26—27）。与此同时，受众也需要对自己的劳动力进行再生产（斯迈思，2022：40），这就意味着他们需要消费，需要从广告中"学习"品牌知识，在广告商提供的若干品牌中进行"选择"和"决策"（斯迈思，2022：41—42）。也就是说，这些附属于垄断资本主义的劳动者极其依赖广告，意识工业生产出了完美的"消费者"（斯迈思，2022：42），将他们卖给了广告商。

斯迈思不是孤立地批判某个具体的媒体、广告商，而是将批判的矛头指向了"意识工业"。在斯迈思看来，第一次世界大战结束后，广告与大众传播逐渐展露出科学地控制市场的能力，此时，经典的"经济基础—上层建筑"之间的界线逐渐变得模糊："意识工业几乎购买了全部人口，并让其以受众的身份协助垄断资本主义制度的商品输出，进行需求管理。……上层建筑（就19世纪而言）果决地加入了生产行列。"

（斯迈思，2022：51）"就经济基础与上层建筑之间传统的对立关系而言，大众媒体既属于上层建筑领域，又不可或缺地投身于经济基础的生产这一最后环节。"（斯迈思，2022：293）所谓意识工业，并不拘泥于某种媒体机构或产业结构，而是一整套复杂的政治经济体系，它"通过连锁的商业组织，与具有更广泛的信息生产和交换基础的寡头市场相联系"（斯迈思，2022：5），同时服务于大众媒体的信息生产（自然也从中受益）。受众之所以愿意牺牲为数不多的"自由时间"心甘情愿地为媒体与广告商无偿劳动，正是因为意识工业直接作用于个体的意识层面，服务于意识形态的规范化与社会秩序的维系。因此，斯迈思的"意识工业"理论反倒与他批判的路易·阿尔都塞不谋而合（斯迈思，2022：7）。如果说阿尔都塞在"经济基础"与"上层建筑"之间塞进了一个"结构"，使之成为沟通二者的桥梁，进而阐释意识、观念如何作用于社会实体，斯迈思则是强调传播媒介的经济属性，以媒介为工具打通了"经济基础"与"上层建筑"之间的壁垒。相比于阿尔都塞的"意识形态国家机器"理论和法兰克福学派的"文化工业"理论，斯迈思的"意识工业"理论要更加直观。

受众商品与意识工业的理论前提是保罗·巴兰（Paul Baran）与保罗·斯威齐（Paul Sweezy）提出的"垄断资本主义"观点，即，进入垄断资本主义阶段后，工作时间与闲暇时间的界线已经模糊了，普通人每天除了睡眠以外的时间都在为资本主义经济循环而劳动。这种劳动既包括"用来生产一般意义之下的商品"的劳动，也包括"用来生产和繁衍劳动力"的劳动（史麦塞，2015：20），前者体现为资本主义社会中的薪资劳动，后者则是职业之外的劳动时间，斯迈思所谓的"受众劳动"就包含在其中。换言之，斯迈思的"受众商品论"亦是当代如火如荼的数字劳动研究的先驱与雏形，斯迈思笔下的受众进入网络时代后，发展为互联网、移动智能设备、各种 App 的"用户"，"受众力"转变为"流量"，"二次售卖"模式演变为流量经济，用户在互联网上留下的一切痕迹都能成为流量的来源，为资本主义体系源源不断地创造剩余价值。

三、依附：以加拿大为个案

在斯迈思看来，加拿大作为"个案"最能揭示意识工业的运行机制，加拿大的受众几乎已经完全被美国的意识工业俘虏了，而这一过程的实质是加拿大整个国家附庸于美国的垄断资本。美、加两国在地理上接壤，同为英、法等国殖民地的历史又令两国拥有相似的种族、语言、文化，这让加拿大的统治阶层对美国的垄断资本几乎毫无防备，对美国的意识工业全盘接受，为其大开绿灯。在市场的层面，加拿大最主要的两家电话公司——比尔电话公司、不列颠哥伦比亚省电话公司都是美国跨国电信巨头的分公司（斯迈思，2022：149）；加拿大的所有杂志都依赖两家美国公司提供经营、销售服务（斯迈思，2022：116）；美国好莱坞电影巨头彻底垄断了加拿大市场的制作、发行、放映，这些企业在美国本土已经受到了反托拉斯法监管，在加拿大却从未受到约束（斯迈思，2022：138—139）。在政策层面，加拿大与美国在第一次世界大战之后结成了密切的军事合作关系，第二次世界大战期间，美、加两国签署了确保军事采购一体化的《奥格登斯堡协议》和《海德公园协议》，到 1969 年，美国军事工业联合体已经在加拿大拥有 500 多家公司。因此，加拿大亦步亦趋地追随美国的通信政策，其国内的电信基础设施几乎全部由美国企业建设、提供（斯迈思，2022：164），在国际电信联盟和教科文组织的会议上，加拿大也是美国文化帝国主义政策最重要的支持者（斯迈思，2022：165）。

用斯迈思的话来说，加拿大是世界上"最发达的"依附性国家和最富裕的"欠发达"国家（斯迈思，2022：4），换言之，加拿大从未实现过民族自治。斯迈思认为，要实现民族自治，至少需要保障军事独立、建立"文化防御阵线"（斯迈思，2022：4）。遗憾的是，加拿大在这两个领域都无法实现自主。加拿大建国本就是 17—18 世纪西欧资产阶级发展重商主义的结果（斯迈思，2022：4）。19 世纪中叶，加拿大脱离了英国殖民统治，却没有摆脱美国的重商主义、帝国主义"光辉"。一方面，加拿大的关税政策对美国跨国公司极为"友好"，吸引了大量美国企业来加投资；另一方面，美国垄断资本同化加拿大经济的过程与其向第三世界国家展开的文化帝国主义攻势性质相同（斯迈思，2022：4），它导向的结果是加拿大的商人与美国资本家共享一套意识形态，包括个人主义、私有财产至上、脱胎于英国普通法的商业交易法则，等等。意识形态的趋同性让加拿大统治阶层在文化上屈从于美国，自愿成为美国后殖民主义的"买办"，以谋求短期利益。

在美国意识工业的控制下，加拿大的传播领域，包括电信、报刊、图书、广播、电影、电视等行业都是美国"单向信息流动"的接受者，都在"为美国打工"（斯迈思，2022：5）。尽管加拿大的部分区域（如魁北克法语区）、群体（如家庭、教会、教育机构、医疗机构和军队等"机构性滞后"领域）中仍然存在着对抗性力量，但依旧无法与强大的意识工业抗衡。例如，安大略省曾制定了"加拿大优先"的教育图书政策，但在美国"教育改革"带来的停发补助金、教材选用权下放的冲击下无奈退缩（斯迈思，2022：131）。同样地，私有化运营的电信基础设施也放大了公共服务与私有利益之间的矛盾，例如：加拿大广播公司必须把商业价值作为节目编排优先考虑的目标，引进能带来"更好的"经济效益的美国节目（斯迈思，2022：184—185）；20 世纪 60 年代，有线电视开始在加拿大普及，但占据垄断地位的电信行业担心自身利益受损，拒绝有线电视使用电话导管与电线杆，使得有线电视运营成本激增，也导致加拿大无法在技术更迭的过程中建设更加完善的公共电视电话网络（斯迈思，2022：154）。在书中，斯迈思言辞激烈而又无奈地强调，加拿大政府、统治阶级不遗余力地迁就美国的垄断资本与商业组织，帮助美国意识工业源源不断地生产驯服的受众，这样的传媒政策彻底撕裂了加拿大社会，抹杀了传媒的公共性，至此，加拿大英语区的文化已经和美国太平洋沿岸诸州没有任何区别（斯迈思，2022：5）。

在斯迈思的理论体系中，"意识工业"与加拿大的依附史是密不可分的，他的理论框架受惠于伊曼纽尔·沃勒斯坦（Immanuel Wallerstein）的世界体系理论（斯迈思，2022：5）。换言之，斯迈思眼中的依附体系就是资产阶级在过去 400 年间基于国际劳动分工差异形成的中心—边缘结构（斯迈思，2022：5），而以大众传媒为代表的意识工业在这一体系建构的过程中设定了"议程"，向人们定义了何谓"发展"，何谓"现代化"（斯迈思，2022：5）——对于广大第三世界国家来说，仿佛只有沿袭"美式"道路、按照美国设定的发展路径才能实现现代化，享受科技进步带来的成果。在斯迈思看来，"议程设置"（agenda setting）不仅仅设定了人们对于某一具体事件的认知和观点，更是在不断声明、重申所处的社会制度议程，以此"大规模生产、整合并发展意识工业"（斯迈思，2022：6）。

四、评价与反思

事实上，自从斯迈思发表《盲点》一文，他的"受众商品论"便一直处在激烈的争议之中，饱受各个"阵营"的批评。一种批评的声音来自同属左翼传播研究阵营的格雷厄姆·默多克与彼得·戈尔丁，二人与斯迈思之间你来我往的学术争鸣便是左翼传播学术史上有名的"盲点之争"。在默多克与戈尔丁看来，斯迈思的观点是一种庸俗的、僵化的经济决定论，忽视了当代资本主义形构中"国家"的重要地位，尤其是当代发达资本主义国家中资本与国家"双元并立"的关系，也忽视了媒介内容本身的"相对独立性"，以及大众传播体系内部存在的抗争。在默多克与戈尔丁看来，大众传播媒介系统虽已被纳入了经济这个基础性的结构，但同时仍是一种文化性机构、是上层建筑的一环。它复制并再生产了资本主义的生产关系和意识形态，也不纯然以广告作为自己全部的收入来源。而在传媒行业内部，对使用权、所有权的争夺从未停止，国营化与私有化的浪潮彼此竞争，地方化、公共化、受众参与等问题也从未淡出人们的视野。在笔者看来，"盲点之争"的实质是两种高度语境化的理论之间的碰撞，争议的核心在于英国与加拿大两国传媒体制、政策、市场存在的差异。不同于高度依附美国意识工业的加拿大媒体行业，英国的传媒业有着悠久的公营历史，直到 20 世纪 80 年代撒切尔执政期间，国家电信运营商"英国电信"才进行了私有化改造（席勒，2001：59）；紧接着，"非国有化"浪潮席卷了整个欧洲，进入 20 世纪 90 年代后，欧洲各国又在世界贸易组织的施压下被迫开放基础电信市场（席勒，2001：63—64），允许以美国为主的跨国资本介入经营。因此，英国的左翼传播研究始终强调媒体的国民性与公共性，其理论焦点自然与强调经济性、依附性的斯迈思截然不同。

另一种批评的声音来自文化研究者，他们批评斯迈思预设了一种完全被动、消极、盲从的受众，忽视了受众的主动性、能动性，以及他们在微观层面对抗商业资本的权力——这几乎是所有传播政治经济学学者都会遭遇的质疑。政治经济学批判实质上是一种结构性理论，强调的是社会结构性力量（经济体系、政策、制度）对于传媒文化与受众的整体性建构。事实上，也有不少学者从经济学的角度质疑，例如，布莱特·卡拉韦（Brett Caraway）认为，无论媒介所有者与广告商之间如何竞价，媒体都无法真正测量受众，广告商也无法彻底监视、控制受众的劳动（周人杰，2015），而斯迈思本人对此的回应是，受众本身并不是同质化的，但或然性与大多数法则转移了广告商投资的风险，更何况传媒行业中存在着大量的收视率调查机构和市场研究机构，可以通过科学的手段进行抽样调查、评估受众规模，将人口统计与消费心理研究推及所有受众，媒体和广告商可以基于这些数据和过往经验对受众商品进行分类、分级。换言之，单独的媒体、企业确实无法监视、掌控全国受众，但"意识工业"是一个复杂的社会体系，它已经深深地嵌入了加拿大的政治—经济体系，个体无法与高效、"科学"且无孔不入的意识工业相抗衡，自然也无法实现"微观层面的抵抗"。

此外，斯迈思作为"行动主义者"的身份一直受到忽视，他曾经游历世界各地，关注萨尔瓦多·阿连德（Salvatore Allende）的人民阵线政府（Popular Unity）的改革，以及中国、日本、东欧各国的媒介实践。他曾经两度访问中国。第一次是在 1971 年 12 月 5 日到 1972 年 1 月 5 日，恰逢新中国恢复联合国合法席位（1971 年 10 月 25 日）与尼克松访华（1972 年 2 月）之间（赵月枝、丁远哲，2022）。在这一个月里，他先后走访了广州、上海、南京、北京、武汉等城市的宣传、广电、电信、出版、邮政、电子工业等部门，与相关学者和干部展开了座谈。1979 年 5 月，斯迈思再度访华，此时中国已经步入了改革开放的新阶段，他便顺势对中国新出现的跨国商业广告、劳务输出和旅游业开发等现象进行了调研与思考，以国际共产主义运动同志的身份撰写了

《自行车之后是什么？》一文，思考中国发展社会主义文化与传播政策、探索独立自主的革命与建设道路的历程。在经历了扎实的实地调研之后，斯迈思相信"中国道路"是一种超越资本主义的替代性实践（赵月枝、丁远哲，2022），对比几乎已经沦为美国附庸的加拿大文化、传播领域，中国能够挣脱冷战的意识形态牢笼与西方长达二十多年的封锁，探索出一条独立自主的发展道路，是一个具有重要借鉴意义的"个案"，尤其是在"文化甄别"的领域，"中国的情况可以帮助我们分析'技术'与消费品的政治问题"（斯迈思，2022：260）。

我们在谈论斯迈思与他的《依附之路》时，往往着眼于他"传播政治经济学奠基人"的身份，关注他与默多克、戈尔丁围绕"盲点"展开的一系列争论，探讨受众的收视行为是休闲还是劳动，媒体与广告主能不能完美地控制受众……这就让读者常常忽视斯迈思建构的"意识工业"理论和他行动主义者、社会主义者的身份，也忽视了其理论的语境性、现实性。若是脱离了加拿大高度依附美国的经济社会现实、脱离了美国无孔不入的"意识工业"语境，"受众商品论"未免显得过于武断，将受众矮化为没有头脑、没有自主意识，对外部灌输的信息无条件接受的"傻子"。事实上，传播政治经济学的绝大多数理论都是高度语境化的，将《依附之路》置于当代中国的语境下解读，我们又能获得新的启示：从 20 世纪 80 年代起，中国开始以积极的态度拥抱信息科学技术，加入世界贸易组织后，全球化的浪潮也在试图将中国卷入资本主义主导的世界体系。互联网产业的起飞也给中国社会带来了过度投资、产能过剩、发展不平衡等问题，该行业的劳动者普遍劳动时间过长、压力过大，高度"内卷"；文化产业的蓬勃发展也带来了过度娱乐化、庸俗化、拜金主义与享乐主义横行，甚至局部遭到资本主义意识工业的侵蚀。如何强化制度设计、兼顾市场发展，并抢占社会主义制度的意识形态"制高点"成为中国传媒产业发展的题中之义。在当下，重新阅读《依附之路》对于中国学者来说不仅是一个"以史为鉴"、反思资本主义世界体系的契机，也是我们探索构建独立自主的学科体系、学术体系、话语体系的一个起点。

（杨馨）

参 考 文 献

郭镇之：《传播政治经济学理论泰斗达拉斯·斯麦兹》，《国际新闻界》，2001（3）。

〔加拿大〕斯迈思：《依附之路：传播、资本主义、意识和加拿大》，吴畅畅、张颖译，北京：北京大学出版社，2022。

〔加拿大〕史麦塞：《传播：西方马克思主义的盲点》，载冯建三：《传媒公共性与市场》，上海：华东师范大学出版社，2015。

〔加拿大〕赵月枝、丁远哲：《读〈依附之路〉，谈中国道路——一部马克思主义传播学经典的问题意识与当代价值》，《青年记者》，2022（11）。

周人杰：《西方传播政治经济学的最新进展》，《政治经济学评论》，2015，6（3）。

〔美〕席勒：《数字资本主义》，杨立平译，南昌：江西人民出版社，2001。

拓 展 阅 读

刘晓红：《西方传播政治经济学研究》，上海：上海人民出版社，2007。

詹姆斯·凯瑞

《作为文化的传播：“媒介与社会”论文集》

  《作为文化的传播：“媒介与社会”论文集》（以下简称《作为文化的传播》）汇集了八篇詹姆斯·凯瑞的论文和演讲稿原文，是从文化角度出发研究传播手段和现代技术的重要著作。虽然凯瑞坦言，这些文章"没有一个明晰的框架"，但总体来说，该书从文化研究入手，将文化、传播、技术纳入其研究范围，借用文化研究的理论和观点表达了如下观点：传播媒介不仅是某种意愿与目的的工具，而且是一种明确的生活方式，它是一种有机体，是我们思考、行动和社会关系中的矛盾的真实缩影。尤其是在该书收录的第一篇文章《传播的文化研究取向》中，詹姆斯·凯瑞提出了传播的两种观点：传播的传递观和传播的仪式观，引起了传播学界的广泛关注和讨论。"仪式观"的提出被看作美国文化研究的起点，并被看作主流传播观的对立面，詹姆斯·凯瑞本人也因此成为美国文化研究的主要代表人物之一。

一、成书背景

  20 世纪 40 年代，由保罗·拉扎斯菲尔德等开创的大众传播的效果研究模式，作为"主流范式"主导着美国传播学研究，将大众传播对受众的影响作为传播研究的核心内容。从实用主义的角度来看，这一研究取向无疑是有价值的，一时间，效果研究成果颇丰，蔚为大观。然而，尽管众多社会科学家和传播学学者进行了孜孜不倦的研究，但关于传播效果的性质、形态、程度和范围，始终未能出现一个"放之四海而皆准"的理论。1948 年，贝雷尔森在《传播与舆论》一文中非常犀利地总结了当时的效果研究："各种各样的主题通过各种各样形式的传播，涉及各种各样的知识，在各种各样的条件下，产生各种各样的效果。"（邵培仁，2000：260）1959 年，贝雷尔森在《舆论学季刊》上发表文章，称随着"传播效果非常有限"这一结论的提出，以及传播学早期的奠基者纷纷离开这一研究领域，传播研究行将就木。面对深陷泥潭的传播研究，刚刚进入传播研究领域的詹姆斯·凯瑞也对经验主义范式提出了严厉的批评："我刚涉足这一领域时，发现行为主义或功能主义术语对这一观点的表达已经黔驴技穷，已经成为一种经院式的东西：一再重复过去的研究，对明确无误的事实加以验证。尽管这也带来了一些切实的学术的成就，但即便没有严重的学术或社会后果，它也只能裹足不前。我认为有必要重新开启对传播的分析。"（凯瑞，2005：10）

如果说卡茨对贝雷尔森悲观立场的回应是回到受众本位和"使用满足理论"的话，那么凯瑞则是通过重新发现杜威和芝加哥学派以及借鉴"伯明翰学派"的理论，用文化研究的路径来回应贝雷尔森"传播学已死"的观点。实用主义哲学家杜威引导凯瑞理解"传播是什么"，文化人类学家克利福德·格尔茨（Clifford Geertz）启发凯瑞理解"文化是什么"，凯瑞在他们的启发下提出了"传播就是文化"，并站在两位巨人的肩膀上将其整合、拓展成了"传播的仪式观"，对传统的传播学进行了彻底的颠覆。凯瑞说："根据仪式模式重新打造传播研究的目的，不只是为了进一步把握传播这一'奇妙'过程的本质，而是为了重构一种关于传播的模式并为传播再造一种模式提供一条途径，为重塑我们共同的文化提供一些有价值的东西。"（凯瑞，2005：21）基于仪式观的设想，凯瑞写出了一批有影响力的论文，《作为文化的传播》就是这些论文的合集。

《作为文化的传播》共收录了八篇论文，全书被分为两大部分，第一部分是"传播与文化"，第二部分是"技术与文化"。凯瑞声称该书"没有一个明晰的框架"，但实际上，该书有其内在的逻辑。第一部分主要探讨了文化研究取向的大众传播研究的路径，第二部分则讨论了技术对文化以及传播研究的影响。

二、传播的传递观与仪式观

《作为文化的传播》一开篇就提出了凯瑞思想中最为核心的观念——传播的仪式观，与之相对应的则是学界普遍采用的传播的“传递观”。凯瑞认为：“传播的仪式观在美国学术界向来不是一个主旋律，美国人的思想和著作都与传播的传递观紧紧连在一起。”（凯瑞，2005：8）

传播的“传递观”将传播视为“传授”（imparting）、“发送”（sending）、“传送”（transmitting）或“把信息传给他人”（give information to others）（凯瑞，2005：4）。“传递观”源自地理和运输方面的隐喻，即信息与传播技术的关系就如货物与交通运输设备的关系一样，传播是一个讯息得以在空间传递和发布的过程，以达到对距离和人的控制。也就是说，此时传播指的是为了控制把信号或讯息从一端传送至另一端。

传播的“仪式观”并非直指讯息在空中的扩散，而是指在时间上对社会的维系，不是指分享信息的行为，而是共享信仰的表征。如果说传递观中传播一词的原型是出于控制的目的而在地域范围拓展讯息，那么在仪式观中传播一词的原型是一种以团体或共同的身份把人们吸引到一起的神圣典礼。因此，凯瑞认为，所谓“传播”，就是“一种现实得以生产（produced）、维系（maintained）、修正（repaired）和转变（transformed）的符号过程”（凯瑞，2005：12）。传播的起源及最高境界，并不是指智力信息的传递，而是建构并维系一个有秩序、有意义、能够用来支配和容纳人类行为的文化世界。所以，凯瑞提出的传播的“仪式观”，重点在于它是一种独特的理论视角，它强调传播是一个文化共享的过程。其中，“仪式”一词早已突破了其与宗教、巫术相联系的本义，而是借用其符号创造、共享的隐喻，借我们所熟悉的事物——仪式来类比人类传播活动。

凯瑞为什么将他的这种传播研究取向命名为“仪式观”呢？有学者

认为，这"既和他的家庭背景和少年经历有关，更与他的天主教信仰有关"（周鸿雁，2011），也有学者认为是受到了格尔茨的影响，"在格尔茨看来，宗教作为一种文化体系，通过符号活动产生、加强以致神圣化一种'真正的真实感'，而仪式就是神圣化的过程。通过仪式，使得想象世界变得'真实'起来，与生存世界混合起来。格尔茨还认为，公开的仪式就是公开展演一系列符号，可被叫做'文化展演'。而在凯瑞看来，传播常常就是这样的文化展演，凯瑞基本上就是根据上面格尔茨的"仪式"的理解，将其搬来为自己的传播观冠名"（车淼洁，2011）。

凯瑞继而讨论了不同传播观对传播研究的影响。他认为，传播的传递观是导致传播学陷入困境的重要原因。他引用了雷蒙·威廉斯和斯图尔特·霍尔的话指出："我们自以为是的'大众传播'研究极其严重地损害并扭曲了传播学研究"，"'大众传播学'这一称谓十分有害"，"'传播'这个词在实质上和方法上使研究变得狭隘而孤立"。由于强调传播的传递观，美国传播学研究过分重视效果或社会控制等功能方面的研究，而没有认真对待文化的特定形式——艺术、仪式、新闻——与社会秩序的关系以及它们的历史性转型、它们对意义这一主观世界的介入、它们相互之间的关系以及它们在创造整体文化中的作用。

凯瑞认为，转向传播的仪式观可以有效克服传播研究面临的问题。凯瑞指出，采用传播仪式观的文化研究取向有其可取之处，因为这是一种真正的意义阐释。凯瑞分别分析了三种不同的传播学研究的方法取向：第一，把传播看作一种行为科学，其目的在于阐明规律；第二，把传播看作一种正规的科学，其目的在于阐明结构；第三，把传播看作一种文化科学，其目的在于阐明意义。

凯瑞对前两种策略进行了分析和批判，他认为"这两种策略都会把经验的内容——特定的仪式、祈祷者、电影、新闻报道——消解为某种前逻辑或原逻辑的东西，而不曾把经验本身看做是某种有意义的符号之有序系统加以考察"，所以都是"空中楼阁式的玩意儿"（凯瑞，2005：38）。凯瑞借知识社会学的视角指出，对意识形态而言，试图超越一切价值立场来进行完全抽象的所谓"科学化"研究，可以说几乎是不可能的，最终会掉入价值分析的窠臼。

凯瑞高度推崇文化科学的路径："文化研究的目标远比其他研究传统来得平实……文化研究不是试图预测人类行为，而是试图诊断人的意义……把传播学的目标设想为文化科学较为合适，且更具人性。"（凯瑞，2005：38）凯瑞强调传播研究应当是一种"对意义的阐释"：传播应该"作为一种阐释，一种从经验中分析得来并建立在经验之上的意义"（凯瑞，2005：43），而阐释的传播文化学需要把人类行为看作一种文本，我们的任务是建构对这一文本的"解读"，文本本身是一个符号序列——言谈、书写、姿势，它们包含了解释。我们要阐释这些动作符号所包含的意义，解读关于具体社会结构的"文本"，而不是把文本简约到结构中去。在这里，经验、符号、意义、人、行为、阐释找到了有机的结合。

为了进一步说明传递观和仪式观这对二分法的历史由来，凯瑞还在论文中建构了李普曼和杜威之争，讨论了客观主义和表现主义、行政研究和批判性研究这对二分法的历史由来。凯瑞毫不掩饰他对李普曼的反对和对杜威的推崇，他声称李普曼犯了笛卡儿传统之谬误，即认为现实是可以用图像呈现的（picturable），真相可以通过独立而客观的、图像化的现实来表现。而杜威则更"高明地"认识到现实是由人类行动尤其是符号行动和特定的联合行动所建构的，他提出交流（conversation）而不是照相（photography）是人们从中理解知识的终极语境。正是李普曼在认识论上的错误，导致他形成了反民主的政见，成为定量研究和效果研究传统的教父。民主并不需要实证科学的支持或拿实证科学做自我辩护，证明自己的正当性。实证科学也并非永远支撑民主政治，事实上，第二次世界大战后实证科学本身越来越表现出一种反民主的特征。通过对李普曼和杜威二人观点的阐释，凯瑞提出了他的观点——传播并无本质可言，也无放之四海而皆准的特性，它不能在自然中得到再现。传播只不过建构了一套随历史而变化的实践，以及对这些实践的反映。因此，凯瑞进一步论证了文化研究的合法性，其中心议题是"意义"（meaning），研究的重点在于阐释。

三、作为文化的技术

凯瑞对媒介环境学似乎很有兴趣，这大概与媒介环境学本身与芝加哥学派之间千丝万缕的联系有关。正如他所说："英尼斯的重要性在于：他继承了芝加哥学派所关注的问题。"（凯瑞，2005：113）因此，媒介技术问题也受到了凯瑞的高度关注。在研究媒介环境学的诸多学者中，凯瑞似乎对哈罗德·英尼斯（Harold Innis）的媒介偏向理论情有独钟，这与英尼斯身上所具有的某种传播政治经济学的取向不无关联。林文刚将凯瑞列入媒介环境学派，这一点值得商榷，因为凯瑞身上没有一点政治天使主义的味道，也并不真正了解技术对当代社会的意义。

凯瑞对技术乐观主义有一种天然的排斥，在《电子革命的神话》一书中，他专门攻击了美国式的电力至上的神话。为此他不惜直接攻击了媒介环境学的开山鼻祖麦克卢汉，他讽刺地说："麦克卢汉远比布热津斯基更为形而上学……麦克卢汉以其擅长的宗教作比附，将电视为一种神力。"（凯瑞，2005：89）他认为英尼斯比麦克卢汉更具洞见："具有讽刺意味的是，麦克卢汉的所有言论都受其多伦多大学同事哈罗德·英尼斯的影响，但英尼斯揭示了电力至上最薄弱的环节，而且对所有麦克卢汉津津乐道的关于电的断言均提出了质疑。"（凯瑞，2005：104）当然，站在今天的角度我们完全可以说凯瑞根本没有理解麦克卢汉所说的关于电的一切，无形无相的媒介、基础设施媒介、媒介的背景性等这些高度现象学的观念根本不是凯瑞可以企及的，不过用麦克卢汉来为英尼斯做注脚，特别契合凯瑞尖刻的写作风格。

凯瑞以罗斯福新政中的田纳西流域管理局为例，说明了将技术项目与民主社会建设混为一谈是荒唐的。他认为，虽然田纳西流域管理局的思路被当作其他国家或地区可以采纳的社会民主最佳载体的创新模型，但事实上，与其说它为流域树立了政治与经济民主的范本，不如说它的利益和对它的歌颂已经被官僚化，并且成了维护现状的工具，它甚至还利用电力提高了资源浪费的标准。凯瑞十分犀利地指出，整个美国对建造水库、生产化肥和电能发电的浪漫想法——无论是国内还是国际政策——越来越像是一场深刻的灾难（凯瑞，2005：102）。凯瑞赞同英尼斯认为现代技术的"偏向"破坏了时间和空间、历史和地理。他和英尼斯一样因电子媒介对国界越来越轻易的渗透感到忧虑，因为这增加了帝国主义和文化入侵的可能性。他认为，现代传播媒介具有一种共同的效果：它们扩大了接收的范围，却缩小了发布的范围。大量的受众能够接收，却不能直接做出反应或参与激烈的讨论。结果，现代媒介产生了控制巨大空间和庞大人口的潜在力量（凯瑞，2005：105）。但他对英尼斯提出的建议不以为然。英尼斯认为只有通过刻意减少技术与技术挂钩的机构的影响，通过艺术、伦理、政治领域的教化，才能阻止现代社会中文化的消亡。他相信口语传统的力量，认为民主生活的前提是公共领域、口语文化以及与印刷品做必要抗衡的公共话语传统的存在，而凯瑞对此的评价为"带有浪漫的色彩""在很大程度上都是枉费心机"。凯瑞倡议知识分子肩负起职责，面对现实，就公众生存问题发表意见，而不是逃避政治或回到民俗。第一，要对电子至上论进行去神秘化；第二，知识分子应该通过批判性的研究，用容易引起共鸣的语言与受众进行沟通，让人们感受到艺术、伦理和政治的价值（凯瑞，2005：107）。

写到这里，凯瑞不过就是一个无可厚非的技术悲观主义者，然而他又不能否认技术所引发的一系列社会变化，所以他忍不住要去讨论技术带来的深远变化。在他著名的论文《技术与意识形态：以电报为个案》中，电报成了凯瑞分析的一个文本，他将19世纪中叶电报到来之时的世俗生活、宗教理念一一还原。在他眼里："电报不仅是一种新的商业工具，同时也是一个用于思考的东西，一种转变思想的工具。"（凯瑞，2005：162）他甚至指出，电报的社会作用被极大地低估了，这是因为电报形成了垄断资本主义，引领了信息经济问题，带来了语言方式、日常生活和意识形态的变化，还将信息从交通中解放出来。

凯瑞对电报的社会后果的研究还是很深入的，但将这篇文章放在书中，与上下文矛盾，技术决定论色彩过浓。文化研究对技术决定论深怀不满，这一点在雷蒙·威廉斯对老校友麦克卢汉的批判中体现无余。对此，凯瑞不得不做出补救。在凯瑞看来，媒介技术是人类思想、行动和社会关系的真实缩影，因而技术也就成了一种文化的阐释媒介。技术尽管可以催生非同寻常的"讯息",可是这一切并非与世隔绝,而是与社会的历史、文化纠缠在一起。技术并不是冷冰冰的硬件,也不是自动发射"讯息"或延伸人体的主体,技术从其诞生之日起就完全是文化的产物,从而导致文化的后果。可以说,把技术视为文化,是凯瑞传播研究的文化转向的另一个重要标志。

四、评价与反思

詹姆斯·凯瑞对美国文化研究的兴起具有至关重要的作用,这主要表现在两个方面。一方面是通过重新发现杜威和芝加哥学派,对来自伯明翰学派的理论资源进行了本土化的改造,甚至不惜从自己的角度建构"杜威—李普曼之争"。凯瑞想通过对学术史的建构来证明美国文化研究源自美国本土,天然具有一种公民共和主义的意识形态立场,从而奠定了美国文化研究的合法性。另一方面,凯瑞想通过对现有欧美理论资源的借用和融合,丰富美国文化研究的内容,并塑造基于传播学视角的文化研究。

不过,凯瑞的论述在人物选择、人物关系和思想展现上存在各种问题。在种种问题的背后是凯瑞为了达成其学科建构,甚至是学科意识形态建构的目的而有意进行的选择性呈现。这种仅算一家之言的学术史书写当然会受到来自各方面的反驳。

一方面,围绕"杜威—李普曼之争",一大批学者撰文反思,认为凯瑞的建构使人误解了这一段学术史,舒德森和苏·卡利·詹森(Sue Curry Jansen)都认为李杜之间根本不存在争论,所谓"李杜之争"是子虚乌有的东西。凯瑞将李普曼看作传播学主流思想的开端、将哥伦比亚学派看作李普曼的传统是完全没有证据的。相反,有大量的证据表明,哥伦比亚学派的很多传统来自芝加哥学派,连凯瑞的学生杰斐逊·普利(Jefferson Pooley)都认为,凯瑞将李普曼看作定量研究和个人主义效果研究的学理上的教父是有问题的。另一方面,把杜威和芝加哥学派视作美国本土文化研究的源头也受到广泛质疑。杜威和芝加哥学派关于传播与社会的研究具有强烈的物质性或非表征主义的特点，而表征主义则是以霍尔为代表的英国文化研究的显著特征。芝加哥学派关注的社会生态学与媒介环境学关联紧密，但与文化研究的路数格格不入。如果从伯明翰学派的角度来看，芝加哥学派学者和媒介环境学派学者都是技术决定论者。

凯瑞的"仪式观"的价值偏向同样需要反思。伯明翰学派说到底主要是一种社会学思潮，强调日常生活中的交流与传播，强调文化的特殊性和复杂性。把这种思想移植到传播学，就会出现问题：传播仪式不同于日常生活中的文化仪式，传播仪式更强调的是权力的控制而不是意义的平等共享。这一点，丹尼尔·戴扬（Daniel Dayan）与卡茨的媒介仪式观说得更清楚。凯瑞的"仪式观"来自他对人类学仪式研究的借鉴，但他关注的仪式研究，经过了格尔茨的转译，并非人类学的主流。然而，凯瑞显然在人类学仪式研究领域缺乏系统的知识，没有真正处理好仪式与大众传播的关系。所以有学者评价说："要从浩如烟海的仪式理论体系中撷取出确切的'仪式观'中'仪式'的概念，几乎是一项出力不讨好的工作。这也许是詹姆斯·凯瑞在阐释其'传播的仪式观'时并未对'仪式'作出界定和阐释的原因。凯瑞之所以选择'仪式'作为传播隐喻，原因可能在于仪式本身就是文化，或者说仪式文化的核心和缩影。"（樊水科，2011）还有学者认为，凯瑞没有选取人类学早期古典仪式研究人文文化的取向，而是受社会学芝加哥学派的影响倾向于仪式研究中偏向功能主义向面的价值取向，与此同时，在吸收功能主义人类学家思想的过程中，又摒弃了情绪、文化和宗教心智等的一面，而只偏重对于"结构—功能"向面的分析。可见，凯瑞完全没有借鉴"仪式"一词的人类学宗教学意义，而只是注重其社会学尤其是社会控制向面的解读。从这个意义上讲，他通过隐喻化的方法抽空了仪式本身的丰富内涵，使其从文化取向走向了社会功利取向（胡翼青、吴欣慰，2015）。

（郭静　南邮）

参 考 文 献

车淼洁：《杜威、格尔茨对凯瑞传播仪式观的影响——解读〈作为文化的传播〉》，《东南传播》，2011（10）。

樊水科：《从"传播的仪式观"到"仪式传播"：詹姆斯·凯瑞如何被误读》，《国际新闻界》，2011（11）。

胡翼青、吴欣慰：《再论传播的"仪式观"：一种社会控制的视角》，《河南社会科学》，2015，23（5）。

邵培仁：《传播学》，北京：高等教育出版社，2000。

詹姆斯·凯瑞：《作为文化的传播》，丁未译，北京：华夏出版社，2005。

周鸿雁：《仪式华盖下的传播：詹姆斯·W·凯瑞传播思想研究》，上海大学博士学位论文，2011。

拓 展 阅 读

丁未：《电报的故事——詹姆斯·凯瑞〈作为文化的传播〉札记》，《新闻记者》，2006（3）。

胡翼青、吴越：《凯瑞的"仪式观"：美国文化研究本土化的困局》，《新闻与传播研究》，2014，21（6）。

丹尼尔·戴扬、伊莱休·卡茨

《媒介事件：历史的现场直播》

　　电视的诞生，从根本上改写了人类视觉文化的对象与历史，打破了现场观看时所受到的特定的空间与视觉的局限，使人们得以成为几乎所有重大事件的"见证人"，经历一种不在现场的"现场体验"。丹尼尔·戴扬和伊莱休·卡茨于 1992 年出版的《媒介事件：历史的现场直播》（以下简称《媒介事件》）一书，便以"那些令国人乃至世人屏息驻足的电视直播的历史事件"作为研究对象，阐释其类型、特性、表现和效果，并就媒介事件的出现、所引发的诸多理论与实际问题进行全方位的、系统的和深入的研究，一度被认为是在人们认识电视的影响力方面的一个里程碑。

一、成书背景

　　西方学者从 20 世纪中叶开始，就拉开了对媒介事件研究的序幕。如李普曼、丹尼尔·布尔斯廷（Daniel Boorstin）、施拉姆等人对此均有所论述。李普曼在《公众舆论》中提到人对于环境的调适是通过"虚构"这一媒介来进行的，我们对于环境的认识是间接的，媒介实际上为公众构建了一个由"假事实"组成的"假环境"（pseudo-environment），强调了媒介化本身对真实事件和环境的扭曲和变形。美国著名文学派史学家丹尼尔·布尔斯廷在《肖像》一书中，对媒介事件进行了定义和归纳。他认为媒介事件指的是非自然的、有意安排的人为事件，也就是那些如果不经过设计，则可能不会发生的事件，他将这类事件称为"假事件"（pseuso-event），将其定义为具有"不真不假"的特点，用以表述的语言是"超越真伪的"，它们往往比真实的事件更加吸引人。他把诸如记者招待会、大厦剪彩、游行示威乃至候选人电视辩论等事件都归入"假事件"之列。之后威尔伯·施拉姆受到启发，在其经典著作《传播学概论》中对这一现象使用"媒介事件"的概念来表述。在施拉姆看来，当前的历史充满"有意安排的事件"——主要是制造供媒介报道的事件。

戴扬和卡茨并不完全赞同这样的观点，自 20 世纪 70 年代初，两人便开始关注并搜集一些具有典型性的媒介事件进行研究。正如作者在《媒介事件》一书的致谢中所言，自 1977 年穆罕默德·萨达特（Mohamed Sadat）的耶路撒冷之行，他们就开始了该书的资料收集与写作过程。2009 年，戴扬在接受香港中文大学邱林川、陈韬文访问时透露，"这本书起初是探究一种新的外交手法，也就是撒达特访问耶路撒冷的媒体外交。卡茨向我挑战，建议为撒达特每天的表现作分析，以展示符号语言学可以如何应用。这一连串的记录变成一个大型计划，最后我们发展出各自的议程。卡茨认为媒体事件建构出意想不到的新受众群体，这些群体的出现吊诡地'强化'事件的影响，而非'限制'它们。在我而言，传统以来，电视在历史书写的角色一直备受议论，班哲明的《历史哲学论纲》、巴特的《历史的论述》和《事件的书写》对此均有论述，还有其他学者的论述，如德·塞托（de Certeau）、利科（Ricoeur）及怀特（White）等。电视成为历史图像论述新的演绎者，操控'表达性事件'（expressive events）的定义。"（戴扬、邱林川、陈韬文，2009）

最终，戴扬和卡茨二人合作完成了《媒介事件》一书，分析了1984 年奥运会、查尔斯王子和黛安娜王妃的婚礼、约翰·肯尼迪（John Kennedy）的葬礼、登月事件以及教皇约翰·保罗二世（Saint John Paul Ⅱ）出访波兰等一系列重大事件，从仪式人类学的视角研究了媒体事件的脚本、协商、表现、庆祝、萨满教化以及播出效果这六个方面的基本问题。全书的结构有着强烈的功能主义色彩，其篇章结构大致如下：在对媒介事件的概念、形态进行详细界定后，作者以媒介事件的时间进程为序展开全书——首先是组织者、电视台和受众之间对媒介事件进行的"协商"；其次是电视台对其进行的"表现"；最后是受众在家中对其进行的"庆祝"。至于媒介事件对现实的冲击和对大众行为的影响，作者认为其类同于萨满的言语治疗，并把这一过程称为萨满教化。在作为结论部分的第七章，作者考察了既作为具体仪式又作为播出样式的媒介事件的效果和功能。

二、媒介事件何以可能

戴扬和卡茨将"媒介事件"的概念界定在一个相对狭窄、比较特殊的范畴内，即具有国家影响力的电视仪式事件。具体来说，在传播形态方面仅限定于卫星电视的现场直播，在传播内容方面仅指一种神圣的、需要人们恭敬对待的"电视仪式"或"文化表演"，在地理区域范围内是"那些令国人或世人屏息驻足的电视直播的历史事件——主要是国家级事件"。在这一概念界定中，媒介事件拥有如下特征：一是非常规性。它们是对惯常的干扰，干扰着正常播出及至生活的流动。正常的电视播出被中止并被抢占，待事件结束时，我们又被引导回原来的状态。二是组织合作性。典型的事件组织者是媒介与之合作的公共机构，比如政府、议会、政党、国际机构等。这些事件并不是由电视台组织的，媒介只是被邀请或主动要求参与，并且媒介事件都是经过提前策划、宣布和广告宣传的。三是具有崇敬性。主持这类节目的记者们暂时搁置往常的批评立场，而拿出了尊敬甚至敬畏的态度。"即使在这些节目强调冲突的时候（难免有这种情况）——它们庆祝的也不是冲突而是和解。这正是其与日常新闻事件的不同之处，日常新闻事件必然以冲突为主题，媒介事件则往往或纠正冲突，或恢复秩序，或者偶尔推行变革。"

随后作者用"3C类型"对媒介事件进行了分类："coronation"（加冕），完全作为一种仪式存在，如皇室婚礼、就职与颁奖典礼等；"conquest"（征服），是指对人类巨大飞跃的电视直播，如宇航员登月、具有挑战性的出访等；"contest"（竞赛），强调竞争双方的对抗性，如奥运会、总统竞选等。虽然三者互有区别，但其共同之处是都属于仪式事件，其中"征服"和"竞赛"都包含很强的仪式成分，而"加冕"则完全是仪式，因此，作者强调"我们研究的素材仅仅局限于各种仪式事件"（戴扬、卡茨，2000：8），事实上，"我们可以称这些事件为'电视仪式'"（戴扬、卡茨，2000：1）。从上文看，关于媒介事件的定义，尽管没有明确的文本，只是一种描述性的说明，但作者却用非常严格的限制条件画了一个非常小的圈，把大量的新闻事件、电视节目排除出去，在圈内达成逻辑上的统一，尽可能地消除了自己的理论潜在的漏洞（姚坦，2011）。

作者认为，媒介事件有三个伙伴：事件的组织者，负责收集元素并拟定其历史意义；电视台，通过对元素的重新组合完成事件的再生产；观众，在现场和在家里，对事件感兴趣。每个方面必须给予积极的认同并拿出相当的时间和其他投入才能使一个事件顺利地成为电视事件。然而，重大电视事件映射着政治的和意识形态的结果，因而在事件脚本方面达成一致意见可能会很困难。组织者和电视台由于利益有别会意见不一，不同的观众也会提供不同的解读。所以，最终在电视上呈现的是政治的、审美的以及财政的、讨价还价的终端产品，这其中有一个"协商过程"，它始于事件之前并贯穿事件始终。如果协商媒介事件生产的几方伙伴未能达成一致意见，那么媒介事件可能出现"病变"，或者是取消直播或者采取一种或另一种非正常的形式来播出。

戴扬和卡茨认为，电视台作为媒介事件中的主体必须经受双重挑战，不仅表现事件，而且向观众提供节日体验的功能性替代，通过在按组织进行的表演之上叠印自己的表演，成为大众仪式演出中的主要演员。电视的这种表现绝不能仅仅被看作原事件的"变体"或"补充"；相反，它应该被看作大众事件根本属性的质的转化。作者强调，电视表现的是对事件的一种承诺，而不只是它的再生产。这种承诺是定义式的，它确认事件，使观众明确事件的属性；提供对事件的解释，发挥向导作用；同时，保护事件的格调和特权，即事件被给予对所有其他节目的绝对优先权。除此之外，电视还努力超越自己对定义的维护，大胆地给予观众"在场"的感觉，营造仪式参与感。比如，电视对进入事件的渠道进行平等化、设计出一个具有传染性的形象等。

媒介事件是匆匆来去的礼仪，不仅要求观众满意，而且要求观众积极参与。作者认为如果不是因为观众有接收节目的动机，那么，媒介事件中的电视是一种占据我们时间的祭司般的电视，是一种权威的强加，与日常电视的自由选择完全不同。如果用"竞赛""征服""加冕"分别给观众角色一个不同的定义，那么，观众在"竞赛"中为"裁判性"，在"征服"中为"委托性"，在"加冕"中为"习惯性"。

三、"媒介事件"的"魔力"

作者用"萨满教化"来形容媒介事件的"魔力"，通过对转化性事件的分析，指出其发展过程或问题的解决，类似于萨满教对疾病的医疗过程。"萨满"一词有"巫"的意思，原文为 shaman，乃一种原始宗教。该教系西伯利亚和乌拉尔—阿尔泰各民族的宗教体系，治病是萨满作为一种文化形态最重要的功能。

转化性事件表现为一种典型的顺序结构。首先是潜在阶段，有一个被认为是极其有害的、不可救药的问题以潜在状态存在于社会中；然后是发信号阶段，一股期望和大众热情被创造出来；之后是塑造模型阶段，电视从这里进入萨满教化的过程，开始对理想状态进行生动的戏剧化表现，即一种模式示范或说明，就像萨满巫师一样，他们并不操作病人的身体，而是通过象征性类比模拟病人的状况，将病人的疾病提交给一个指令的、文化的解释；最后是架构阶段，这也是仪式的高潮时期，事件的主要人物向大众作演说，直接以一种等同于结束朝圣的弥撒形式传递事件的转化性信息。作者认为这就是在从事一种现代形式的萨满教化的活动。

在"萨满教化"的过程中，事件的组织者、电视台和观众之间存在着互动，但是每一阶段都有一个主角。大众位于潜在阶段的中心，事件的组织者是发信号阶段的中心，电视则是塑造模型阶段的主角，它表现为一个萨满巫师，带来"深化戏剧"的结果，而到了架构阶段，"反结构"领袖充当萨满巫师，公开而清楚地指导他的追随者，最终使事件重新位于正式的政治过程之中，在多方的协作下完成萨满教化。

四、媒介事件的效果

对媒介事件的体验不同于对日常电视的体验，那么那些用于日常媒介效果研究的概念和方法对于评估媒介事件效果来说便不再适用。长期专注于媒介效果研究的卡茨，最终将全书的结论引向了媒介事件的效果研究，分别从"内部效果"（发生在"期间"、影响参与者，而且产生于某一特定仪式的细节方面）和"外部效果"（发生在"之后"、影响机构，而且产生于样式的存在而不是样式的某一具体事例）这两大类出发，论述了媒介事件对组织者和主演、记者和播出组织、观众、公众舆论、政治机构、外交、家庭、集体记忆等产生的效果。

其核心结论是，媒介事件可以授予人和问题某种地位，强化了权力的等级并代表了权力高度集中的时刻。同时，媒介事件让那些不总是可见的社会结构曝光，把幕后发生的过程搬上了舞台，这种开放性在一定程度上又减少了权力的滥用。在这个过程中，存在一种"非中介化"的现象，也就是说媒介事件允许其主演使自己的声音压过通常在领袖和大众之间起中介作用的中间人，在每一事件中，主演都努力建立对大众的独一无二的控制，而不是与中介分享这种权力。然而，媒介是拥有自己的价值和利益的社会组织，媒介组织更多地希望重新介入而不是非中介。这就说明了在大众仪式范畴内，一种新的媒介的引入如何能够不仅转化一个信息、不仅转化反应的性质，而且转化整个社会关系结构。事实上，媒介事件的直播重新定义了组织者、中介人、电视台以及观众的相对权力，并且重新定义了大众事件的本质。

五、评价与反思

该书出版后，既受到了追随者的热捧，也引发了许多不同的看法。戴扬和卡茨在该书开篇便开明宗义地指出："本书试图引入仪式人类学的理论来阐释大众传播过程。"（戴扬、卡茨，2000：2）其实，人类学领域关于仪式的界定是多元的、开放的，而《媒介事件》借用的是现代人类学仪式研究的最为重要的代表人物之一——涂尔干的仪式理论。涂尔干提出了"神圣/世俗"的著名命题，认为信仰和仪式都同神圣的事物有关，它们是构成宗教的两个基本范畴。因此，《媒介事件》中聚焦的也是一种超常态行为，它是在崇敬和礼仪的氛围中完成的，威严的、令人敬畏的仪式事件。所以，戴扬和卡茨的《媒介事件》是在日常性的节目中分离出一部分本身具有"神圣的"仪式色彩的电视节目，阐释这些电视仪式的传播过程，分析其获得成功的动力与压力以及它们所产生的多方面的社会效果。这里的"仪式"和詹姆斯·凯瑞在《传播的文化研究取向》一文中提出的传播的仪式观中的"仪式"是完全不同的，后者早已突破了其与宗教、巫术相联系的本义，而是借用其符号创造、共享的隐喻，借我们所熟悉的事物——仪式来类比人类传播活动。

本书的功能主义立场更是遭到了很多批驳。作为功能主义者的涂尔干确立了功能研究中的一个重要原则：要想对社会生活做出令人满意的解释，就必须指出反映在社会生活中的各种现象是怎样互相协助，以使社会自身达到和谐并与外界保持和谐的——相互联系与系统平衡的原则（刘海龙，2012）。受涂尔干的影响，《媒介事件》亦秉持功能主义范式，认为从记者采访到新闻播出再到观众收看，全过程充满了仪式的神圣感。媒介事件的报道过程被仪式化，通过媒介事件的电视现场直播，达到社会的机械团结。媒介事件扮演一种世俗宗教的角色，即便对冲突事件的报道，其主旨也不是为了再现社会冲突，而是社会和谐的需要。这使得该书在问世后，引发的争议一直不断，很多学者直指其概念界定的严苛和主观分类的狭隘，认为该研究过于强调维护现行的社会秩序。

《媒介事件》的作者之一伊莱休·卡茨是一位长期专注于媒介效果研究的传播学学者，是美国政府在第二次世界大战后设立的大众传播学研究基金政策的受益人，他提出的使用与满足理论被人们批评是典型的循着行政管理研究的路子。在某种意义上，卡茨集中研究媒介作用的目的是明显的，反映了他对将学术研究应用于政策目的的重视。《媒介事件》虽然宣称"引入仪式人类学的理论来阐释大众传播过程"，但其实并未完全摆脱功能主义和效果研究的狭隘视野。无论是象征人类学中对于仪式的研究，还是格尔茨的"文化的阐释"，抑或柯林斯的"仪式互动"理论，对于一种文化现象的仪式研究，要么是对其意义的探寻，要么是对其发生机制的分析（郭建斌，2014）。而《媒介事件》对电视仪式的研究却最终走上了效果研究的道路。其核心理念是媒介的强效果，书中随处可见对媒介事件强效果的表述："媒介事件能引起具有重大意义的态度改变"（戴扬、卡茨，2000：234）；"媒介事件要比日常电视节目对观众态度和议程方面能产生更有力的影响：节日电视创造更愿意接受信息的观众"（戴扬、卡茨，2000：260）；"把大多数媒介事件——至少人类学家们研究的那些传统仪式——看做是'强化的'或是'霸权的'，这是正确的"（戴扬、卡茨，2000：171）。这实在不能说是一种理论上的进步，甚至可以说是一种倒退。

面对功能主义的指责，戴扬和卡茨近年来多次对他们的概念进行了修正。2007 年，卡茨和利布斯（Rebbs）指出，媒介事件的三大类型——"竞赛"（Contest）、"征服"（Conquest）、"加冕"（Coronation）已经不能充分概括电视上的新闻事件，特别是中东地区持续不断的流血冲突。他们感慨，灾难、恐怖、战争已经成为媒介事件的新类型（邱林川、陈韬文，2009）。戴扬则是两位学者中更激进的那个，2008 年，戴扬发表了《超出媒体事件：幻想破灭、脱轨、冲突》一文，试图对媒介事件的概念进行扩展。戴扬提出了三个新的类型——"幻灭"（Disenchantment）、"脱轨"（Derailment）、"冲突"（Disruption）。3C 类型对应的是调和、整合和共识，而 3D 类型不但鼓吹异见，甚至还"创造分化"。戴扬承认，1992 年出版的《媒介事件》一书忽略了媒体事件的某些范围，"1992 年模式的媒体事件并不至完全消失，但是这类媒体事件不再独霸天下，而是要和其他事件共存于同一媒体空间中"（戴扬、邱林川、陈韬文，2009）。这在某种意义上讲也算是一种直面社会冲突理论的自我否定。

（郭静　南邮）

参 考 文 献

〔美〕丹尼尔·戴扬、邱林川、陈韬文：《『媒介事件』概念的演变》，《传播与社会学刊》，2009（9）。

〔美〕丹尼尔·戴扬、伊莱休·卡茨：《媒介事件：历史的现场直播》，麻争旗译，北京：北京广播学院出版社，2000。

郭建斌：《如何理解"媒介事件"和"传播的仪式观"——兼评〈媒介事件〉和〈作为文化的传播〉》，《国际新闻界》，2014（4）。

刘海龙：《中国传播研究中的两种功能主义》，《新闻大学》，2012（2）。

邱林川、陈韬文：《迈向新媒体事件研究》，《传播与社会学刊》，2009（9）。

姚坦：《媒介事件透视与电视角色解读——〈媒介事件〉述论》，《河南大学学报（社会科学版）》，2011（4）。

拓 展 阅 读

〔美〕詹姆斯·W.凯瑞：《作为文化的传播："媒介与社会"论文集》，丁未译，北京：中国人民大学出版社，2019。

阿芒·马特拉

《世界传播与文化霸权：思想与战略的历史》

在传播学诸多学者中，阿芒·马特拉（Armand Mattelart）是一位十足的"异类"。他写作的《传播学简史》一书常常被认为过于艰深晦涩，其另一部作品《如何阅读唐老鸭：迪士尼卡通的帝国意识形态》又曾风靡整个拉丁美洲。他的作品中既浸润着后结构主义的哲学思辨，又显示出尖锐的左翼关切与批判锋芒。他曾任萨尔瓦多·阿连德（Salvador Allende）的国际事务顾问，又担任过电影导演，最终以传播学者作为自己的职业归宿。他的著作让拉丁美洲这片长期受美国后殖民主义干涉的土地进入了传播学界的视野，其中最具代表性的就是《世界传播与文化霸权：思想与战略的历史》（下文简称《世界传播与文化霸权》）。

一、成书背景

马特拉于 1936 年出生于比利时，曾就读于教会学校、参加过英国的僧俗团体，后就读于天主教鲁汶大学，攻读法律与政治专业，而后又转入巴黎索邦大学，进入阿尔弗雷德·索维（Alfred Sauvy）创建的人口研究所，学习人口学。毕业之后，马特拉成为梵蒂冈人口政策专家，后于 1962 年被派往智利首都圣地亚哥，在当地一所天主教大学教授传播社会学。正是在此期间，他获得了智利社会党总统萨尔瓦多·阿连德的青睐，成为其国际事务顾问，见证了其如何竭力摆脱美国的干涉与控制，推行一系列社会改革措施，又是如何被皮诺切特的军事政变推翻下台、民主化之路戛然而止。他在智利结识了查尔斯·赖特等"进步联盟"学者，对美国输入的"扩散理论"和"说服策略"产生了质疑，进而开始反思美国的功能主义传播学及其代言的美国式"进步主义"与"现代化"。

马特拉最初的传播学旨趣在于罗兰·巴特的结构主义符号学与媒介文本分析，但随着大量的美国文化产品涌入拉丁美洲，从政治、社会、文化等方方面面渗入诸多拉美国家，他开始转向话语分析与政治经济学研究方法，如 1971 年与阿里尔·多尔夫曼（Ariel Dorfman）合著的《如何阅读唐老鸭：迪士尼卡通的帝国意识形态》就是一部石破天惊的著作。该书在美国被禁止出版，但这份禁令反倒使它在拉丁美洲风靡一时，印数超过百万册。此后，马特拉的学术思想逐渐走向成熟，但1973 年风云突变，阿连德下台后，马特拉本人也被军政府驱逐出境、返回法国。此后，马特拉的学术经历愈加丰富多彩，他与法国电影大师克利斯·马克（Chris Marker）、雅克林·梅皮耶（Jacqueline Meppiel）共同导演了一部关于智利政治与社会变革的电影《螺旋》，又根据自己在智利的亲身经历出版了《大众媒介、意识形态和革命运动：智利1970－1973》《跨国公司与文化控制：帝国主义的意识形态装置》《传播与阶级斗争》等著作，成为法国左翼传播学者的"旗手"。

但随着 20 世纪 80 年代保守主义在全球范围内的"回潮"，左翼学者的生存空间受到挤压、不断萎缩，马特拉也不得不转变研究志趣，开始接触福柯、德塞托、布罗代尔等人的思想。他在 1975—1997 年间辗转于巴黎第七大学、雷恩第二大学教授传播理论，1997 年又转入巴黎第八大学任信息传播学教授，并于 2002 年筹建了法国媒介观察研究所，亲自担任所长。本文介绍的《世界传播与文化霸权》便是在这一时期付梓的。除此之外，他的著作还包括《思考媒介》《传播学简史》《传播的世界化》《文化多元性与世界化》等。20 世纪 80 年代之后，他的思想触角开始伸向历史与世界的维度，开始关注世界传播、文化多元性等议题，反思"全球化"话语背后的不平等秩序与意识形态本质。

二、"进步"背后是什么：大众传播学的霸权本质

在返回法国之前，马特拉的思想内核可以被概括为"文化帝国主义"，在智利的经历为他的学术生涯打上了深刻的左翼烙印，他始终在反思美国对拉丁美洲国家的文化入侵，也在反思由美国主导的大众传播学和发展传播学——美国成立了"拉丁美洲新闻高级研究中心"，并假借联合国的力量将施拉姆的《大众传播媒介与社会发展》、埃弗雷特·罗杰斯的《创新的扩散》《农民的现代化：传播的影响》等著作确立为"指导性读物"，将拉美新闻业的种子一开始就置于"美国功能主义"的土壤之中。而贯穿这套理论体系的，是一个"信息自由流动"的神话、一场夷平一切社会文化差异的"现代化运动"、一种技术乐观主义的"新千年主义"与"赎罪想象"（马特拉，2001：33）。

而要揭露这场美国主导的"霸权主义骗局"，马特拉选择了转向历史的维度，书写一部"关于传播的词与物"。他辛辣地指出，传媒在"大众社会"中不外乎一种新的社会管理手段。例如1842年在阿尔及尔设立的空中电报便是阿尔及利亚殖民化过程中至关重要的辅助手段（马特拉，2001：10—11）；在美国对古巴的军事干预中，威廉·伦道夫·赫斯特（William Randolph Hearst）语出惊人："请你留下来，你提供漫画，我提供战争。"（马特拉，2001：21）两次世界大战孕育了传播学的新范式——宣传，美国的"克里尔委员会"（Creel Committee）便坚信"一个好的宣传策略能节省一年的战争"，它开足马力"向美国公众推销战争"，背地里亦是一个冷酷的政府检查机关（马特拉，2001：54）；1933年，罗斯福总统为化解美国的经济社会危机呼唤"传播技术的援助"（马特拉，2001：70），民意测验伴随着结构功能主义社会学范式的兴起闯入了人们的视野……美国大众传播的历史就是一部政治史、战争史，"四大奠基人"的研究几乎均与战争、社会控制相关，与国家权力有着千丝万缕的联系。拉扎斯菲尔德就表述得尤为直白："政治实践和社会科学的关系应该具有双重意义，我们不仅应该有助于美国的政治设计，而且还应希望那些从事政治活动的人也不再担心这样一个事

实，即他们的作品有助于社会科学，这一点刻不容缓。"（马特拉，
2001：93）

而颇为讽刺的是，美国人竟对传媒与民主、发展的关系深信不疑，
早在杜威那里，传播就被赋予社会革命的期望，这种期待与技术乐观主
义的情怀交织在一起，转化为一种宗教般的进步主义热情；在二战结束
后，这种信念并未走向终结，而是伴随着美国的国家立场转变开始向全
球范围扩张。传播权力被塑造为"基本的人权"，与社会的现代化发展
挂钩，这种进步主义思想与技术突飞猛进带来的科学主义神话不谋而
合——技术发展是一种"期望增长的革命"，美国对第三世界国家的渗
透则是"一个新的社会调节的全球模式"，通过信息技术的发展"重新
创造一个信息广场，扩大到现代国家的范围"（马特拉，2001：148），
以此帮助第三世界国家走上现代化的道路，走上美国所期望的全球化道
路。此时，信息技术扮演着一个过度热情的"推销员"角色，将资本主
义、殖民主义、全球扩张的意识形态推销给普通人。而实质上，这种
"国际传播"仍然是一种"战斗话语"，在冷战的格局下，出于"国家安
全"这个"不容置疑"的理由，信息审查与操纵都成为理所当然——这
一时期传播学的主流路径被马特拉称为"计谋学派"，通过信息操纵来
实现"反暴动的科学"，海洋战争的胜利便是这种操纵手段大获全胜的
一个例证。

换言之，信息这个"组织和全社会的神经系统"背后隐藏的是资本
的全球流动和对"经济空间"的争夺。亚当·斯密的"自由市场"的观
点为经济的全球化、将全球视为一个整体的市场体系的思想奠定了基
础，而启蒙主义的思想则让人们相信全球可以通过"启蒙"与"教化"
被整合为一个巨大的民主共和国，一个观念上和现实中的"整体"。因
此，信息的自由流动和自由交换的权利一样皆是"天赋人权"，尽管启
蒙运动也为欧洲确立了公共性的观念传统，即"公共服务有利于所有
人……公共垄断不服从于商业赢利标准，即可能存在一个非直接的生产
部门，一种逃离利益逻辑的活动，一种在资本增值边缘的体制"（马特
拉，2001：10）。但伴随着 20 世纪 80 年代"放松管制"与"私营化"
的浪潮席卷全球，商品的逻辑解构了公共性的原则，启蒙转变为一种神

话并逐渐走向自己的反面，"全球民主共和国"没有实现，全球化的商业浪潮反倒不断成为现实，整个世界渐渐成为一个工厂、一个车间、一个市场。所谓的全球化，实际上就是西方的政治模式、经济生产方式、文化形式向全球的殖民扩张——殖民扩张的时代已经终结，但殖民主义的逻辑并没有走向完结。

三、从"全球化"到"世界化"：对"单数文化"的反思

回到法国之后，马特拉的思想变得更加复杂，受制于国内逐渐"右转"的政治氛围与左翼斗争力量的式微，他也尝试着将视线投向历史学、社会学丰富的学术资源——法国年鉴学派费尔南·布罗代尔的"经济世界"思想启发他意识到同样存在着一个等级森严的"传播世界"；沃勒斯坦等人的"世界体系"理论则启发他媒介和文化辐射中也存在"中心－边缘格局"，这一体系并不是什么"历史的必然"，也不是在社会发展过程中"自然形成"的，而是有着鲜明的殖民主义本质——跨国资本构造了一张跨国信息传播网络，并按照生产、分配、消费的资本主义循环模式来分割世界。

因此，马特拉旗帜鲜明地反对所谓的"全球化"（globalisation）进程，反对其中蕴含的商业自由、整合经济的西方新自由主义意识形态，反对其带来的"单数的"全球文化。在马特拉看来，"全球化"或是"国际化"之类的概念中蕴藏着一种宿命论的悲观主义倾向，它相信西方的政治模式、经济生产方式、社会形式、文化模式最终将会统治全球。这种"整合"的观念自"地理大发现"时代起便深刻地烙印在了西方政治、文化思想之中，在哥伦布发现了美洲大陆之后，西方殖民者便希望以一种文明来对整个世界进行整合，这便是后世"西方中心主义"思想的滥觞（马特拉，2001：9）。而在两次工业革命之后，蓬勃发展的资本主义向人类社会提出了"开放市场"的需求，资本必须竭尽全力去克服时间与空间的限制，通过不受阻碍的全球流动来实现利益的最大化。在某种意义上，殖民主义和世界大战都是资本扩张的"副产品"。二战结束之后，尽管"硬殖民"的手段已经渐入末路，但以美国为代表

的"超级大国"并未放弃对"开放市场"与"全球社会"的追求，只是扩张的工具从枪炮变成了"信息"。

在托夫勒、贝尔、卡斯特等"未来学者"的鼓吹下，信息成为发展最主要的动力，"知识活动"成为生产力的主要源泉，这既是一种"新经济"（new economy），也是一种"新社会"（new society）。贝尔在建构"后工业社会"的概念时，其前提与基础并不是政治制度与经济模式，也不是生产关系和所有制形式，而是技术——这便是贝尔的"中轴原理"方法论。贝尔坚信，"工业社会"不等同于"资本主义社会"，甚至超出了资本主义社会的范畴，存在于社会制度截然对立的国家中，在切断了"工业社会"与"资本主义社会"的纽带之后，加上了"post-"这一前缀的"后工业社会"便巧妙地掩藏起自身的意识形态诉求：拒斥传统马克思主义的尝试，为美国社会"新阶级"辩护，为理性主义辩护（周嘉昕，2012）。在贝尔与他的同侪织就的迷思中，阶级矛盾可以通过技术进步、社会福利与"科学管理"来化解，现代社会的所有问题可以在技术理性的控制中得到解决。这种技术神话为"全球化"的神话插上了翅膀，马特拉尖锐地指出，"全球社会"的形成实质上是"把历史的本性进行定位：这正是由被整合的资本主义的大单位过分地自己执行纪律和自动调节的意识形态，其功能自然是履行'市场力量'和技术力量"（马特拉，2001：13）。

更糟糕的是，全球化的信息网络带有鲜明的"向心化"特征，与商品交换网络一样，信息始终由中心地带向边缘地带渗透，造就了边缘地带对中心地带的极端依赖，这种依赖不仅体现在政治与经济层面，甚至还延伸到了传播与文化层面。文化也加入了对"开放市场"的追逐，美国等发达资本主义国家可以理所当然地要求其他主权国家开放门户，毫无芥蒂地接纳"唐老鸭"，文化入侵扫清了障碍。因此，马特拉提倡使用"世界化"（mondialisation）来取代"全球化"。这一概念源自拉丁语系，原本只具有地理纬度的意义，与拉美世界存在着文化上的亲和性，因而能够脱离文化与传播理论的西方视角，剥离"整合"的意识形态内核，承认等级体系与差异性的存在。换言之，"世界化"不仅是一种传播理论，也是一种理论立场，近似于法国等国家对"世界传播新秩序"与"文化例外主义"的呼唤。马特拉援引了一位法国工程师的表述："……现代性的胜利不能没有价值分享，因为存在着传统、本位主义和难以消除的东西。它更深刻地转变着我们对现代和传统之间关系的感知……我们习惯于用排他性的方式来看待现代社会或传统社会。在一方面建立的关系是结构和方法，而在另一方面与传统的关系是一种一致和协调的关系，而不是竞争关系。"（马特拉，2001：245）也就是说，马特拉始终致力于解构"国际传播"背后的意识形态内核以及具体的主体与主体间性关系（马特拉，2001：243），恢复各国文化传统的特殊性。

事实上，马特拉确实对盎格鲁－撒克逊世界以外的各国民族文化有着强烈的现实关切，这种关切就源自马特拉在智利的亲身经历，源自他亲眼见证了美国迪士尼文化对智利的入侵，尽管阿连德政府并未屈服，而是尽力发展本国文化、为儿童提供替代性文化产品，但这一"文化上的积极回应"的政策仍因美国扶持的军事政变而被迫中断。正因如此，马特拉将"信息自由流动"斥为"狐狸在鸡窝里的自由"（马特拉，2001：256），因此，他的"世界化"理论毫无疑问也是一种"战斗话语"，而不仅仅是乌托邦式的设想，这一概念隐隐透露出德·塞托的文化多元主义思想的影响——"单数文化"的"有机结构"（马特拉，2007：106）乃是一种霸权，而另类的"世界化"中蕴含着在地化、斗争性的可能。

不过，该书只是"世界化"思想的一个萌芽，此后马特拉又出版了《传播的世界化》与《文化多元性与世界化》两本书，继续探索"世界化"概念的可能性。在他的努力下，大量后结构主义思想汇入了传播学的畛域，除却对媒介史与传播史的反思，他构建的媒介理论的"新范式"（nouveaux paradigmes）之中还包含着集体记忆、市民社会的建构、宏观主体国家（macro-sujetétat）与地方性的张力等问题。也就是说，马特拉的"世界化"是一个非常复杂的概念，包含左翼批判、地缘政治反思、文化多元主义的尝试、个体对抗工业逻辑宰制与主体性的重建、一种乌托邦式的"新秩序"建构的尝试等。但恰恰由于此概念独特的复杂性，抑或说是后结构主义思想的暧昧性，人们在解读它时往往莫衷一是，或是将其视作"世界体系"理论的一个拉丁美洲翻版，或是着眼于文化，将"世界化"等同于文化多元主义。马特拉显然不是一个纯粹的文化研究者，他更关心全球经济网络、不平等的交换系统、地缘政治等要素，并持续反思文化研究学派经验主义的视角，他相信这种"个性化、点状的、单独的和反对全球的"人种志研究解构了整体性，"让我们通向一个如此具体的接受者以至于我们忘记他生活在哪一个社会，这同时隐藏了树林与森林"（马特拉，2001：257）。但相比于北美和英国的传播政治经济学者，马特拉又是个十足的异类。他关注权力和意义，关注技术工具的逻辑与社会应用的逻辑如何相互作用，关注文化与政府的关系。作为一个深受后结构主义思想影响的学者，他又格外警惕"历史的终结""民族国家消失"等乌托邦话语，聚焦于民族国家与具体的区域在全球网络面前受到的威胁。总的来说，马特拉是一个西方主流传播学话语的反叛者，也是后结构主义登陆传播政治经济学研究领域的"领航员"。他极难被定位和归类，对这个"异乡人"的审视仿佛为传统的左翼传播研究找到了一面镜子，从中可以窥见许多理论的盲点，观照那些被西方中心主义的传播学话语所掩盖的真实斗争。

四、"文化产业"：是多元性的复兴还是批判性的沦丧

该书还涉及马特拉的理论中另一对颇受争议的概念——文化工业与文化产业。事实上，马特拉的理论建构深受法兰克福学派"文化工业"理论的影响，他也同样观察了工业化的逻辑对文化领域殖民的过程，观察了资本主义全球经济下文化如何走向均一化、碎片化、断裂化。在由跨国资本构建的这张"自由交换"的网络中，文化内容被简化为"信息"，作为一种"生产要素"被商业资本追逐。此时，文化活动已然裂变为生产、交换、消费的经济活动，文化创作也被广告、营销、公共关系等商业活动占据、扭曲。既然文化活动是商业活动，那主导它的就不是"意义"与"价值"，而是追求利益最大化的工具理性；既然文化内容是"生产资料""战略资源"——这正是该书副标题"思想与战略的历史"的含义——那么对它进行管理就是理所当然的选择。这样一来，

"文化—政府"的关系就会被转变成"文化—工业"的关系，文化以这样一种诡异的方式成为工业与政治的核心。也就是说，马特拉通过对这个不平等的世界的真实描摹，以一种更经验、更现实的方式对《启蒙辩证法》的哲学思辨进行了重新书写，在阿多诺和霍克海默那里，文化实践的价值转换取消了它的批评功能，假个性的支配开始和资产阶级的存在一起在大众文化中尽情展示（马特拉，2001：206），马特拉则为这一抽象的理论找到了许多现实的例证——文化工业的逻辑存在于迪士尼与好莱坞中，在"全球化整合"这个不平等的过程中大显神威。

但在马特拉看来，这种技术、文化、权力的衔接仅仅能解释哲学—存在层面的问题，"文化工业"所解释的是一个形而上学实体，即媒介连接了整体上的矛盾和结构，包括媒介自身（马特拉，2001：208）。而在当代"全球化"的语境中，文化的体系变得更加复杂，一个系统性的、形而上的、大他者般的"文化工业"似乎已经彻底隐身，取而代之的是具象化的跨国企业、文化集团、传媒巨鳄，它们真枪实弹地充当着后殖民主义的马前卒。因此，马特拉开始转向大众传播的政治经济学批判，聚焦于"文化工业"的不同部门，如迪士尼对智利文化的渗透、好莱坞电影对法国本土电影行业的倾轧等。用陈卫星的话来说，马特拉将抽象的、单数的文化工业（cultural industry）转变为具体的、复数的文化产业（cultural industries），关注其不同的构成要素、不同的工作组织形式、不同的产品与内容构成特点、不同的制度化形态、不同的消费者与使用者定位（马特拉，2001：211）。这种复数化的转向契合了80年代愈见复杂的全球经济、文化形势，也符合马特拉自身的后结构主义气质——在福柯那里，权力呈现出一种毛细血管式的弥散状态，它用纪律、道德、价值观等微观社会控制手段对个体进行规训，本质上是一套基于个人身体和日常行为实践的政治技术（福柯，2003：250），我们可见的是一个"无中心的"、向整个社会扩散的权力体系，而非某个具体的"国王"、统治者。后结构主义对马特拉影响颇深，他开始思考主体重建（la réhabilitation du sujet）的问题，试图通过一种"去抽象化"的理论建构来恢复个体的政治潜能，扩大公民的表达空间，促成个体与社会的互动，而不是为其贴上均一的、被动的标签，彻底取消其主体性。

有趣的是，时至今日，仍有不少学者对马特拉提出的"文化产业"理论并不买账。一方面，该理论十分容易被望文生义地简化为一种"产业分析"，进而被用作一种"建设性"的理论，用于帮助商业资本更好地"发展"文化、帮助政府更精细地"管理"文化。如此一来，文化产业理论便走向了它的反面，变成了一种马特拉所批判的、"拉扎斯菲尔德式"的"行政研究"。另一方面，从"文化工业"向"文化产业"的转变似乎也意味着理论的"降格"，从一种形而上的整体思辨转变为具体的、"局部的"研究，因此，不少人认为这样的批判无法再直抵资本主义的核心逻辑，而只能触及"皮毛"。如此一来，批判的锋芒就被弱化了，很难再动摇资本主义的根基，而变成了一种局部"修修补补"的微观抵抗。

五、评价与反思

事实上，马特拉的思想转向确实与 20 世纪 70 年代后期欧洲整体"右转"的思潮密切相关，随着美国里根政府、英国撒切尔内阁颁布了一系列支持新自由主义的政策，政治氛围产生剧变，部分左翼学者转向了"后马克思主义"，他们认为工人阶级无法像马克思所期望的那样领导革命，社会中的政治与经济也不绝对挂钩，甚至阶级已经不是划分社会团体的有效工具。这批学者更关注后工业社会、身份政治、微观政治，"反抗"的概念经过他们改造，转向了一种微观权力的争夺。相比之下，马特拉尽管没有倒向这种"新修正主义"，却也对宏大的批判话语的建构失去了兴趣，他更关心具体的人与民族国家，关注主体性与文化的特殊性，尝试着在真实的经验世界中定位传播研究的价值——为公正的世界与多元的文化而战斗。

这正是"异乡人"马特拉身上最独特的异类气质，他从不是一个书斋里的学者，而是一个对抗霸权主义、后殖民主义的实践者和战斗者。将他的理论简单地概括为"文化帝国主义"是不恰当的，他的许多概念、学说都包含着非常复杂的面向。时至今日，马特拉在法国学界的定位依然十分边缘——法国的传播学研究未能彻底摆脱美式结构功能主义的窠臼，但进入 21 世纪后，我们却能从马特拉的观点中发现许多有趣的洞见。譬如他已经谈及"媒介化"的人，尽管只是灵光一闪，但他对媒介在"全球交换网络"中发挥的作用的反思依然能为当下研究"媒介化社会"的学者提供可贵的启发；再如马特拉对"中心－边缘"格局的反思到今天仍然启发着我们对"国际传播""跨文化传播"的研究，影响着我们如何看待世界秩序、国际关系、地缘政治对传播学的影响。

同时，马特拉在新旧大陆之间、发达国家与第三世界国家之间、曾经的殖民地与宗主国之间架起了理论沟通的桥梁，其后的几十年间，拉丁美洲成为传播政治经济学研究的"重镇"，拉丁美洲学者也为数字资本主义贡献了大量理论。正是这些"边缘"理论为数字资本主义理论注入了活力，在一定程度上使其免于沦为发达资本主义国家部分学者的"自说自话"。他甚至将一个尖锐的问题抛给了我们：为什么那些被"文化入侵"的国家认为侵略者的文化产品甘之如饴？这仅仅是一个"无从选择"的问题吗？"选择被殖民"似乎是一种邪恶的话语，但其中蕴含着更具威胁性的深层原因——帝国主义所倾销的文化产品确实是"受欢迎的"，是被其他国家"心悦诚服"地接受的，这是比赤裸裸的殖民入侵影响更加深远的文化霸权，而且一旦建立起来之后便很难消除，而这也是当下左翼传播学者不得不面临的挑战，是我们必须探究的"盲点的盲点"。

（杨馨）

参 考 文 献

〔法〕福柯：《规训与惩罚：监狱的诞生》，刘北成、杨远婴译，北京：生活·读书·新知三联书店，2003。

〔法〕马特拉：《世界传播与文化霸权：思想与战略的历史》，陈卫星译，北京：中央编译出版社，2001。

〔法〕马特拉：《传播的世界化》，朱振明译，北京：中国传媒大学出版社，2007。

周嘉昕：《后工业社会何以可能？——贝尔"社会预测探索"的再探索》，《天津社会科学》，2012（3）。

拓 展 阅 读

〔法〕马特拉：《传播学简史》，孙五三译，北京：中国人民大学出版社，2008。

皮埃尔·布尔迪厄

《关于电视》

布尔迪厄是 20 世纪下半叶法国最重要的社会学家之一，研究兴趣多元的他与传播学的交集主要是《关于电视》（1996）一书。这本以他在巴黎一台的电视讲座为主体内容的小册子，倾注了他对电视媒体权力的深刻批判。书中对电视新闻台前幕后、场域自主性的富有哲思的分析，不仅具有极强的现实关怀，更开启了媒介社会学研究的新闻场域范式。颇为讽刺的是，布尔迪厄意在批判权力实践，为记者群体提供解放自身的武器，却在该书出版之后引发了法国记者的强烈不满。知识分子试图拿起理论武器唤醒沉睡者，却遭到沉睡者的反抗，而这一出现实版的权力实践图景恰好又成为《关于电视》场域批判理论最好的注脚。

一、成书背景

1996 年 3 月，布尔迪厄突破法兰西公学院的限制，决定面向普通观众在电视上进行两次课程讲授。3 月 18 日，两次电视讲座的内容录制完成，5 月由巴黎一台播出，主题分别是"关于电视"和"记者场与电视"。后来两场电视讲座的内容被集结成册，再配上布尔迪厄在这一时期发表的三篇关于新闻的短文，就是《关于电视》这本书的全部内容。

虽然出版过程很简单，但《关于电视》得以出现的时代背景一点也不简单。可以说，布尔迪厄关于电视的批判既是偶然，亦是必然。在布尔迪厄个人的学术系谱中，在《实践理性纲要》《实践的逻辑》《区分：判断力的社会批判》《实践与反思：反思社会学导引》等著作面前，《关于电视》一书似乎无足轻重。在某种程度上，《关于电视》可以被看作身为社会学家的布尔迪厄的一次"不务正业"。但与此同时，技术，尤其是媒介技术在现代社会中愈加显要和突出的影响，使得西方知识分子无法忽略它的存在。第二次世界大战之后是电视媒介的时代，电视深入公众的起居室，在当时产生了无处不在的影响。20 世纪 50 年代以来，并称"多伦多双子星"的英尼斯和麦克卢汉异军突起，凭借对媒介的独特创见，在学术场域获得了颇多关注。关于媒介的议题亦成为第二次世界大战后，尤其是 70 年代以来西方知识分子重要的思考基点。

回顾布尔迪厄的学术旅程，他一直试图超越社会学的两个传统，即社会物理学和社会现象学的二元对立。为此他提出了自己的实践理论，以"场域""资本""惯习"等概念勾连结构与能动的非此即彼，阐述二者相互依存又彼此斗争的动态平衡关系。20 世纪 50 年代，他在巴黎高师上学时接受了哲学训练以及结构主义的传统训练。毕业后，他前往当时是法国殖民地的阿尔及利亚服役，并对当地的农民、文化、习俗等做了深入的人类学考察。20 世纪 80 年代，布尔迪厄完成了一系列"认识移置"："从学院式的社会学到社会学眼光的社会学；从结构到场域；从规范和规则到策略和惯习；从利益和理性到幻象和实践感；从语言和文化到符号权力；从超验的科学理性观念到历史主义的科学理性观念"（布尔迪厄、华康德，2004：8）。布尔迪厄的研究兴趣和研究领域十分广泛，他对教育学、历史学、语言学、政治学、哲学、美学和文学研究均有涉猎，对艺术、法律、科学、宗教、体育、语言等不同领域也有很多专业性的分析。所以，在如此丰富而驳杂的研究图景中，布尔迪厄对新闻场域的关注就显得微不足道。就连他自己都曾表示，新闻究竟能否被称为一个场域是个存疑的问题。

那么，电视是如何进入布尔迪厄的视野的呢？一方面，作为一个社会学家，布尔迪厄对新闻场域"自主性"弱的焦虑与法国电视商业化的背景有关。"1986 年，随着法国最大的电视频道私人化，长期以来被北美人、英国人、澳大利亚人和其他'盎格鲁-撒克逊人'视为理所当然的一些副作用——煽情化、非政治化和琐碎化的新闻——很快出现了。这引起了布尔迪厄满腔热情的公共介入。"(本森、内维尔，2017：2)这一点，布尔迪厄在书中亦明确表示："我确实认为，电视通过各种机制，对艺术、文学、科学、哲学、法律等文化生产的诸领域带来了巨大的危险。"(布尔迪厄，2020：3)所以，在这种情况下，有着知识分子的情怀与敏锐度的布尔迪厄便走出象牙塔，对法国电视业的媚俗倾向发起了猛烈的进攻。

另一方面，布尔迪厄选择利用电视为电视祛魅，这一在今天看来平平无奇的批判策略在当时的知识界实属"反叛"。与大众社会保持距离一直是具有精英立场的西方知识界默认的传统，只有如此才能保持知识分子敏锐、犀利的学术知觉，让学术批判更具分量和震撼力。进入20世纪70年代，东西方对抗加剧，资本主义进一步在全球扩张，媒介技术对社会生活的渗透细密又全面。在这样的时代背景之下，西方知识分子的反思和批判愈加深入，批判的立场成为媒介思考的基点。不少激进的知识分子拒绝与媒介"合谋"，特别是拒绝上电视，他们选择遵循学术传统，站在媒介之外来批判媒介。正是在那时，布尔迪厄选择了上电视做讲座，尽管讲座的主题是批判电视，但仍然引起不小的争议。不过，大胆猜测一下，对于从大学时就和福柯、雅克·德里达（Jacques Derrida）一样保有独立知识分子敏感的布尔迪厄来说，这不过是"以彼之道还施彼身"而已。毕竟，"他在法兰西公学院院士就职演说时采用了同样的策略——运用任职仪式赋予他的权威，来增加他对任职仪式的逻辑和效果所做的分析的权威性，进而探讨'一个学术性的制度机构，它的本质是什么，又是如何运作的'"(布尔迪厄，2020：139)。

二、场域理论与新闻场域

《关于电视》是布尔迪厄运用场域理论对新闻场域的自律与他律进行的批判研究。该书通过对电视行业内部的内容生产、运行机制、记者群体的分析，以及对新闻业与商业、艺术、司法、科学等文化生产场域之间关系的揭露，有力地批判了电视的符号暴力特征和受商业逻辑制约的他律性本质。

要理解《关于电视》，首先必须了解布尔迪厄的场域理论。场域是布尔迪厄创造的一个分析工具，如时间、空间或权力一样，它并非实存，而只是一种分析视角。布尔迪厄在书中将他的场域理论视为一种共识，没有刻意地对场域概念做出解释。这往往导致很多新闻传播学科的学生在接触这本书时出现理解偏差，将场域等同于行业或新闻从业者队伍，将《关于电视》视为对电视行业新闻生产内幕的揭露，从而与布尔迪厄的良苦用心和真知灼见擦肩而过。关于这一点，布尔迪厄说得很清楚："为什么重要的是讨论新闻场而不是新闻记者？因为只要谈论新闻记者，就会在个人的逻辑下进行：我们在寻找可以替罪的人。"（本森、内维尔，2017：44）

场域理论想要解决的问题，需要从一个经典的社会学问题开始，即社会何以可能？社会作为一个看不见的存在，是如何联系成为一个整体，又是如何运转的呢？早期的社会学家倾向于从自然科学中寻找答案，将社会想象为一个类似生物体的有机体，认为社会组织犹如身体器官各自发挥作用，相互协调、合作维持社会大系统的运行。这种结构功能主义的观点主导了社会学半个多世纪的时间。布尔迪厄并不是这样看待社会的，受到恩斯特·卡西尔（Ernst Cassirer）、马克斯·韦伯和库尔特·勒温等人的启发，他认为，社会不是作为整体而存在的，没有整体的社会逻辑。相反，社会是高度分化且充满冲突和斗争的。"在高度分化的社会里，社会世界是由大量具有相对自主性的社会小世界构成的，这些社会小世界就是具有自身逻辑和必然性的客观关系的空间"（布尔迪厄、华康德，2004：123），这些相对自主的社会小世界（"游戏"领域）就是场域。

相对结构功能主义的机械和僵硬，布尔迪厄从关系视角定义了"场域"，即"各种位置之间存在的客观关系的一个网络（network），或一个构型（configuration）"（布尔迪厄、华康德，2004：122）。每个场域都遵循自身独特的逻辑运作，这种独特的逻辑构成了场域的自主性，且"不可化约成支配其他场域运作的那些逻辑和必然性"（布尔迪厄、华康德，2004：134）。艺术场域的逻辑是为艺术而艺术，拒绝或否定物质利益；经济场域的逻辑是强调利益和交换；学术场域的逻辑则是纯粹的知识斗争；权力场域是笼罩在经济场域、艺术场域、司法场域、科学场域等之上的一个元场域。场域内存在各种客观的位置，行动者占据各自的位置，从而掌握相应的"资本"（capital）种类和数量。为了在场域中争夺主导权，行动者之间利用资本进行权力斗争。换言之，资本就是权力，权力就是资本，资本与场域共存，没有场域就没有资本，没有资本也没有场域。

可问题又来了，新闻何以成为一个场域？布尔迪厄用"自主性"概念来界定一个场域自身具有的独特逻辑。"自主性"即"自律"，自主性强的场域意味着"除了与自己竞争的同行，生产者就没有别的顾客，竞争对手们完全可以取代他们，发现他们所介绍的成果"（布尔迪厄，2020：85）。像政治场域、经济场域甚至是艺术场域，这些都是非常强大的场域。从"自主性"概念出发，布尔迪厄一针见血，指出新闻场域是一个自主性极弱的场域，因为它被认为是高度他律性的。在布尔迪厄看来，自19世纪开始，新闻场域逐渐在两种逻辑、两种合法性原则的对立中被构成。一方面，新闻场域与文学场域或艺术场域一样，有着自己独特的逻辑，以同行对"客观性"等价值标准和原则的认可为基础。另一方面，新闻场域又和政治场域、经济场域相似，更容易受制于市场的裁决，"始终经受着市场的考验，而这是通过顾客直接的认可或收视率间接的认可来进行的"（布尔迪厄，2020：102）。但布尔迪厄又认为，新闻还是一个独立的场域。他指出："新闻场的自主性程度很低，但尽管弱，这种自主性也意味着不能简单地依靠周围世界的知识去理解新闻场发生的事情：要理解新闻场发生的事情，只知道谁为出版提供了资金、谁是广告商、谁为广告买单、津贴从何而来等信息是不够的。除非对这个小世界做这样的概念化工作，努力去理解在这个小世界里的人们相互间施加的影响，否则是不能理解新闻界产生的部分现象的。"（本森、内维尔，2017：35）在布尔迪厄看来，在经济场域的支配下，当代新闻场域越来越失去自主性、不断地他律化。也正因为如此，他决定在"关于电视"系列讲座中"炮轰"新闻场域的商业化问题。

三、新闻场域中不断加剧的他律化

从文本结构来说，《关于电视》分为"台前幕后"和"无形的结构及其影响"两个部分。前者类似一个经验观察的显性分析，后者则开始用场域理论探究电视新闻业背后隐性的结构制约和资本斗争。这既是一个由浅入深的观察，也是一个有理有据、逻辑清晰严密的思考。

在布尔迪厄看来，电视中充满看不见的审查，包括政治审查和经济审查等。它的交流主题是预定的，交流环境是强加的，表达时长是被限制的，记者本身形成了自我审查的惯习。电视已经被收视率牢牢牵制，"正是这些东西事实遮藏了匿名的、不可见的机制，而各种各样的审查就是借助这些机制得以贯彻，使得电视成为维护象征秩序的强大的工具"（布尔迪厄，2020：16）。这些机制使得电视节目中存在遮蔽与凸显，"电视的职责是提供信息，然而，它通过展示某些东西而达到隐藏的目的，这种展示与其职责不符；或者电视展示了应该被展示的东西，但是它使用的方式让那样东西并没有得到真正的展示；或者，它把某样东西变得微不足道；又或者，它通过建构某样东西，使其具有与现实毫不相符的意义"（布尔迪厄，2020：20）。这让新闻业逐渐趋于煽情化和同质化。与此同时，收视率给电视台施加了一种紧急性压力，新闻媒体之间时刻为了独家内容、报道时间进行激烈的竞争。紧急性压力也造就了电视快思手（fast-thinkers），这些嘴巴快过脑袋的电视常客为了能够满足电视对速度的追求，只得以"固有的思想"来思考。在这个过程中，布尔迪厄认为，交流看似完成了，但实际上并不存在。另外，在电视讨论中，这些电视掮客结成同谋关系，做出针锋相对的姿态，与主持人共同完成这场设计好的表演。

布尔迪厄认为，这些在电视领域看来独立自主的社会活动分子"实际上只是必然性和结构所操纵的木偶而已"（布尔迪厄，2020：50），而他的目的则是揭示电视的台前幕后，让这种必然性大白于天下。于是，布尔迪厄开始了他对新闻场域理论的剖析。他想指出，新闻场之所以受到那么多的"他律"的制约，就是因为电视的内部审查以及收视率逻辑带来的煽情化与同质化，这证明新闻界是一个被经济场域通过收视率加以控制的场域。

　　一方面，新闻场域受到经济场域的他律；另一方面，这个"异质的、牢牢受制于商业的场，同时通过其结构，对所有其他场施加控制"（布尔迪厄，2020：74）。新闻场域将他律的生产者引入独立自治的领域，从而对其他场域的自主性进行削弱。新闻场域对其他场域的"他律"体现为控制与合作两种方式。在司法场域内，新闻场通过新闻报道，假借公众舆论代言人的身份，表达自己的观点，以自己的价值标准改变司法场内的力量关系，极大地影响了法官的工作，削弱了司法场的自主性。除此之外，新闻场域还侵入大学场域、史学场域等其他文化生产场域，扰乱了场域内部的价值标准。一个优秀的文学家、史学家、数学家的评判标准，不再是同行的评价，而是由新闻场域带来的大批外行人的喜好。在这种情况下，一些外行人嗅到可乘之机，以大众追捧作为自己的社会资本，从而挤进文化生产场域。还有一些原本在各自场域内得不到同行认可的专家、学者，转而积极寻求电视的承认，经常出现在电视上担任评论员，与电视结成同谋关系，并以上电视带来的名气返回本场域，占据更优质的资本和位置。长此以往，电视降低了进入某些场域的标准，又因它能够触及广泛的民众而倒逼专业场域改写规则，对专业场域的自主性进行他律。即使在最具自主性的科学场域，布尔迪厄也观察到新闻场域带来的改变："从得到逐渐变得独立的名声来获得津贴和合同的渴望中，科学家也不得不进入只有媒体才能给予的名声的竞争。"（本森、内维尔，2017：44）

　　在分析完新闻场域两个方面的力量之后，布尔迪厄完成了他对经济场域的批判和对文化生产场域的捍卫。整个控制逻辑链条如下："通过收视率这一压力，经济向电视施加影响，然后又通过电视对新闻场的影响，向其他报纸（包括最'纯粹的'报纸）和渐渐地被电视问题所控制的记者施加影响。同样，借助整个新闻场的作用，经济又以自己的影响控制着所有的文化生产场。"（布尔迪厄，2020：77—78）最后，布尔迪厄表达了自己的建议，包括对学者和公民两方面的希冀：文化生产场域的专家学者们应维护好自己的象牙塔，提高入场标准，增强出场责任，同时改善出场条件与措施。"必须捍卫任何先锋研究所必须具备的（就其定义而言）奥秘性，同时维护公开推广圈内成果的必要性以及为争取得到良好的推广条件和手段进行斗争的必要性。"（布尔迪厄，2020：91）此外，象牙塔中的生产者也应该联合起来，为受众得到教育、提高接受水平而斗争。而受众自己也要能够并且应该以民主的名义与收视率作斗争。

四、评价与反思

《关于电视》的出版给法国社会带来了不小的震动，批评和抗议之声不绝于耳。除了招致法国电视从业者的强烈不满之外，学者们对该书在学理上的质疑主要包括以下几点：

第一，批评者认为，布尔迪厄过于强调经济场域对新闻场域的他律，有意悬置了政治权力对新闻界的干预。政治权力自身的影响力不容小觑，同时，在经济场域的他律中少不了政治权力的合谋。可以说，对《关于电视》的这一点质疑是切中要害的。布尔迪厄的批判有其特定的时代背景，是对20世纪90年代法国社会深受美国新自由主义意识形态殖民，从而导致的新闻场域商业化的回应。布尔迪厄甚至认为被市场化的法国电视媒体不仅是新自由主义政策的受害者，也是以美国为主导的新自由主义模式在法国社会最终得以实现的有力"同谋"（陈佑荣，2017）。尽管削弱新闻自主性的主要力量来自新自由主义的经济权力，但是，这并不意味着政治权力的弱化和退场，也不意味着媒体对于政治权力的干预有天然的抵抗力。事实是，媒体在政治场域等权力场的普遍笼罩下成为维护现有秩序的重要意识形态。新闻媒体的双重依附问题在《关于电视》中被削减为经济对其的单方面控制。所以，布尔迪厄这种强调经济他律的批判路径不免落入"经济决定论"的窠臼，从而沦为一个简化论者。而这些恰恰是布尔迪厄本人极力反对的。

第二，布尔迪厄曲解了新闻场域的合法性以及它与民主、商业之间的辩证关系。布尔迪厄对于新闻场域受经济场域他律从而又控制其他场域持坚决的批判态度。但是，从新闻史的发展来看，媒介对于民主社会的推动与促进作用同样不可否认，而这种促进作用的背后恰恰是商业资本的力量。布尔迪厄希望新闻场域回归知识和客观的逻辑，这种逻辑的典型便是新闻专业主义，而以《纽约时报》为代表的新闻专业主义典范本身就得益于报业商业化的大环境。新闻专业主义教育的起步与普利策这个资本家密切相关，所以，如布尔迪厄般将经济权力视为"无恶不作"的力量，恰恰是精英立场的知识分子常有的偏见。

第三，布尔迪厄本人的精英主义立场以及他提出的主张同样受到批评者的质疑，被认为有着和法兰克福学派相似的做派。布尔迪厄的精英主义立场在书中随处可见，他批评电视的媚俗、大众审美水平的低下、基本常识的缺失。也正是基于这一立场，他主张所有的文化生产者应该守住自己的象牙塔，新闻场也应该争取自主性。但是，怎样才能获得自主性，布尔迪厄并没有具体阐释。该书结尾只有他的一些零星的主张，而这些主张仍然显得自相矛盾和过于乐观。比如，他希望新闻场域回归自主性，但这种自主性本身就离不开商业化的支持。再者，他寄希望于文化生产者既守住内部又联合外部勇于斗争，但是，文化生产者自身的团结与自律又谈何容易，不然又何来布尔迪厄的学术体制批判呢？最后，他期望民众提高自己的审美水平，认为民众应该团结起来以正义之名与收视率作斗争，但是他忽视了新闻的商业化、庸俗化过程本就掺杂了民众的共谋。

《关于电视》只是布尔迪厄对于媒介批判的一本小书，书中对收视率统治下的新闻场域进行了鞭辟入里的分析，对媒介、社会、经济的关系做了别具一格的审视。它是新闻场域理论的主要来源，后经美国学者罗德尼·本森（Rodney Benson）等人的引介与阐释，成为新闻生产社会学的主导性范式之一。但是，必须明确的是，布尔迪厄对新闻场域的批判其实是"醉翁之意不在酒"。上文已经介绍了布尔迪厄的学术经历，他终其一生致力于实践社会学，带有西方知识分子的批判意识和公共精神。如果不是电视主导的新闻场域对艺术、法律、司法、科学等文化生产场域产生了巨大的负面影响，他可能并不太关心新闻场域内部的运行机制。整本书通俗易懂，加之其是在讲座文本的基础上整理而成的，表达更加深入浅出。但是，它不符合我们想象中的学术作品规范，写得也不够严谨，如刘海龙所说："这本在布氏的著作中争议很大，写得也算不上用心。"（刘海龙，2020）但其最具价值的地方在于为我们提供了思考媒体的角度和深度。

其一，《关于电视》带来了新闻生产社会学的范式变革。《关于电视》是媒介权力批判思想的重要来源之一。纵向上，布尔迪厄的电视批判与阿多诺的文化工业批判、哈贝马斯的公共领域批判异曲同工，共同勾连出一个媒介批判系谱。横向上，它和传播学的其他流派，包括法兰克福学派、文化研究学派、传播政治经济学共同组成了传播学研究的批判路径。这些流派得以让我们从行为主义的本质思维中跳脱出来，开启对媒介与权力、媒介与社会等议题更深入的思考。但《关于电视》又有自身独有的特点。它不像文化工业那般过于宏观而与实际经验失去联系，又不像文化研究那样专注于微观的情境互动而难以抽象化、理论化。新闻场域理论兼顾了学理性和经验性，所以，它为长久以来受困于理论与经验断裂的新闻生产社会学提供了一条新路径，带来了该研究领域的范式变革。

其二，《关于电视》启发了关于媒介化社会理论的更多思考。《关于电视》及新闻场域理论为当下媒介化社会理论的媒介影响力提供了诸多起源性思考。如果熟悉当下社交媒体实践，就能感受到由媒介技术带来的社会文化诸领域的媒介化进程。而媒介技术的这种渗透力早在《关于电视》中已经显露痕迹。比如，布尔迪厄强调电视背后隐藏的"民意"改写了其他专业领域的评价标准，其他领域的生产者借电视的承认来加强自己在本专业的话语权。这些其实正是电视这种媒介技术对社会诸领域的巨大侵袭以及由此而带来的边界模糊问题。只不过，这些媒介化思考不是布尔迪厄的论述重点，故只能在字里行间若隐若现地发出火光。此外，我们还可以从布尔迪厄出发去追问，电视的影响力仅仅是由电视内容带来的吗？除了内容之外，技术的形式本身难道不是电视得以连接受众，并渗透进其他场域的先决条件吗？布尔迪厄的"自律"与"他律""场域""资本"等概念不正是对当下新媒体实践最恰当的表述吗？媒介化社会也似乎可以这样来定义："由媒介他律的高度分化的社会空间，在这一空间中，社会各场域与媒介场域处于相互他律的建构过程中。测量媒介化程度的标准可以定义为子场域受媒介他律程度的高低或子场域自律性受媒介削弱程度的高低。"（胡翼青、郭静，2019）因此，这就出现了真正意义上的由现代技术体系构成的媒介场域，媒介场域显然不是新闻场域。基础设施媒介登上历史舞台以后，媒介场域已经成为这个世界最重要的行动者和他律性力量，已经成为扰动经济场域、政治场域和文化场域最重要的他律性力量。这与布尔迪厄眼中的新闻场域颇为不同，很有进一步研究的价值。

刘海龙认为，对于国内新闻传播学学者而言，布尔迪厄的媒介场域理论仍未被彻底融入知识库，存在一些隔阂。他将原因归为《关于电视》在中国问世的时机。早在2000年该书就被翻译引进，而那时，国内新闻传播学界对布尔迪厄还不熟悉。"《关于电视》及其中的新闻场理论早在布尔迪厄理论系统地引进中文世界之前就已经进入中国，对于新闻传播领域的研究者来说，无论是对布尔迪厄还是场域理论均比较陌生，同时对接受布尔迪厄理论比较积极的社会学、教育学、文学及文化研究领域的研究者来说，电视和新闻的问题与布氏其他享有盛名的大部头研究相比，是他理论中较不重要的一个话题。"（刘海龙，2020）这个观点我们是认同的。布尔迪厄的新闻传播思想确实不同于普通的新闻社会学或英美新闻生产研究，他的思想更为深邃，也更容易对接当下的媒介理论研究。

（郭静　南航、胡翼青）

参 考 文 献

陈佑荣：《媒介自主的尺度：新自由主义、民主与电视殖民——解读布尔迪厄的〈关于电视〉》，《新闻与传播研究》，2017，24（6）。

胡翼青、郭静：《自律与他律：理解媒介化社会的第三条路径》，《湖南师范大学社会科学学报》，2019（6）。

刘海龙：《媒介场理论的再发明：再思〈关于电视〉》，《当代传播》，2020（4）。

〔美〕罗德尼·本森、〔法〕艾瑞克·内维尔主编：《布尔迪厄与新闻场域》，张斌译，杭州：浙江大学出版社，2017。

〔法〕皮埃尔·布尔迪厄：《关于电视》，许钧译，北京：北京大学出版社，2020。

〔法〕皮埃尔·布尔迪厄、〔美〕华康德：《实践与反思：反思社会学导引》，李猛、李康译，北京：中央编译出版社，2004。

拓 展 阅 读

〔法〕皮埃尔·布尔迪厄：《区分：判断力的社会批判》，刘晖译，北京：商务印书馆，2015。

文森特·莫斯可

《传播政治经济学》

　　《传播政治经济学》是加拿大传播政治经济学家文森特·莫斯可（Vincent Mosco）梳理、整合和建构传播政治经济学思想及学科体系的代表作。该书中，莫斯可综合介绍了政治经济学的理论发展历史、主要思想流派和关键理论意涵，按地域顺序概览了传播政治经济学的研究现状，并描述了当代传播政治经济学研究的主要趋势。在对既有研究进行知识整理和学科概述的基础上，莫斯可解析了传播政治经济学的三个出发点：商品化、空间化和结构化。同时，莫斯可在书中还回应了其他学科对传播政治经济学的挑战。该书是传播政治经济学研究的经典著作，是目前全球传播学界公认的批判传播理论的标志性作品。

一、成书背景

　　文森特·莫斯可是加拿大女王大学荣休教授，国际著名传播政治经济学学者，哈佛大学社会学博士。他曾师从美国著名批判社会学家丹尼尔·贝尔，曾任加拿大女王大学社会学系传播与社会研究员。他编写了26本专著，撰写了200多篇传播、技术和社会领域的文章，包括《传播政治经济学》《数字化崇拜：迷思、权力与赛博空间》《云端：动荡世界中的大数据》和《数字世界的智慧城市》等。其代表作《传播政治经济学》，自出版以来已成为传播政治经济学领域的经典著作之一。2024

年 2 月 9 日凌晨，莫斯可因心脏病突发不幸在美国逝世，享年 75 岁。

但凡说起传播政治经济学，莫斯可总是无法绕开的一个标杆。这位学者之所以成为如此关键的人物，并不主要是因为他提出了多么富有创见的理论，为其所在领域的原创性研究成果注入了新鲜血液，也并非因为他像麦克切斯尼等活跃在现实改造中的"有机知识分子"那样，为"传播革命"做出了什么巨大贡献。在众多文献资料当中，最常见到的对莫斯可成就的描述基本都类似于"首次对传播政治经济学进行系统总结"（陈世华，2017：8）。从斯迈思在 20 世纪 40 年代末开设第一门传播政治经济学课程以来，传播政治经济学的种子在半个多世纪的时间里于世界各地生根发芽，面对众多从各自的生活背景和关切的问题出发来进行研究的学者，莫斯可所做的最大贡献，便是从浩如烟海的研究资料中进行历史脉络的回溯与研究成果的梳理，在时间和空间的维度上系统化地呈现了传播政治经济学作为一门学科的研究传统、研究现状、重要议题和切入视角。

莫斯可这样的学科历史书写者从来都不少见。得益于他们的书写成果，我们能够快速获知某一知识领域的大致面貌，对相关学者的主要思想有所了解。在这种意义上说，莫斯可的《传播政治经济学》可以作为进入该领域的启蒙读物，而这本书的一个特别之处在于，莫斯可想要做的不仅是整合，他还将学科建构的个人理想倾注其中。我们不仅能在书中前半部分了解到传播政治经济学的学术脉络和知识地图，还能在后半部分一窥莫斯可搭建的商品化、空间化和结构化的全新研究框架。这样一本"有理想的教科书"，在传播政治经济学艰难前进的道路中成为一块重要的基石。如果说，分散在世界各地的传播政治经济学及有近似取向的研究是第一重空间，在这一基础性的空间中，存在的是真实的学者和他们的思想，那么，莫斯可便是按照他的构想在新的起点编织出了传播政治经济学的第二重空间，这是建基于第一重空间的一幅学科蓝图。

二、传播政治经济学的历史叙事

传播政治经济学是政治经济学与传播研究交叉融合的产物，在论述传播的定义及意义之前，莫斯可首先廓清了政治经济学的传统，以明确传播研究汲取政治经济学的知识的必要性。

政治经济学的传统始自18世纪的一批道德哲学家，如亚当·斯密、大卫·李嘉图（David Ricardo）等，他们所奠基的古典政治经济学成为往后各流派追随或批判的对象。通过对看待政治经济学的不同视角的综合，莫斯可认为政治经济学的研究对象可定义为"各种社会关系，特别是权力关系，正如它们共同构建了资源的生产、分配与消费"（莫斯可，2013：30）。该定义将传播的产品如报纸、书籍、电影等都纳入了考察范围。不过，该定义对生产者、分配者和消费者轻而易举地划分，使其在解释媒介产业运作等现象时略显不足。在更加宏观的层面上而言，莫斯可指出政治经济学还可被定义为"对社会生活中的控制与存在进行的研究"（莫斯可，2013：31）。控制与存在分别涉及政治与经济两个过程，这就使政治经济学的外延扩大到包含至少所有的人类活动和有机过程。不过，该定义依然忽视了除了当代资本主义以外人类制度中的传播实践。而除了用下定义的方法来解释政治经济学，莫斯可更希望观照到历史和整体，通过对一系列核心特征的描述来呈现政治经济学的研究对象和研究特征。

因此，在吸收戈尔丁和格雷厄姆·默多克（Graham Murdock）成果的基础上，莫斯可对作为政治经济学基石的四个理念进行了概述：社会变革和历史（social change and history）、社会整体（social totality）、道德哲学（moral philosophy）和实践（praxis）。这些亦是政治经济学家们在一般意义上共同关注的问题。对社会变革和历史转变的研究意味着对现实世界所经历的转型与变革的关切，对社会整体的分析能够跨越学科界限从而以辩证的思维理解社会各部分之间的关系。道德哲学内容向来在公共性的议题上发挥着重要作用，实践则是将理论和行动相结合以实现学术引导政治发展的动力。政治经济学的这些核心特征在莫斯可勾勒传播政治经济学世界学术版图的时候再次出现。在莫斯可看来，传播政治经济学之所以拥有建立共同体的可能，其原因之一就是这一领域的学者们继承了这些核心特征。此外，莫斯可也借助这些特征提出了他的兼容并蓄的、非本质主义的、整体性的认识论。

纵观莫斯可梳理的政治经济学发展历史，不妨用"正统"和"异端"来概括这样两条研究进路：一条是继承古典政治经济学并在 19 世纪后逐渐占据主流的正统新古典主义经济学，另一条是主要从马克思主义发展而来并对新古典经济学展开批判的各类异端学派。对前者来说，古典政治经济学为正统新古典经济学将个人理性置于基本出发点奠定了基础，后来的新古典经济学便在市场以个人私利驱动、社会可还原至个体的假设下，一步步推崇数学化、线性化的实证研究方法，在政治谱系中占据着中间和中间偏右的位置。对后者来说，从一开始对启蒙理性进行批判的空想社会主义和马克思主义，到新古典经济学成为主流后作为反面声音存在的诸多各有特色的学派，都始终不认同正统古典理论，并大多站在左翼的立场。莫斯可在书中详细梳理了这些特点鲜明的学派，包括新保守主义、制度学派、马克思主义政治经济学、女权主义政治经济学及环境政治经济学等，这些学派为后来传播政治经济学的学术立场定下了大的方向。作为松散的理论集成体，它们虽是从各自的学术立场出发将正统经济学所存在的诸多问题一一解剖，但都一致同意经济学的本质弱点是在根本上对社会性理解不足，应当以社会建构的、投入社会生产过程的个人而非经济学那种横跨时空的、自然化的个人为研究起点（莫斯可，2013：83）。在它们看来，新古典经济学在立论基础上就是和批判的政治经济学相背离的，它企求通过对静态社会模型的测量来达到一种平衡状态，忽略诸多复杂的结构性力量而夸大个体的工具理性，在所谓科学客观的实证研究方法中遗忘了社会关系和人的情感的复杂性和不可测量性。传统经济学的成功也只是因为它通过提供信息、建议和政策，为权力服务（莫斯可，2013：84），而成了统治阶级知识生产的工具和权力控制的手段。这些根本缺陷对于站在反异化立场上的政治经济学学者来说当然是无法接受的。

不过，不管这两条进路有怎样的分歧，它们有着社会背景上的共同起点是无法忽略的事实，那就是 18 世纪以来，以农业劳动为主要基础的社会转向商业、制造业，乃至最后成为工业社会的过程。特定的时代背景造就相对应的知识型，资本主义的出现与发展是政治经济学研究得以被推进的动力。所以，当时间走到 20 世纪后半叶，资本主义体系下的世界格局大动荡令政治经济学的更新成为同时代学者关注并思考的问题。在莫斯可能触及的时代，北美乃至整个世界的政治经济转型都是前所未见的。报业、电信业等媒介产业由家族企业向现代化企业转型，与之伴随的是媒介帝国主义在全球的蔓延和扩展。在国内和国际双重产业变革的压力下，发达国家在经济中扮演的角色呈现不断扩张之势，政治力量和资本力量的合谋进一步推动了西方国家霸权的形成。在全新的政治经济运转模式下，大众消费成为主流，后福特主义、新自由主义等一系列新趋势是学术界面对的重要议题，传播研究也在 20 世纪闯入了社会科学的视野。至此，本就较为机械化的主流经济理论更加不适配时代对知识的要求，而在深度和广度上都有更大优势的批判的政治经济学则具备足够大的发展空间，传播实践登上政治经济学研究的舞台也就水到渠成。

传播研究和政治经济学的结合并非简单的一加一等于二，而是在有机融合中改头换面成为新的整体。莫斯可指出，传播政治经济学学者为避免在政治经济学中讨论传播时将社会现实简化为单一的传播本质，已采取传播媒介去中心化的方式将传播置于更广阔的社会政治经济文化背景下。这就是"把传播体系看作社会基本经济、政治和文化过程的一部分"（莫斯可，2013：87）。而莫斯可本人也继承了这种传播观念，重视社会过程和社会关系，认为"传播是一种社会交换过程，交换的是一种社会关系的标记或者体现"，"传播与社会是互相建构的"（莫斯可，2013：88）。从这里已经可以看出，莫斯可的传播政治经济学和实证传统——后者的视角往往是具有决定论和简化论色彩的——划清了界限。事实上，划清界限的过程不仅限于此，传播政治经济学是在不断和主流经济学、行为主义、文化研究等的论争中确立自身地位的，前后四代学者常常在回击学术挑战中定义自己，其中尤以文化研究和传播政治经济学的关系密不可分。根据莫斯可的分析，传播政治经济学一、二代学者往往倾向于和文化研究结盟以共同对抗实证的研究倾向，到第三、四代学者却在指责文化研究过于关注具体的文本，两派在争论的过程中逐渐分道扬镳。对莫斯可本人来说，他显然更希望将文化研究作为既对抗又能吸纳其长处的参照对象，在该书的结尾他也将文化研究视为他山之石做了对比分析。

莫斯可认为，传播政治经济学学者在学术论争中为自己争取一席之地，仿佛就代表他们已经共享了同一种学术立场，为同一个研究取向辩护。但实际上，面对全世界不同地区的学者在研究入射角和关切范围的差异时，莫斯可也不得不言明，一些研究者并未明确指出自己带有政治经济学研究取向，并且传播政治经济学代代相传的学术影响并没有完全囿于地区的界限。不过，相较而言，根据学术研究的地域性差别来归纳学科研究现状，并非完全不可行的选择。以地域差别为基准，莫斯可划分出北美、欧洲以及第三世界这三个大的区域研究取向。

斯迈思和席勒是莫斯可笔下北美传播政治经济学研究的鼻祖，他们都曾在大学期间主修经济学，都为政府机构效过力，也都于伊利诺伊大学这个传播学的发源地教授传播政治经济学课程。事实上，不仅是这二人，北美的传播政治经济学学者常常有着师生、同事、同门、父子等不同形式的传承关系。北美实用主义的学术传统与国家政治、军事、商业等力量相勾连的大环境使得这一地域的传播政治经济研究者更倾向于关注产业垄断和国家角色的问题，面对资本化、商业化气息强烈的社会环境，他们的学术研究显得更加激进。北美的传播政治经济学多关注广告业、报业、电影产业、广播电视业、电信业等领域，像是席勒对美国军事工业联合体控制下的媒介系统的研究、乔姆斯基对印刷业产权问题的研究等都体现出北美学者普遍关注的问题。

而在大西洋另一边的欧陆，传播政治经济学的成长时间晚于北美，且不同国家、不同学校的学者的研究取向差别也更加明显，甚至很多学者根本不承认自己的研究取向就是传播政治经济学。例如，英国莱斯特大学大众传播研究中心的领军人物詹姆斯·哈洛伦（James Halloren），虽承认政治和经济研究的重要性，但也强调自己"主要的学术和研究项目的兴趣聚焦于发展一种批判的社会学路径"（莫斯可：2013：115）。研究中心的默多克、戈尔丁等人也钟情批判的社会研究，而不是给予政治经济学特别的关注。比起将政治经济研究的帽子戴在这些英国学者头上，不如说他们和社会文化研究更加靠近。北美和欧洲学者的研究状况大相径庭，不仅与他们各自的学术传统有着密切的关系，还和该地区的制度环境息息相关。欧洲的电信系统在很长一段时间内处于相对稳定的发展阶段，国家对电信业的垄断使得欧洲学者很难在同一时期切身体会到北美所经历的私有化、市场化。

除了北美和欧洲之外，第三世界国家的研究一般从反对发展论、科技决定论等角度出发，在现代化理论和发展主义的阵地上与发达国家展开博弈，从被迫接受现代化计划的拉美到传播信息科技突飞猛进的东亚，都为传播政治经济学丰富的研究话题增添了自己独特的一笔。

总的来说，在莫斯可看来，虽然传播政治经济学的派别形形色色，学者的研究方向也各有差异，但是他们共享一种学术态度。而在该书第一版问世之后，传播政治经济学研究的成果已层出不穷，莫斯可简要勾勒了当代传播政治经济学的五个主要趋势："传播政治经济学的全球化；对历史研究的持久重视和扩展；另类立场的增长——尤其是女性主义和劳动；从对旧媒介的重视转向新媒介；与政治经济学传统相关联的行动主义的增长。"（莫斯可，2013：134）这些都让莫斯可看到了集结一个学科共同体的希望。

三、传播政治经济学的结构

对于想要为传播政治经济学建立一个全新的学科框架的莫斯可而言，反思并明确学科的基本前提假设非常必要。在将传播政治经济学的思想渊源与流变置于社会变迁的整体过程中进行考察后，莫斯可从他界定的本体论和认识论出发，以商品化、空间化和结构化为切入点，建构传播政治经济学的研究框架。莫斯可再次强调传播政治经济学应当采取现实主义、兼容并蓄以及批判的认识论，应当将理论和经验放在同等重要的位置上研究各变量相互建构、多重决定的关系，并以开放和非简化的姿态广泛吸纳不同的学术资源，在方法上以整体的视角关注社会转型与历史变迁，远离主流经济学那种还原的、本质论的、线性的思维模式。

商品化是莫斯可提出的反思传播政治经济学的起点。在使用价值转换为交换价值的过程中，传播和商品化是互构的。一方面，"传播的各种过程和技术促进了整体经济的普遍商品化过程"（莫斯可，2013：167），另一方面，"影响社会整体的商品化过程渗透了传播的各种过程和机构，以至于社会商品化过程的各种进步和矛盾影响了作为一种社会实践的传播"（莫斯可，2013：167）。莫斯可认为，内容、受众和劳动是商品化的三个重要类型。内容商品化在媒介内容研究中已是基本共识，媒介产业生产的讯息被转化为可以在市场上买卖的商品，被批量复制的符号是人们主要的消费对象。受众的商品化得益于斯迈思的经典论文，即《传播：西方马克思主义的盲点》。在这篇论文中，斯迈思从另一种角度颠覆了旧有的对商品形式的界定，认为受众是大众媒介生产的主要商品，媒介公司生产受众再将受众移交给广告商从而获取利益，媒介节目就像酒吧里的免费午餐一样是吸引和留住受众的诱饵。斯迈思的受众商品论将媒介、广告、受众联系在了一起，拓展了商品化研究的空间，将马克思主义研究中的媒介因素提升至新的维度。劳动商品化提醒我们，传播研究过去对受众、文本的过度关注忽略了劳动在政治经济分析中的重要性。在二十多年后的今天，随着网络技术的全面普及，数字劳动、情感劳动等议题愈加重要。除了内容、受众和劳动力外，内在和外在的商品化则涉及各类监控、调查层面上的操控以及商业化对私人生活和公共领域的影响。莫斯可对空间化的阐释亦体现了他的互构观点，即传播过程和传播技术与空间化互为重要的影响因素。莫斯可对空间化的讨论主要围绕媒介产业、国家角色和世界格局展开，媒介产业横向和纵向的整合带来的垄断以及跨国经营实现的全球化发展是空间化的重要表现。在这一过程中，国家作为构成性的角色显现出商业化、自由化、私有化和国际化的特点。空间化使得资本的空间聚集目的得以实现，而民族主义、地方主义等力量则是能够反抗这一趋势的力量，它们为了控制空间而同资本展开斗争。到结构化的层面，莫斯可展现出借助吉登斯的结构化理论来弥合传播政治经济学分析中宏观结构和微观行动的努力。结构化重在考察个人与社会的相互建构关系，将权力作为核心入射角来考察阶级、种族、性别及社会运动等多元现象。

四、评价与反思

作为"有理想的教科书"的执笔人，莫斯可一边遵循教材写作的传统，对从古典政治经济学到传播政治经济学的理论演变进行了细致的考察，汇聚了各派学者的思想并浅描他们之间的合作或博弈关系，并精心勾勒了传播政治经济学研究现状的世界地图；一边却也不满足于简单的学科史梳理，以反思为名在他提出的本体论和认识论基础上搭建起商品化、空间化和结构化的研究框架，并与邻近学科进行对照。简单来说，莫斯可的意图就是在梳理既有成就的基础上归纳并提出自己的一套研究路径，将其锚定为传播政治经济学的新起点，同时确立作为一门学科的传播政治经济学的合法性。这样的做法在学科建制的层面上是可以被理解的，但是其中的缺陷也随着莫斯可学科大厦的建起而暴露出来。

从学科思想史书写的角度来说，莫斯可在意识到不同学者流派的研究取向存在巨大差异的情况下，依旧大笔一挥按三个地域划分出了传播政治经济学学科版图，强行将不同地域、不同偏向的社会批判研究聚合在一起，这对于反思真实的传播政治经济学研究全貌并不十分有利。从学科化建构的角度来说，莫斯可的商品化、空间化、结构化的框架看似无所不包，细细品来却只是大而无当。这三条切入路径似乎已经能囊括政治经济学的研究内容，但全部都能容纳，就意味着什么都没有容纳。面对这样三个前路未卜的大方向，我们依然看不到传播政治经济学的清晰出路。最后，从传播学发展的角度，作为传播学批判学派重要分支的传播政治经济学在莫斯可如此这般的论述之下，并没能在实质上为传播学的理论创新带来什么新的生命力。即使是在多次强调的去中心化媒介视角下，媒介依然只是作为实体的媒介产业而存在，媒介本身的想象力并未被激发。这些媒介产业和政治经济文化等社会力量相互制约，并一同被收编进权力的大伞，一切现象都可以用权力、控制、垄断、霸权等词语描述。莫斯可一遍遍重复声明的"互相建构关系""多重决定关系"仍停留在一种肤浅、简化的相互影响层面上，仿佛商品化、空间化、结构化都可以被轻松地套进"传播过程和技术与商品化、空间化、结构化互构"的框架，而放眼整个传播政治经济学便是"媒介产业处于权力运作框架之中，与政治经济文化等相互制约"。这显然是放之四海而皆准的大道理，至于种种现象间错综复杂的关系，莫斯可还是没能讲得更加清楚。所以，莫斯可试图说明的传播研究与政治经济研究的合流，还是未能界定清楚传播的角色和本体，传播政治经济学中的传播不如说只是一个徒有虚名的装饰，传播就其本身而言是缺位的。

当然，作为进入一个知识领域的引导性教材，莫斯可的贡献是不容轻易抹去的。从实现学科建制以争取更多外部资源的意义上来说，莫斯可的初衷本身也无可厚非。只是，需要警惕的是，对于一群站在左翼和人本主义立场上反对资本力量霸权的传播政治经济学学者而言，学科化的建制同时带来的就是被体制所规训，其激进的批判立场是否能在学术同一化的游戏规则下如原初般完整保留便要被打上问号。更要当心的是，如果学科书写本身都无法将传播的认识论和本体论问题解释清楚，无法找准那个推动学科理论创新的核心抓手，那么莫斯可的传播政治经济学蓝图就如水上浮萍一般盛大却没有根基，遇到一点风吹雨打就会四处飘零。

（赵婷婷）

参 考 文 献

陈世华：《北美传播政治经济学研究》，北京：社会科学文献出版社，2017。

〔加拿大〕文森特·莫斯可：《传播政治经济学》，胡春阳等译，上海：上海译文出版社，2013。

拓 展 阅 读

〔加拿大〕文森特·莫斯可：《数字化崇拜》，黄典林译，北京：北京大学出版社，2010。

〔加拿大〕文森特·莫斯可：《云端：动荡世界中的大数据》，杨睿、陈如歌译，北京：中国人民大学出版社，2017。

丹·席勒

《数字资本主义》

在冷战结束之后，世界格局的发展进入了一个新的阶段。一些学者认为人类社会的发展已经进入"后现代""后工业社会"或是"后资本主义社会"；但也有学者认为所谓的"后现代""后工业""后资本主义"只不过是资本主义工业社会发展进入新的历史时期之后的一个新阶段而已。但无论如何，世界的改变是我们有目共睹的，尤其是在计算机、互联网技术发明之后，人类社会确实发生了剧烈的变化。这一特殊的发展阶段被称为"数字资本主义"，而数字资本主义一词就来自美国传播学学者丹·席勒（Dan Schiller）。

一、成书背景

丹·席勒是美国著名批判传播学学者赫伯特·席勒之子，赫伯特·席勒是"传播政治经济学"这一流派早期的奠基人之一，他与达拉斯·斯迈思等人一同开创了这一学术流派的理论源流。

丹·席勒继承了其父赫伯特·席勒的批判思想，并且在后者的文化帝国主义批判的基础上，将关注点转向了对信息资本主义的批判，研究领域遍及信息资本主义、传播政治经济学、通信史、信息与社会、通信政策研究等。他的一个重要观点就是政治经济正在计算机通信技术、互联网技术的带动之下走向"数字资本主义"，这也是他写作《数字资本主义》一书的由来。互联网技术逐渐普及之后，在一段时间之内，几乎所有人都对互联网的未来抱以乐观的期待，例如未来学家尼古拉斯·尼葛洛庞帝（Nicholas Negroponte）、微软公司前 CEO 比尔·盖茨（Bill Gates）等人。盖茨希望通过互联网的发展，能够使世界沐浴在无远弗届的信息之中，最终实现全球各国的民主、和平，进入"无摩擦的资本主义"（席勒，2001：4）。在传媒领域，人们同样对互联网寄予厚望：认为互联网的发展可以带来"媒体融合"，从而使各种媒体被整合在同一平台上，发挥更大的效益；或是能够缩小"知识沟"，降低传媒的"接入门槛"，使得所有人都能够平等地享有传媒的接触权与使用权；或是相信互联网能够塑造一个新的"公共领域"，从而推进民主化的进程……但随着互联网的普及与发展，一些学者逐渐意识到了这一技术的弊端，其中就包括丹·席勒。他同他的父亲赫伯特·席勒一样，始终对新技术抱持怀疑的态度。作为一个传播史学家，他也始终关注电信史，尤其是市场制度下文化产业在社会经济发展中的作用。正是出于这样的关注，他在《数字资本主义》中详细论述了信息技术对全球资本主义的影响。

除了《数字资本主义》之外，丹·席勒的代表作还包括《信息拜物教》《传播理论史：回归劳动》，都是从马克思主义政治经济学的视角出发审视传媒领域，剖析其中资本运作的逻辑，并对资本主义在新时期的发展做出警示。

二、数字资本主义及其扩张

顾名思义，《数字资本主义》一书将研究的重点放在了数字技术，尤其是互联网技术对于资本主义发展的影响上，同时也论及资本主义是如何将新兴的互联网技术裹挟进自身发展历程的。在该书的前两章，丹·席勒集中论述了计算机、互联网技术发展的历程。除了技术层面的发展之外，丹·席勒重点论述了欧美发达资本主义国家在电信网络方面的政策及其对互联网发展的影响。第三章重点论述了互联网发展"资本主义化"的一个重要表征，即网络技术在营销、广告、商品服务领域的运用。第四章则着力于批判"知识经济"这一流行的概念，阐述了网络技术对于传统的高等教育制度的渗透与冲击。值得一提的是，《数字资本主义》并不是一本晦涩的理论专著，丹·席勒更多地将论述重点放在了对诸多经验材料的运用上，他引用了大量刊登在报纸、杂志上的信息资料来佐证自己的观点，使得该书在内容上颇为浅显易懂。

在论述计算机与互联网技术的发展历史时，席勒并没有将过多的注意力放在"技术"本身上，而是更关注技术与社会的互动，包括以美国为代表的欧美各国的信息技术政策。他提到，在美国电子通信技术发展的过程中，美国军方、政府起到了重要的推动作用——阿帕网发明之初便是服务于军事用途的。同时，美国政府也为电信网络的发展提供了大量的优惠政策，例如，美国《1996 年电信法》第 251 条（c）提出一个苛刻的要求：如果地方电话公司希望使他们的网络实现现代化，向用户提供因特网接入服务，必须以批发价向潜在的竞争对手提供这些新设施（席勒，2001：43）。这样的条款以"反垄断"为名义偏袒新兴竞争者，极大地刺激了美国互联网行业的发展，但这样的竞争最终仍然走向了整合与垄断。

除了降低行业准入门槛之外，政府对于数字产业的扶持还包括"非公有化"，这主要体现在欧洲各国。例如，英国便在 1984 年撒切尔执政时期对其国家电信运营商"英国电信"进行了私有化改造，并授权成立了另一家电信运营商 Mercury（现属 Cable & Wireless 公司所有）（席勒，2001：59）。在英国的压力下，欧洲各国也开始开展私有化，并在 20 世纪 80 年代形成了一股"非国有化"的浪潮。

除了"非公有"之外，这一时期互联网的发展还具有跨国化的特征。人们逐渐意识到，信息技术的发展带来了"共享"的优势，而"共享"的要求随之便带来了商业化的诉求——信息共享的商业化需求至少已经在以下三个方面呈现出不断增长的趋势：机构内部，主要但非仅在跨国公司内部；机构之间，同样是在上述跨国公司之间；最后是在公司与个人之间（席勒，2001：13）。为了满足上述需求，信息的跨国流动不可避免，20 世纪 80 年代，一种新自由主义电信改革措施在各国推行开来（如前文提及的英国），其后便是跨国电信公司开始在世界舞台上施展拳脚，而发达资本主义国家的政府则为它们推波助澜——1997年，世界贸易组织被迫同意开放约70个国家的基础电信市场（席勒，2001：63—64），为跨国电信企业提供一个和谐的多边运营框架（席勒，2001：64）。1998年，在美国的持续努力之下，世界贸易组织同意至少一年内不会对通过因特网以电子方式发送的产品（尽管不是在网上预订、跨国运输的实物商品）征收关税（席勒，2001：101）。

在这一潮流之下，越来越多的国家"抛弃了旧的公共服务福利主义伦理，而坚持新的市场逻辑"（席勒，2001：75），整个跨国电信市场只能依靠虚无缥缈的"市场纪律"来约束。与此同时，美国仍在坚持策划更加"开放"的国际电信市场，当时即将离任的联邦通信委员会主席里德·亨特（Reed Hundt）在一份报告中称："联邦通信委员会在成功缔结世界贸易组织电信协议方面发挥了重大作用。通过提议并采纳这样一些规定，我们可以让其他国家明白：我们不会容忍世界各地由于市场封闭而出现的市场扭曲情况。"（席勒，2001：79）在此之前，联邦通信委员会在1994年批准了英国电信购买美国世界通信公司20%的股份，由此开启了跨国经营的大潮（席勒，2001：82）。在世贸组织的推波助澜之下，跨国的电信集团并购形成了规模经济，并且逐渐地脱离了各国、各地区政府的管制。尤其是随着技术创新的进步，因特网把广播、电话等各种媒体服务功能汇于一体的做法最终有可能会被人当作阿基米德支点，以反对任何会妨碍其发展的政府监督行为（席勒，2001：99）。不过，这种"解除管制"并不是什么技术发展的必然，而是一种持续不断的政治选择，即将它与"应得的权利文化"区隔开来（席勒，2001：99）。"对美国来说，信息时代外交政策的核心目标必须是赢得世界信息流通战的胜利，就像大英帝国当年控制海上霸权一样占领信息频道。"（席勒，2001：108）

随着技术的发展，整个计算机工业都向着互联网聚集，与之相伴的还有通信行业、电子商务、广告营销等行业的聚集。新自由主义的通信政策使得整个通信行为被切割，通信服务提供商不得不"捆绑"新兴的互联网技术来谋求自身的发展，如微软与DirectTV结盟，并收购Marcus Cable，微软的竞争对手Oracle也在进行类似的运作（席勒，2001：

147—148）。除了通信业之外，媒体行业也在进军互联网领域，由此产生了诸如"商业网络电视"等新兴的服务类型。此外，互联网巨头也在积极进军媒体产业，自1997年起，微软就开始开发网络内容，并与各大媒体巨头合作。互联网一开始被当作"媒体途径"，但随后媒体从业者便发现媒体的发展全然被网络所绑架，媒体几乎是被"驱赶"到与互联网整合的路径上的。

广告行业也抓住了"机遇"，20世纪90年代末，宝洁时任总裁爱德华·阿兹特（Edward Artzt）提出："我们可以在广告中使用互动技术来吸引观众；我们可以直接提供消费者的反馈意见……我们不仅要瞄准各个阶层，还要直接面对各个家庭……我们可以利用游戏、信息广告和电视购物。"（席勒，2001：159）这是广告行业正式进军互联网的一个信号，在此之后，"整合营销传播"开始兴起，而广告的介入使得它有能力调整并改变它所降服的媒体的社会职能，从而影响这些媒体的组织、内容及其与观众的关系（席勒，2001：169）。作者已经意识到，这并非一个道德问题，而是一个总体性的系统问题。当广告商承担了媒体成本中的很大一部分时，它们就会逐步控制这一媒体的日常自我意识，从而对媒体与受众的关系施加某些决定性的压力和限制（席勒，2001：169）。互联网与广告商的结盟会"加大某些撰稿人所谓的横亘在生活富足、受过良好教育的因特网用户和生活穷困的有色人种非网络用户之间的'数字分化'。这不仅是一个基本接入的问题"（席勒，2001：192）。

资本对文化领域的渗透不仅体现在传媒领域，教育界也受到了互联网技术的冲击，尤其是大的企业、互联网公司的渗透。这种渗透是从"公司培训"开始的，这样的职业培训被作者称为"影子教育"（席勒，2001：209）。但很快，类似的"远程教育"就进入了正规高等教育的领域，并且推动了"学位认证制度"的改革。一些高校开始开设线上课程，并且给完成远程课程的学员授予学位。与之相伴的是"科技产业"的高速发展，"知识经济"成为一种发展潮流，高校开始围绕研究资金、总体收入以及生源展开竞争（席勒，2001：219）。在这样的背景下，高校开始与各企业结成"战略联盟"，企业可以为高校提供价格昂贵的研究设施，而高校则参与企业的"知识生产"。高校不仅在扩大以营利为目的的产业规模，也在高校内部实施着重组。科研气氛发生了变化，学术独立及开放式学术交流受到质疑，教育重组以"降低成本""提高生产率"为目的（席勒，2001：223—225）。同时，学生接受教育的鸿沟也在扩大，学校试图通过拓展成人教育的方式招收更多学生，但这种弥补方式需要更多地与企业结盟，实际上并不能够缩小学生在接受教育方面的鸿沟。同时，成人教育也从高等教育中独立出来，日益背离了"让更多人平等地接受教育"的初衷。

商业化同样将出版等相关行业卷了进来，商业化的教育同样开始了全球扩张的进程。席勒提到了私有教育服务提供者 Sylvan 公司，它与 GRE（美国研究生入学考试）、NTE（全国教师资格考试）、APP（高级入学项目）和 SAT（学术成绩测试）的开发者 ETS（教育测试服务中心）结盟，筹建了一个全球性计算机测试服务网络（席勒，2001：255）。这种全球化的趋势也导致了第三世界国家普遍的"智囊流失"现象，并且使得远程教育成为一种新的"管理"手段。

三、回归经验：数字化的现实

不同于席勒的另一本著作《传播理论史：回归劳动》，《数字资本主义》并不是一本晦涩难懂的理论类著作，席勒引用的资料大多来自公开发表的报纸、杂志或是报告，也包括各国的一些政策性文本。他的论述方式不是高屋建瓴的理论建构，而是基于经验的积累与提炼。但这本书同样具有相当强的理论性，它立足于政治经济学的视野，重新审视了一些被认为是"合情合理""习以为常"的通信、互联网发展政策，以及大公司的跨国运作。他可以通过这些信息及互联网发展政策了解到以美国为代表的西方发达资本主义国家对于信息技术、互联网发展的偏袒，以及借此争夺世界霸权的目的。同时，他也剖析了大型互联网企业从这些政策中获得的利益，以及随之而来的资本与权力的耦合。

席勒花了很大篇幅去解析权力与资本的同构性。根据美国《1996年电信法》，互联网运营商可以通过整合的方式来提供服务，以此来巩固自己在竞争市场中的地位，这种"自由竞争"最终导向的是整个行业竞争的无序化，以及最终的垄断行为。到了 90 年代后期，5 家大型骨干网提供商处理的因特网信息量占到美国全国的 80%，剩余部分由 25 家小公司瓜分（席勒，2001：44—45）。在它们提供的互联网服务中，有的服务成长于公司内部，有的服务则来源于公司的兼并重组，如 GTE 互联网公司是 GTE 收购 BBN 的产物，而 WorldCom 下属的 UU-Net 以前曾是第 5 大批发商的 ANS（席勒，2001：45）。席勒已经预见到，在这场摧枯拉朽的信息技术革命中，互联网扮演了一个领导者的角色，但当代网络系统的发展并不是一种纯粹的经济行为，而是需要政治的干预，而在"政治干预"领域，美国一直处于领军地位，不管是国内的干预还是国外的干预。

美国互联网企业的跨国发展使得开放的网络系统成为"美国框架"之下的系统。1997 年初，全世界约有 60% 的互联网主机架设在美国，英语已经成为网络世界的通用语言（席勒，2001：48）。这意味着世界其他地区的互联网用户需要将信息上传到美国的主机服务器，再传回他们的所在地。而这一趋势的形成与美国当时谋求全球政治、经济、文化的领导权的趋势密不可分。尤其是在冷战结束、柏林墙倒塌之后，整个国际秩序都有待重组，美国也希望能在新一轮的国际竞争中建立起自己的领导地位。而信息技术、互联网就在美国的新一轮扩张中扮演了急先锋的角色，席勒将其称为"跨国电信中的新自由主义工程"。与跨国生产相伴的，是网络的跨国化与美国的新自由主义思想的输出。随着互联网发展的深化与跨国办公成为潮流，跨国资本的重组也导致了劳动的重组，业务程序网络化极大地提高了企业管理人员处理劳动主体与客体——工作与工人——的能力，从而实现企业利润最大化（席勒，2001：57）。这使得网络化生产的链条重组之后，大量的劳动过程和工种突破了以往的限制，跨国网络生产因此对全球劳动市场、世界劳动分工产生了深远的影响。高科技公司可以将其业务转移到本国之外，并雇用更加廉价的劳动力来完成生产过程。一些半导体加工工厂开始向劳动力成本更加低廉的亚洲国家和地区转移，这也使得跨国公司的管理层向着更加灵活的方向发展。

在美国倡导的"解除管制"的新自由主义信息政策影响下，在

1984—1996 年间，至少有 44 家公共电信运营商实现了私有化，资本总额达到 1590 亿美元（席勒，2001：61）。值得一提的是，这其中约有三分之一的资本来自运营商所在国之外。从数量上来看，11.5％的私有化发生在拉美与加勒比地区，31.3％发生在西欧，54.3％发生在亚太地区，这其中最著名的是日本最大的私有化项目——日本电话电报公司。同时，在这段时间内，在 547 次基础设施私有化当中，电信行业的私有化占了 44％（席勒，2001：61）。

跨国化与私有化的进程除了世界贸易组织（在美国的主导下）实行的自由化之外，还包括许多原本国有的电信服务业的私有化，这使得国有的电信服务业的有限社会福利特征成为人们攻击的对象，而不得不以私有化与跨国经营作为其经营的方向。此前，国有的电信服务系统雇用的员工越多，他们就越需要赋予员工就工资等问题与资方进行集体谈判的权利。电信服务业可以说是世界上工会组织最健全的经济部门：邮政、电报与电话国际工会在 20 世纪 90 年代就拥有了 460 万名成员。

而在跨国经营进程启动之后，美国开始将其"市场纪律"强加给世界其他国家与地区，通过几十年的自由化运动之后，美国成为世界上国际呼叫费最低的国家（席勒，2001：67），这使得它拥有了在国际通信市场上的"优先定价权"。然而，尽管美国等发达资本主义国家一再鼓吹"信息自由流动"，但电信服务业的不平等现象依然严峻，而且这种不平等是全球化的、仍在不断扩大的。社会分裂现象依旧存在，只是稍作改装而已。人们甚至可以把不均衡现象日益加剧的原因追溯到发达资本主义的富庶中心地带，因为公司股东以利润的形式剥夺了整整一代人创造的价值中的绝大部分（席勒，2001：71）。因此，电脑服务提供商在营销方面也开始注重"强力用户"，他们愿意花费大量的资金来购买一揽子的电信与信息服务。并且，越来越多的证据显示，许多公司在承接高容量网络扩建工程建设时，都有意避开贫困社区，以便集中为富裕的郊区住宅区与商业园服务（席勒，2001：72）。

同时，席勒也关注到了"市场深化"向文化领域渗透的问题，他首先关注到的是整个媒体行业向着互联网的整合，即我们所称的"媒体融合"的过程。这看似提高了新闻生产的效率，提升了整个行业的"效用"，实际上却是由资本主导的兼并和重组。这样的所有权集合使得整个传媒行业进一步掌握在少数财团手中，使得资本更容易对媒体施加影响，这集中体现在广告商的影响中。广告行业也走在了向互联网汇集的前沿——"整合营销传播"就是一个鲜明的例证。互联网为广告的传播提供了更多的途径和手段，但也使得社会控制与管理的思维可以通过广告与公关的方式来进行传播，营销也变得更加"精准"、有目的性，如瞄准女性消费群体的网站与论坛，更易于将"观众"转化为"消费者"。

除了丹·席勒的父亲赫伯特·席勒与其同侪达拉斯·斯迈思所讨论过的文化产业、传媒产业"依附"于美国所主导的跨国资本之外，丹·席勒将关注点深入到了学术研究、理论生产领域。他意识到，在资本的渗透、信息产业发展的双重作用下，教育领域兴起了一股"职业培训"的热潮，并且正在逐渐地改变高等教育领域的格局，包括高校的课程设置、教育体系等。高校以谋求研究的资金支持为导向，介入了企业的"知识生产"，将自己转型为一个"生产单位"，即"知识经济"的一个组成部分。各种面向成人教育的"商学院"大行其道，此类教育模式成为学校"创收"的一个重要部分，它并不能够真正地促进"教育平等"，反而导致高等教育内部产生了分化，使其成为资本主义经济链条上的一环。

四、评价与反思

要评价《数字资本主义》这本书，不能只将视野局限于该书，而要站在更高的理论立场上，审视整个传播政治经济学流派的理论取向——从马克思主义政治经济学的立场出发，批判资本与权力对于传媒的控制与渗透。这一流派的诸多学者虽然研究旨趣各异，理论建树也有所不同，但最终基本上殊途同归——指向了对资本主义的批判。而《数字资本主义》的独创之处就在于，席勒意识到了信息技术，尤其是互联网技术在资本主义的进一步整合发展中扮演的角色，但他也强调，并不是技术先天地具有这样的特征，资本的聚集与"新自由主义政策"也不是天然的经济规律，而是政策调控使然。

在席勒看来，任何理论的建设都离不开历史分析，而该书也确实践行了这一原则。作为一个对通信史深有研究的学者，席勒从计算机、互联网的发展历史出发，却没有将关注点放在技术沿革本身，而是关注技术史如何嵌入社会史与社会的变迁，尤其是将社会的变迁与政策的变化联系在一起。事实上，技术与权力之间也确实具有一种双向选择的亲和性，大型信息工程的建设，必然需要拥有雄厚的经济实力，或者有能力调动大量人力物力的财团组织或权力组织的参与，这从一开始就决定了它"服务于少数人"的性质。尤其是在私有化的浪潮之后，权力与资本的绑定更加紧密，这决定了技术不可能兑现其"信息的自由流动"或是民主的乌托邦的承诺，而是必然倒向权力的怀抱。

因此，《数字资本主义》一书提示我们，任何理论的发展都有其历史性的一面，资本主义的发展也是一样。我们不可能将资本主义当作一个一成不变的靶子，而是应当回归历史的语境，去梳理其在不同历史时期的发展，这对于传播政治经济学来说尤为重要。资本主义的发展随时处于变化之中，资本的流动也越来越灵活、越来越不可预测。同时，媒体技术的发展速度同样十分惊人，尤其是在新生的互联网领域，"历史"每天都在不断生成和变化，大量的媒体选择与互联网结合，或是直接向互联网迁移，而资本追逐利益而动，迅速地将互联网的场域当作其追逐利益的战场。因此，即便是有着相对独立性的技术，也难以逃脱资本的宰制。

但与此同时，我们必须正视技术发展的"相对独立性"这个问题。互联网技术在其发展的过程中，正在逐渐形成自己的一套逻辑，并再造着自己的活动场域。对于"数字资本主义"而言，我们相信"数字"是一个重要的限定语，它并不单纯是一个时代的修饰语，而是意味着一种新的逻辑。它不是"资本主义发展的数字化阶段"，而是"由数字化中诞生的资本主义"。丹·席勒从一个老派的批评家的立场出发，忽视了这种可能性，但技术的新逻辑并不等同于技术决定论，技术决定论这一种说法本质上仍旧是结构功能主义的论调，而并非严谨地审视"技术"之后得出的结论。因此，我们有必要回过头来，重新审视"数字资本主义"这个命题，这也是"历史"的要求。

（杨馨）

参 考 文 献

〔美〕丹·希勒：《数字资本主义》，杨立平译，南昌：江西人民出版社，2001。

拓 展 阅 读

〔美〕丹·席勒：《传播理论史：回归劳动》，冯建三、罗世宏译，北京：北京大学出版社，2012。

〔美〕赫伯特·席勒：《大众传播与美帝国》，刘晓红译，上海：上海译文出版社，2013。

〔加拿大〕文森特·莫斯可：《传播政治经济学》，胡春阳等译，上海：上海译文出版社，2013。

亨利·詹金斯

《融合文化：新媒体和旧媒体的冲突地带》

《融合文化：新媒体和旧媒体的冲突地带》（以下简称《融合文化》）一书出版于 2006 年，它展现了在新媒体迅猛发展的背景下，流行文化的消费者正在学会将各种媒体融合在一起，形成一种全新的粉丝文化。作者亨利·詹金斯（Henry Jenkins）因这本书的出版被学界称为"21 世纪的麦克卢汉"。但其实詹金斯走了一条与麦克卢汉完全不同的道路，他在接受采访时也说："麦克卢汉通常把大部分权力都归结到作为技术的媒体上，认为消费者的权力几近于无，然而恰恰是这些消费者在他们的日常生活中把各种渠道整合在一起。由于早期师承于约翰·费斯克（John Fiske），我的研究重点是集中在社会和文化方面，特别是集中在消费者和公民借以改变其媒体环境的力量方面。"（詹金斯，2012：3）在新媒体时代，詹金斯仍然坚持费斯克被人认为已经过时的受众观，但正是因为如此，他才显得独树一帜。

一、成书背景

进入 20 世纪 90 年代以后，互联网的迅速发展催生了许多新的媒介形态。新媒介在技术层面的优势不可避免地给传统媒体带来冲击，传统媒体不得不借助新媒体技术，获取更大的发展空间。这种媒体格局的变化被称为"媒体融合"。根据詹金斯的说法，最早关注到媒体融合现象的研究者来自麻省理工学院。"可以把已故麻省理工学院政治科学家伊锡尔·德索拉·普尔看作是媒体融合的先知。普尔1983年出版的《自由的科技》一书可能是第一部把融合概念当作媒体业内变革力量来展开叙述的著作。"（詹金斯，2012：40）博士毕业以后，詹金斯在麻省理工学院执教，曾担任麻省理工学院媒体比较研究项目的创办人和主任，他的研究旨趣不可避免地受到麻省理工学院对媒体融合现象高度关注的影响。

不过，正如前文所述，与强调技术融合的麻省理工学院的主流不同的是，詹金斯主要关注的还是消费者，他希望揭示消费者如何在消费流行文化的过程中，在日常生活中实现媒体融合。詹金斯的这一独特视角，与其所受的学术训练息息相关。本科阶段，詹金斯在乔治亚州立大学主修政治学和新闻学，此后他又分别取得艾奥瓦大学传播学硕士学位及威斯康星大学麦迪逊分校传播艺术博士学位。早在艾奥瓦大学读书时，詹金斯就专门去听过文化研究的代表人物约翰·费斯克的课程，并因此对文化研究产生了高度的认同。于是，他追随费斯克继续攻读博士学位。詹金斯一直坚定地认同费斯克的受众观和文化观，强调受众在流行文化中的积极参与和受众无处不在的对意识形态霸权的抵抗，这为他一生的研究奠定了基调。詹金斯在写作中非常重视普通消费者和粉丝的体验，认为他们在影响数字时代文化生产和传播方面日益成为积极的参与者。就这一点而言，他几乎可以被看作媒体融合时代的费斯克。《融合文化》一书明显地表现出了这一特点。

对《融合文化》一书的出版产生重要影响的，还有作者的个人生活经历。可以说，作为一名通俗文化粉丝所获得的知识和体验对他产生的影响，不亚于作为一名通俗文化学者的研究对他产生的影响。在南加州大学博士张琳对詹金斯的采访中，詹金斯就称自己既是学者，又是粉丝（这一点与他的导师费斯克几乎一模一样）。他声称自己从小对影视剧感兴趣，是《星球大战》的影迷，也是一名狂热的科幻小说迷。平日里他喜欢观看通俗电视剧，因此加入了多个粉丝团体，并在其中担任骨干，粉丝的消费活动、粉丝的社区、粉丝的文化实践活动和将粉丝看作文化白痴的主流媒体视角自然而然成为詹金斯关注的核心问题。詹金斯拥有自己的官方博客"一个学者粉的自白"，并一直积极更新自己的博客和推特。因此，詹金斯在学术圈内又被称为"学者粉丝"，而且他本人很享受这个"标签"。在《融合文化》一书出现之前，詹金斯就一直在从事大众媒体尤其是电影电视语境下的粉丝研究。早在 1992 年，他就因《文本盗猎者：电视粉丝与参与式文化》（以下简称《文本盗猎者》）一书的出版而在美国粉丝研究领域享有盛誉。经过近 10 年，电视粉丝几乎都变成了社交媒体的粉丝，而文本盗猎变得越来越"高级"，使詹金斯创造了"跨媒体叙事"这样的概念去形容粉丝的集体行动。就这一点而言，詹金斯的思路是具有延续性的。有趣的是，由于《融合文化》在中国的译本远早于《文本盗猎者》的出版，因此，中国读者不大容易看出这一历史的传承。

离开麻省理工学院以后，詹金斯成为南加州大学传播、新闻、电影艺术与教育学科的特聘教授。在以电影研究和文化研究见长的南加大，詹金斯更是如鱼得水，而《融合文化》一书便是在那个洋溢着浓厚好莱坞文化氛围的校园里创作出来的。在这里，他遇见了更多富有创造力的艺术家和媒体决策者，与这些人的交往成为他研究个案的鲜活素材。这本书取得了巨大的成功，被翻译成多国语言出版，甚至连詹金斯本人都觉得有些意外。对此，他的解释是："我的著作翻译成外文出版尚属首次。到目前为止，我撰写的书籍被认为过于'关注美国'，因而难以引发国际兴趣。但这本书似乎捕捉到了发生在全球范围的一些变迁。"（詹金斯，2012：3）

二、网络民族志个案研究

詹金斯深受其导师费斯克的影响，甚至连研究方法都颇有费斯克的风范。费斯克在研究通俗文化时，最喜欢采用的方法就是基于文本和受众民族志的个案研究，而这一点，詹金斯与其导师如出一辙。在 1992 年出版的《文本盗猎者》中，他采取的就是个案研究的视角与受众民族志（更准确地说应当叫作粉丝民族志）的方法。而到了《融合文化》一书，身处融合媒体时代的詹金斯找到了一条将文本研究和受众研究结合在一起的方式：网络民族志研究。

网络民族志确实是一种观察媒介粉丝社群的好办法，它将话语研究和社群研究有机地结合在了一起。不过这也带来了另一个问题，就是研究对象的社会语境被文本语境所完全替代。受众民族志主张对受众的日常生活进行完整、详尽的了解，从生活实践中的细节来把握受众的传播实践。然而，网络民族志则只能从网络文本中寻找线索，这在研究的可信度和有效度方面都存在漏洞。

此外，由于詹金斯以"学者粉"自居，这种独特的角色扮演也容易引发争议。民族志的难点在于研究者怎样与其研究对象保持合适的距离。能否在"批判性的距离"与"共享性的知识"两个立场之间平滑顺畅地流动，是评判民族志成功与否的标准。学者粉可以立足于自身的实际体验，以一个粉丝圈内人的身份和角度切入研究流行文化。因此，相对非学者粉，在共享性知识的体验上，"学者粉"有着得天独厚的优势，可以生产出许多与众不同的新颖解读。但问题恰恰也就出在"学者粉"这一独特身份上。对于民族志研究而言，因为留有了一定的距离，才可以避免"只缘身在此山中"的认知误区和盲点，所以詹金斯在"批判性的距离"方面确实有值得商榷之处，他对粉圈的喜爱和认同超乎常人，他的导师费斯克在这个问题上也多次受到诟病。詹金斯曾经这么评价粉丝这个群体："粉丝是媒体受众中最活跃的群体，他们拒绝简单地接受提供给他们的内容，而是坚持享有成为完全意义上的参与者的权力。"（詹金斯，2012：207）。对照国内的粉丝研究，詹金斯所说的粉丝其实是"发烧友"。不过，詹金斯并不认为粉丝的身份会影响他的研究，他坚持认为"学者粉"的身份对其民族志研究利大于弊："以粉丝的身份写粉丝文化，这对学术批评者提出了可能的风险，但同时也提供了其他立场不可能实现的理解和观察形式。"（詹金斯，2016：5）他甚至宣称："作为一名通俗文化粉丝所获得的知识和体验对我的影响，不亚于一名通俗文化学者研究所得对我的影响。"（詹金斯，2012：1—2）

全书除了导言和结论外，其余六章都是通过网络民族志方法进行的案例分析：前两个案例讨论的是热播的电视真人秀节目及其迷群；此后的三个案例研究的是三部热播的大片及其迷群；而最后一个案例则讨论了更具有现实色彩的 2004 年美国大选中的粉丝文化逻辑。

前两个案例分别研究的是美国哥伦比亚广播公司一档高收视率电视真人秀节目《幸存者》以及福克斯广播公司获得巨大成功的电视真人秀节目《美国偶像》。詹金斯在书中陈述了讨论真人秀节目的理由："谁能料到真人秀节目，诸如《幸存者》（2000）和《美国偶像》（2002），会成为媒体融合——显示蕴藏于新媒体和旧媒体交汇点的能量的重大事件——的首次关键应用。"（詹金斯，2012：107）在第一个案例中，詹金斯潜入《幸存者》狂热粉丝的知识社区，通过阅读社区成员发表的帖子和进行个人访谈了解该社区的运转方式与规则。而在第二个案例中，詹金斯则潜入广告客户组织的品牌社群，通过社群中的帖子了解公司与消费者在品牌消费过程中的博弈。

在此后的三个案例中，詹金斯分别通过《黑客帝国》《星球大战》《哈利·波特》等三部影片的迷群，从粉丝发表的帖子、创作的文本、电影本身的文本以及衍生产品，如漫画、游戏等系列作品的文本入手，讨论了跨媒体叙事和粉丝的附加性理解，粉丝的电影生产，协作叙事以及粉丝如何联合起来，争取自己参与、阐释意义的权利。

在最后一个案例中，詹金斯将视角从通俗文化领域转为公众政治参与这一更加正式和更具公共性的领域。在 2004 年美国大选中，霍华德·迪安（Howard Dean）的总统竞选团队利用正在崛起的草根力量，通过互联网筹集资金、招募志愿者，但是最终因被大众传媒针对而导致被网民恶搞并身败名裂。通过对互联网上各种文本的分析，詹金斯试图说明在融合文化的时代竞选活动从粉丝文化中学到了许多方法，但电视政治并没有让位于网络政治。

有趣的是，詹金斯想把自己的研究成果也做成一种跨媒体叙事的文本。他在民族志的实践中引入了"对话"的理念。他希望能用一种对话的方式建构理论和现实的关系。为了与学界之外的业界人士、粉丝和受众进行对话，詹金斯有意在学术写作中采取了一种通俗易懂的语言风格。《融合文化》书后甚至还附上了一个长达 16 页的词汇表，对所有的专业术语进行了解释，以便于他与研究对象和一切感兴趣的普通读者深入对话，将参与式文化贯彻到底。

总的来说，互联网民族志的运用为詹金斯提供了各种各样的文本，使他对粉丝社群的研究更加便利，激发了他的研究想象力和理论创造力，使他提出了大量对当代粉丝研究产生重要影响的概念。

三、融合时代粉丝的参与文化和集体智慧

在《融合文化》一书中，詹金斯开宗明义地宣称："本书所讨论的是三个概念之间的关系，即媒体融合、参与文化和集体智慧。"（詹金斯，2012：30）不过，如果要理解詹金斯的融合理论，就必须了解"融合"一词在詹金斯那里边界非常广泛，包括了传播方式上的技术、产业、文化和社会变革。媒体融合既是参与文化和集体智慧的前提，又是参与文化和集体智慧的后果，但主要是后果而不是前提，因为技术的融合是媒体融合中最不重要的一部分。正如詹金斯所说："我要反驳一种观点，它认为融合主要是一个技术过程，即在一种设备上汇集了多种媒体功能的过程。事实上……融合的发生并不是依靠媒体设施，无论这些设施变得如何高度精密复杂。融合发生在每个消费者的头脑中，通过他们与其他人之间的社会互动来实现。"（詹金斯，2012：31）这就与现在几乎所有以技术引领为焦点的媒体融合研究的路径都不一样，因为这些研究普遍认为媒体融合主要是前提而不是后果。在詹金斯看来，新旧媒体的碰撞引发了如下的后果：内容跨越多个媒介平台流动；多种媒介产业之间的合作；对于媒介融资的新结构的探索，这些新结构存在于新旧媒介的间隙；媒介受众的迁移行为，这些受众为了寻求自己想要的娱乐体验几乎不辞辛劳。所以他指出："欢迎进入融合文化的时代，在这里新媒体和旧媒体的相互碰撞，草根媒体与公司化大媒体相互交织、媒体制作人和媒体消费者的权力相互作用，所有这一切都是以前所未有、无法预测的方式进行的。"（詹金斯，2012：374）这种融合观体现了詹金斯的独树一帜，但也反映了他的唯心主义色彩和人本主义色彩。

在讨论《黑客帝国》这一案例时，詹金斯呈现了媒体融合以何种方式促进了跨媒体叙事的出现。所谓"跨媒体叙事"，詹金斯的解释是内容生产者在娱乐内容项目的企划过程中，充分考虑受众在不同平台（如

电视、出版、电影、游戏）的内容体验需求，围绕一个开放性的故事，在不同的媒介平台上展开相互独立，但逻辑上高度关联的文本，使得角色更加丰满、立体。一个出现在电视剧或电影里的故事，可以以不同的叙事方式和表现方式出现在漫画、视频游戏、网站或微博中。这种跨媒体叙事正是由媒体融合的技术可供性引发的，因为"媒体融合使内容横跨多种媒体平台传播流动成为不可避免"（詹金斯，2012：168）。而这意味着一种叙事方式的革命："新的叙事结构正在出现，它是通过拓展叙事可能性的范围来创作复杂情节，而不是依靠开头、中间发展和结尾组成的单一路径。"（詹金斯，2012：189）以《黑客帝国》为例，生产者以电影文本为起点，通过电视、小说、连环漫画甚至是电子游戏展开进一步的详述。任何一个切入故事的项目都是新鲜且完备的，而非相同的内容在不同品牌的阐述，同时作品之间又具有一定的互文性，相互补充，进行协作叙事，从而产生一种增效协同的效果。

像《黑客帝国》这样的开放式文本，必然成为消费者构筑想象的素材。导演在其中隐含了很多需要人们去揭开的暗示信息，人们难以定义这部电影究竟属于什么类型的作品，它又隐含着什么深意和隐喻。由于这个故事的深度和广度，任何单独的消费者都无法完全弄明白它，但是一个能汇集集体智慧的社群有可能深挖这一文本并感受到更多文本解读的乐趣。为了充分体验虚构的世界，粉丝必须承担追随者和搜集者的角色，通过各种媒体渠道寻找有关故事的点点滴滴情节，并通过在线讨论组来比较和印证彼此的发现，通过合作来确保每一个在这方面投入时间和精力的人在离开时都能获得丰富的娱乐体验。于是，参与文化和集体智慧的生成就成为必然。而这一切，使媒体融合得以进一步推进和深化。因此，媒体融合是参与文化和集体智慧的必然后果。

如果说，《黑客帝国》所唤醒的集体智慧只是对开放式文本的深入挖掘的话，那么《哈利·波特》所唤醒的集体智慧则转化为了与社会其他力量关于话语权和文化领导权的争夺。《哈利·波特》的粉丝们自发组织起来在各种网站上书写关于哈利·波特的同人小说。比如，一位名叫希瑟的粉丝（当时13岁）就在现实中创办了一个预言家日报（《预言家日报》是《哈利·波特》小说中的魔法报纸）网站，这份报纸的小记者们来自各地，他们假设自己在霍格沃兹魔法学校，写着每天发生的故事。但在华纳兄弟公司购得该小说的电影版权后，华纳兄弟公司便以侵犯知识产权为由禁止粉丝同人小说创作并试图关闭同人粉丝网站。希瑟便联合粉丝成立了一个黑魔法地狱组织，希望版权所有人给予他们一些自由。华纳兄弟公司最终不得不让步，承认自己采取法律行动是错误的沟通行为。

　　针对新媒介环境下无所不有的参与性文化景观，詹金斯指出媒介消费正在成为一个集体过程，这便是"集体智慧"。"集体智慧"是法国文化理论家皮埃尔·莱维（Pierre Lévy）创造的一个术语。他认为，我们当中没有人可以无所不知；但是我们每个人都有所知；如果我们把各自的资源集中在一起，把分散于个人的技能结合在一起，我们对于世界的了解就会更加全面。詹金斯使用"集体智慧"这个词来论述粉丝社群的文化政治。粉丝社群对个体的生存发展极为重要。粉丝的文本阅读和生产并不是孤立的，而是集体性的。在这个集体中，粉丝们分享、交流信息及情感；他们从集体讨论中获得改造文本的灵感；他们在现实和虚拟的空间中展开各种各样的互动。这些都离不开集体智慧的作用。而且，集体智慧是消费者与商业文化这两极之间较量的重要武器。虽然，无论传媒怎么变迁，媒介的消费者都不可能完全掌握媒介的主导权，但是，由于集体智慧的强大作用，任何媒体和机构都不能忽视粉丝的力量。媒介粉丝不仅可用文化干扰的形式来抵抗现有秩序，还能够用更加积极的形式来获取权力。

四、评价与反思

　　从 1992 年的《文本盗猎者》一书开始直到 2006 年《融合文化》一书的问世，詹金斯的粉丝研究一直具有独树一帜的风格。他可以被看作亚文化研究在当代最为正统的继承人，这不仅因为他始终坚持文化研究标志性的受众民族志研究方法，也因为他始终能够找到适合粉丝研究的文化理论。詹金斯对理论和方法的运用是如此行云流水，以至于他借用的很多理论比理论创造者本身的使用还要贴切。像"文本盗猎"和"集体智慧"这样的概念，并不是在德·塞托和莱维那里得以家喻户晓，而是经由詹金斯名扬天下。至于像跨媒体叙事、礼物经济、粉丝经济、粉丝圈、迷群、同人小说等概念，更是经由詹金斯讲述的理论故事，变成了当代粉丝研究的学术起点、主要议题和研究领域。可以毫不夸张地讲，几乎当下所有的粉丝研究都或多或少地打上了詹金斯的烙印。

当然这并不意味着詹金斯的作品没有批评者，相反，他无时无刻不受到来自各方的批判。量化研究者认为，詹金斯的文本缺乏粉丝的数据，因而显得缺乏信度；民族志取向的质化研究者批判詹金斯在田野研究中的角色扮演，他们始终认为作为一个学者粉，詹金斯总是过高估计和浪漫化粉丝社群的力量；此外，强调文本研究的质化研究者总是认为詹金斯对于文化产品本身的文本与话语的分析显得非常业余；强调媒介物质性理论的学者，则完全不能接受詹金斯对技术问题的全盘抛弃，认为他过于强调人的能动性和主体性，完全忘记了粉丝们的行为是话在说人而不是人在说话；强调政治经济学的学者则会批判詹金斯低估了商业力量的规训和收编，严重低估了生产者的力量。詹金斯也看到了资本如何利用粉丝社群的参与式文化来创造更多价值，甚至专门针对这种参与式文化来设计产品，但对于这样的收编，詹金斯基本避而不谈。

随着批评的深入，詹金斯的政治立场和世界观显露无余：他倾向于接受功利主义取向的幸福观，具有一种市侩气息的乐观主义。詹金斯创造的是一个关于粉丝的神话，仿佛粉丝们的集体智慧就足以推进社会的全面进步。这使得詹金斯和他的导师费斯克以及几乎所有美国的文化研究学者一样，完全摒弃了伯明翰学派的马克思主义立场，甚至放弃了对社会的批判，成为这个时代的"神圣家族"。事实是，詹金斯所描绘的粉丝们的文本盗猎和同人生产，多数情况下只是粉丝深陷资本主义文化产品无力挣扎的一种表征。

（李瑶）

参 考 文 献

〔美〕亨利·詹金斯：《融合文化：新媒体和旧媒体的冲突地带》，杜永明译，北京：商务印书馆，2012。

〔美〕亨利·詹金斯：《文本盗猎者：电视粉丝与参与式文化》，郑熙青译，北京：北京大学出版社，2016。

拓 展 阅 读

〔美〕亨利·詹金斯等：《参与的胜利：网络时代的参与文化》，高芳芳译，杭州：浙江大学出版社，2017。

Jenkins, H., Ford, S. & Green, J., *Spreadable Media：Creating Value and Meaning in a Networked Culture*, New York：New York University Press，2013.

后　记

　　在四本导读中，《西方传播学名著导读》的创想生发得最早，完成得却最晚。这与传播学导读的书目一直处于不断变化中有关。先是《西方舆论学名著导读》通过"协商"从本书目中切割了一小块出去，后是《西方媒介学名著导读》从本书目中切割了一大块出去，最后才渐渐定型为现有的书目。这在某种程度上很贴切地反映出当代传播学的学科分化开始变得越来越明显。但是这样切分的后果，是《西方传播学名著导读》显得更像"经典传播学导读"，其结构只呈现出"经验学派"和"批判学派"的二元对立。所以，编委会想提醒各位读者，只有让《西方舆论学名著导读》《西方媒介学名著导读》和《西方传播学名著导读》所选择的书目"三位一体"，才能形成一张相对完整的传播学经典著作的知识地图。

　　《西方传播学名著导读》选择了 35 本学术经典做导读。本书的导论《传播学：学科起源、知识版图与发展趋势》以及《世界大战中的宣传技巧》《人民的选择——选民如何在总统选战中做决定》和《认知失调理论》等三本书的导读由主编胡翼青完成。另外，几乎所有导读都或多或少经过主编的修订。

　　陕西师范大学师资博士后杨馨博士作为本书的副主编，不仅撰写了

《数字资本主义》《世界传播与文化霸权：思想与战略的历史》和《依附之路：传播、资本主义、意识和加拿大》的导读，而且在本书的编撰后期承担了大量的修订和编务工作。在写作这些导读时，她刚开始在南京大学的硕博连读生活。南京师范大学副教授张宁博士作为本书的副主编，不仅为他翻译的《人际影响：个人在大众传播中的作用》一书写了导读（被收入《西方舆论学名著导读》），还组织了他的读书会成员，即一批南京师范大学的博硕士同学加入了本书的编委会，很好地充实和壮大了我们的写作队伍。

本书的作者以南京大学和南京师范大学的研究生为主体，但也不乏全国各地的青年教师。华南师范大学的解佳副教授为本书撰写了《大众说服：战争债券购买动员的社会心理》和《符号互动论：视角和方法》两篇导读，这两部名著至今没有中译本。这两篇有写作难度的导读很好地体现了师从格拉斯哥媒介研究小组的解佳博士的英文阅读水平。南京大学新闻传播学院副教授宗益祥博士撰写了《大众传播的游戏理论》和《报道伊斯兰：媒体与专家如何决定我们观看世界其他地方的方式》两篇导读，而前者中文译本的翻译者正是宗益祥本人。除了解佳和宗益祥两位博士，还有如下几位作者贡献了两篇导读：南京邮电大学副教授郭静博士撰写了《作为文化的传播："媒介与社会"论文集》和《媒介事件：历史的现场直播》两篇导读；南京师范大学讲师张婧妍博士撰写了《景观社会》和《消费社会》两篇导读；南京航空航天大学讲师郭静博士撰写了《〈全国新闻〉观众：结构与解码》和《关于电视》两篇导读；哈佛大学公共卫生学院博士生李子超撰写了《创新的扩散》和《无声的语言》两篇导读；重庆大学讲师谌知翼博士撰写了《宣传》和《神话修辞术：批评与真实》两篇导读。她们当时都在南京大学新闻传播学院攻读博士或硕士学位。

完成一篇导读的作者和作品有：重庆大学教授郭小安博士和重庆大学硕士甘馨月的《幻影公众》、南京林业大学讲师董浩博士的《交往行为理论（第一卷）：行为合理性与社会合理化》、南加州大学博士生南塬飞雪的《传统社会的消逝：中东现代化》、中国海洋大学讲师周航屹博士的《心灵、自我与社会》、复旦大学博士生余晓敏的《启蒙辩证法——哲学断片》、广州外语外贸大学讲师曹钺博士的《移民报刊及其控制》、上海大学讲师孔舒越博士的《单向度的人——发达工业社会意识形态研究》、南京大学博士生马新瑶的《文化与社会：1780—1950》、南京师范大学硕士陆伟晶的《人类本性与社会秩序》、南京大学硕士文思敏的《传播与劝服：关于态度转变的心理学研究》、南京大学硕士李瑶的《融合文化：新媒体和旧媒体的冲突地带》、南京大学硕士王聪的《污名——受损身份管理札记》、南京大学硕士赵婷婷的《传播政治经济学》、南京大学博士生文湘龙的《思想管理者》、南京大学硕士生刘艺璇的《管控危机：行凶抢劫、国家与法律—秩序》。其中大部分作者写作这些导读时正在攻读他们的博士或硕士学位。

　　感谢北京大学出版社周丽锦、梁路和吕秀丽组成的编辑团队。编书的过程艰难而脆弱，一路上有她们的支持、鼓励和督促，才会有今天的终成正果。